谨以此书献给

上海立信会计金融学院创始人潘序伦先生诞辰 125 周年和建校 90 周年

信好有你

校 / 友 / 访 / 谈 / 录

万峰　何佩莉○主编

立信会计出版社
LIXIN ACCOUNTING PUBLISHING HOUSE

图书在版编目（CIP）数据

信好有你：校友访谈录 / 万峰，何佩莉主编． ——
上海：立信会计出版社，2018.10
ISBN 978-7-5429-5955-3

Ⅰ．①信… Ⅱ．①万… ②何… Ⅲ．①上海立信会计
金融学院－校友－访问记 Ⅳ．① K820.7

中国版本图书馆 CIP 数据核字 (2018) 第 224978 号

策划编辑　徐雪芬
责任编辑　徐雪芬
封面设计　南房间

信好有你：校友访谈录

出版发行：立信会计出版社
地址：上海市中山西路 2230 号　　邮政编码：200235
电话：(021) 64411389　　传真：(021) 64411325
网址：www.lixinaph.com　　电子邮箱：lxaph@sh163.net
网上书店：www.shlx.net　　电话：(021) 64411071
经销：各地新华书店

印刷：上海天地海设计印刷有限公司
开本：787 毫米 × 1092 毫米　1/16
印张：36　　插页：1
字数：630 千字
版次：2018 年 10 月 第 1 版
印次：2018 年 10 月 第 1 次
印数：1—6000
书号：ISBN 978-7-5429-5955-3/K
定价：68.00 元

我记得，解放前有个立信会计学校，是潘序伦办的，它的校名就是用"民无信不立"

嘛！我在国家计委工作的时候，就有个女同志是立信会计学校毕业的，我看她就是一个

不做假账的。这个立信会计学校培养出来的学生还是很好的，功底很扎实，人也比较好。

所以我建议，我们培养的会计审计人才，首先要进行诚信教育，诚信为本、民无信不立啊！

市场经济的基础是信用文化，一个没有信用的国家它怎么能够建立市场经济呢？

——2001 年 10 月 29 日，朱镕基总理视察

国家会计学院（北京）时的讲话摘录

序一

为迎接立信 90 周年校庆，校友会和团委于 2017 年暑期组织开展了"信好有你"百名校友寻访活动，得到广大校友的倾力支持和在校学生的积极响应。200 多名在校学生和 50 多位教师拜访了全国各地的 100 多位校友，既传递了母校的问候，又密切了校友与母校师生的联系。

校友们在访谈中分享了母校求学、工作期间的故事，无论是传道授业的恩师、互相砥砺的同窗，还是勤奋踏实的氛围、精彩纷呈的活动，母校在他们的人生之路上留下了不可磨灭的印记。虽然就读期间的校园可能并不大甚至不固定，虽然在校的时间可能并不长甚至很短，然而那是与青春联系在一起的，一切都是美好的回忆。

捧读校友们的访谈文字，母校对于他们的最大帮助可能并不是学会了多少具体的知识，那是"术"的层面；而是在树立正确的人生观、价值观方面使他们终身受益，那是"道"的层面。具体的技术可能随着工作的调整、时代的变迁无用或过时，但正确的观念和高远的理想却可以始终指引人生。立信给予校友的正是"信"与"实"这样值得践行一生的理念。

"信"是诚信、信用、信誉。校友们在回忆自己的社会经历和成长之路时，不约而同强调了校训的激励使他们受益无穷。在母校收获的不仅是扎实的专业知识，更是立身处事所必需的诚信品质。"毋忘'立信'，当必有成"。无论从事何种职业，去往何处生活，诚信始终是校友们的一张名片，立信精神也随着校友的足迹传遍四方。

1

"实"是踏实、求实、实用。在对母校学生的寄语中，很多校友都谈到了认真负责、勤恳踏实。无论从事什么工作，一丝不苟、踏实肯干的态度都是取得成绩的关键。追求"经世致用"，从实际出发，解决实际问题，取得实效，这是校友们一步一个脚印获得成功的凭借。

　　潘老校长曾经多次谈到会计师的职业道德，或曰"公正、诚信、廉洁、勤奋"；或曰"守信、负责、耐劳"；或曰"遵纪守法、以身作则，坚持原则、廉洁奉公，忠诚老实、毋忘'立信'"，其中不变的是"信"与"实"。其实这两点不仅会计师应当遵守，所有从事财经工作的人都应具有这样的品质，这也是立信一以贯之的办学理念和办学特色。今天，我们确立了"诚信、实用、开放"的办学理念，凝练了"诚信为本、学验并重"的办学特色，正是对立信传统的继承和发扬。

　　2018年，立信迎来90周年校庆。本书将此次寻访活动中校友们对求学生活的深情回忆，对成长经历的倾情分享，对在校学生的殷切期望，以及对母校未来的诚挚祝福汇为一册，不仅是为学校90周年华诞献礼，也是对立信精神的传承与弘扬。让我们坚守"信"与"实"的理念，为建设特色鲜明的高水平应用型财经大学共同奋斗！

上海立信会计金融学院校长 校友会会长 唐海燕

序二

今年是立信建校 90 周年，也是父亲诞辰 125 周年。父亲一生为立信事业奋斗。立信从无到有、从小到大，凝聚了父亲毕生的精力与财力。如今，立信与原上海金融学院合并组建"上海立信会计金融学院"，不断发展壮大，有浦东、松江、徐汇三个校区，有漂亮的校舍、先进的教学设施、风景如画的校园，父亲如地下有知，定会含笑九泉。

父亲一生倡导"立信"精神，要求学生"信以立志，信以守身，信以处事，信以待人，毋忘'立信'，当必有成"。翻看访谈录，立信校友始终谨记父亲的教导，处处以"立信"精神严格要求自己，"立信"精神也随之影响了更多人，我想父亲如果看到也一定会感到欣慰。

最后，我想对立信 90 周年校庆和校友访谈录的出版表示衷心祝贺，希望学校传承"立信"精神，发扬艰苦奋斗的优良传统，越办越好，取得更大发展！

潘序伦女儿　潘屺瞻

目 录

第二篇

盛 年
抒 怀

第一篇　耄耋回眸

顾树桢

1980—1988 年任上海立信会计专科学校副校长、校长。历任上海市财政局副局长、局长，上海市人民政府副秘书长；中国会计学会副会长，中国审计学会常务理事，中国注册会计师协会副会长兼秘书长；上海会计学会、审计学会和注册会计师协会会长，上海市财政学会名誉会长等。长期从事财政、会计实际工作及理论研究。

我和立信复校

口述：顾树桢
采访：夏慧勤　蒋李樱　金子琪
整理：夏慧勤　蒋李樱　金子琪
时间：2017 年 7 月 28 日
地点：华东医院

立信学校的恢复是很必要的

　　要说立信能复校最主要的原因还是潘老的愿望。潘老在世的时候总惦记着几件事：一个是立信事务所，一个是立信出版社，还有一个就是立信学校，他要把这些全部都恢复起来。

　　立信学校的恢复是很必要的，为什么必要呢？因为当时会计从业人员在全国来说人数是比较少的。我在财政局做过一个调查，在整个上海财会人员当中，大学本科毕业的只占 6% 左右，专科、中专毕业的占 12%，其他的就是临时培训一下，这个比例在全国来讲还算高的。当时我跟财政部有关同志讲的时候，他们讲你们已经还比我们高得多来，全国大专毕业的平均才 3%，中专以上的也就是 6%，应当讲高学历的会计人员、财会人员相当少。财政部也是这种实际情况。怎么把全国财会人员的水平提高起来？单靠财政一个部门的力量太不够了。当时有些人对财会人员的水平不是很承认。记得有一个财政干部和我说，如果能够把财会人员的学历和能力通过学习实现再提高，那就最好。在这样的情况下，潘老和我在内的一些人觉得提高财会人员的水平，有很迫切的需要，因为当时财会人员的水平实在太差了。潘老的想法就是既要普及，又要提高。在普及这一方面，开了很多补习班，这在当时是很受欢迎的。有了普及就一定要有提高，因此恢复立信学校很迫切需要的。

刚开始办校的时候很艰难

刚开始办校的时候一无钱，二无人。当时我说："教材也没有，大学里面就是两本，一本叫普通会计学；另一本叫工业会计，各种各样的会计学就只有两本。"潘老跟我说："没有教材，自己写！"我说教书的人也没有，他说："没有教书的人，能者为师！我叫我的学生来。"还有个问题，没有校舍，他说："没有校舍，你去借，他们白天用，我们就晚上借。"我没有做过教育方面的事情，潘老还是让我来当这个校长。潘老虽然没有做过我的老师，他的夫人大学里教过我。

我怎么跟潘老比较熟悉呢？那就是顾准的关系。因为中华人民共和国刚成立时，我向地下党要一些财会方面能干的人，地下党就让我去找顾准。我一看顾准年纪这么轻，他比我大3岁，我那时30岁。后来他说："你对我们第一次见面是什么印象？"我说："你太年轻了！"看他写的报告，我以为他总得在50岁以上。因为看他的《银行会计》，照这本书里面写的内容讲起呢，写这本书的人有30岁左右了。后来他说，他写《银行会计》的时候只有19岁。我讲"这么年轻！"他问我认识潘老吗？我说潘老直接不认识，他的夫人教过我书。他讲我们两个一起去吧。那天有事，我没有去。事后我自己去了，这样我就跟潘老认识了。要复校的时候，潘老讲："这个事情还是交给你吧！"

当时来讲，没有计划，就什么都没有。财政部给我们的2500万元，实际上只是基本建设经费，日常的办学经费是没有的。当时整个学校的办公室里只有一二十个人，一些是潘老的学生、亲戚，有些是义务的。我说："没有钱，怎么办？"他讲叫学生出钱。一个学生一个学期30块钱，学生出30块钱也是蛮紧张的。学生家里也很穷，怎么办？他说："我们勤工俭学。"有一点好处就是我当时在财政局，接触的单位和人多，需要的人多。我们办公室的工作人员给一点补贴，或者义务，靠这些钱来解决。学生靠勤工俭学，当时我们第一批大的勤工俭学是教育局招生，没有现在的计算机什么的，当时靠算盘算的。教育局挑选出来的一二十个学生要集中在招生的地方一个礼拜，不

杰出的会计专家 教育家 中国现代
会计之父潘序伦先生铜像揭幕仪式

好回家，我记得当时这也是一笔收入。

到毕业的时候，我又担心，我们不包分配的，怎么办？我并不是找教育局，而是去了卫生局。他们问我毕业生有多少人，我说一共 40 个。卫生局说："全部给我。""四人帮"时期，账没有记好，乱得一塌糊涂，账本放在库房里，几年里都没有弄，要整理账本。""文化大革命"，大家都在闹革命，哪个来管这个东西，都放在库房里，记账没有根据，怎么记法子？几年的东西积在那里。正好让勤工俭学的一大部分学生去整理单据和账本。到毕业分配时，40 个毕业生他们全部都要。那时开了个全国财政工作会议，说上海还算好的。所以当时勤工俭学，学生也没有啥成本，正好给其他各个单位去整理乱得一塌糊涂的账。其实，我是很怕的，学生收费走读，毕业后如果没有工作，叫学生怎么办？解决了学生就业以后，我也放心了，不怕分配不了，还怕不够呢！

后来立信的学生供不应求，有的单位愿意出培养费保证有立信的学生可以录用。立信的毕业生一度全部由用人单位支付一定的培养费。

列入国家计划花了很长时间

要办专科学校，这个时候又限于资格，校舍什么的都有要求，我印象比较深的是一定要有一个400米的跑道，我们还不可能，所以花了很长的时间。

潘老认识的人多，说你去找谁找谁。我找到财政部长，他说："我赞成的，但是没有列入计划里的，根本没有经费的。"我说："另外拨给我们，行不行？"当时的部长王丙乾讲："可以！你要多少？"我说："2亿元总要的。"王丙乾说："陆续给你，行吧？每年给你2000万元。"我跟他讲："2500万元吧。"他讲："那就每年给你2500万元"。这是财政部另外给的，不是教育局计划内的，这才解决了复校第一笔办学经费。财政部还是很支持的，总体上是同意的，具体怎么办找当时还有一个财政部的副部长专门管教育的，叫陈如龙，还有一个具体办事的司长，他们也都想方设法。复校挂牌时，陈如龙部长还参加了揭牌仪式。后来我写信请王丙乾写个学校的名称，他说上海立信的可以写，其他的我不写。所以，总的来讲，财政这条线上办一个专科的学校是非常迫切的，财政部是很支持的。我找到计划委员会的负责人，他听完我说的情况，觉得专科以上会计人员确实缺少，其他教育部门通过潘老的努力，花了很长的时间，总算列进国家计划，这样学校才算真正办起来。后来市政府批就比较方便了。当时我也在市政府，市长汪道涵在批文上签了字。

校址又是计划委的事情，计划委说没有计划，叫我怎么弄法。解放以前校舍在柿子湾，柿子湾老早给人家了。后来我去了那个地方，一看，还不行，太小。也不好赶出人家，人家已经住进去了。校址选在哪里？计划委给了我们两个地方：一个在徐家汇的中山西路宜山路，给我们20多亩；另外还有一个地方，闸北宋公园区域的地方，给50亩。你要哪个？一个20亩，一个50亩，那我想来想去，我不要50亩，宋公园那个地方，上海讲起来是下只角，也不是办教育的地方。我要徐汇区那个地方，徐汇区那里多一亩也不可以，后来我说："造多高？"他们说，"你向上面去我不管，下面往外扩不行。"当时批了几层我忘了，后来我们又加了几层，一共是16层。加了后我

跟计划委讲，他们说："向天要地我不管，再高也不管，只要你有钱你就加，要放宽不行。"所以当时立信的徐汇校区是周边数得清的几幢高楼之一，上海的教育局也很积极，帮我们设计校舍。

到立信校舍真正建起来，潘老已经病重了。我们看他越来越虚弱了，就做了一个校舍模型，送到潘老的病榻跟前给他看，他看了点点头，之后没几天就过世了。复校后第一个校舍就在徐家汇中山西路那个地方。

我做的主要工作就是刚刚开始的时候把这个学校立起来，复校后教学等方面的事主要是孙庆元他们几个具体在管。

2018 年立信 90 周年了。从过去的补习学校到现在本科院校，学校的规模很大，是我们过去很难想象的，声誉也越来越高。希望同学们认真钻研，会计跟各个部门关系很大，我深深地感觉到，在财政方面完全离不开会计和财政方面的理论，新的会计理论还要很好地提高，希望有所进步。

最后祝贺立信 90 岁生日快乐！

梁正品

　　1925 年 9 月出生，1943 年参加中国远征军，1952 年起黔南州林业局职工。1982 年获得财政部颁发的会计师职称证书。黔南第一批中级会计师评委之一。退休后创作完成了 20 多万字的回忆录《平凡人生》书稿，记录自己从重庆到印缅抗日战场，再到中华人民共和国成立投身于社会主义建设的坎坷人生。1943 届校友。

一个立信人的"平凡人生"

口述：梁正品
采访：何佩莉　张嘉薇
整理：张嘉薇
时间：2017 年 4 月 13 日
地点：贵州都匀中医医院

学徒工"误打误撞"踏上会计路

　　9 岁那年父母相继离世，我是在重庆的孤儿院长大的。那个年代像我这样的小孩很多，也根本不可能上学，大部分很早就开始出门讨生活了。在别人的介绍下，我到当地一家卷烟厂当学徒工，教我装订的陈师傅是个二十七八岁的青年，为人和气，每天工作之余都会在工作台上伏案学习。这激发了我的好奇心，原来陈师傅在当时立信举办的会计讲习班读夜校。

　　那时候上海抗战局势十分严峻，潘序伦校长决定将学校迁至重庆北碚。学校内迁到重庆后几年，培养了大批会计专业人才。学校为解决抗战期间流亡内地的失学、失业青年的就业问题，在重庆开办了立信会计讲习班，目的就是为了能在较短时间内使失学、失业青年掌握会计专业技术，获得就业机会。

　　在陈师傅的鼓励下，我开始接触会计方面的知识。我用了 20 多天的业余时间，逐字逐句对会计入门《初级商业簿记》反复认真阅读，还尝试用珠算、笔算演算习题上的算式。慢慢地自己开始对会计原理、记账方法等内容产生浓厚的兴趣，这更让我坚定了上夜校学会计的决心和信心。不久，在陈师傅的帮助和厂里的支持下，我正式开启了在立信会计补习班两年半工半读的学习生涯。不过，那时候我没有想到这个决定会影响我一生，更没有想到在立信所学的会计会成为我毕生从事的工作和事业。

那时的立信会计讲习班开设有初级商业簿记、高级商业簿记、会计学、成本会计、银行会计、政府会计等课程，每门课 3 个月，约 100 个课时，每周授课 6 个课时，分星期一三五、二四六的晚上 7 点至 9 点，授课两小时，作业由学生自己安排时间完成。每门课程经过考试及格后发单科结业证书，修完各科经过毕业考试，合格后发毕业证书。学校这样安排是为了照顾大多数白天还要工作谋生或已在从事会计工作的学生，提高业务水平，顺利完成学业。

我用了 9 个月的时间，到 1943 年 5 月修完初级商业簿记、高级商业簿记、会计学 3 门课程，每门课结业考试均取得优秀成绩。

穿越喜马拉雅山远赴印缅抗日战场

1943 年 11 月，重庆市总工会向社会募招军人赴印缅抗日前线，想起日军的种种暴行，我毫不犹豫地报了名。入伍后，我被编入中国驻印军指挥系统（总指挥史迪威、李尔登，副总指挥郑洞国，参谋长柏诺德）直属部队战车运输第一队任一分队军需上士。

从重庆到缅甸这一路充满波折，部队运送士兵的军车因为机械老化，加之当时川滇公路崎岖不平，在群山峻岭中爬行缓慢，汽车经常抛锚检修。到达云南后，我跟随部队在昆明巫家坝机场乘坐飞机，沿着驼峰航线、翻越喜马拉雅山脉。

我还记得那时候第一次坐飞机，大家都很兴奋，又有些紧张。"发动了，起飞了，在螺旋飞快转动的轰鸣声中滑行上跑道，速度逐渐快起来，在飞驶中离地升空，坐在机舱中的每个士兵，一定和我一样万分激动，挥手向养育我们的母亲——伟大的祖国告别。虽然没有像文学作品中那样华丽的词藻：'再见！伟大祖国，为了保卫您不受侵略者的践踏蹂躏，我们一定会狠狠打击日本侵略强盗，我们一定会凯旋，重新回到您的怀抱！'我相信每个战士这时的内心都在这样默默呼喊着。"

抵达印度汀江机场后，部队开始更新装备。我和战友们将国内的土布军装换成适合丛林的轻便军装,分批被汽车运往印缅边界列多军营,接受短期丛林战训。说起丛林战训,其实并没有很复杂,更多的是教我们这些士兵学会适应丛林生活,在丛林恶劣的自然条件中求得生存的本领,大至抵御毒蛇猛兽的侵袭,小到对蚊蚁毒虫,蚂蟥之类的防范。

后来,我所在的运输大队接到开往缅北前线的命令,分队长(连长)、军士都领到冲锋枪,普通士兵每人一支带刺刀的美式步枪。我们的目的地是刚攻克不久的新坪洋,这是进入缅北"野人山"的门户,距边境约 70 千米,为驻印军入缅必经之地。刚到驻地,我们就立即投入了新坪洋基地建设。全分队 120 多人,我年纪最小。我们跟随野战部队,在公路尚未修通地段,搬运空投弹药、给养,徒步将弹药给养穿越丛林运送到临时军供点,任务十分艰巨。

身在异国原始丛林,大家无时不在思念着亲人。但为了抗战胜利,已经没有退路,大家只有一个愿望,狠狠打击敌人,把日本鬼子赶出缅甸,早日修通中印公路,打通这条陆上的国际通道。

第二年,我和原运输大队 80 多名士兵在缅北孟拱被编到宪兵营学兵队,执行战地宪兵勤务,随反攻缅北战事的进展,先后在攻克后缅北的密支那、八莫、南坎驻防执行战地宪兵军事警察勤务,直到 1945 年 8 月日本投降后,我们才被空运回国。

晚年书写抗战烽火岁月

1952 年,我怀揣录取通知书和户口迁移证,兴冲冲来到曾家岩——我出生的地方,西南伐木总公司贵州公司招考处报到,正式成为一名工人。后来我又被分配到黔南州组建伐木公司(即现在黔南州林业局)。4 年后,分局迁驻都匀,我又举家迁到都匀,一干就是 30 多年。1982 年我被全国专业职称评审委员会评定为会计师,获得财政部颁发的"会计师职称证书"。

1987 年,我正式退休。一辈子忙惯了,退休后还是闲不住。省林业厅邀请我担任第二期、第三期全省林业财会训练班的教学工作,还让我参加编写《贵州林业企业会计》一书,我都答应了。后来,因我曾经在林业会计培训班负责教务,教学经验丰富,州财政局又推荐我担任财政部中华会计函授学校黔南函授分校教务主任。退休之后,我

又多次担任州各职业学校、专业培训班的会计课教师。

退休了，我有更多的时间发展自己的业余爱好。我喜欢读书看报、写作和摄影，一些摄影作品还在全国和省内获奖。80大寿的时候，我突然想到应该在有生之年把自己的坎坷人生整理成文，为后代留个纪念。于是，我开始跑图书馆、进书店，自学电脑打字，查阅关于中国远征军抗战历史资料，结合自身经历，提笔撰写自己的回忆录。在家人和亲友的支持下，最终创作完成了20多万字的回忆录《平凡人生》。书中记录了我从重庆到印缅抗日战场，再到中华人民共和国成立投身于社会主义建设等近一个世纪的人生经历。

后记：由于梁老在印缅战场上经常遭到飞机、枪炮的震慑，听力较差，加之已是93岁高龄，交流比较困难。此次采访主要由他的老伴石秀云老人帮助沟通。2017年9

月 3 日是中国人民抗战胜利 72 周年纪念日，就在这天晚上，原中国驻印远征军抗日老兵梁正品因病辞世。

在此，表示深深的敬意与追思。

余盛钧

　　1922 年出生。1957 年至 1986 年在内江财贸学校（现内江职业技术学院）从事会计教学工作，1981 年担任四川会计学会理事，1989 年担任内江会计师事务所诚信办事处主任、法人代表。1992 年其编撰的《中国注册会计师简史》出版发行，2009 年《中国历代会计著述选》出版发行，2012 年《注册会计师法规史》出版发行，被誉为"会计史大家"。1946 届校友。

七十三载立信情缘

口述：余盛钧
采访：张金晶　张嘉薇
整理：张金晶
时间：2017 年 7 月 28 日
地点：四川内江中医医院

立信美好的学习时光

1944 年 9 月，我考入重庆立信会计专科学校，学制是两年半。在我印象中，学校常聘请一些著名学者、专家来给我们授课和作报告。我的班主任王逢辛先生就是民国二十四年（1935 年）全国第三次文官考试的第一名。

我是市区班第三届，第一学期入学后，潘校长就到班上作了一次讲话，内容是"天助自助者"，指出人们成长需要有助力，要不等、不靠、不求人地自己努力，才能获得天助，这个天指的是社会力量。潘校长以自己的亲身经历作启示，说在年轻时从老家宜兴初到上海，显得有点"土气"，经黄炎培介绍入读圣约翰大学成为"特别生"，英语很差，奋力直追才获准成为正式生。1921 年，潘校长以优异成绩毕业，正值上海南洋兄弟烟草公司设立赴美留学名额，通过考试留学美国。在留学的 3 年中，他刻苦学习，从未去看过一次电影。讲话中，潘校长还叮嘱我们要有良好的时间观念。他自己在外出差，从未误过一次开车或开船时间。潘校长说会计有反贪腐功能，他将一切金钱财物比作肉类，会计比作食盐，加入食盐的肉是不会腐烂的，并鼓励大家要认真学好会计技术。

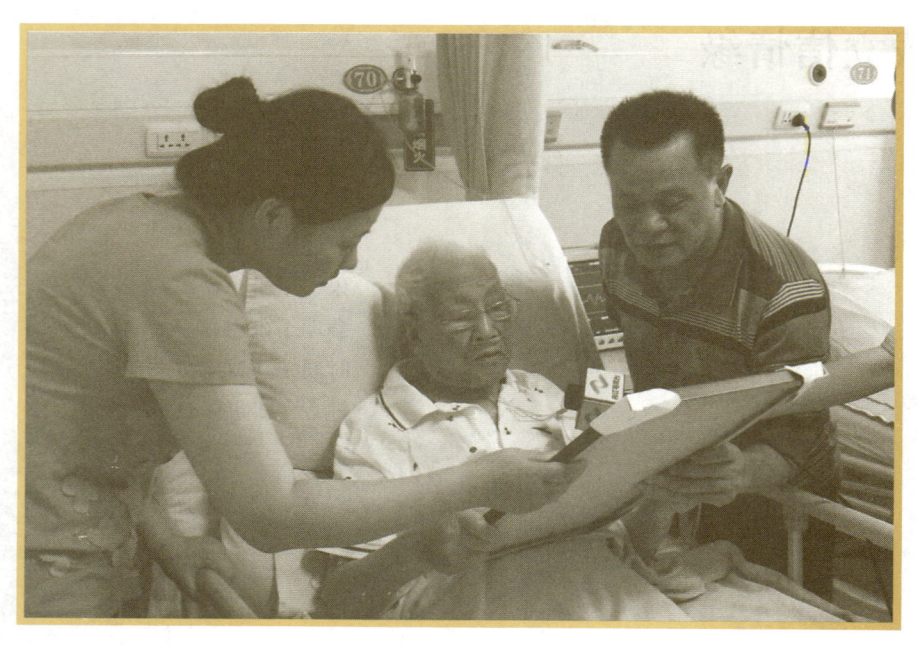

当时，我们要修16门课程：国文、伦理学、英文、经济学、初级会计学、高级会计学、货币银行学、经济及工商管理学、金融市场学、财政学、商法学、统计学、政府会计学、审计学、成本会计学、公司会计学、商业概论。初级会计学及货币银行学由留美海归吴德培先生教授。金融市场学由海归专家杨荫溥先生教授，杨教授在中华人民共和国成立前担任上海证券交易所的主管。商业概论则由章乃器先生教授，他与沈钧儒、邹韬奋、史良等7人是国民党关押的"七君子"之一的高级民主人士。教经济与工商管理学的李云良先生是中国农业银行总行的处长，在我们的作业上总是用英文批语。

此外，学校还邀请学者、名人为我们作报告，其中有刚被国民党政府释放的经济学大家马寅初，他总是不忘抨击国民党的腐败；另有名家杨卫玉，他向我们讲述"仕而优则学"，鼓励我们这些在职青年读高等学校夜课；另一位川籍首位会计师李觉鸣，他讲会计的地位与作用；还有位梁寒操，是国民政府宣传部长，他较为民主。在专家、学者作报告前，潘校长都会作介绍，并称赞他们的德才和高尚人品，要我们向榜样学习。

1946年冬，我们临近毕业，当时潘校长在南京国民政府担任经济部常务部长，因公回到重庆，又到班上作报告，鼓励我们毕业后，要发扬立信校训的精神，以优良的

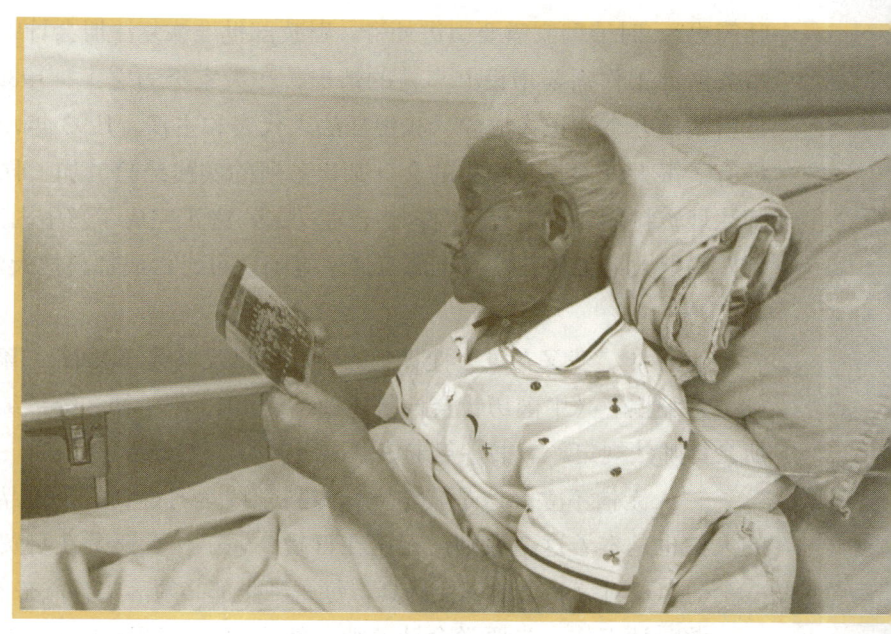

会计学理论和技术服务社会。潘校长平易近人，深受学生的尊崇。

我们第三届同班 1944 年秋季开学时，有同学近百人，待到 1945 年抗日战争胜利后，部分同学随单位迁回原地，因此，在 1946 年毕业时只有 35 人。

践行立信的诚信精神

从重庆立信会计专科学校毕业后，我开始把学校学习的专业知识投入到实践中去。1950 年 8 月，进入内江专区百货公司会计科。1961 年调入内江财贸干部学校，做会计培训工作。1974 年内江财贸学校成立，一直到 1988 年退休，我一直在做会计的教育工作。

1981 年，四川会计学会成立，我受邀参加，后被选为学会理事，一直干了 6 年。在此期间，我通过和同行们探讨，越来越感觉会计不单是技术，还有很多学术问题、理论问题值得探究，读书时我偏爱历史，就将自己的研究领域聚焦于会计史。

在搜集了大量会计史方面的资料后，我开始动手写第一本书——《中国注册会计师简史》。时值国家需要引进外资，财政部批准恢复注册会计师行业。得知内江会计师事务所因工作需要增设办事处的情况，在大家努力之下，1989年10月内江会计师事务所诚信办事处正式成立，我担任法人代表和主任。1993年，我国注册会计师事业已经有了很大发展。我积累的会计师事务所的实践经验，加上收集到的旧中国注册会计师法规资料等，按年代、内容整合在一起，终于完成了《中国注册会计师简史》，并得到西南财大毛伯林教授、上海王逢辛老师认可，由成都科技大学出版社出版。那一年，我71岁。

2009年，我又在过去搜集到的会计史料及摘选《汉书》《隋书》会计相关著述的基础上，编撰了《中国历代会计著述选》。 2012年年初，继续编写早年写了大半的《注册会计师法规史》一书，年末该书出版。

"人无信不立"这是我在立信专科学校学习得到的个人品德的教育。后来我个人的人格也是本着这个原则。无论在百货公司工作，还是在财贸学校工作，都本着这么一个理念，对每件事情都要认真，每一笔账都必须落实，从来不搞掺假的事情。

做会计工作，先要学会计道德，然后才是会计技术；如果没有会计道德，会计技术也是没有作用的。

牵挂母校的赤子之情

从立信毕业后，我始终心系母校。1974年5月，我在上海中兴保险公司任职，曾与校友罗扬章一起到徐家汇立信会计专科学校参观，有幸又巧遇潘校长从南京回校视察，我们上前问候，他也热情询问我们的工作情况，并给予勉励。

20世纪80年代，在新闻报刊上看到立信的信息也随时收集，得悉立信复校，我曾多次写信问候潘校长和王逢辛老师，得到回信。1993年，我撰写出版《中国注册会计师简史》时，王逢辛老师为该书写序言，得以增辉。

2016年4月，我再度回到了阔别已久的母校，参观了徐汇校区、松江校区，亲眼见证了学校的发展。在学校举行的欢迎式上，我作了题为"牵挂72年的立信情缘"发言，回忆当年在重庆立信会计专科学校的学习生活，因为当时上课的地点在重庆立信会计师事务所的办公楼内，所以有幸能得到潘序伦校长的教诲。潘校长"天助自助者"

的教诲我记在心中 70 余年，从不敢忘怀。我将自己的书画作品，在校友通讯上发表的文章，以及珍藏了 70 年的当年所用的教材捐给学校校史馆，希望学校的明天越来越好。

后记：2017 年 7 月 28 日，我们在四川省内江中医院病房采访了校友余盛钧老先生，病床上满头银发的余老始终惦记着母校，激动地向我们讲述他的楷模——潘序伦校长的故事。得知学校明年将迎来 90 周年校庆，他颤抖地写下"天官钩考实成详，孔圣箴言会计当，立信精神传百世，百万桃李国运昌"的诗句，祝愿母校美好的未来，并将自己珍藏的民国二十八年（1939 年）出版的立信会计教材《初级商业簿记》赠送母校。遗憾的是，2017 年 10 月 12 日凌晨，校友余盛钧老先生安详去世，享年 96 岁。斯人虽然已去，但他身上传承的"立信精神""立信文脉"却深深烙刻在我们脑海中。

祝幼琬

    1929 年 10 月出生，1947 年进入学校学习。中华人民共和国成立之前，她是立信中共地下党工作负责人；中华人民共和国成立后，曾任上海嵩山区团委书记、区委组织部长。1956 年调中共中央组织部工作，1958 年调入外交部，1984 年任驻美国大使馆公使衔参赞、党委书记；1988 年任驻希腊大使、党委书记。1992 年离休。1948 届校友。

毋忘立信　当必有成

口述：祝幼琬
采访：高永祥　唐　滢　姜思瑜　高逸晨
整理：高永祥　唐　滢　姜思瑜　高逸晨
时间：2017 年 11 月 9 日
地点：祝幼琬寓所

初入组织　结缘立信

　　我的中学时代是在黄炎培先生创办的上海中华职业学校上的学，当时处于抗战时期，家里有姐弟 4 人，经济条件不是很好。我的父亲在上海中华职业教育社工作，收入微薄；母亲是农村妇女，没上过学，不识字，但是她为人非常善良。按照父亲的意见，我就读于中华职业学校，学习一技之长，便于毕业后步入社会找得到工作。那时上海还处于国民党统治下，百姓生活艰难。当时共产党领导下的学生反饥饿、反内战、反迫害的群众运动蓬勃发展。在学校里和家里，我都受到一些进步思想的影响，我大姐是在抗战时期参加共产党的。在各种积极因素的影响下，我慢慢地接受了中国共产党进步思想，17 岁时就加入了共产党，当时处于秘密的环境下。中学毕业后，按照上级组织的意见要我进入立信专科学校，因为那里没有党员。我第一学期在市区班，读的是夜校。为了便于联系群众开展工作，第二学期党组织要我转到柿子湾日校住读，当时立信日校的校长是潘序伦先生，潘老是个值得尊敬的人，他把国外的会计学引进了国内，改变了原来的记账方法，他可以称得上"中国现代会计之父"。当年我印象最深的还是立信的会计课程，这是一门非常严谨、细致、务实的学科，我们使用的教材是全英文的教材，在没有会计知识的同时还要攻克语言关，压力和挑战很大，也意味着要付出更多的努力。我就是在这样的背景之下开始了我的立信学习之旅的。

豆蔻年华 砥砺前行

作为党员，我深知首先要学习好，才能得到同学的尊重。当时还有两名党员和我同时进入立信，我们 3 人组成了一个支部，由我担任支部书记。通过举办文娱活动，丰富同学们的课余生活，也给我们提供了联系群众、开展工作的平台。我经常找机会与同学谈心，取得了一定的成效，使同学们了解到中国的社会现实情况，提高了觉悟。但是凭借学校区区几人的力量实在是太薄弱了。我们党支部成立以来还未组织过较大规模的活动，有一次我们请了其他学校的一些同学到立信来演活报剧，受到同学们的欢迎。演出之后，校方迫于一些反动势力的压力，勒令组织这次活动的同学退学。我们又组织同学进行反开除斗争。我记得很清楚，潘校长找我谈了话，批评我们不该把外校同学带到校内来，最后的结果是除了令我停学 1 年，其他同学仍留在学校继续上课。这看起来似乎是一个小小的胜利，但是由于我的身份已经暴露，所以我离开了立信。但我并不怪潘校长，我知道他这么做是为了保护我，如果当时潘校长不这么做的话，也许我就被国民党警察局盯上，处于危险境地了。

兢兢业业 不忘初心

虽然我在立信专科学校学习的时间不长，但我从未忘记母校对我的教诲，立信的校训"信以立志，信以守身，信以处事，信以待人，毋忘'立信'，当必有成"这 24 字一直深深地感染着我，也成为日后我为人处事的原则。

中华人民共和国成立后，我担任上海嵩山区青年团团委书记，后又调任嵩山区党委组织部长。1956 年，我调到北京中央组织部工作，1958 年调到了外交部，一直工作到 1994 年离休。我在外交部工作了 36 年，其中有七八年是在驻外使馆工作。让我感

受最深的是作为大使"外交无小事"。在外事场合，你无论是待人接物、举手投足，或者是一句话，代表的不仅仅是你个人，更代表了你的国家。不能自作主张，一定要请示报告，这是我们当年工作时，主管外交工作的周恩来总理所交代的。中国社会主义价值观中有这么一条"爱国、敬业、诚信、友善"，爱国始终是放在第一位的，每一位中国人，每一位青年，都应当牢记自己中国人的身份，真正做到民族自尊自信。

　　学好外语很重要，外语作为语言传播工具，如果你能够掌握好一门外语，那么你在与外国人交流时更亲切更透彻，这是通过翻译这个媒介所达不到的语言沟通效果。现在你们条件比过去要好多了，在学校尤其要利用好外教这个资源（英语学习过程中，环境还是相当重要的）。

　　我在北京定居几十年，但却从未忘记母校，也时刻惦记着她。多年前我去上海时特意去了立信的松江校区，去的那天是礼拜天，校园里没什么人，虽说那里已经不是我当年学习、生活的那个柿子湾校区了，但当看到育才楼大门口墙上的校训，我知道，尽管时过境迁，但母校的精神一直延续至今。我看到校舍建设得很漂亮，校园里还矗立着潘老先生的塑像。看到母校这几十年来如此蓬勃发展，又与上海金融学院合并，"立信"二字得以保留，感觉很欣慰。目前母校已有学生两万余人，凭借立信的建校历史沉淀，与金融学院合校以后实现跨越式发展指日可待！

耄耋之年 仙风道骨

在此我也希望大家一定要培养一种属于自己的兴趣爱好，或者是一技之长。年轻人一定不要怕在陌生人面前表现自己。拿我自己来说吧，我之前的兴趣爱好并不多，或者说是并不精益。我在国外担任大使时，在一位外国朋友家作客，当时主人邀请我弹一首钢琴曲，我只能不好意思地摆摆手示意我不会。这件事对我触动很深。作为一名外交官，除了做好本身业务外，也要学会一技之长。回国后，我对外交部的年轻人说，作为外交官，你们一定要学一门艺术，画画也好，毛笔字也好。像布什总统生日的时候，驻美国大使夫人用正楷写了一个寿字送给他，他非常高兴。离休后我买了一架钢琴，我请了一位从上海音乐学院钢琴系毕业的老同志，教我钢琴，那时我已67岁了，正所谓活到老学到老，不要怕学习起步的时间有多晚，只要努力就会有收获。至今只要有空余时间，我还经常弹弹钢琴，陶冶情操。

如今我的身体尚可，许多人问我保养身体的方法是什么，我想除了适当的运动之外，兴趣爱好的培养也是保持心态年轻的关键一点。只要心态年轻了，心情愉悦了，那么身体自然不成问题。"身体是革命的本钱"，希望大家珍惜自己的身体，平日里培养一些兴趣爱好，这样对精神、身体都有好处。不仅仅是钢琴方面的爱好，离休之后，我还参加了绘画班学国画，选择几幅表装好挂在墙上自我欣赏。

校友寄语 谆谆教导

现在我们老了，而你们是中国正在崛起的新兴力量，是可以见证中国"两个百年"

的幸运儿。如今你们尚在读书，少年强则国家强，读好书是必不可少的！你们要牢记立信的校训，党和国家的两个一百年的重担需要你们，中国的未来也在你们身上。希望你们努力学习，相信母校也会越办越好！

单世充

1931 年 2 月出生。曾在中国空军和中国航空业等多个政府机构中担任职务。1949 年 7 月考入华东军事政治大学学习；1951 年被分配到中国人民解放军飞行部队工作；1952 年参加"抗美援朝"，历任国家民航总局政治部主任、公司党委书记、总经理等职务，共立功受奖 7 次。1996 年离休。1949 届校友。

峥嵘岁月

口述：单世充
采访：张艳敏　史　进　苏涵青
整理：张艳敏　苏涵青
时间：2017 年 7 月 9 日
地点：单世充寓所

参军保国紧跟党

我刚从立信毕业还没想好要做什么，恰逢解放军征兵，我就毫不犹豫地报了名，考上华东军大。我参军的事曾有家人反对，原因是那时共产党还没解放中南、西南地区，局势还不明朗。但我还是坚决地参了军。我为什么会坚定地作出这个决定呢？因为共产党内部很团结，一心为老百姓着想，有着破釜沉舟的勇气、统一山河的决心和坚定的政治信仰，我在共产党这里看到了希望！反观国民党呢，贪污腐败，干部作风不检点，渐渐失去了民心。当时部队实行供给制，背心、长裤、袜子全都是发的，什么都不需要你带。在部队一个月发给 4000 块钱旧币，相当于币制改革后的 4 角钱，用来买些日常生活用品。我是 1949 年 7 月 21 日进的部队，刚到部队的时候主要是政治学习，也拿枪站岗，之后参加工作，因为那时候中华人民共和国刚成立，便主要负责审查国民党起义军官的工作。

刚到华东军大的时候，觉得部队生活有些艰苦。但既然决心参军，就一定要坚持到底。那时候每天都要出操锻炼、政治学习、出勤站岗，日子虽然有些艰苦，但内心

感觉非常有意义、非常值得。我在华东军大学习8个多月，分配我们参加负责审查国民党起义军官。审查的对象，主要是国民党上尉以上、上校以下的军官。这些人成分复杂，年龄又大，加上军衔都比我们高，审查起来不大容易。我们都是新兵，对我们来说，少校这一职位已很了不起，资历及经验要比我们强。感到他们不大听话，常有牢骚等。当时我们的校长是陈毅元帅。陈毅元帅发现了这一现象，在对这些军官作报告时说："你们不要认为自己官大，他们只是排长，你们是连长、营长，就不尊重他们。要知道这些解放军就是管你们的，对你们这些官，他们就都要官大一级，你们不要有什么优越感，都要服从命令听指挥。"经陈毅元帅这么一说，这些军官就明白了自己的身份，听从我们的管理和调令了。

1952年，我参加了抗美援朝中国人民志愿军。

尽职尽责机械师

"抗美援朝"时期，我们国家的空军刚成立不久。美国有老牌空军部队，他们干了30多年，我们3年都不到，技术和经验都不如人家。面对敌众我寡、敌强我弱的悬殊差距，我们年轻的空军没有退缩。我们发扬陆军拼刺刀的战斗精神，用坚定的信念和钢铁般的意志与美军机展开了激烈的战斗。天空是空军的战场，腾空起飞杀向敌人，把美军战机打下来是我们应有的担当与职责。当时的科技不如现在这么先进，还没有遥控、雷达这样的先进装备，在空中全靠视力抢占优势位置。美军战机从北往南飞来，我军战机从南往北飞去，谁先发现对方，谁便能抢占先机。飞机拉起来、降下去或是绕到对方机尾，我军战机就是这样与敌人周旋的。飞机上有个瞄准具，一个光圈，你用瞄准具锁定美军战机，一开火便能把它打下来。飞机上还有连动的摄像机，能捕捉到美军战机被打下来的画面。

空军部队直接参战的有两种人，飞行员和机务人员。我去了机务部门，开始做一名飞机机械兵，之后做机械员和机械师。机务人员是飞行部队的重要组成部分，机务人员工作必须认真负责，一丝不苟。只有保障了飞机的安全，飞行员才能无所顾忌地驾机升空。飞机机械师的主要工作是检查、维护、修理飞机部件，保障飞机安全飞行。对一个机械师来说，不仅要掌握专业知识，还要有强烈的责任心和安全意识。每次飞机起飞前、落地后都要进行安全检查。我们当时基本上是一个机械师负责一架飞机，负责这架飞机的机械师是固定的，但驾驶这架飞机的飞行员不是固定的。上午是这个人，下午可能是另外一位了。飞行员驾机升空飞行时，这架飞机就属于飞行员。当飞机飞行或者战斗归来，飞行员要把飞行或空战中飞机的状态或问题告知机械师，通过交接手续后，机械师又成为飞机的主人。机械师要对飞机了如指掌，要懂它的机件，它的性能、发动机。保证飞机安全，这是机械师的天职，丝毫马虎不得，任何差错都可能造成不堪设想的后果。

很多人认为机械师天天跟机器打交道，枯燥又无乐趣。我并不这么认为。除了要认真负责外，还要反应灵敏、技术熟练，检查飞机不仅要快，而且还得保证万无一失，这就要求机械师必须具有过硬的本领。飞机是一个复杂庞大的系统，做机械师这份工作不仅要细心，还要有责任心。

立信精神代代传

抗美援朝回来后，我被调到了部队的公安机关，做了 20 多年的公安工作。地方叫公安，部队叫保卫，我们就是保卫部，还是负责安全、审查和破案等工作。

我现在在中国关心下一代工作委员会工作，这个单位是专做教育和传帮带学生，特别是大学生的工作，以会费捐献、赞助的经费来资助有困难的学生，保障青少年的合法权益，共同推进全国关心下一代事业的发展。孩子如果家庭经济困难无法上学，我们会给予一些资助。

在学生时代，我念过好几所大学，其中对我影响深刻的便是立信。立信的校训非常好，我到现在还记得："信以立志，信以守身，信以处事，信以待人，毋忘'立信'，当必有成。"这 24 个字的关键是"诚"和"信"，是为人和处事的根本，也是我为人做事所遵循的原则，真可以说奉行一生，受用一生。上大学的时候，我对老校长潘序伦先生甚是敬仰，他怀着教育救国的理想，卖掉房子，毁家办学以充教育之资，不遗余力地投身会计事业，那时候这样的人真可谓凤毛麟角。我从立信毕业已有 68 年了，在立信接受的教育潜移默化地影响了我的一生。现在，我仍然随时尽我所能地宣传立信。我常到民航的学校和机关给学生和干部们讲立信，讲诚信，讲怎样以诚信为本，立身处世为人。我在立信时有位李文杰老师，后来曾跟我说，你是我教过的学生中最有出息的一个，一不贪污受贿，二不腐化堕落。这 12 个字也是我在民航学校上课和机关讲话时经常会说到的。我们不仅绝对不能贪污受贿、腐化堕落，还要从诚信为本做人。事情做错了固然不好，但要坦诚，要及时改正。这便是我对"立信"两字的理解和受用。

吴明瑜

1931 年 8 月出生，1949 年就读于上海立信会计专科学校。先后在福建省财政厅、国务院地方工业部、中国科学院、国家科委和国务院发展研究中心工作。曾任中国科学院政策研究室主任、国家科委副主任、国务院发展研究中心副主任，兼任中国科学学与科技政策研究会副理事长、中国技术经济研究会理事长。

主持研究制定 20 世纪 80 年代国家十二项重大技术政策的成果"《中国技术政策》蓝皮书"，获国家科技进步一等奖 (1988)。1978 年 3 月 18 日，全国科学大会在北京召开，开启了中国科学技术发展的春天。他是这段历史的亲历者、记录者、研究者。

拥抱科学的春天

口述：吴明瑜
整理：杨小林

为华国锋和邓小平起草讲话稿

根据全国科学大会筹备工作领导小组的研究决定，由我和林自新负责起草华国锋、邓小平讲话稿，罗伟起草方毅讲话稿，胡平起草郭沫若讲话稿。郭老的讲话稿就是后来发表的《科学的春天》，收到中学语文课本里去了。4 个讲话文件中，最重要的是邓小平和华国锋的稿子，因为政策声明都在这两个稿子中。我和林自新当时想，邓小平的讲话应该从他作为科学教育主管领导人的角度来讲党的科学工作的政策，党的知识分子的政策。邓小平讲话稿中的重要观点很多是他当时一系列讲话的精神，有很多是"八八讲话"中的原话。

当时童大林提议，我们应该仔细研究一下《马克思恩格斯全集》中有关知识分子问题的论述。马克思在《剩余价值论》中，有几段关于知识分子的非常生动的分析。他说一个工程技术人员，在企业里面他是专家，但同时又是生产工人，因为他是创造剩余价值的，是受剥削的。再有教师，他们一方面是学者，同时他们又是生产工人，因为他们为学校老板创造剩余价值，也是受剥削的。又讲到艺术家，如果他们是在街

上自由卖唱的，是自由职业者，就不属于生产工人的范畴。但如果是在剧院里面为剧场老板卖唱，他们就是生产工人，他们的劳动是创造剩余价值的，是被剥削的。

根据这个分析，我们在邓小平的讲话稿里坚决地写上了"知识分子是工人阶级的一部分"。引用了马克思的话，当然写得太长也不行了，就说"马克思曾经指出，一般的工程技术人员也参与创造剩余价值。这就是说，他们也是受资本家剥削的。"同时还写道"他们的绝大多数已经是工人阶级和劳动人民自己的知识分子，因此也可以说，已经是工人阶级自己的一部分。他们与体力劳动者的区别，只是社会分工的不同。从事体力劳动的，从事脑力劳动的，都是社会主义社会的劳动者。"小平同志讲话是向全国公开的，几千人的大会啊，这比1962年的规模还要大，影响还要深远。

邓小平同志的讲话稿一共三个部分，第一部分有两个主要论述：科学技术是生产力，知识分子"是工人阶级自己的一部分"。关于"科学技术是生产力"，引用了马克思的话"生产力中也包括科学"，并作了进一步的分析和阐述。第二部分讲科技队伍建设。第三部分是关于科技工作的一些实质性的措施，包括党如何领导科学技术工作，科学工作中如何配备干部，怎么选拔人才，学术上要坚持"百家争鸣"方针等具体的内容。

邓小平同志认为第三部分也很重要。他有一次跟外国人讲："我在科学大会上的发言，讲的第三部分不为很多人注意，大家没有注意，其实很重要，我愿意当大家的后勤部长。"他对"科学技术是生产力"这句话非常喜爱。1989年他会见外宾的时候又说了一段话，他说："过去说，马克思认为科学技术是生产力，现在看来不够了，科学技术是第一生产力。""科学技术是第一生产力，那么知识分子就不是老九，而是第一了。"后来我们在学习讨论中认为，邓小平讲"第一"这两个字不仅仅是个序列，他讲的是"第一重要"，是最重要的生产力，因为科技推动了其他的生产力。1992年他南巡的时候又讲，要提倡科学，靠科学才有希望。他最后的十几年，看到了世界的变化，越来越感觉到科学技术的重要性。

至于华国锋讲话的稿子，因为他当时是国家的首席领导人，那么他要从更宏观的角度来讲。我和林自新商量之后，我们决定去请教一下耀邦。当时胡耀邦同志在中央党校工作，他非常关心科学工作。胡耀邦建议华国锋的讲话应该讲一讲"科教兴国"或者叫"科教建国"。他说，在旧社会里面，很多企业家、科学家、教育家提出了工业救国、实业救国、科学救国、教育救国都不成功，为什么？因为政权没有改变，还在反动分子手上，他们根本不会去推动科学工作的发展，更不可能来教育兴国。现在有条件了，我们应该提出一个新的口号，叫"科教兴国"或者叫"科教建国"。我们一听这个设想非常好，和邓小平当时讲话的精神是一致的。邓小平明确指出，我们国家要赶上世界先进水平，要从科学和教育着手。就是说要科教兴国，要搞四个现代化，突破口就是科学技术，而科学技术的基础在于教育，要培养人才。我们听他讲的时候非常激动。所以，我们接受胡耀邦同志的建议，回来后就把两个稿子这么起草了。

这两个稿子写完以后，同时送上去。邓小平同志的稿子很快有了回音，因讲话稿体现了邓小平同志的改革思想和那期间多次的讲话精神，邓小平同志只在段落上和个别字句作了些调整。据《邓小平年谱》中记载，邓小平在1978年2月底说过："国家科委替我起草的大会讲话稿，我看了一遍，写得很好，文字也很流畅，讲话稿中的意思多半是我过去讲过的。"

两个讲话的分歧

为邓小平同志准备的稿子当时在科委和科学院内部没有遇到任何障碍，但有来自上层的阻力。当时，汪东兴在政治局会议讨论稿子时说："我看这个稿子马克思主义水平不高，毛主席讲了那么多关于科学工作和知识分子的问题，为什么不引用？"他特别例举了"对知识分子要团结、教育、改造"为什么我们没有写。会后方毅同志和我们请示邓小平，小平同志说："一个字也不要改。"

大会开幕的前一天，讲话稿要付印了，吴冷西打了一个电话来，又提了两条意见：第一条意见，建议修改一个标点符号；第二条意见，关于知识分子"是工人阶级自己的一部分"，建议修改成"我们已经有了一支工人阶级的又红又专的知识分子队伍"。这个意见同邓小平同志讲稿的意思有着根本的区别。因为知识分子"是工人阶级自己的一部分"这是一个全称，是指知识分子的整体队伍。说"有了一支"是多大的比例呢？是10%？20%？30%？还是90%？而邓小平同志的讲话是从整体上肯定知识分子的。这是把这么重要的命题改了。我们与方毅同志讨论这个事情时，明确提出了这个看法，方毅同志立即向邓小平汇报。邓小平同志说，第一条意见接受他，标点符号你们改一改；第二条意见不改，维持原样。

我们为华国锋起草的讲话稿却一直没有回复，直到大会开幕邓小平讲完话了，仍

没有回音。我们着急，方毅更着急，就让我催中办，中办说快了快了。突然之间讲话稿送下来了，是另外写的一个稿子，我们起草的稿子废弃不用了。当然，如果我们的稿子写得不好，不用没有什么关系的。问题是在新的稿子中，仍说"我们已经有了一支工人阶级的又红又专的知识分子队伍"，在讲话稿中还是强调，对大多数知识分子来说，要帮助和教育他们树立无产阶级的世界观。

这两个讲话同样是谈知识分子政策，却是两种截然不同的观点。对于一般外人来讲，不太仔细研究，是注意不到之间的区别的。一个是坚持过去对知识分子错误的估计，一个是要根本改变。

改变了知识分子的地位

在中国当代历史中，大大小小的政治运动不断，大都以知识分子为对象。科学大会是改弦更张的大会，彻底改变了知识分子的命运。知识分子头上都有一个紧箍咒，说你是资产阶级知识分子，来了运动总要挨整，谁受得了？现在"是工人阶级自己的一部分"，而且是工人阶级里面的优秀部分。科学技术人员是新的生产力的开拓者，开拓新生产力的人不就是优秀分子吗？一下子解放了中国千千万万的知识分子。科学大会整个改变了社会风气，使人们都向上去追求知识、追求科学，这才有新时期人才辈出局面的出现。我觉得这是科学大会最重要的意义，功莫大焉。

科学大会上邓小平讲话后，反应非常的热烈。南京天文台的台长张钰哲，那时候70多岁了，听了邓小平同志的讲话，老泪纵横。确实，过去都把知识分子当作异端，现在成为领导阶级的一部分，成为自己人了。农科院院长金善宝激动地说，我今年82岁了，但此时此刻，我心中充满了青春的活力，在新长征的道路上，我要把82岁当成28岁来过。上海生理所所长冯德培就讲，听了邓小平同志的讲话以后，过去很多争论都解决了，这样大家都可以放手放心干事情了。

聂荣臻和邓小平都接见了陈景润，当时还照了一张很有名的合影，影响很大。会议还表彰了一大批全国各级的科学工作者。参加科学大会的有5000多名正式代表，还有有关单位列席的，共有7000多人，这个会议影响很大很深。当时的会议简报，反映了会场上很多动人的场景和气氛。

讨论真理标准问题

科学大会把科学技术提高到一个空前的地位。现在我们说"科学技术是第一生产力"，大家都觉得是轻而易举的一句话，但是不知道这句话有千斤重。过去动不动就批判科学工作搞基础理论脱离实际，脱离工农。什么是脱离实际？科学实验就是实际。检验真理的唯一标准就是实践。从自然科学来讲，实验是自然科学特有的实践。邓小平特别强调地指出："现代科学为生产技术的进步开辟道路，决定它的发展方向。许多新的生产工具、新的工艺，首先在科学实验室里被创造出来。""当然，不论是现在或者今后，还会有许多理论研究，暂时人们还看不到它的应用前景，但是，大量的历史事实，已经说明，理论研究一旦获得重大突破，迟早会给生产和技术带来巨大的进步。有了这一条，过去对科学的无谓的错误干预就取消了。邓小平讲话是有着深远影响的。

另外，邓小平同志在科学大会前后一系列重要讲话，就是要纠正毛主席晚年的错误。科学大会关于"科学技术是生产力"、知识分子"是工人阶级自己的一部分"等提法，是对多年来宣传某些"最高指示"核心观念的重大突破，也是"破除迷信，解放思想"在理论战线上的代表性硕果。它为随后的真理标准讨论奠定了一个舆论基础。

全国科学大会是在 1978 年 3 月份，真理标准讨论是在 1978 年的 5 月份。当《实践是检验真理的唯一标准》文章发表后，国家部门中第一个反应就是科学界。当时方毅同志主持科学院、科委和科协"三科"党组联合会议，讨论真理标准，旗帜鲜明地表态，《光明日报》作了报道。

科学界还召开了讨论真理标准问题座谈会，由当时中国科学院的政研室和自然辩证法研究会联合在北京召开，到会的科学家举了很多自然科学的例子，讲得非常生动，说明真理标准只有用实践来检验。比如毛主席曾经说过这么一段话："自有人类四五十万年以来……"，而现在根据掌握的知识来讲，人类出现已经有四五百万年了。随着科学的发展，人类的认识在深化嘛。原来说毛主席的话一句顶一万句，"最高指示"，但不改能行吗？

本文摘录自《科技政策研究三十年——吴明瑜口述自传》（湖南教育出版社，2015），征得吴明瑜校友同意授权刊发，转载于此。

吴　玫

　　学名吴怀璧，1930 年出生，高级会计师。担任过工商局、劳动局、上海提篮桥监狱、交通部上海供应处会计、秘书等工作。1952 年调入中央交通部财务司，在企业财务科分管部直属企业财务管理工作。1959 年调至浙江省交通厅财务处任职。1949 届校友。

柿子湾杨柳依依　立信人情思悠悠

口述：吴　玫
采访：杨晓萌　郑诗婧　陈　华
整理：郑诗婧　陈　华
时间：2017 年 7 月 12 日
地点：吴玫寓所

在秋光潋滟里遇见

　　我出生在松江，是个地地道道的上海人，高中毕业于松江一中。说起与立信的情缘，其实算是个"美丽的意外"。高考第一天考的是数理化，我这个人理科比较好，自己也喜欢这方面的，尤其是物理，所以成绩当天张榜后，我对自己的发挥还是比较满意的。当时由于日本侵略，高中必须学日语，而高考的外语卷却是英语版本的。本来文科就不是我的强项，再加上兴趣不浓，别说是做出正确答案了，有些题目我甚至都看不懂，所以最后结果并不是很理想。身边的同学们一个一个都收到了大学的录取通知书，我自己心里也有点着急的。正好我们这年高考的招生不止一批，在临开学的时候还有第二次招考。当时对我来说，立信最吸引我的主要有两点：一个是只要读两年；还有一个就是如果成绩好的话，毕业之后学校会给你推荐工作。说实话，当时也没有什么别的更好的出路，所以我也就义无反顾地报名了。也是机缘巧合吧，我就这样误打误撞来到了立信。

　　刚来到立信的时候，学校自来水管也没装好。如果需要大量用水，我们还要去当时的徐家汇镇，也就是现在交大的徐汇校区那边打水。那时候是走读制，不像你们现在的学生这样捧着个书去各个教室，所以我们如果有书第二天要用不想带回寝室的话，也就可以放在桌肚里了。那时候潘老师从哈佛大学留学回来，专门写了英文教材为我们授课。因为那时候战乱等各种原因，学校自己的老师其实并不多，很多老师都是兼课的。即使在这种情况下，学校还是聘请其他学校极其优秀的老师来给我们上课，我们都非常非常感动。吃饭是食堂，那时候是8个人一桌，四菜一汤，荤的素的都搭配得蛮好的。寝室是12个人一间，窗口放着书架，床也不是现在的那种上下铺。虽然空间不大，但是因为当时凳子等一些个人用品都放在床底下，而且洗衣服、晾衣服都有专门的地方，所以还是很整洁的。可以说，潘老师除了对我们的学习管得很紧，对我们的生活起居也是无微不至。那时候室友之间还会互相借《钢铁是怎样炼成的》之类的书看。正好我的室友之一也是班长，她也经常组织一些文艺活动，像唱歌啊什么的。现在想想真是很怀念啊！这是一段很难忘的校园时光。

除了这些，学校也很重视我们体育方面的培养。1948年市运会，把大学组和大专组分开来了。我们班体育好，拿了各种荣誉证书，那时候还不是奖牌呢。像跑步啊，跳高啊，跳远啊，各种比赛，我们都取得了很好的成绩。回来之后挂在老师的办公室，可以用"琳琅满目"来形容。老师们也特别开心，特别支持我们。原来操场很大，但是没有运动设备。后来学校也很重视学生体育方面的发展，建立了篮球场等。没课的时候，班级之间也会互相比赛篮球、乒乓球等。校园生活很充实，很开心的。

在夏季蝉鸣时分别

毕业之后我去了松江工商局。人家看我是立信毕业的，就挺有好感的，填了表格之后，非常顺利地进了单位。那时候是供给制，生活条件其实很艰苦的。粮食不够，我们只能吃一些以前从来没有看到过的高粱填肚子。第一次去查账的时候，我自己一来没有经验，二来没有做好充分的准备，所以心里忐忑得要命，比对方单位还要紧张，哈哈（笑）。之后在提篮桥监狱的生产科做会计，后来又去了交通部的上海办事处负责财务管理，也是在那个时候我加入了决算审查委员会。这些经验也成为我比较宝贵的工作财富，被评为了高级会计师。随后我参加了远洋班学英语，又去河南下乡劳动了

一年。因为我先生是浙江人，同时也因为一些生活方面的变动，最后我去了浙江省的交通厅，主要负责查账。

工作是有繁有简的，其中最难查的就是大小头收据。因为收据分为三联，这就会存在给对方的和自己留存的收据金额不对等的情况。那么作为财务，我们必须对业务要非常的熟悉，才能很准确地去判断。有一次，在审核一个小青年出差报销事宜，我想来想去觉得不可能一个人一个晚上的住宿用了这么多钱。然后对于这个疑点我又进行调查，发现他的确是把自己和家里人的住宿费都报销了。我就暗示他，问他你认不认识这个人，他心里咯噔一下。我又跟他说，我先不对领导说，你把钱老老实实地算清楚，按照规矩办事，我就当什么都没有发生过。我动之以情，晓之以理劝说他，其实就是为了不对他的前途有影响。那么对他来说呢，也不会恨我，因为我在顾及了他的面子同时，也给他敲响了警钟。千万不能贪小便宜，不然出事情了是没有后悔药的。

在耄耋之年的感慨

学习、工作了这些年，我的感触有几点想和你们聊聊。

首先，作为一个人，尤其是我们财务工作者来说，对于经济类的问题，一定不能逾矩。当然有些人你看他做着昧良心的事情也没有被公之于众。这些都不是不报，而是时候未到。如果存在侥幸心理，迟早会倒大霉的。所以这种贪念是千万不可取的。自己做到不贪，那工作的时候也不会被诱惑，才能以公正、独立的第三方视角来做评判。这是做人的根本。

其次，要有肯钻研的精神。在工作中，不仅仅要把自己的事情完成得很好，同时对其他同志从事的工作也要上心，做到"眼观六路，耳听八方"。这样的话，万一别人有事需要人顶替了，你也可以很快上手，成为复合型的人才。同时，要对自己有充分的认知，要了解自己，在此基础上对自己有规划。比如，一个人如果嘴巴比较"笨"，那他就可以多打磨自己的专业领域，成为人才。一个人如果比较有号召力，那就可以多发挥自己嘴皮子溜的优势。总之，要对自己的长短处有明确的认识，学会扬长避短，这是很重要的。不管遇到什么事情，好的也好，坏的也罢，都不要过分骄傲和气馁。一个人不可能一辈子倒霉，也不可能永远一帆风顺，顺风顺水。运气不好的时候不要灰心，找出问题所在；成功的时候不能得意忘形，要思考自己还有没有提升的空间。这样才能进步。

所谓立信，就是对自己要立足于公正，对他人要真心诚意。大家以后出来工作，比较多的还是会往财经类方向发展。那么在处理事情的时候，就特别要记住守住自己的底线，不去贪小便宜。不能因为自己管钱或者坐这样的位子，就趾高气扬，鼻孔看人，这是最要不得的。我一开始来立信上学可以说是阴差阳错，毫无防备的。但是现在回头看看我这一生走过的路，和立信当初给予我的教育是紧密相关的。所以我对于立信真的是很感恩。希望立信在未来越办越好，也希望所有立信的学子能"毋忘'立信'，当必有成"！

钟礼华

1928 年 2 月出生，1949 年毕业之后就职于东北行政委员会工业部，1952 年大区撤销后调中央人民政府工作。历任中华人民共和国冶金工业部财务司司长，审计署驻冶金部审计局局长等职。1992 年离休后，受安永会计师事务所聘任为中国顾问 5 年。1949 届校友。

钟信不移　月华漫天

口述：钟礼华
采访：王　君　杨牧原　宋　皞　姜　洋
整理：王　君　杨牧原　宋　皞　姜　洋
时间：2017 年 8 月 9 日
地点：钟礼华寓所

年少时就仰慕立信

我是广东梅县人，生长在贫困家庭，全家靠做竹帘手工业为生。13 岁时，我考入广东省立岭东高级商业职业学校，当时学校所用的书籍主要来源于立信会计图书用品社的"立信会计丛书"，我看着那些书，虽然分不清封页上的作者、编者、译者之间的区别，但对潘序伦、顾准等会计界立信精英有大致了解。那个时候，"立信会计丛书"已达到几十种，在上海还办有会计学校，名声很大。这使我对立信产生了深深的崇敬之情，便梦想着有朝一日能够进入立信深造学习，是多么幸福呀！

1946 年我从职校毕业后投奔上海开报关行的堂哥。临行前，我父亲告诫我说，由于家中经济贫困，已经没有能力供我继续上学了，但他希望我将来如有机会的话，继续找一个半工半读的学校认真深造，提升自己的学识，只有这样才能有望改变自己贫困的命运。父亲的这一席教诲给我留下了深远的影响。在报关行做了一段学徒之后，我认识到了自身所学的知识实在过于浅薄，不足以满足工作的需求，经再三考虑，我暗下决心找一所半工半读的学校进修。最初我觉得能在上海当学徒是天赐给了我难得的半工半读的进修机会，心里实在高兴不已，甚至觉得在熟人那里当学徒可能会得到较优厚些的照顾，例如给点学费支持我半工半读进修知识，因为得知上海许多当地人或老板对自己职员考取自修学校的都积极支持他们读书。没想到我的堂兄对我的学徒待遇非常苛刻，除了只给吃饭外，没有给一分一钱的工资或零用钱，甚至连理发洗澡的小钱也不管，这使我半工半读的梦想完全破灭了，对我的打击非同小可。虽然梦是破灭了，但是我的半工半读的决心仍在，我终日在心里暗自想着，既然这条路走不通，是否还有别的路可以走？我始终盘算着这件事。经过再三考虑，我觉得当时的立信会计专科学校夜校班最适合我半工半读。设法考取立信便成了我当时最大的事。若是考不上则一切都是空想，无法实现。为了实现这个梦想，我开始准备报考的工作。但是，当时成绩水平到底如何，心里没底，还得试一试才行。结果万万没有想到，我竟然有幸一试就通过了入学考试，得到了进入立信学习的机会。那时我心中无比高兴，一心想着这下可以趁这个机会好好地进修学习，提升自己的知识了。

半工半读艰苦求学

我以为考取立信，终于有机会通过学习改变自己的命运了。可是高额的学费却成了我此次求学途中最大的阻碍。在立信一个学期学费需 16 块大洋，对于当时没有经济收入的穷学徒而言是一个天文数字。我贫困的家里是负担不起的，我也根本不敢向亲友借，因为借了我是还不起的。我日思夜想如何求得这笔学费，直到临近截止交学费的日子，我突然想起立信的招生简章中载明有关于帮助经济困难的同学，可核给"清寒助学金"的规定。这是一条贫困学生的活路！有解决学费的路子了，我真是喜出望外。于是我大胆去找当时大名鼎鼎的立信的校长李鸿寿先生，诚恳地向李校长表达了我想读立信的期望，并申请助学金的来意和自己家境贫寒的情况。李鸿寿校长听完后，首先对我表示了鼓励，接着非常慷慨地同意了我的诉求，核给一等助学金 12 块大洋。虽未全部满足所需，但却是我追逐梦想的道路上必不可少的极大的助力。最后李鸿寿校长还对我提出了希望，希望我在之后的学习生活中能够努力学习、积极进取，争取早日为国家作出贡献。李鸿寿校长的话给予了我莫大的鼓励，成为我梦想道路上的座右铭。

时间过得很快，不知不觉间，就迎来了第二学期。我在立信这一段时间的求学生涯是非常艰苦的。从我的居住地到立信学校的距离非常远，别的同学都是乘电车、汽车或骑自行车去上学，而我则要走一个多小时的路程，除了下雨天我才敢花点钱乘票价便宜的3等电车。一年四季都洗冷水澡，穿单薄的运动鞋。而我所修读的课本除了主课如会计类课程是自行购买的，其他的课本则都是借同学的来看或者摘录，看完之后再归还。冬天没钱买棉衣，只能穿一件卫生衣和一件毛背心，外罩一件粗布单长衫用以御寒过冬。那时年轻力壮，简朴单薄也就扛过去了，这些困难也都克服了。而当时还有一个非常让我头疼的问题是面临第二学期的学费仍没有来源。一次我的一位同是广东省商业学校毕业也在上海工作的同学，很关心问我在立信半工半读的书读得怎么样了。我如实告诉他由于学费没法解决，决定不读了。他听了我的情况之后，当即就说："不行！不能这样前功尽弃！一定要坚持读下去，我支持给你这个学期的学费。"最后在他伸出友谊之手慷慨解囊的帮助和鼓励下，我顺利地解决了第二学期的学费，使学习得以继续。患难之中显真情，真是感激之至啊！

转眼间，我的学习生活过去了一半，我的专业知识越来越丰富。然而我做学徒的报关行因为没有生意，使得我也濒临失业。我迫切希望再找到一份工作，一方面我希望通过实习去更快、更好地提升自己；另一方面也可以增加我的收入，解决学费的开支问题。在我的商法课老师的帮助下，到他开的会计师事务所去实习，工作内容包括整理账目、临时查账、临时核对账目等。这些工作看似简单，却让我的知识得到了夯实与巩固。由于任务少，实习所获得的工资虽然不多但也帮我解决了诸如书簿费等小问题，但距能解决全部学费仍远远不够。我终日为所需学费而千方百计地想办法，真是"山重水复疑无路，柳暗花明又一村"。在走投无路的时候，我想到了我远在南洋的舅父。我的舅父十几岁开始就去毛里求斯打工，当时他在那里是做补鞋的小本生意，日子过得也非常辛苦，虽然我知道他这些情况，却也只能硬着头皮试着向他借钱。我对我舅父说，我在上海当学徒，现在正在夜校里半工半读，书已经读了一半了，还有三个学期才能毕业，但是没有钱继续读下去，希望舅父能够帮忙。舅父年幼时读书少，深知不读书、不识字的痛苦。于是他便下决心答应全力支持外甥读书，节衣缩食凑足了钱，直接汇给我三个学期的学费，帮助我解了燃眉之急。这如一场及时雨，下在干旱的土地上，万物得以生长一样宝贵。至今一提起舅父，我就情不自禁地感谢舅父助我上学的大恩大德。立信毕业之后，我立即写信给我的舅父，告知他我毕业的消息。我的舅父知晓后感到非常欣慰，奔走相告所有亲友，一再夸我这个外甥有志气、有出息，说我是山窝里飞出的凤凰鸟！舅父的喜悦之情，难以言表！

现在回想起来，我在立信的求学路无比艰辛，求学过程的费用是东拼西凑靠亲友们热心赞助而得到的。我原本没有条件去读大学深造的，但是在校长、老师、同学、舅父的帮助下，同时靠着自己的艰苦努力和奋斗，最终完成了学业，这让我体会到了什么叫做"有志者事竟成"。对于那些一路上帮助过我的人，他们无比热心，在此我也要对他们深深鞠躬，说一声"谢谢"。

求学立信受益良多

在立信读书的过程中，让我受益最多、感受最深的主要有以下几点。

首先受益于教育我们资历深厚、经验丰富的老师们。他们大都来自交通大学、圣约翰大学等著名高校的社会名流，例如爱国"七君子"之一的章乃器先生；会计学等专业学科的老师几乎每一个都在立信会计师事务所工作过的；我们的法学老师是当时上海滩有名的律师周琨，上海滩很多重大的案件都是找他承办的。老师们教学经验丰富，社会阅历深广，深入浅出、绘声绘色的讲课使我们受益颇丰。

除了经验丰富的老师们，令我印象十分深刻的还有我的同学们，他们总能带动课堂气氛。我的很多同学都和我一样是半工半读的，丰富的实践经历使他们能更好地将理论和实践结合起来。在课堂上，他们积极向老师提问，而针对同学们所提出的问题，老师们也会一一详细解答。我觉得这样的互动是非常好的教学过程，使得同学们都受益匪浅。

立信良好的学习氛围也让我感受颇深。当时的学生学习自觉性普遍很高。虽然同学们大多在银行、税务局、财政局等地方工作，工作非常忙。但是大家都充分地利用上课时间，认真理解和消化老师所传授的知识。即使大家平时工作忙碌，但老师布置的作业都会按时完成。他们艰苦学习的精神，值得我好好学习。

另外，立信的课程设计也十分合理。学校的课程既注重理论又贴近实际。除基础会计之外，立信还开设了许多专业类会计，例如政府会计、银行会计、棉纺会计等。老师在上课的时候非常注重实践。当时的大学教育是偏向于理论，因此相较于其他学校学生而言，立信学生接受的是高等职业教育，实际操作能力更强一些。立信的学生

态度端正，不眼高手低，不仅能够很快地找到工作，而且在踏上工作岗位后，能够迅速地进入比较熟练的职业状态，立信学生的就业前景在当时非常不错。

在立信两年半的学习，使我收获颇多。严格的学校管理、优秀的师资教育，令我在实践中学到了很多。俗话说严师出高徒，这一点不假！活跃的课堂气氛和良好的学习氛围，这一切无不在鞭策我进步前行。空袋子不能立足，根深才能叶茂。在学习的过程中，我的眼界变得更加开阔，认识问题也更加深刻，这些都为我日后的发展奠定了坚实的基础。

诚信二字不敢忘怀

1949 年的 5 月，上海解放了，我也正好从立信毕业了，心情万分激动。就在这个时候，我所在的报关行彻底停业关门了，随之而来的失业问题让我处于迷茫之中，这时学校伸出了援助之手，使我终生难忘。学校贴出了一则招聘通知，东北行政委员会工业部招聘会计人员。在学校教务处长的帮助、介绍下，我参加了应聘，并于当年 7 月踏上了前往东北的火车。当时东北刚刚解放，再加上寒冷的气候，许多南方人不愿意去，但我和另外五六位同学毅然决定前往。在东北工作的 3 年，我原本在学校所学的都是资本主义的财会知识，但是在工作岗位上需要运用社会主义的理论，也使我不断思考，不断学习，最终克服了工作上的困难，步入正轨。之后我被调到了北京工作。

那个时候，从地方调到中央工作，工作性质也发生了大的变化。从过去搞局部性工作变成整体性全国性的工作，从具体变综合。在这个过程中，我认为最重要的两件事情便是努力工作和努力学习，一切都要重新学起，只有这样才能适应形势。我在学习会计专业知识之余，也开始系统学习冶金知识、国民经济管理知识等，因为我一直从事冶金行业工作，要为冶金工业服务，所以冶金生产技术知识对我来说十分重要。但这些知识却是我以前从未接触和学习过的，最终我花了一年多的业余时间学习，基本掌握了采矿、冶炼、加工等过程的知识。我被调到中央之后，调查研究报告的书写能力开始变得十分重要。于是我又花费大量的时间与精力，去电视大学研修班等地学习这些内容。对于我作为一个财会工作人员来说，具备经济、技术和企业管理等各方面知识，扩大视野是非常重要的，这使我今后的工作能与时俱进，更上一层楼。

1989 年让我记忆犹新。那个时候我们国家需要开展审计新工作，这个任务落到了我的身上。我们部门从来没有人做过审计，我的领导也没有下达明确的指标和内容，对于我来说，这是一个巨大的挑战。我在思考和计划后，结合以前在立信学到的审计知识，我们从历年的数据入手开始审查，做数据审计。那时只做些启蒙的审计工作，与现在的政府审计部门的审计工作越来越精准与规范化相比，相差甚远。

在我工作的这些年，立信的诚信文化时时刻刻萦绕在我的心中，诚信二字时刻不敢忘怀。因为会计和审计务必要保证信息的准确性，为了达到这一目标，诚信的品质必不可少。这一点，无论是在过去还是现在，抑或是将来，永远不会改变。

我的期望

当今的社会在迅速发展，我们的会计行业亦是如此，随着现代科技的不断创新，会计也不再局限于传统的记账、算账和报账等工作。但无论记账的方式如何改变，会计的基本功都是必不可少的，没有坚实的基本功，日后的发展就无从谈起。

对于财务人员而言，我认为除了掌握好基本功之外，还必须紧跟时代步伐，从会计核算上升至财务战略、财务决策，融资决策等更深层次，从"财务会计"时代向"管理会计"时代转变。以现在很流行的管理会计为例，什么是管理会计呢？实际上就是将会计的功能扩大，通过预测预算内部控制、决策分析、风险管理等高级财务管理内容，使其能预测商业需求及策略决策制定，内容非常复杂丰富，需要我们不断探索和提高。

我们这一代老了，长江后浪推前浪，这个世界是你们年轻一代的。年轻人有朝气与活力，我希望你们努力向上，好好学习现代的知识，紧跟时代的步伐，为社会做出更多你们力所能及的贡献，不要辜负学校对你们的精心培育。

屠芹官

1931 年 12 月出生。注册会计师、高级会计师。历任天津港务局副总会计师、财务处长、审计处长、中国交通会计学会理事，中国交通审计学会理事，天津会计学会理事，天津审计学会理事，天津交通会计学会副会长、顾问，国际内部审计师协会会员。1950 届校友。

诚信，我的立身处世之道

口述：屠芹官
采访：张艳敏　苏涵青　史　进
整理：张艳敏　史　进
时间：2017 年 7 月 10 日
地点：屠芹官寓所

刻苦学习，巧定一生会计路

1931 年，我出生于江苏常州。1948 年，我从江苏常州正衡中学高中毕业，中华人民共和国成立后，该校改名为常州市第一中学。高中快毕业时，时任校长陈老师建议我报考立信会计专科学校。由于当时对自己未来的规划尚不清晰，便报考了这所学校，从此我便与会计结下了不解之缘。

来到立信时，我年龄尚小，不太擅长与人交流，这反而成了促使自己静下心认真读书的好契机。那时候学校是不分专业的，课程以会计为主。学好功课本就是学生的本分，那时，同学们都非常珍惜学习的机会，学习态度很是认真。课余时间，我和同学们会在图书馆看书，常常待到闭馆。当时的同学中，有个叫陈秀英的女生，她每天都坚持去操场跑步，无论刮风下雨，这件事令我感触颇深，我也常告诫自己，一定要坚持做好每一件事情。学习之余，大家常会聚在一起打桥牌，或是组织文艺活动，虽然当时学校没有专门的社团组织，但我们的课余生活还是很丰富的。

大一的时候，学校开设了一门会计实习课，老师要求我们自己编制凭证，自己记

账，以便我们更好地了解会计工作流程和做账步骤。我觉得这门课程特别好，非常实用，真正让我们把书本上的理论知识与实际情况结合起来，真正做到了知行合一。学生出了校门，走向工作岗位后，很快就可以进行实践操作。

负重前行，干一行爱一行

1950年，我从学校毕业，先后被分配到沈阳、鞍山工作。期间因水土不服，生活不适应，便辞职回了家。1951年初，中央交通部在上海招聘工作人员，我积极应聘，被安排在北京交通部材料供应处上班，之后材料供应处被升格为局。我们单位党组织很注意培养人才，让我一个群众参加党的"整风会"，给党员领导们提意见，以及参加各种政治运动，如"三反""五反"等，让我当学习组长。

一次，局长刘乐山同志，问我家庭情况。我如实答道：我父亲与别人合伙开卷烟店。他问我有几个伙计，我随口说有三四个吧！实际上我一直在上学，并不了解家里的真实情况，而且我从未去过店里，其实我说的那三四个人只是学徒。刘局长便说，那就是"资本家"了。从严格意义上讲，我家的成分充其量不过是"小业主"。但从此，我

的出身便成了"资本家"。在当时的情况下，我并没意识到这个出身对我今后会有多大影响，所以并没有申辩，只是简单地认为做好自己的本职工作就行了，并没有太多考虑自己的政治前途。但是后来，"唯成分论"确实对我的入党、提职，影响了20多年。

之后，我一直在交通部材料供应局财务科工作。刚开始，我做了将近两年的出纳。我们局的开户行是中国人民银行总行营业部，从交通部到东交民巷往返骑自行车约需两个小时。我很喜欢这份工作，后来改做记账，无论做什么工作，我都认认真真做好。出纳和记账是会计工作的基础，做好了，对今后工作的发展，大有裨益。其间，我申请加入了共青团，但入党问题，一直到20多年后的改革开放才得以解决。

在交通部材料供应局工作时，正值中华人民共和国刚成立不久，全国都在学习苏联"老大哥"，苏联那时实行的是"凭单日记账制"。每天下班回到宿舍，我便认真阅读从书店买的苏联会计书籍。后来我结合财政部制定的供销企业会计制度，设计了一套符合国内实际情况的新的"凭单日记账制"，在我局和下属的三个办事处推行这套记账制度，影响较大，1955年被交通部机关评为先进工作者。实践证明这套记账方法是科学的、可行的。当时如果能及时向上级领导——部财务司，或是财政部会计制度司推荐，争取在更大范围内推行，或许影响力会更大。

1956 年，交通部材料供应局下属的天津材料办事处指名要我，我便去财务科做了代副科长。由于机构改革，天津材料办事处和天津港务局合并，我又成了天津港务局的财务干部。因为天津港务局缺少会计人员，便在自办的'津港中专'办了一个会计班，一共有 37 名学生。组织指定我去当老师，但当时没有现成的教材可用，于是我就编写了一本叫《海港会计学》的讲义，权当教材。那时一周上 6 天课，上午上两节会计专业课。每天晚上我不停地编写讲义，以便提前两三天把讲义发到学生手上。就这样教了近两年时间的书。教书是件辛苦的事，但能在教书育人的同时促进会计事业的发展，我乐在其中。

1964 年，为加强企业管理，我国学习西方国家经验推行"三总师"政策，规定国有大型企业要配备"总会计师""总工程师"和"总经济师"。我凭借自己的能力和踏实工作的精神，交通部授予我为天津港务局的第一个会计师，也是当时天津市塘沽区的第一个会计师。

我先后编著了《海港会计学》《国营交通运输企业会计制度》《交通审计学》《交通审计案例》等教材；发表"怎样在天津港推行全面经济核算""港口企业固定资产保值、增值问题的探讨"等多篇论文。

守住诚信，守住会计的道德

"文化大革命"后期，为解决天津港口建设滞后、压船、压货、外轮要求赔款等问题，国务院、交通部决定在天津港成立建港指挥部。我从下放单位——港务局一公司的食堂会计职位上被调入指挥部，担任指挥部财务处负责人。其间，换过几任总指挥、副总指挥。有一次，主持工作的总指挥家里更换了几根 40 瓦的日光灯管，他让司机找我报销。我当时也没多想，说领导的人事关系不在指挥部，在这儿报销不合适。1980 年 12 月，交通部政治部直接任命我为天津港务局的副总会计师。

我认为做好财务会计工作，必须具备三个要素：首先，要有良好的政治素养和正确的人生观，不逢迎权贵，不以权谋私，站得正，立得直。其次，要充分了解、掌握国家的方针政策、财务会计制度和本企业的管理制度、经营成果。以数据说话，总结经验，做出预测，为企业领导提供经营管理建议。再次，做人做事要讲诚信。就像母校的校训一样：信以守身，信以待人。既然是立信的学生，就要以信为本。"信"是什么？"信"是诚信、是信用、是信誉；"立信"是什么？"立信"是严格要求自己，自己把信立起来，让别人相信你，做到诚而有信，做一个正直的人。会计是个服务性职业，只有做到了诚信，才能有效地帮助决策者制定出下一步的方针、措施、计划，才能更好地服务单位、服务社会。1991年我退休后，仍担任一些学会的理事、副会长、顾问等职位。当时，先我退休的某厂"总会"邀我同去一家乡镇企业当顾问，一周去一次。其实乡镇企业请我去，只是想利用我的关系，所以我不能去。1993年，中粮北海粮油公司聘我去当财务经理，那是一家中外合资企业。从筹备开始，我给公司建立了一整套财务会计制度，做经营预测等。

我觉得退休以后能出去工作，说明自己还有一点"剩余价值"。但是，就算是被雇佣的，那也不能放弃一个会计人员应有的原则和道德底线。人这一生，一定要洁身自好，不能有贪念。我这辈子，虽然没做惊天动地的伟业，但能为会计事业和祖国建设奉献一点自己的力量，已经非常欣慰了。如果，再给我一次选择的机会，我仍会选择会计事业，仍会坚持自己的原则，宁得平淡半日闲，不愿功利蒙双眼。

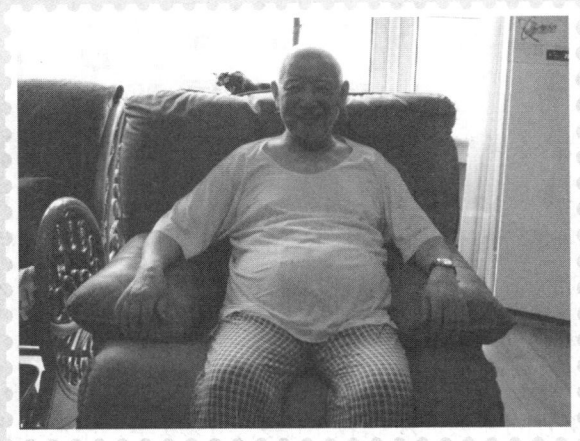

张世尧

　　1931年出生，第八、第九届全国政协委员。历任商业部财会局副科长、副处长，商业部计划局副局长、局长、商业部副部长等职务；曾担任国内贸易部中商企业集团董事长、中国商业经济学会常务副会长、中国民族贸易经济促进会会长和中国烹饪协会会长等职。1951届校友。

实践觅得书中玉　不负立信引路人

口述：张世尧

采访：宋　皞　姜　洋　徐　森　杨牧原

整理：宋　皞　杨牧原

时间：2017 年 8 月 11 日

地点：张世尧寓所

一本保留至今的校刊

　　我出生在浙江宁波，当时家里经济条件不太好，我的爷爷和父亲都在北京一家药房做事。我上中学的时候就随他们来到上海，在上海中学的高中商科念书。当时成绩还不错，那时候上课会用到很多立信出版的教材，也就从那时候起，我开始接触到了立信这个名字。我 18 岁时真的到立信读书了。可以说是从高中就结下了不浅的缘分，那时候还叫上海立信会计高等专科学校，听说现在改成上海立信会计金融学院，把会计和金融放在一起了。

　　我在立信念书的时候潘校长已经不在学校担任实职了，是名誉校长。校长是李鸿寿先生，副校长是陈文麟先生。但是教授大多都是潘老校长请来的，都是非常有名望的大家，有的就是立信毕业；或是从清华大学、复旦大学等其他国内名校毕业的高材生；也有从哈佛大学、哥伦比亚大学等国外名校学成归来的海归精英，比如统计学教授王思立先生、成本会计教授唐如尧先生、高级会计教授李天民先生，等等。那些老师扎实的理论功底和广阔的视野给了我很大的影响。同时这些大教授大多兼职，有在各大事务所、政府机关任职的经验，丰富的实务经验同样让我印象深刻，钦佩不已。那时候学校有高职、会专，为了照顾一些同学还开了夜校。我一直是住校的，两年下来我自己有个体会，就是平时要多参加活动。我会唱些京剧，体育也很好，学校里的排球、篮球、足球队都有参加。我在立信还拿了一个冠军呢，长跑 5000 米的第一名。

当然，最让我印象深刻的还是和教授、同学们之间的情谊。教授们上课都很用心，大家相处得也都很和睦。记得在同学里我的年龄算是比较小的，大家都很照顾我。后来毕业的时候，我们还办了一本校刊，搞得挺不错。我们以前的每一个同学和教授，都在上面印着照片，还有教授们给每个人写的一段话，前几页还有潘序伦、顾准、李鸿寿几位先生的手书。制作这本校刊花了不少钱，费用是大家自己出了一部分，还有一部分钱是拉赞助的。我们尽量找商家，虽然为了换来资金支持，在那本校刊里面加了广告页，但是做得确实很精致，我一直保存到了现在。

当时的毕业生，政府都是统一分配工作的。好像是华东教育部负责，分到北京的除了我还有好几个同学。那时候因为工作上的原因，我经常去上海出差，每次都要回立信看看，拜访之前的老师，甚至有一次时间比较紧，我和我夫人只是坐汽车绕着学校转了一圈儿。当然上海也会有同学来北京，分来北京的同学中有一个叫陈永昌的，前几年上海一有同学来，他就会组织大家在一起聚聚。但是最近几年岁数大了，每年也就打个电话问候问候。

一句令我骄傲的评价

我到北京后，最开始是被分到中央贸易部。1952 年体制调整，部门一分为二，一个是外贸部，搞对外贸易；还有一个是商业部，是搞内贸的。我在商业部一直干到退休。不过商业部现在不存在了，1993 年与物资部合并成国内贸易部，现在应该是商务部。

我刚开始参加工作的时候只是个办事员，一个小会计。后来是科长、处长、局长，就跟走台阶似的，一步一步升到了副部长。我没什么背景，也没坐过什么"直升机"和"火箭"。党和人民信任我，我也就不能对不起党，对不起人民。所以，我参加工作以后，老老实实干活，认认真真做事。

几十年的学习和工作生活，给我最大的感受就是一定要多多实践。我工作的时候

向来是把实践放在第一位。我记得 20 世纪 80 年代，政府大力推行深化改革，扩大开放。当时我才刚刚上任商业部的副部长，就给我出了个大难题。城乡市场虽然很兴旺，但是却很不稳定，市场波动很不正常，全国各地都出现了不同程度的抢购现象。我就带着部里的同志跑到商业第一线，深入基层去查问题、找原因，也因此掌握了大量的第一手的资料。回来之后我们靠着这些宝贵的资料，成功预测出接下来两年大致的市场趋势，推行了更有针对性的政策，终于控制住了被动的局面。

实践过程中自然少不了多听多看，多学习，多借鉴。现在我的书房里专门有一个柜子，里面放的都是我当年出国访问时的照片。不止亚洲国家，欧洲、美洲、非洲，基本上每个国家我都跑遍了，或者考察其他国家的先进经验，或者是跟他们进行贸易谈判。尤其是到朝鲜访问的时候，金日成将军特意接见我，我们聊得很愉快，也交流了很多宝贵的经验。

我比较高兴的是，很多领导了解了我的工作之后，都对我表示了肯定。国家军委

副主席迟浩田特意给我写过一幅字"厚德载物"，就是为了表扬我工作的踏实认真；还有水利部的钮茂生、计委副主任段云，都曾经给我题过字，都在我家里挂着，这些都是对我工作的一种鼓励。因为对工作各方面都很熟悉了，当时的副总理姚依林还给过我一句话评价，叫做"张世尧，问不倒"，我听了非常激动。他之前是我们商业部的部长，所以对我比较了解。那时候我们经常要到国务院去开会，总理和副总理在上面坐着，有什么问题要问我，我都能给大家说清楚，讲明白，因此姚依林副总理给了我这个评价。

还有陈云副总理，也曾经担任过商业部部长，非常肯定我的工作。其实早年他搞地下工作之前，在上海商务印书馆当学徒，恰好在我爷爷和父亲工作的药房对面，就认识了我。工作以后每次见了面，他都会亲切地喊我"小宁波"。当年"文革"结束之后，大批干部恢复原职，却也使得国家青年干部的培养出现断层。陈云同志在1980年十一届五中全会上就强调了这个问题。他把我们这批人称作需要培养的"后排议员"，给予了我们很多帮助，也给了我们很多鼓励。这不仅仅是说在一些具体工作的指导上，更重要的是一种思想。这在我日后的工作和生活中，甚至一直到现在，都起到很大的作用。这是认真做事的思想，也是踏实做人的思想，其实某种意义上来说，这跟我们老校长通过题书校训而想要表达的那种精神，也是不谋而合的。我能一个台阶一个台阶地升上去，离不开我平时工作的勤恳细致，也离不开这几位领导的栽培。前辈们的悉心培养与教育，是我最宝贵的财富，也是我最不能忘记和最需要感谢的。

我在商业部一直干到1993年跟物资部合并才退休，因为退休之前分管过这一块，所以退休之后被他们找去，到中国烹饪协会做会长。一直到2013年，年纪真的大了，记忆力也不太好了，才转成名誉会长。算是安心地在家里休息了。

一张鲜为人获的照片

我现在岁数大了，整天待在家里，外出计划也少了。如果不是别人有什么活动要办，请我去捧捧场，自己就没有什么需要去的地方了。唯独有一次，是辽宁舰下水之后，请我去参观，心里真的是很激动。到了青岛，从外面看到辽宁舰时，就觉得多气派啊。登上辽宁舰之后，看见里面的各种设备跟一队一队的军人，更加觉得现在咱们国家发展得富裕了，强大了。参观结束之后，他们还送了我一顶帽子，我回家就把这顶帽子摆进书柜的正中间。每次看到这顶帽子，我就感慨万千，只有国家有实力，老百姓才能过得更好，我们在国际上才能有更多的话语权，我们这些人出去交涉谈判的时候，也才能更有底气。

现在社会活动我几乎不参与了，机关里面我也不去了，在家里面我就一个爱好了，那就是看书。书真是个好东西啊，不只是我这么觉得，毛主席就特别喜欢读书。我书房里挂了一张毛主席的照片，这个相片一般人是没有的，就是毛主席在床上看书。毛主席就是有这个习惯，他没有真正的办公室，客厅放的也全是书，他就喜欢卧床办公、看书、学习。毛主席当时睡的床有三个特点，第一个是朴素，看起来和普通人家睡的床没什么区别；第二个是宽大，毛主席要求他睡的床除了睡觉，一定要还能在旁边放下一些书，这样他能随手拿到；最后一点就是一定是硬板床，这是为什么呢？主要是睡软床的时候，床面一晃动书就不能整齐地摆放在那里，所以毛主席宁愿睡硬板床，也要在身边摆好书，随时看。

受到毛主席的影响，我在毕业工作之后，依旧没有放下手中的书，尤其是现在空闲时间比较多了，每天我都会坚持去翻翻书看。眼睛不太好了，就拿着那种大镜片看，

有些书我都看过好几遍了，但是觉得没有吃透的，还是会重新再翻一遍。现在的年轻人，一定都要多看书、多思考，书里的东西，真的是一辈子都学不完。读书不只是能提升自己的文学素养，不只是能从过去的事里获取一些经验；能让我们了解许多当下的热点问题。我现在还一直通过各种方式，关注着社会热点。年纪大了，玩不好网络，我就多看杂志报纸。比如《求是》杂志之类的，我就放在客厅的茶几下，没事就翻翻看看。这些东西他们之前都会送过来，还有《人民日报》《参考消息》，现在一般都是邮局的人直接给我送到楼下的邮箱里，我每天出去锻炼身体，就顺便带回来。

一段写给学生的寄语

无论是念书还是工作，就应该有一种老老实实做人，认认真真做事的态度，不要总想着走什么捷径，在没有丰富的经验支撑时，所谓的捷径大多都是歪门邪道罢了。也不要总想着读完这本书，我就能学会多少东西；做完这件事，我就能得到多少好处。能获得真正有价值的东西，大多是你不会马上就能看到的东西。就像国际上的那个诺贝尔奖，不都是研究成果出来好几十年之后，确认效果了才给颁奖，有哪个是这边实验做完那边就给发奖的？

我觉得立信那么多年来，传承下来的学风还是很严谨的。我们在前面算是趟了一条路出来。现在的年轻学生们，条件更好了，学的知识也比我们那时候更先进了，只要俯下身子踏踏实实的，一步一步往前走，未来的路总是很宽的。但是一定要记住，我们既然是立信走出来的人，就要守着立信这块牌子，无论做什么事干什么工作，无论是不是做会计，都要把"立信"这两个字放在心里。"民无信不立"，这才算是不辜负潘老校长的希望，也才算是不辜负自己。

蒋菡莒

    1928 年 8 月出生，工程师，副教授；一级美术师，书画家。20 世纪 50 年代立信第一批青年团员。1950 年 10 月任华东军政委员会供给制干部。1952 年进入上海铁路局工作，1953 年 5 月起从事房屋建筑设计工作。 1959 年调任上海铁路电信信号学校任教，1960 年开始参与上海铁道学院建校工作。一生从事过会计、统计、房屋设计及施工、教学等多种工作。退休后从事书画研究与创作。1951 届校友。

唯有绿荷红菡萏 卷舒开合任天真

口述：蒋菡萏
采访：张　凯　许红姗　邓　景　任天由
整理：许红姗　张　凯
时间：2017 年 7 月 25 日
地点：蒋菡萏寓所

立志求学，勇挑家庭重任

我 1928 年生在常州，家里兄弟姐妹众多，但只靠一个小店支撑，所以家里经济比较困难。我是家里最大的，从小就知道要挑起家庭的重担，于是我就下定决心要努力读书。

祖母去世早，经过外婆一家的帮助，父亲在常州城里读了一些书。父亲的字写得非常漂亮，算盘打得也很好。幼年时家乡只有私塾，在我 5 岁的时候，开店的人家七拼八凑地建了一个初级小学。6 岁时我从外婆家回到父母身边，原是不够年龄上学的，但是我特别想读书，哭着央求父亲，最后也进了学堂。书不够了，我用毛笔在白纸上抄书，老师也帮助我一起抄，直到现在我还记得书里的大部分内容。当时，我们学校的老师多数是私塾的老师，所以我语文的底子打得还不错。

那个时候家里是没有电灯的，晚上就靠一盏棉籽油灯。我父亲白天做生意，晚上记账，我就在旁边学习打算盘。外婆家也会接济我们。抗战的时候，外公去世了，学校也停办了，我们不同年级的学生都一起去祠堂，只学习国文。为能再次进入学校，其他课我开始自学。后来有个非常好的民族资本家刘文浩,他办了小学,我又每天走很远的路去上小学。刘文浩先生还办了初中,他希望解决我们这一辈的就业问题,就在初中课程里增加了中专的会计。学校的老师都是上海的专业老师,他们不愿为日本人服务,所以回到乡下教书。当时江苏省的知名画家龚铁梅很看好我,要收我为学生,但是国家要发展,技术人才很稀缺,我立志要学一门技术,做工程师,所以就拒绝了。高中我在江苏省立常州中学读书,老师都是来自上海交通大学、复旦大学的老师,他们也不愿意服务于日本人,就来了常州任教。我们读的数理化都是美国原版的英文书,是国内一些学校都读不到的,而且除了数理化都是毛笔字,直到高中毕业都是这样。考大学时思量了许久,最后考取了立信春季班,从此我便与立信结缘一生。

少年意气,难忘立信教育

1949 年 2 月我到立信读书。学一门技术是我的梦想,我初中就学过借贷会计,所以下定决心要继续学习借贷会计。为什么要来立信呢?因为潘校长当时引入了借贷会计,其余学校都是收付会计,我想学新的东西,而且在立信是有发展前途的,所以最后我选择了立信。

由于我积极参加学校里的活动,特别是文艺活动和演讲,就被推荐进学生会了。那时有一个比我高一年级的学长,他是地下党的负责人,他会给我看毛泽东主席的著作,我觉得看看也还不错,所以有空就会翻看。渐渐地,对共产党也有了一定的了解,和他有了共同的信仰,我也会帮他做一些事情。南京解放后,分沪宁沪杭两条线路解放上海,徐家汇火车站是进上海的第一道关,当时我们位于柿子湾,离车站很近,所以我们要保护好学校、保护好徐家汇的工厂。于是我利用早锻炼时间,组织同学们跳秧歌舞、唱解放区的歌,在娱乐活动中宣传护校护厂。这件事情越做越大,参与的同学越来越多,训导主任说我搞白色恐怖,要将我登上黑名单,但是为了学校我不怕,我还是继续宣传。

当时我们还办了两个校园墙报,一个叫《立信风》,由我负责;另一个叫《原野》,由其他同学负责。我们给校内工人上课,还联系其他高校同学,宣传迎接上海解放。后来国民党为了造炮位要拆我们刚建好不久的潘序伦体育馆,全校都反对,我们甚至停了课去护校。一次我和金声远（同学）到交大与学生会联络，晚上住在交大学生宿舍，目睹了国民党殴打那些手无寸铁的青年学生，深深地感受到了国民党的残暴。1949年4月学校停课，按规定，我们都离校出去住了，我住在我爱人堂哥的家里。5月28日那一天，我们出去走在雨后的四川路上，从北到南到处都是弹孔，解放军成排地躺在店门口人行道上。当时我真的很感动，特别的心痛，和路上的行人一样不停地流眼泪，从此立志为我们党做更多有用的事情。

1950年时，我是学生会第二任外交部长，又是膳管会的委员。2月6号早上5点多，我和班上同学去十六铺码头买菜，两人分别进了小店铺，正选着菜就听到了机关枪声和炮声，外面都是喊叫声，一片混乱。飞机在上面盘旋了很久才离开。这就是"二六轰炸"。回学校时，钱素君老师在上课，我向大家讲了这件事情。钱老师拍拍我的肩膀说："大难不死，必有后福。"我一直将钱老师的这份祝福记在心里。现在我90岁已过，还进入了小康社会，这就是我的后福啊！

潘序伦校长令我印象深刻，他是一位像绅士一样的学者。潘校长的话不多，但是讲话很认真，他还会注意你的表情，很认真地回答学生们的问题。潘校长很重视诚信教育，我也深受诚信文化的熏陶。直到现在，"信"在我的心中一直是一种推崇的文化。写字写到诚信相关的词，我都会抄下来，也会搜集不同带"信"的词语写下来作为座右铭。诚信就是立信所带给我的根深蒂固的影响，也是立信教育的成功之处。

克服困难，服从组织安排

1950年10月份离毕业还有两个月，我进入华东军政委员会财政部工作。当时工资每月仅有2.1元，远远不够生活支出。不过当时不觉得，因为只有一个念想，就是服从党的志愿。1951年冬天，工作1年多后，华东军政委员会要撤销，我考试进了铁路局，在那里学习了苏联的机械化统计，学习结束之后就成了统计处唯一的会计。那时抗美援朝正在进行，我和我先生都报名参加抗美援朝支前预备大队，但两次报名都没有成功，因为国家刚解放，要大力发展科技，特别需要技术人才，所以组织要我们留在国内，快点把中国建设富强起来。在统计处做了半年多，人事处来找我说这里要成立一个房屋设计事务所，还要做铁路设计，他们叫我过去。我是第一批青年团员，只有服从组

晚
亀
雲
開

王
午
初
夏

高
益
景
作

织分配一个念头，党的志愿就是我的志愿，只要党需要我，我一定会做到。1953年我进入房屋设计所，做组长的助手，分担行政工作，还学习做设计。我跟着学，帮着设计，又看了很多建筑设计方面的书，吸收了很多同事的经验。于是就在慢慢的学习中，开始从单间设计，扩大到仓库设计，再到楼房设计。单位也很信任我，我踏踏实实，一步一个脚印往前走，认真学习。我就想，反正，人这一辈子都要不断地学习，脑子里东西多又不重，知识是没有分量的，装进脑子就清楚了。就这样，我就一直做下去了。1954年时，有机会重新考大学，这虽然有关我的前途，但是我养家的任务很艰巨，最终我放弃了参加高考。

1957年，我大弟弟考上了同济大学工民建专业，在我家住了5年。他白天学的书本我晚上都会拿来学，他的试卷我也都考了，分数比他还要高，因为我有实践经验。我弟弟1962年毕业，他的书我都读过了，我可以独自把建筑的图纸画出来。

铁道部决定在上海建一个铁道学院，计划1962年招生。我1957年开始参与设计，后被调到上海铁路电信信号学校数学教研组教高等数学。我一边上课一边进行开工前的准备。我没带过工人，也没砌过墙，更没做过木工钢筋工，我就要去做这个工作。我们学校那时是困难期，设计组就派我一个人，铁路局每个工队派一个工人，每天就给我两个班级劳动，成立一个建院工程队，我负责技术工作同时负责安全问题。钢筋验收的时候需要人签字，这种负责的工作一定要有工程师职称的人才可以做，但是我胆子比较大，虽然不是工程师职称，还是签字了，出了错我负责。凡事我都会认认真真完成，我是有底气的。我曾经连续做了7天7夜没回家。1960年我们把基本框架造出来了，1961年要开始做门窗，那个时候国家比较困难，没有那么多建筑材料，于是就拿铁路上的枕木来，还把原来中专的门窗拿下来装在新大楼里；没有砖，就买煤渣，设计煤渣砖。就这样一直做到校门口挂上了上海铁道学院校牌，迎接第一届新生。铁道学院第一教学楼（7层楼）、白楼（行政楼）、红楼（实验楼）当时就是我直接参与建造的，退休之前还完成了一教的电梯建设（编者注：上海铁道学院2000年并入同济大学，就是现在同济大学的沪西校区，一教即为沪西校区第一教学楼，白楼是现在沪西校区行政楼，红楼即是现沪西校区计算中心）。

铁道学院建设完成后，我又回到教学岗位上。在我教学生涯中，学生和我的关系都非常好，他们远远地见到我会奔跑过来和我打招呼，衣服破了会到我家里来补，会趴满我家床一起看电视，我的学生就像是我的孩子一样。"文革"后，我和我先生到工程系上课，我们发现曾经用的灌输式教育法不能调动学生的积极性，于是我们试着用激发式教学法，结果取得了很好的效果。

潜心书画，淡泊功名利禄

小时候我就喜欢画一些动物，而且画得很像。美术老师教过我素描的方法，也学过西洋画和广告画。在家我也画了很多工笔画，没上老年大学之前就在家画猫狗。从小在乡下长大，所以比较熟悉乡下的风景，有树有水。我出差经过很多风景区，到过北京，也去过桂林，"桂林山水甲天下"，去看了一看，心里也有点底，这样我的山水画也画得像模像样的了。画好了要去装裱的，因此我也学了裱画。我们请了一个装裱老师来老年大学上了一学期课，结果我和另一个老干部学得最好，后来就我们两个去上装裱课。上老年大学后，我报名参加北京大学艺术系，学了两期书画艺术进修班。

自古至今，我国的六体书法我都学了。北大推荐我出去参加比赛，得了很多金奖，我的名字就这样传出去了。白丁老师是我的第一位现代山水画老师，还有乐震文和四川的曾刚老师。我跟随3位老师学了12年，受益匪浅。这对我的画风起了决定作用，也使我上升到一定高度。

我喜欢画画及写毛笔字。毛笔字不同于书法，毛笔字是随心所欲地用毛笔写字。书法有六体，有几千年的历史了，国画要画得好，必先学好书法。虽然高中毕业前，国文课都写毛笔字，但根底不够。我就订了书法报及书画报，剪下上面书画名家的作品贴在白纸本上，至今一尺多厚了。我学书画的目的是做师不做匠，不为名利，只为养身，度过一个不依赖人的老年生活期。我这一辈子做过很多事情，经历还是很丰富的，还去安徽医科大学学习过中老年医疗保健。我这个人的性格很随意，不喜欢去争什么抢什么。

从1983年退休，从事书法、国画研修创作。参加全国性书画大赛数十次，获金、银、铜等各种奖项数十次。荣获国家人事部人才所特邀高级研修员，中国收藏学术研究会及世界文化艺术鉴定中心授予的中国书画收藏市场最具收藏价值艺术家，中国文艺协会等授予的中国文化艺术终身成就奖，中国书法国画艺术研究院授予的中国书画金奖艺术家等多项荣誉称号。

陈守佳

　　曾任华东建材公司党委书记、总会计师。荣获"学大庆先进工作者"称号。1951 届校友。

春风化雨桃李盈　立信精神世纪存

口述：陈守佳
采访：叶进辉　蒋文捷　沈辛茹
整理：叶进辉
时间：2017 年 7 月 15 日
地点：陈守佳寓所

立信不仅教我知识，更教我待人处世

我的父亲是一个有名气的老中医，他原来在安徽，后来到了上海，在一个粮食行当职员。当时恰巧我听闻了立信会计专科学校，那是一个专门学财经的地方。进了立信会计以后，当时潘校长对学生要求还是很严格的。我们学生长期在学校里做会计实习，什么做账啊，计算啊，潘校长都抓得很紧的，每次课上完之后都要做习题，严格要求精确无误。教的都是一些挺实用的知识。潘校长呢，是把国外的那些会计理论，通过他进行中国化，适合我们中国的情况，所以对我们来说，会计理论并不完全就是国外的那一套，他那个中国化的理论都是非常实用的。而且，学校同时也是会计师事务所，还有会计用品社，它印刷的那些会计账册、报表、凭证啊，各个企业都要买它来用。可以说，当时在这个行业，立信是一统天下的！当时那些很高级的研究理论还没有，所以这个实用性就是非常广泛的了。我们毕业分配的时候，用人单位都是抢着要。这一点我是有亲身体会的。那时还都是刚成立的国营企业和私营企业。企业一听是立信会计的学生，都会非常器重。我看到这个现象，感觉到了立信这块招牌在社会上的价值含量。就我们本身来说，立信培养出来的学生，基本功是相当扎实的，珠算、记账这些，我也是非常擅长的。一直到后来我成了财务科长，一边打算盘，一边谈业务，还两相不耽误；我看别人的账，也是一看就能知道错在哪里。

潘校长不仅教给了我们知识，更是向我们反复强调了"立信"二字的含义，犹记得校训是"信以立志，信以守身，信以处事，信以待人，毋忘'立信'，当必有成"。那时候，我们不仅仅只是去学习财经的，潘校长对我们人格品德的教育也是非常重视的。当时只要是立信出去的学生，工作都是踏踏实实、勤勤恳恳。无论在哪里，大家都是非常看重，这就是当时立信的校风，就是严格又细致，勤勉又廉洁。所以就现在大学教育而言，不仅是智育很重要，德育也非常重要。立信能树立这样一个校风，而且能坚持那么长久，难能可贵，希望继续发扬光大。

从制造业会计到建筑业会计

我后来到了上海市房地产管理处所属的上海建筑工程公司工作。工作以后，什么都要从头做起，做凭证、记账、做报表，当时计算机都没有的，这些都是直接计算的。我从 1951 年一直做到了 1953 年，之后上海建筑业进入了一个大发展的时期。中央派了一个主任来，建筑工程公司下面也开始分成好多工程处，我被分配到华东第四建筑工程公司。那时国家土木工程处正在上海造长洲路大桥，恰逢同济大学建校，于是我便在同济大学第四建筑工地搞财务。因为我们在学校里学的都是制造业成本，都和工厂相关的，现在是建筑业，那就是不一样的。工厂搞成本的话，产品是流动的、工厂是固定的，而建筑业则产品是固定的，比如我们要造一个房子，那就是固定的；但是我们这个施工单位，反而是流动的。那么我们学的那些成本会计都是适用于工厂模式的，现在就需要转变成搞工地、工程的成本会计才行。所以那个时候，我们就要研究如何计算项目成本啊，进度成本啊，这些非常规范化的会计内容。我们是根据用的材料、用的人工等计算进度成本的，如果算不出来进度成本，施工方就拿不到报酬，所以是一件很严峻的事情。当时我一直在负责这样的一个会计工作，最终的收获就是把工厂会计方法转变成了适用于工程建设的会计方法。这种工程成本的计算，既要注意工地里上百个工人的工资核算，还要注意每月材料的使用量，是否有剩余，剩余也要盘点

后计入成本才行，所以一个项目的成本计算是非常复杂的。而且忙的时候，要两个礼拜休息一次，这个叫"大礼拜"。我在那里一直工作到1955年。那时我也毕业5年了，每个工程我都仔仔细细地完成了报表的制作，而且做得十分准确，得到了当时的财务处长的认可，表扬我们的工作"搞得不错"，还问到我是什么学校出来的，我自豪地搬出了立信的牌子。当时他是十分感慨的，"啊！立信的话，那肯定是没话说的！"当时的立信真的非常厉害，闻名业内；培养出来的学生，工作都能拿得起来、稳得住，当然也和我自己的努力分不开。

重任在肩　迎难而上做表率

1955年以后，中央开始支援大西北。我又去了华东建材管理处，搞建材物资流通工作。那个时候，我已经是财务科副科长了。而这个物资流通又和工程管理不一样了。当时国家是计划经济体制，我们就是给国家解决计划问题，像是水泥、玻璃这些材料都是国家统一管理的，企业只有拿到了指标才能去获得这些材料，而我们就是管理这个过程中的财务问题的。管理的材料除了建筑材料，还有非建筑材料，如金刚石一类的。在当时计划经济条件下，物资分配都是由国家统计进行的，按照计划来执行，所以财务工作重要性也就不言而喻了。

1959 年，中央成立了大区管理处，即建筑工程部建立了中南、华东、华北、西北、西南等管理处，组织上把我调到了华南管理处，去了广州；后来华南又和中南合并，我就又去了武汉的中南管理处。去了才发现中南管理处财务当时就是一个烂摊子。遇到这种事情，是比较头疼的。它的记账工作都是混乱的，又赶上当时那个"大跃进"，财务这里也喊着搞"无账会计"。那时候就是瞎搞了，就是一般的账，把所有单据摆起来，就算是完成的账本了，不去核算和汇总的。你说一个物资部门，这一搞还不乱了吗？一些机械零件有几百种都没有账册记录，仓库里的物资、钢材，这些都不记账；报表也就是单据打包放在一起就是了。账实都不符，乱对账，那简直是一团糟。后来，部里下命令，限期把它整理出来。当时非常令人震惊，搞财务的应该都知道，这个是要完全从最初的单据开始的，我足足花了 3 年时间，历经坎坷，才把这个情况拨乱反正。那个时候部里也会定期下来检查进度，他们监督我，而我则是监督我下面。那个时候加班可厉害了，但也是好处多多的：一个是把这个混乱的情况给整治好了；另一个则是给这个地方明确了规矩。例如，定出了会计核算的细则，还有岗位责任制，另外还有资金管理、费用管理等细则，各个部门都按照这个搞。这些原则真是费尽我们的心血，尤其是岗位责任制，它规定好，你这个岗位，是管账的，那你就不仅要管账，你还要管这个事情，便是"管账管事"；管材料的，那你就要负责和仓库对接；管资金的，那你就要考虑这个钱收不收回的问题等。在这之后，中南管理处就彻底改变了面貌，变得蒸蒸日上了。组织上抓典型，原来一团糟的单位，走上了正轨，让部里觉得非常有表率意义！于是便把我们建立的岗位责任制等细则，都印成了材料，发给其他的物资部门，作为指导材料。还要结合自己的实际情况，好好学，去摸索。那会儿，我们还把凭证、账本等都拿去大会展览，过去乱的也给他们看，现在整理好的也给他们看，两者对比，让他们确确实实地了解到了我们努力的成果。组织上还给我们发了一面锦旗作为表彰，真的是十分高兴！

1976 年，"文化大革命"也结束了，我也把华东管理处按照中南的模式运营起来。恰逢中央号召学大庆，而我们又做得特别出色，于是中央将我们评为上海市物资系统的先进单位，也即学大庆的先进单位。那时候，其他的物资管理单位，也都来我们单位参观学习。中央为了嘉奖，将我评为学大庆先进工作者，还因此得到了中央领导的接见，有幸和邓小平等领导同框，倍感自豪！

搞会计应当有工匠精神

总的来说呢，我们就是需要一种工匠精神。工匠精神就是专注于自己做的事，精益求精，把 99% 提高到 99.99%；严谨敬业，欣赏自己的工作，在每一个细节中，体会做事的乐趣。工作本身是平凡的，好比管资金，但即便是这样的工作，也要下工夫，去动脑筋，想要做得好、做得细，那是一点马虎不得的。别看是平凡的工作，想要出成果，那就要你不平凡地对待。这便是我多年来的经验和体会了。

搞财务，很吃香，但是其实也很苦。你要说能舒舒服服地做财务工作，那还是早点另谋出路比较好一些。而且只是记死账也不行，还需要懂管理。这个行业实际应用的时候还要考虑公司情况，也许学的是制造业成本核算，而运用的地方却是工程材料成本核算。不懂的话，人家糊弄你，你也没办法！要学会举一反三的做法，进行多元化的发散学习，很多工作都不是单一的。

请大家相信，在立信的每一天，都有可能成为你将来成功路上的基石，请牢牢把握住这即将逝去的每一天。在职场，立信精神亦尤为重要。正是因为有诚信道德坚守，我才能在职场义无反顾，勇往直前。

最后，将这句话送给我的母校，以及所有在校的师生们："春风化雨，桃李盈余，立信精神，世纪永存！"

愿大家都能活出立信人的风采。

吴　胜

　　1949 年加入中国共产党领导的组织——新青联；当年 9 月随党到达福州，分配至中国人民银行福建分行从事财务工作；1950 年 3 月调至南平支行做财务工作，连续 3 年被评为南平市财贸系统的先进工作者；1955 年参加王台镇山尾乡的粮食"三定"工作；1959 年正式加入中国共产党，同年调至闽江工程局建溪水电站工地担任财务股长；后在浦东新区沪东中学担任教师一职。退休后热爱文学，热心公益。1953 届校友。

我和立信是战友

口述：吴　胜
采访：王世杰　曾　然　张媛媛
整理：张媛媛
时间：2017 年 7 月 6 日
地点：吴胜寓所

因为立信，与党结缘

我是立信 1953 届校友，其时正是内战时期，社会混乱，我却在立信接受先进的教育。在立信发生的一系列事，可以说改变了我的整个人生。

高中时，我已接触到中共党员，他们的思想行为影响着我。进入当时的私立立信会计专科学校后，我与中共地下党员陈延秀同学结识，并在此时加入中国共产党领导的新青联组织。

学校里，潘序伦校长的开明，使我大学时代沐浴在先进的思想中。有一件事情我记得很清楚，我们"声之团"参加学校的一次文艺演出，唱了几首如"团结就是力量"类的进步歌曲，一名同学从观众席中站起来，批评指责我们唱共产党的歌曲，要求我们立即停止。几位思想先进的同志起身激昂地反驳："这些歌曲都是反映人民自由、民主心声的，怎么不能唱？应该大唱、特唱！"同学间针锋相对，气氛很紧张。此时潘校长缓缓站起身，坚定果断地一挥右手："继续唱！"话音刚落，全场热烈鼓掌。我们兴奋极了，以更高昂的歌声唱起了"你是灯塔""我们的队伍来了"等更具鲜明政治倾向的歌曲。时至今日，我依然为潘校长作为一名左派开明人士的非凡胆识心折。

战乱时代，相互扶持

在那个革命趋势日渐激烈的时代，我与学校的命运紧密相连。学校遇过一次危机，那是 1949 年的 4 月份，渡江战役打响前夕，国民党妄图挽救覆灭的命运，为死守上海做垂死挣扎。国民党军队企图利用立信操场建筑炮兵阵地，以夺取开战的有利地位。学校中共地下党组织识破了国民党企图将立信校园转变为战场的阴谋，立即行动起来，动员大家团结周围同学，旗帜鲜明地亮出"誓死保卫学校，抗议炮兵进驻"的坚定决心。我感到一种强大的力量推动我前进。在上级的指示下，与全校学生前往临近的交通大学求援。我们一路散发传单，争取社会各界的支持。交大战友得到讯息，立刻发出"交大誓作立信后盾""我们坚决不答应反动派把炮兵阵地建立在立信的操场上！"等令人热血沸腾的声音。午饭后，交大同学与我们在立信操场上高唱"我们是兄弟姐妹""大家团结在一起"等革命歌曲，并召开了"交大全力支持立信"大会。面对全校同学同仇敌忾和交大同学的全力支持，以及社会各界人士的舆论压力，反动派始终未敢将魔爪伸向立信。我们全校同学漂亮地完成了护校斗争。

学校对我们的保护也是巨大的，它不止使我们平静安稳地学习知识，在后期还保护了我们许多人的生命安全。在革命形势迅猛发展，临近解放之际，学校党组织为配合解放大军进军大上海，准备绘制附近反动派军队驻防的钢骨水泥碉堡地形图。我们几位同学扮成情侣，勇敢地分赴校外拍摄碉堡照片。为了更明显地标志出碉堡的确切位置，同学们连续以不同位置拍摄。这不寻常的动作引起了反动军队哨兵注意，关押了其中一对"情侣"。我们同学立即向潘校长汇报，潘校长心急如焚，立即和反动驻军当局联系。几经周折，终于将两名同学保释了出来，并将两名同学的"失误"尽揽在自己身上。校会上，潘校长还意味深长地教育我们"年轻人做事要当心些。这次是由于我教育不严，才导致学生误闯军事禁区。"若是没有潘校长的担保，两位同学极有可能被视为"军间谍"，轻则皮肉遭殃，重则小命归天。这次严重事件，在潘校长机智处理下，被抓学生只关了两三小时，便平安返回学校。潘校长爱生如子的事迹还有很多，吾辈终生难忘。

立信教导，终生难忘

在立信学习了一段时间后，因为党急缺经济方面人才，我于 1949 年 7 月 1 日穿上军装，参加南下服务团，后分配至中国人民银行福建省分行。我刚到分行，就面临一项艰巨的任务——护送"金库"（亟待发行的人民币）。12 月 23 日清晨，我们这支护送"金库"的队伍，共 25 辆军用卡车，冒着薄雾从上饶出发，在距闽赣边界 30 千米处，我所在的第 13 辆军车在即将通过时，突遇塌方，深陷一米多深的泥砾之中，无法动弹。我们对这障碍束手无策，而偏僻山区又有许多国民党特务，危险随时发生。领队的李春鉴同志当机立断，后 12 辆车子全部撤退，而我们一共 6 名银行干部就地守护。我们在山坳深处找到一位村民，在他家轮流进餐。我思想上已经对这严峻的环境早有准备，精神高度集中，值完上半夜的勤，我的精神也无法松懈下来，听见远方的枪声便握紧手枪，起身准备与匪徒来场恶战。老李安慰我，枪声还远，下车巡视了一周说："没事，休息！"我们最终化险为夷，得以继续挺进。

此后我调到南平支行，充分运用了我在学校习得的各项知识，制止营私舞弊现象，扩大转账业务，节约现金使用，压缩社会货币流通量，整改各单位库存现金额度。在工作中的实践，使我更加深入熟悉了信贷与结算业务，提高了管理水平。我进一步对贷款单位进行经济活动分析，根据季节等特点加强市场调查，使银行资金运用更合理。在学校养成的良好习惯，使我积极工作、毫不放松、不断进步，连续被评为先进工作者。即使在"十年浩劫"中住过牛棚，我依然牢记学校老师的教诲，为国家做出贡献，爱人敬人，立志诚信。

在这期间，我还遇到过一次犯罪的圈套。那是"三年自然灾害"时期，我担任闽江工程局二工区的财务股长，食堂午餐蔬菜供应紧张，许多人陆续出现水肿。彼时的工人工资也不足以支付自由市场的菜钱。我看在眼里，急在心上。如何改善伙食，增加大家营养呢？这个问题一直在我脑海中盘旋。在我为此问题心焦之时，有一位"好心人"跟我讲，他可以帮我们低价购入蔬菜，但需要先给他一笔"本钱"，这样大家都有利。我当时没有拒绝，表示需要研究一下再回复他。回到单位，我仔细思索，感觉有什么地方不对劲，却又一时说不上来。向党委书记汇报了这个情况，陈晋龙书记十分惊讶地看着我，他第一句话就批评道："你真糊涂！"接着，他语重心长地讲了一些道理，"我们国家的钱怎么可以违反规定——为小团体去服务呢？千万牢记共产党员要全心全意为人民服务，我们苦点累点没关系。这是对方瞄准了我们弱点所设的陷阱！"我瞬时惊出一身冷汗，坚守了母校教导我的诚信这么多年，差点毁于一旦。资本主义的侵袭，常常是掩饰得很好的，我需要更目明心亮。这件事若是被他得逞，为母校抹黑不说，更会有损党的形象。此后我牢记各级组织、领导的谆谆教诲，在数十年的财经生涯中，保持廉洁奉公，警惕着资产阶级思想的侵袭，做到两袖清风，保持晚节。在此也需要提醒各位校友，时刻铭记校训，切不可大意而跌入陷阱，这陷阱如同地雷，落入其中，必定粉身碎骨。

离休以来，我始终密切关注着祖国的一切，祖国这么多年来所获的伟大成就我都仔细记录下来，实在是震撼人心。即使我已是迟暮，依然牢记当年学校教导我的一切，勤勤恳恳、认认真真做人做事，始终保持进步，始终待人真诚，始终做事依信。我垂垂老矣，此刻可以无愧于心。

恰逢母校90周年生辰，我怀着激动的心情翻开回忆，诉说我对母校的感谢与热爱。我要怀着无比感恩的心，说一句：母校，祝您90岁生日快乐！

潘湘企

　　1937 年出生，讲师。1955 年毕业于上海银行学校，
1959 年毕业于上海师范学院。历任上银（50）校友分
会会长兼秘书长，冶金局数学中心教研组组长，上海
市技校数学教研组副组长。1955 届校友。

桃李漫芬芳　校刊载春秋

口述：潘湘企
采访：孟　微　黄　龙　段　邑
　　　郭盛尼　汤金友
整理：黄　龙
时间：2017 年 7 月 10 日
地点：潘湘企寓所

结缘母校与银行

　　我的母校，现在全称是上海立信会计金融学院，前两年的校名是上海金融学院，再之前就是上海银行学校了。学校建于 1952 年，由中国人民银行华东区银行学校和上海银行学校合并而成。1952 年秋，我从江苏省常熟县立初中毕业后，通过苏南地区的统一考试，考入了校址在苏州、学制两年半的华东区银行学校，读的是"货币流通与信贷"专业（同时还设有"国家银行会计核算"专业）。1955 年 1 月毕业时已改名为上海银行学校，毕业文凭上盖有"中国人民银行"印，我感到十分踏实和高兴。同时我被分配到中国人民银行上海市分行卢湾区办事处工作。我是信贷专业毕业，当即在国营企业信贷科报到上班，自此开始了国营企业的信贷员工作。单位交给我一家国营的人民出版社，也是贷款的大户，资金运转量大、频繁。先由原信贷员给我介绍情况，再是主要看单位的资金运转报表，而且由他带我同下单位，二三周后逐步让我接管下来。我除了看资料，还三天两头去该社的财务科，与单位的财务科长和相关的财务人员建立日常的、密切的联系。一周至少要下单位二三次，主要是下去了解核实资金去向及

91

有关报表中的项目细节和单位的"资产负债表"。因为那时这些国企单位都有贷款，且按计划运用资金。国家银行通过信贷这一环节，参与企业的经济活动以保证单位的生产业务计划的完成。银行给单位贷款，不是一放了之，而是要从放款前后的资金运用进行分析，全程跟踪。否则贷款不起作用，贷了还不出成为不良贷款。所以，那时候银行的信贷员又有被称为"专管员"的。这就是计划经济时的信贷管理，你完不成"计划"，银行可以缓贷，甚至不贷，更因为当时是没有担保的，借钱全靠信用，国家银行作为资金的保证源，不放款也是不大合适的。

通过近两年的信贷员实践，我深感银行与借款人是一个目的，都是管控好资金的去向，使国民经济有序、有利地向前发展。信贷员的工作虽然我干的时间不长，但我感到这个工作很有意义。记得当时银行领导对我说过一句很有份量的话，他说："我们是国家银行，是代表国家在工作，所以叫中国人民银行。"

投身教育事业

当时，我的家庭经济十分困难。我是独子，幼年丧父，母亲和祖母是家庭妇女，都不识字，指望我早些工作，好养家糊口。我已有了银行的工作，有了一定的收入，如果放弃工作，没有经济来源，家庭生活怎么办？而我还有想再读书的愿望，而且想上大学深造，内心一直徘徊不定，终于机遇来了。在职干部可以考大学，交通大学办了一个在职人员报考大学的"高中文化补习班"（短期、半脱产），只要单位开出证明就可报名去读。我在银行领导的支持下，去补习班读书。领导还对我说："你可以暂时把工作搁一下，移交别人代管，全脱产专心复习功课，希望你考上大学。"于是，我购齐了所需的高中教科书，进了高中文化补习班。我全力投入学习迎考，边听课边复习巩固，住在银行的单身宿舍夜以继日地读书备考。之后，终于考取了上海师范学院（教学专修科）。读师范学院可以解决我的经济问题，从此告别银行工作，向教育方向转行了。

从上海师范学院毕业之后，我分配到杨浦区的一家新建的特殊钢厂，搞工人教育（文化）工作。我进厂后，创建了工厂自办的工人业余学校，从业余中学到工人大学，之后又到厂办全日制的技工学校，我都是教数学课。在师院学习时我们学过"数学教学法"，这门课很派用场。数学基础课从中等到"高数"（基础）我几乎都教过，"代数""平面几何""三角""立体几何""解析几何"和"微积分（初步）"教得最多。近40年来，我在职工教育上努力拼搏。在职期间，我编写过数学教材（参编），担任过冶金局数学教研组组长和市技工学校数学教研组副组长，退休前几年还受聘于其他学校兼职执教授课。

倾力上银校友会

上海银行学校首届毕业的校友活动，在20世纪80年代就有了。源起于退休的老教师们相约在市中心的人民公园茶室聚会，以曹振昭老师为带头人，也有个别苏银55届毕业的同学参加，后来逐步发展，相互打听相约。因为银校校友在上海工作的很多，无不盼有这种机会，要求参加，加上消息传到市银55届的校友，还有苏银56届、58届的校友，也来加入，扩大到四五十人。那时候，开一次聚会在曹老师家中就无法容纳了，而且每次相约见面的地方，谁通知联络、印发通知，还有要决定在哪一天，还得有茶叶、开水、杯子……一系列杂事，怎么办？因此，大家不谋而合地想到：成立校友会，先加一个"筹"字，等条件成熟了再说。此时，又有一个有利的条件，那时"上海银校"还在，56届的张义和校友是学校的校长，他是很热心于校友联谊活动的，请他担任筹委会会长。1990年，上银（50）校友会（筹）在民星路金融专科学院成立了，选举产生了上银（50）校友会的理事会、理事长。在上海地区校友的共同努力下，汇编了新的通讯录发给每一位校友，这样联谊活动也蓬勃地开展了。还有通讯之外的校友会刊正式出版了，这份小报起名为《上银校友》，发行范围为上银（50）全体校友。承蒙上海造币厂与上海印钞二厂校友的倾力相助，主动揽下了印刷和发行的部分任务。上银校友会刊愈来愈受到欢迎，给毕业离校后的校友、分别三四十年的老师和同学们创造了一个交流的大平台。每出一期，争相传送，不少人踊跃写稿，后期编成季刊，校友报越办越好。由于种种原因，校友报的经费以校友自愿为原则，自交会费来解决，这样也能通过邮局送到大家家中。但是怎么解决发行问题呢（每张报纸，折叠入信封，写址、贴封、送去邮局是个大问题，毕竟印好的小报有些大，要将每一单张装成一封信，一共千八百张）。其实，在曹老走后，我把校友会联络处放在自己家中，自立"山头"，组成了一个发报工作小组，邀约了十多位同窗同班老同学，开始被校友称为"十人兵团"，在家中用作坊式的集体手工操作两个工作日，很自然地解决了这个难题。

这27年来，这个"编辑发行小组"受到本市、外地不少校友的好评，用无偿的劳动真诚地为校友服务，无愧为优秀的上银人！这些人是由原苏银55届的我担任主编，有夏叙成、周秀娟、李银荣、卢玉琴、朱金华、龚正爱、吴菊英、唐尧兴、余瑶飞、冯树宝，还有不幸早走的薛景荣、屠仲乾共同参与。

学校里有活动，大家力所能及地积极参与。目前，大家早已退休了，而且随着年龄的增高，要出来参加活动也不方便了。就以校友一年聚会一次来说，2015年开始都不进行了，有些老阿姨连说话都说不清楚了，更不要说是开展活动了。校友会的成员都已80多岁了，我属于最小，也81岁了。《50校友会》到目前出刊88期，坚持了27年之久．这对我们这些老校友一辈的人来说，是一个自己办报的不错的记录，只能适可而止。

校友力量是很强大的，在职业规划上、实习就业上对于广大的学生们都是可以起到很大的作用的。希望以后的学校和校友们要充分利用在职校友的力量。银行一定要有新鲜血液的输送才能不断地革新发展。通过老校友推荐毕业生到合适的岗位，在给银行输送新鲜血液的同时，也给年轻人更多发展的机会。通过校友，方便处理很多职场上的事情，因为大家有更多的共同语言，同时老校友可以从工作的维度上给年轻的校友提出很多建设性意见，可以发挥一定的作用。年轻人都是一步步上去的，大学生要多实践，但是要尽快知道各个岗位的要领是什么，知道领导需要什么样的人才；老校友对每个岗位都有一定的熟悉度，而这些恰恰都是书本上没有的。因此，大家要重视实习这个环节，学问学问关键在于问，书上是没有的，但是问了，就可以有。

至于校友会，希望新老校友保持联系，多多交流，每年都会有很大一部分人回母校聚一聚。希望学校可以组织部分优秀的在校同学，在活动期间与校友开展座谈会，多创造一些机会，联合新老校友，将校友感恩母校、情系母校的精神传承下去。

祝贺上海立信会计金融学院 90 周年！

汪溢中

　　毕业后就职于中国花纱布公司华东区公司上海供应站，任总经理秘书，曾代表上海商界妇女出席全国妇女代表大会。曾任中国百货公司上海市公司副经理。立信复校后，任学校党委办公室主任。1950 届校友。

黄道蕴

　　毕业后就职于华东合作事业管理局。先后在中华合作总社上海工业品经理部工作，任审计组组长、上海市静安区粮食局会计科科长、上海商业职工大学讲师。1950 届校友。

平淡中的自信

口述：汪溢中　黄道蕴
采访：房丹慧　王雪仪
整理：房丹慧
时间：2018 年 2 月 6 日
地点：上海市嘉定区众仁乐园

一枚戒指

　　黄老师和汪老师不仅是立信毕业的 1950 届校友，也是相伴到老，携手大半辈子的夫妻。他们与立信结下的缘分，由一枚校徽戒指传承。这枚珍藏的戒指，是银质景泰蓝的戒面，它是 1950 年第 16 届立信会计专科学校毕业纪念物。60 多年过去了，在黄老师的心中，这枚戒指早已经超过了原有的价值。这枚戒指不仅承载着立信的历史和深远的文化韵味，在两位老人心中是沉甸甸的自豪感和对母校的归属之情。这枚戒指还有一份隐藏的深厚情节，这是黄老师与汪老师两人的定情之物。

　　"我们当初（1948 年）考入立信时，还没有高考这个概念，没有统一标准，就是每个学校自主招生，招生学校自己出考题。立信的校址还在徐家汇，立信是个两年制的学校，开设较多的都是与会计相关的课程，在这些课程里面，潘校长教我们的是成本会计。"

　　"我还清楚记得 1949 年 3 月的时候，国民党炮兵联队选定我们学校为其军事据点。在学校学生自治会的发动下，我和众多在校师生员工立即奔赴前沿阵地，进行抗议宣传活动，还做出了强烈的抵抗行动。但是斗争之余我们也没有放弃学业，在课堂上认真听老师讲课，做好笔记。就这样，我们一边抗议抵制，一边学习，一直持续了1个多月。5月中旬，国民党军队无视学生的爱国行为，派遣军队进驻学校教育大楼要求拆除整座室内体育馆，并声称此举是军事上的需要。几个学生会的同学和老师带着我们成立护校队，摆开阵势，进入前哨阵地，对驻军展开了势不两立的斗争。有领导地组织学生日夜布岗放哨，开展反驻军抵制活动。我们的抵制，得到交通大学学生会的全力支持。他们组成游行队伍，浩浩荡荡走进校门，与驻军官兵面对面地说理抗争，最后驻校的官兵被我们赶出了校门，我们也以反内战反驻军的胜利迎来了上海的解放。"汪老师说出这样一段话的时候，语气中带着激动。生活在和平年代的我们，体验不了这种经历，也从未想象过这种事，所以听到当事人之一的汪老师说起时，我们感到深深的敬佩。

　　"我认为潘校长的办学宗旨有两点。第一点是重视体育。人的身体是一个资本，没有健康的身体，任何事情都做不了。所以我们从入学开始，学生每天早上都需要做操。不做早操是不行的，被发现的话，舍监会把你拉出去重做。每个学期都会有一次体育运动会，要求每个学生都要参加。第二点就是中国的账务必须向国际看齐。当时在国际上中国式的算账方法并不是主流，潘校长办立信就是为了要改变中国的账务处理方法，懂得西方处理的标准，这就要求会计处理方法必须统一，否则就是毫无标准可言。所以从做传票开始，一笔业务的发生到结束必须完整记录，要求会计账务与质量并重。潘校长要求学生掌握会计学科的内涵，用功读书，深入理解书本内容。"黄老先生这样说道。

一句校训

　　"从立信毕业后，我和我太太汪溢中都从事财务工作。我进入华东合作事业管理局，我做审核工作，后来做了科长。"

　　两位老师一直秉承着潘老校长的校训，明确自己所承担的角色和责任，守信，诚信，笃信和对真理的信仰，注重个人在社会上的影响，成为奉行"毋忘'立信'，当必有成"的立信人。汪老师说："立信在当时社会上享有的美好声誉被社会人士所认可，并确立

　　了在会计学术界的地位，就是因为一届又一届的学生，都能遵守诚信这一校训。校训在历史征程中的作用有目共睹。立信人把会计事业，提升到一个又一个高度，得到了社会充分的认可，获得了一致好评。"

　　这番话语与汪、黄两位老师接下来要说的复校历史息息相关，立信能够复校的原因，既是因为立信人秉承校训在社会上做出佳绩的结果，也是党和国家对立信学校培养人才上的肯定和尊重，当然也是改革开放对会计专业人才的需求。

　　"中华人民共和国成立后的1952年，国内高等院校进行院系归类调整时，立信校方接到国家通知，要将专校事务并入刚刚成立的上海财经学院。从那时开始，立信大专学校的实体便消失在人们视野里。1978 年，党的十一届三中全会召开，年愈古稀的立信创始人潘序伦，深知在拨乱反正后的中国，经济方面将出现财会人员严重的青黄不接、财会人才饥荒现象。潘老当时可以说是老骥伏枥，壮心不已。他及时向社会有关部门呼吁，要求恢复立信会计专科学校。1980 年，潘老校长和当时有名的 11 位人士在上海联合倡议复办立信专校，向上海市人民政府提出申请，在上海恢复立信专校，继续传承诚信教育办学的优良传统。由于立信专校积累的知名度，很快就得到政府和社会方方面面的赞同、支持，也为立信复校提供了强大的活力和办学上的保证。同年 10 月 20 日，得到上海市人民政府的批准，同意复办立信会计专科学校，任命潘序伦为名誉校长。"汪老师向我们娓娓道来这样一段有关立信复校往事。说真的，如果不是这次采访，我们或许不会知道立信风雨背后这样的一段故事。

"我在立信恢复招生办学的那一年和同校的几个校友一起，通过母校旧档案，查找各个同学在校时的通讯录资料及工作单位等线索后与他们取得联系。联络上他们以后，我分别约同年级的数位老师，借助校友之力，借到了位于泰兴路上的上海政协会议室，大家坐在一起聆听潘老校长复校路上的艰苦和他得到社会贤达们帮助的经历，特别提及当时财经界知名人士对复校的帮助和热忱，以及历届校友们奔走相告传递联络的具体细节，在恢复校名上面，经历多方切磋和补充，终究定为立信。这不仅是个名字，更有传统上的文化内涵和道德准则。它代表着在校读书的学生们成长成才的基础是为人处世要诚信，讲诚信路好走，不讲诚信寸步难行。"两位老人在向我们讲述立信复校的历史时眼眶里闪烁着自信的光芒。在这段历史中他们是当事人，他们比谁都记得清楚，比谁都有发言权。

"没有一个学校，尤其立信当时还是个私立职业学校，能够在'文化大革命'之后恢复校名。中华人民共和国成立后许多知名院校，震旦大学、大同大学等都被改变了，在国内能够像立信这样经历风雨的，我知道也只有这么一所学校。"黄老师讲到立信恢复校名，语气中不自觉地流露出自豪感。"只有立信还能叫立信。这所学校能恢复校名，说明它为社会做出了一定的贡献。如果立信在当时社会上没有很高的知名度，那么立信的名字也会像其他大学一样消逝。"或许这就是一个很好的理由，从一个侧面解释立信能够成功复校的原因。

一段感悟

"老师不仅教我们掌握会计知识和技能，而且还在课堂外教育我们建立起健康的人格，确立起正确的人生观念，要不为世俗所惑，不为红尘所染，要拥有平淡中的自信，遭受挫折后的不屈。"这些感悟都折射在两位老人的一言一行上，虽然岁月在两位老人的身上留下痕迹，但两位老人的心态却已超然物外。在历经了人生的风雨，培育了不少学生也养育了优秀的子女，他们说到"我们的子女们都在境外，他们很早就出去了，事业做得非常好，为人处事也恪守诚实守信的原则。"

问及两位老人退休后是否还有动笔写文章的习惯时，黄老师谦虚地说道，"我平时就是随便写写。经常给学校的报纸和校友通讯投投稿。说起来我还是黄公望的第23代子孙，原来黄公望的一幅画曾经给了清朝的乾隆皇帝，一幅画烧成了两半，一半在北京博物馆，一半在台湾博物馆，于是我写关于黄公望的书。"

"我们夫妇同为立信第16届学生，自1950年走上工作岗位，1954年结为连理，迄今已经有一个甲子，我们曾经走过一段无法退避、坎坷不平的道路，遇到过一阵又一阵大小不同的风浪，得益于校训精神的支撑，才能一次又一次地平安过关。感恩母校一往情深，我们热爱我们的学校和事业，不论走到何地何处，都不会放弃校训对自己的无声教导。我们一直牵挂于心的是潘校长创立的学校，我们觉得你们还是应该要多读书，知识是自己的。你们还可以去创业，成为最好的自己。"

在清贫的晚年生活里，两位校友始终牵挂着母校。这次采访结束后他们将自己平日里省下来的钱又作捐款，托我们捐赠给立信校友会。这一举动二老已坚持了多年。由衷敬佩。

最后，真心希望两位老师能过上心之所向、平平淡淡、实实在在的晚年生活，享受人生的快乐！

邵党娣

曾组织筹备交通银行（上海）保险部，曾任太平洋保险有限公司董事长。1964 届校友。

沈幼勤

曾任招商银行上海分行行长、党委书记，交通银行纽约分行总经理。1964 届校友。

回首岁月情切切

口述：邵党娣　沈幼勤
采访：黄子涵　徐姝婧　王谷清
整理：王谷清
时间：2017 年 7 月 8 日
地点：邵党娣、沈幼勤寓所

润物无声

我们是怀着忐忑的心情前去拜访两位"学长、学姐"的。两位都是金融界的领头人，更是金融、保险领域的佼佼者，那一定很严肃吧。但是门打开的一刹那，我们看到的，是二老和善的面容，是扬起的嘴角，是深邃却又清澈的眼眸中透露出的对晚辈的关怀。"来来来，随便坐！"沈老师招呼着我们坐下，而邵老师送上了咖啡和水果，满是亲切和温和。二老的家温馨而又典雅，最引人注目的是墙上四周挂满了油画，客厅倚墙放置的 piano（钢琴），更凸显了二老在我心中"上海老克勒"的形象。

情系母校

沈老师从地上抱起了一叠厚重的书放在了桌上。那叠书，朴素的封面，泛黄的纸张，沉淀着的年代感，都映入了我们脑海。沈老师告诉我们，这是特意为我们，更是

　　为母校准备的一份"礼物"，其中的每一本背后都有一个故事，一段别样的经历。"这几本书啊，你说它不好，因为已经过去了 30 年。我们是 1980 年从国外回来的，37 年了，书可能过期了，可能改版变了，但是它的基本的原则是不变的。这本书是我自己买的，叫《货币政策》，不是针对银行，而是讲述国家宏观经济调整，需要用到货币政策时，究竟有哪些货币政策，这些政策对应哪些作用，有哪些后果，具体什么时候用，我想这些对同学们会有用。这是比较普遍的东西，学金融的人，在银行部门做管理工作的人，应该懂的。"沈老师指着这本《货币政策》说道。

　　"还有一本书呢，这本《实用银行财经学》，这是姚老师后来和我一起翻译的。"我看到沈老师慎重地拿出了一本精致的书，放在了桌上。"姚老师觉得有用，翻译出来对学生对银行都有用处，所以他才翻译的，也是国内看不到这种东西嘛，国外带回来就下决心要翻译出来。"沈老师翻开了书的封面，"这是姚老师，这是我，这是周祥生。我翻译了一半，姚老师和他两个人翻译了一半，然后审核就是他们。这本书原版因为当时 3 个人要用，就完全拆开了，我翻译一点他翻译一点，先不说翻译花了多少时间，就是我翻译出来，姚老师他们改了，审核好都弄出来，还必须手抄一遍，而且一式三份还是四份，交上去一份，我们留底一份，要复写纸，夹好了以后很重地写下去，每天要写 8 小时，写了大概 20 多天。"沈老师满是怀念地说道，"这些是我刚去英国时发的小册子，因为当初原版的英文我们根本就没有接触过，他们也觉得大的厚的书给你们看也看不懂，就先给小册子简单地看起来。当时从来没有听说过英文是什么，就发些小册子看一看，像这个是资产负债表。"看着书桌上堆满的各式书籍，宛如春风拂面般的温暖，从内心蔓延开来。"这个全部给你们，我们年纪大了，就担心没有接班人，你们有用的就带回去放在图书馆里，学校的老师、考研的学生，有需要的可以来看一看，能够起一些作用，让有用者从中受益。这些东西我们都有交代了，希望你们能带回去！"一旁邵老师也笑着对我们说道。

艰苦奋斗

"当初为什么要考上海财政金融学校呢？第一它是个中专，不要交学费，然后吃饭还免费，吃饭 10 块零 5 毛一个月的标准，都发饭票给你的，早中晚都可以吃，住宿也在学校里。除了来回车费自己付，其他都不要钱。"沈老师在我们问及报考母校的原因时，他笑着说道，"家里面我是老大，兄妹 5 个，父亲早就说了，你考大学就不要想了，家里兄妹都要读书交学费，家里负担不起。你能够早早地工作，能够考进一个中专，学费也不要交了，还省去饭钱，这样好一点。而我自己本身对读大学兴趣也不大，能早点工作也好，那就去考了上海财政金融学校。当初这个学校招 1000 多人，是所有学校中间招生最多的学校。再加上我父亲、大伯还有我叔叔都是做会计的，他们说你体力活也干不了，近视眼仪表仪器这些也不行；加上当初，航空、铁道、海运这三大行业虽然蛮热门，但一定要工农兵出身，我的家庭出身是小业主，也不允许参加。挑来挑去，金融蛮好，打打算盘，坐坐办公室，天热也有个电风扇扇扇，蛮好的。就这样选择了这个学校。"由于家庭背景、经济状况和自身身体条件等原因，沈老师选择了学院的前身——上海财政金融学校。而对于邵老师来说，最难忘的还是当时学习环境之艰苦，"那时候最开心的就是，食堂给大家宣布一个好消息，说今天中午吃烂糊面。大家都很开心，拿个碗敲啊敲的，跑到那里，每个人用搪瓷碗，盛一碗，说今天改善伙食了。早上吃一碗粥，有时候馒头也吃不起，就把家里的细盐，放在锅里炒一炒，用盐作小菜。那时候连青菜也没有，就吃花菜叶子，花菜还没有成熟呢，就把叶子拿来炒炒吃了。学生那时候还好，大家也不觉得苦。我印象最深刻的就是吃烂糊面，因为还有几片菜叶子，难得吃一次的。因为难得吃到，才觉得吃到就是改善生活，所以印象深刻，但其实里面没有什么东西的。"

"我们当初进去以后出了宿舍就是教学楼，本身是没有宿舍楼的，就是一个教学楼，那个教室很大，可以有50个人上课。所以，他们把教室改造成宿舍，女生在五楼，男生在四楼，一个宿舍里面20多个高低床，就三四十人，四五十人住里面。但是，就是在这样艰苦的环境下，财政金融学校的各位前辈们努力刻苦，发奋学习，更是令人难忘。"当时大家都很有集体荣誉感、个人荣誉感的。平时在班级，也不是很枯燥，我们的活动、排练节目什么，都是很活跃的，我们这个班级在全校，什么事情都是在前面的，荣誉感很强，大家都想争取这个班级能够当第一。"邵老师津津乐道，"我们财政五个班，金融六个班，外汇一个班。还有一个叫普高班，是当时外贸学院解散了，他们学生并到我们这儿。其中有一部分人，他们一定要读大学的，就成立了一个叫普高班，就是普通高中班。他们学的是英语，因为都是梦想着做外交家的，哎哟，学习气氛浓得不得了，早晨都是在朗读英文。他们很厉害的！""那都是学霸啊！"我们笑着应和道。"那是真的学习，真的是学！"沈老师补充道。

我呢，是班里面的英语课代表，邵老师呢，是团支部书记。我在班里英语还算是好的。过去，我们根本没有什么朗读，就是说做书面作业，语法好像比较准确。但是一听到他们，哇，全是朗读的声音，他们读到那个时候学了4本书了，从第一本可以背到最后一本的每一课，随便你挑出哪一课来，马上背得出来，从第一课背到那一课，4本书，从头背到尾！我们去问他们怎么背得那么熟啊，就听他们说，这升调，这降调，以前我们这个都没注意的，然后听了之后，他们是读得好听，是要这样读。之后我们就开始学习他们，早上起来开始朗读。"回想起这一段时光，沈老师也是充满了怀念。

职场趣闻

沈老师给我们讲了一个很有意思的小故事，是他在纽约的时候碰到的真实案例。"华人的一个公司，跟中国的交通银行的国内做了一笔生意，是他们交的单据。这上面规定，保险要报货物的110%，如果是1000块钱你要报1100块钱，假如货物全坏了，还能得到10%的利润。但这次呢报了100%，不是110%。实际上当时货物已经运到中国了，货物也是好的，但因为他没有报110%，我们中国就拒付，拒付后对方就急急忙忙去保险公司再追加10%，保险公司打一个新的寄过来，更正一下报了110%。因为国内不付款，所以对方要告国内的贸易公司，为什么不让通过？当时我在美国纽约，找我方便，他就抓住我不放，打官司，我们心里知道，银行只管单据，不管货物。但想想也对，人家货已经到了，货都是好的，跟这个110%又没关系，而且对方也重补了票据，我们也蛮理亏的。因为跟交通银行是一家，我们肯定就是他们的代表，后来他们就叫律师写信寄到我们这里来，要告我们。我们也请了律师，律师说，就让他告好了。接着两边都准备，到了最后，我们的律师就问对方：你这个官司准备打得很久，还是简单地判决，因为这个法院里交的费用是不一样的。他说要求简单。后来就交给法院，简单地判决。法院说：这个很清楚，银行只管单据，要求是110%，100%不符合，银行当然不支付。"

沈老师的故事讲得幽默而又生动，我们也听得津津有味。当然，这只是抛砖引玉的一个小故事，折射出的却是沈老师丰富的人生阅历，以及海量的学识。"这就是当时的案例。我教书时，这些活的知识实际运用教得多一点，学生听起来也新鲜，而且如果银行真的发生了这些事情来请教你，通过教授，你也知道这种事情在国际上应该怎么办。"沈老说道。

殷殷教诲

"你们现在就要利用大学时间，像海绵一样好好地吸收知识，我们当时还没这个条件，"邵老师语重心长地对我们说，"吸收知识的时候就那么一段时间。其实到了25岁以后，这个大脑皮层记忆区已经不容易记住东西了，现在学的都是你的，以后学的都不是你的，都忘了。这么好的青春时光，像海绵一样可以吸收很多知识，等你成家立业以后，你孩子长大以后，你有的是时间去玩。何必这么好的时间都去玩呢，那些贪玩的孩子以后会后悔死的！"邵老师的话语里带着些许急切，但更多的却是对我们的殷殷期盼，对我们这些晚辈的关怀。

第二篇　**盛年抒怀**

朱　青

上海锦正保险公估有限公司董事长。曾在人保、平安、美亚、华泰、三星火灾任职。1981 届校友。

母校授我诚信　我以诚信立命

口述：朱　青
采访：夏心怡　王世杰　高　兴
整理：夏心怡
时间：2017 年 7 月 27 日
地点：上海锦正保险公估有限公司

结缘保险　一路向前

细数下来我已毕业 30 余年了，在我入学之际学校还叫上海财政金融学校，在我就读的 1 年之后，学校便更名为了两个学校，分别是财政学校和银行学校，我所就读的是银行学校，是国际保险专业的第一届学生。

就读国际保险班也是我与保险的一段阴差阳错的经历。我毕业于上海杨浦中学，也就是现在的杨浦高级中学，我们当时的政策是考前填志愿，志愿分为重点大学、非重点大学、大专、中专，高中时我的成绩还是不错的，所以也并未多考虑中专批次的志愿。当时在国内，大家普遍对保险还没有什么概念，我也不例外，年纪轻轻的我竟还以为保险是一个修保险箱的专业，也就胡乱将国际保险填入了志愿表中。高中毕业后来到了上海财政金融学校。

直至今日，我还清晰地记得，给我们上第一节课的老师，操着一口广东口音，教会了我们一个单词：insurance。自此，我开始真正了解保险，走进保险。正是通过在学校的学习让我对保险有了全面的了解，也了解了当时中国保险业的现状和困难。我

111

十分感激那段学习的时光，在学校培养的扎实的专业知识为我日后的工作打下了坚实的基础，也为我明确了未来的方向。

谨记教诲　诚信立业

　　时光荏苒，在校就读的 3 年一晃而过，脑海中那些学校往事，关于那些喜欢的课，那些难忘往事的记忆也只是寥寥，但是仍然会有两个沉甸甸的大字始终留存于脑海，就是"诚信"。学校对于我们的教育一直以来都是诚信做人，诚信立业，时至今日也从未变过，特别是作为一名保险人，更不能忽视诚信的分量。

　　毕业以来，我也一直投身于保险行业，立足行业，也见证了保险业一路的成长。保险行业由起初的万人向往，到后来遭人忌惮，再到今日一步步向上发展，"诚信"二

字在其中起到了至关重要的作用。我刚参加工作那会，因为保险大多都是涉外的工作并且工资也比较高，保险工作者在老百姓的心中还是处于一个比较高大的地位。我当时从事的是船舶保险，有时需要去港口工作。说来也有趣，当时普通人要进港口是要开介绍信的，而像我们就只要保险公司的工作证就可以了。那段时间还是保险在国内发展的起步阶段，每一位保险人也都恪守行业规范，一步一步地摸索，为中国保险行业的发展效力。到 20 世纪 90 年代初，保险在老百姓中的口碑不如从前了，是因为当时的友邦保险将保险代理人的制度引入了中国，此制度出现之后也遭到了各大保险公司的效仿。当时上海有许多下岗工人出于养家糊口的压力，纷纷做起了保险代理人。这一批代理人做保险虽然很努力，但是由于综合素质和受教育程度不高，过分地夸大宣传，还是给保险带来了一些不好的名声。再往后到了 2000 年之后，一些保险公司开始出现了一些不诚信问题，这样的做法给保险带来了许多的负面影响。

在我看来，保险最重要的就是诚信，投保人是用一纸保单保一个未来，这其中最重要的就是企业的诚信和双方的信任。就像老师所说："诚信应该是最大的原则。"如今，中国的保险市场也在不断扩大，保险也向着更好的方向逐步发展，保险公司也应该经营好诚信这一准则，百姓也应树立正确的保险观念，不能将保险看成一个理财的工具。尽管保险的发展之路并不平坦，但我坚信通过多方面的共同努力，保险还是一个非常具有前景的行业。

良师益友　念念不忘

在我毕业那时，我们的工作还都是由学校进行统一的分配，我们一个班 25 位同学也都被分进了同一个部门，昔日同学转眼变成身边的同事，在学校里建立的革命友情也仍在延续。在工作之余，我们也时常怀念母校，怀念学生时代的点滴。我至今还记得我与当时学校的副校长之间的趣事。在食堂吃饭时，初生牛犊不怕虎的我直接指出了副校长的插队行为，没有想到的是副校长居然当众向我道歉，解释自己有非常要紧的急事，希望我能够见谅。这件事让我深深地敬佩学校老师的师德。他们都是非常有水平、非常有修养的一群人。很多在中华人民共和国成立前就是从事金融工作的，他们所传授给我的知识，至今都让我受益匪浅。每一位老师都将课堂视为最神圣的殿堂，想要倾尽毕生之所学给予我们谆谆的教诲。在上课之余，仍潜心钻研学问，关心行业内的动态，填补自己空白的知识。不仅如此，他们自身为人所带给我的影响，更让我受益终身。每一位老师都当学生是真正的朋友，不论自己学识的广阔，依然心怀谦卑。毕业 30 余年，可能已记不清晰每一位老师的长相、姓名、所教的课程，但是他们所带给我的影响是终身的。

如今，回顾自己的保险从业生涯，从人保到平安再到美亚，以及华泰、三星火灾均有任职，包括现在自己成立起公司，一路走来，起起伏伏，身处行业之中也有许多的体验与收获。就我自身而言，我想对还在学校中的学弟学妹们提的人生建议主要也就三点：第一，在学校期间要学好外语，多参与一些社会实践，丰富自己的经历。第二，未来参与工作之后，要秉持坚持的精神。现在的社会选择面大，诱惑也多，不能左顾右盼定不下心，通过跳槽这种方式换来更大的成功的几率还是比较小的，不能因为在目前公司的一些不愉快就想着跳槽。无论如何，要始终相信坚持是一定会有所得的。

第三，也是最重要的一点，就是勿忘诚信，谨遵学校的教诲"立信"，作为一名保险人应时时刻刻恪守"诚信"二字。

毕业 30 余年，始终难忘母校谆谆教诲。正值母校成立 90 周年之际，在此诉说与母校的往昔，并向母校致以最诚挚的问候和祝贺——祝母校 90 周年生日快乐。

章宜娟

　　中国对外经济贸易大学文学士，澳门科技大学工商管理学硕士。上海中信银行助理行长。曾任上海德丰网络有限公司 CEO。 1982 届校友。

放下卑微　耐住寂寞

口述：章宜娟
采访：赵倩雯　谭　璐　潘方灏
　　　许雯佳　曹佳韵
整理：潘方灏　许雯佳　曹佳韵
时间：2017 年 7 月 26 日
地点：梧桐茶室

四度春风化绸缪，几番秋雨洗鸿沟

　　我是 1982 年毕业于上海银行学校（现在学校的前身）金融 2 班的，班主任叫王婕。当时还是中专，直属于中国人民银行，同学们毕业后大多去了银行系统。

　　我在高考前从没有想过会进一个中专级别的学校。阴差阳错，还是在当时只是中专的学校里完成了走上社会前最后一段校园岁月。相比于从知名院校毕业的同班或同校同学来说，自卑心理在所难免。但进校后看到老师教学负责，看到新同学们的较高综合素质，这种心态慢慢便淡化了。

　　当年的学校很简朴，教室操场都很狭小，没有住宿，上下学都是挤公交或骑车。在这两年里，令我最怀念的还是那些或许年事已高甚至已离世的老师们。当时我们上完课，除了有班委或老师要求的工作，一般都选择回家。因此在非常有限的时间里，老师们的行事风格就成了现在想起来也仍有感慨的回忆。

　　给我们上课的老师中，有些是银行高级资深工作者，带着老银行职员的味道，上课非常认真严谨有耐心。我忽然想起了我们的书法老师。现在的学生几乎无法想象，

我们当时还学习如何书写阿拉伯数字。书法老师金先生写得一手令人赞叹的好字，连数字的斜度、高度等都控制得非常完美。虽然现在都电脑打字了，但当时老师展露出的那种追求细节的做事态度，给我一种很强的冲击感，影响到今天。

印象很深的，还有让我对学习乃至人生社会都有深刻理解的何百华老师。何老师毕业于圣约翰大学，工作没多久就遭遇了当时中国社会的一系列政治运动，在青海农场被关押了多年，历经艰辛，孑然一身，出狱后，来我们学校担任英语老师。在学校时，他给予了我诸多指导，毕业后我们一直保持联系，直到他老人家离世。他生前对生活的渴望，对翻译工作的孜孜不倦，以及对未来积极乐观心态是我的非凡楷模。

还有个教西方哲学经济的老师。我们之间交流最简单最流畅。上他的课，我没多少笔记，他讲课逻辑严密，容易理解。还有教工业会计的施老师，去年年初过世的班主任王婕老师等，即使他们已经离开了我们，但他们的慈爱温良，却可以在学生心中长存一辈子。尽管时代更迭得太快，当时学到的那些知识结构，到如今或许都发生了诸多变化，但作为金融专业人士，敬畏风险，规范处世，严谨敬业等秉性品质是不会被淘汰的。当我们意识到学历高低不是衡量一个人素质、知识、能力的唯一标准时，我们就不需要自卑。

勤能补拙是良训，一分辛苦一分甜

毕业后我婉拒了钟校长的留校建议，选择进了中国工商银行南市区办事处（支行的前身名称），在联行组工作了两年，之后进入了宣传科兼团工委工作了 1 年多。1987年到 1991 年年底我在区办信贷科工作。1992 年 2 月去了中信银行上海分行，1994年至 2004 年底做了 10 年的支行行长，2005 年初任行长助理。

2007 年我辞离中信银行，结束了我在银行业 26 年的职业生涯。2008 年我加盟了一家以第三方支付业务为主的小型外企集团，任集团总裁兼执行总经理，直到 2013 年因身体原因离开职场。

离开学校后一路走来，我始终踏踏实实工作，给信任我的人一份交代。信任是一条价值链，能获得一份信任就会产生一种想要做好事情的责任和使命。要做好一件事情的真正动力来源于自己的内心，内动力更重要。回顾我这些年的工作过程，我认为每一个变化的节点都是努力学习、辛勤付出、不断提高、日益成熟的结合。自始至终，这个过程是令我满意的生命旅程。

寄语青春

作为校友的我，在此也想给各位学弟学妹一些自己的建议和想法，希望在今后学习生活中能给予一些启发。

首先，对于当下的应届生求职，如果一开始就能做自己喜欢的工作是幸运的，但如果要创造条件去做自己喜欢的事情，那就必须真正了解自己喜欢什么及合适什么。校园学习不仅要积累知识，更需要学会自我认知和合理思维。

其次，目前许多学生对毕业后的未来感到十分迷茫，我更倾向于尽早走进社会，接受挫折或分享幸运都是一种人生经历，将来一定会有所帮助。

最后，我想建议年轻学弟学妹们：不管你有什么样的理想抱负，或者什么样的物质财富。到了一种环境下就应学会抛掉杂念。既然得到了这份工作，就要守住这份寂寞，守得住这份辛苦，就能成大器。看上去你不动，不是缺乏激情，而是你在坚持。当你那份难得的坚持积累到一定程度变成一种价值的时候，你将会充满激情。

陈 东

　　研究生，工商管理硕士。1983 年毕业于上海财经大学。上海市人大常委、内务司法委员会副主任委员，上海文化发展基金会理事长。曾任共青团上海市委旅游部副部长，青旅副总经理；上海市委统战部联络处副处长、处长；上海市黄浦区委常委、宣传部长、副区长；上海市委宣传部副部长、市文联党组书记；上海世博会上海馆馆长。1983 年在校任教。

岁月不负深情

口述：陈　东
采访：连　蜀　黄连奇　蔡建定
整理：连　蜀　黄连奇
时间：2017 年 10 月 12 日
地点：陈东办公室

筚路蓝缕，思苦亦甜

我以前在上海制花厂做女工，也算是在工人阶级队伍里奋斗过。高考恢复后，我考进上海财经大学。毕业后，分配到立信教书，成了立信第一批本科青年教师。我是财大会计学专业毕业的，与我同来的还有 11 位同学，有金融专业、财政专业，以及华政的同学，到现在我们还叫"立信十二兄弟"。我在立信的时间不长，从 1983 年的年初到这年的年末，就 1 年的时间，立信校区倒是搬了两个地方：一个校区是在山海关路的育才中学；另一个是在绍兴路小学。当时的条件很艰苦，刚刚复校的时候，立信没有一个固定的校区，哪里能借到几间教室，就在那里办学。

很幸运，我碰到过潘序伦老校长。他很关心复校的事情，所以他说要来看看我们这一批青年教师。我印象里潘老很随和，穿着一身浅色的衣服，挺飘逸的，亲和力很强，不是那种很严肃的老学究。当时在电梯旁边一个很小的空间里，他很随意地问了我几句话，因为当时广播电视台和团市委同时要调走我，潘老就很达观地说："谁的力气大就给谁吧。"

1983 年年末的时候，我从立信调到了团市委旅游部。团市委旅游部又叫青年旅游部，是今天中国青年旅行社上海分社的前身。我是这个旅行社 9 个创办人之一。那时我们加上导游和翻译只有 21 个人。1984 年中日青年大联欢的时候，我们接待了 3000 位日本青年到上海。我就记得当时李克强同志半夜两点钟来"查房"，看宝钢宾馆的接待能力行不行。那时候，上海还没有很多有能力接待外宾的宾馆，可以说只要是能对外接待的宾馆我们就全部包下来。当时我们包下了海鸥宾馆、宝钢宾馆、上海大厦等 6 家宾馆。我带着 3 个日语翻译、两个韩文翻译和一个英语翻译，这就是全部的工作人员。在宝钢宾馆整整 3 个月，接待了 3000 位日本青年。到了年底，我们还带他们去寒山寺敲钟。现在看来，那次胡耀邦同志的邀请实际上是打开了中日友好关系的大门，很多民间交往从此开始，是非常不容易的。那时候种下的树，到今天还在开花结果。时隔 20 多年，我当时结交的日本朋友，至今还在联系。

那时的青旅很困难，我们的总部是设在西藏南路 128 号的青年会宾馆。赶上青年会宾馆要重新装修，新的办公地点还没有找到，就只能坚守。不像今天有移动电话，互联网很发达，那时候我们和海外联系全靠一个传真机和一个固定电话，电话线一拔掉，就无法和海外已经建立了合作关系的客户联系。于是，我就顶着一个铝合金的菜盆，像打仗一样的钢盔，他们在前面施工，我们在后面办公。这个时期怎么度过的，真是难以想象。改革开放初期，我们克服了很多的困难，一步一步地走过来，是挺艰苦的。现在回过头来想想，就像一句话说的，一切都会逝去，而逝去的就会成为美好的回忆。

后来，我调到市委统战部，做海外联络工作。这是我最长的一段经历，从 1985 年到 1997 年，一共是 13 个年头。其中经历了改革开放非常重要的一个阶段。国门刚刚打开，要一点点地吸引侨胞进来投资建设。当时很多人想进来，但是也有很多顾虑。中华人民共和国成立的时候，他们是逃走的；现在，要回来投资，害怕财产被没收。所以，我们要打消这些人的疑虑。做了很多工作，可谓说破了嘴皮子。当时我们老部长毛经权思路比较开阔，他提议建立上海海外联谊会。昨天我还和海外联谊会的新任理事长说，我一下就想到了 32 年前。1985 年的圣诞节，我们海外联谊会举办圣诞舞会，来参加的海外侨胞朋友还开玩笑说，你们共产党不是青面獠牙，共产党在圣诞节也有活动啊，还可以开舞会。我还记得一件小趣事。当时我陪上海的大画家刘海粟跳舞，我问："海老，您平时走路都要拿着 stick，怎么跳舞的时候不用了？"他很风趣地说："你们所有舞伴都是我的 stick！"现在想起来，这一段经历有十几年。十几年挺长的，也挺有意思的。

百舸争流，奋楫当先

1997 年我调任到黄浦区，主要负责商业旅游文化。当时，我们在和平影都建造 IMAX 影院，很多人不理解为什么要建造 IMAX，一个要占六层楼高的巨幕电影，会有那么多能达到画面要求的片源吗？挣不到钱怎么办？有很多人写信说我们好大喜功，做 IMAX 是浪费资源，如果做小屏幕的电影院，可以建造很多家，或是建造一家有 1500 座的大光明电影院，可以容纳更多的观众，干嘛做这个不上不下的东西呢？当时的压力很大，商业运营的 IMAX 影院以前没有人做过。但是，我们要看见电影技术的进步，电影画面会发展到 3D、4D，需要配套更先进的影院设施。中国电影的发展要和世界接轨，不能老脱节。事实证明，6 年的亏损，一部片子就补回来了。卡梅隆的《阿凡达》上映的时候，全上海还没有其他公开的商业性运营的 IMAX 影院，和平影都是唯一的一家。当时 IMAX 的场次达到了一票难求的程度，成了一个文化盛事。我那时已经离开黄浦区了，他们打电话给我报喜，告诉我 IMAX 项目挣钱了。我就告诉他们："我们要领先时代十年不落伍。"

记得和平影都动迁的时候，我们也是付出了很多努力。当时的上海还没有把电影院放到商场里，在一般人的概念里，电影院就是电影院，是独立存在的，商业旅游文化是分离的，而我们努力推进的就是商业旅游文化相结合的理念。其中很有意思的一件事，是杜莎夫人蜡像馆项目的落地。当时我在英国伦敦的杜莎夫人蜡像馆参观，上海旅游局局长和我一起去的，他告诉我这个项目可以在上海做。我就站在杜莎夫人蜡像馆里，当即给上海"新世界"的老总打电话，说一定要把这个项目做下来。接着我亲自和杜莎夫人蜡像馆公司的负责人谈了 3 次。他们有经济效益方面的疑虑，而且要价很高，我告诉他们在核心的地区做这个项目带来的效益很高，做到商业旅游文化结合，能够吸引很多的人气，而且这个项目很年轻化，他带来的人群很年轻。最后这个项目我还真的一手促成了，结果也非常成功。接着我们还在"新世界"里建造了电影院、溜冰场等设施，把商业旅游文化结合到一起，也算是有点开创性的。

这些事情做完后，我就到了市委宣传部当副部长，还兼任了 3 年多的文联党组书记，主要致力于上海文艺这一方面的工作。当时我们的老总理朱镕基同志要求做京剧电影工程，希望上海打头炮拍摄《霸王别姬》，我担任电影的总监制。有意思的是，1905 年中国的第一部电影是京剧电影《定军山》，到了中国电影 110 周年的时候，中国电影靠着 3D 京剧电影《霸王别姬》获得了世界电影技术进步最高奖——金米埃尔奖。当时，别人是拍摄完才想到要加 3D 的效果，也就只能使用抠像技术去抠 3D。我们是一开始就想到了用 3D 的技术去拍摄。

成事不易，尽心竭力

我觉得上海的艺术家是很努力的，这么多年留下了很多精品。我只是在当中作为一个小推手，尽力帮他们做了点组织工作，尽力帮助艺术家解决一些后顾之忧，让他们能做得更好。比如说电视剧《平凡的世界》。这是上海一个退休编剧用自己两房一厅的房子做抵押，借了 80 万元，去路遥的女儿路远那买的版权。买下以后放在手里用 3 年的时间改编的。我们基金会陆续给了 240 万元，作为他初期的启动资金。后来我们还联系了上海电视台，投资了 2000 多万元。就这样很不容易地，一点点把这个片子拍出来，用了整整 9 年时间打造了电视剧版《平凡的世界》。所以我后来说了一句话："要十年坐得冷板凳。"一定要有这个心态，才能磨精品。

2010 年上海举办世博会，我担任世博会上海馆馆长。上海馆的筹办实际上是很不容易的，当时建设上海馆的任务接得比较晚，我们是集中了整个宣传系统之力才把上海馆建设好。2010 年小年夜，市委市政府领导和我说："做不好就提头来见！"这等于就是没有退路。我就天天一脚泥一脚水地到工地上去。我们的场馆是多国的技术集成，门是奥地利的，船是德国的，灯光投射系统是瑞士的，翻转墙是美国的，像联合国部队一样，几支施工队在抢时间，这边要装这个，那边要装那个。工程是很艰苦的，但是效果是好的，全世界各地来的观众评价是不错的。

我记得倒计时 100 天的时候，工作人员忙了一天都很疲惫，场面有点骚动。于是，我就上台讲心得体会，来安抚大家。因为以前在青旅工作的关系，1985 年我去参观日本筑波科技展，当时的中国馆里什么东西都没有，就展示着黄山、庐山等景点，旁边摆的是四大发明，连火箭模型都是木头做的。我就很难过，旁边的日本馆里展示的都是智能机器人、人造飞船之类现代化的东西，我们怎么那么落后。于是我就写信给国展局，我们为什么只有老天爷留下来的山水和老祖宗留下来的四大发明。我们也有原子弹，也有氢弹，我们也有很多可以表现的东西。中国发展到现在不容易，我们能够

申办世博会不容易。你们想想我当年看完筑波科技展是什么感想，今天我们有能力办好世博会，向世人展示中国的新成果，我们应该感到自豪。若干年以后，我们可以对子孙们说："当年我在世博会，我还为世博会做了贡献。"

立信办校这么多年的确很不容易，我很高兴看到立信在建校 90 周年之际也迈入了一个新的发展阶段。离开立信几十年了，但我对立信依旧充满了感情。我由衷地感谢立信对我的栽培，使我产生了为人的信念：诚信、坚韧、认真和有责任心，这些信念在我后来的人生道路上起到十分重要的作用。虽然我在立信的时间不长，但是我觉得立信的精神应该生生不息，应该要发扬光大。作为校友我很荣幸能见证立信建校 90 周年，祝愿我们一代又一代的立信人能发展得更好，希望立信有更美好的明天。

向月华

　　研究生，工商管理硕士，高级会计师。上海市国有资产监督管理委员会巡视员。历任上海市外经贸委副总会计师、总会计师，大盛公司监事长，上海市国资委总经济师，上海市国有资产监督管理委员会副主任。1983 届校友。

皎皎初心印秋月　傲立寒凝发春华

口述：向月华
采访：纪　静　黄子育　丁　欣
　　　何一玮　王雁鸣
整理：纪　静
时间：2017 年 9 月 20 日
地点：立信会计师事务所

幸得恩师点迷津

我与立信的缘分离不开一个重要的"牵线人"——张栋贻老师，我觉得我的人生成长当中，张老师对我的指点起了十分关键的作用。所以时至今日，张老师的恩情我仍铭记于心并常怀感激，以前每年我都会去探望她至少两次，直至老师去年仙逝。

我读书时所处的外部环境与现在自主填报志愿，自主就业不同。在当时以计划经济为主导的社会背景下，我初中毕业后被学校分配去上海财贸学校（现在的外贸大学）财政专业。在那里读了两年，第一年是住校读书的，我们班那时候是试点搞开门办学，课堂就设在市财政局，我们在一分局有一间教室，第二年我们就一边上课一边实习。1974 年从学校毕业后我就留在了市财政局。我们是"文革"后第一批正规从学校毕业的专业学生，局里对我们是比较重视的，为每位学生配备了带教老师。我分在了三分局四所，联系钟表行业的。那时候钟表行业是财政的税收大户。

1980 年，立信复校第一届夜校招生。开始我没有报名。我想，我们 72 届，这一届学生实际上认真读书到四年级就停止了，之后的学习由于"文革"等社会原因，导致授课不正规，所以我们的基础是很差的，尤其是数学科目，而且工作以后数学不涉及了。就在我快要与立信擦肩而过的这个时候，我们所的一个副科长，也是我们的支部委员张栋贻老师给予了我鼓励和支持，她说："你们的起点是一样的。你们现在是矮子里面拔长子啊，你必须得去。"就是在她的鼓励下，我去报名了。

我是这样的，一件事情我要么不做，要做就尽自己最大努力去做。做了以后，无论成功与否，我就觉得不要让自己后悔。既然我报名了，我就要认认真真地去复习。那个时候我们就从有理数的加减法开始复习，一直复习到函数。每天复习到凌晨两三点钟，第二天一早再去上班，上班时间就专注于工作。就这样坚持了大概4个月的时间，就去考试了。我就想，我不是最聪明的，但我也不是很笨，大多数人能做的，我也可以。抱着将掌握的全部做对、不纠结其他问题的心态完成了考试。当时，我们分局报名考试的有20多位，很幸运，我成为被录取的3个人之一，得到了进入立信读书的机会。

那时候学校每周安排3个晚上的课，从下午6点上到晚上9点，一共学了3年。由于我是一边工作一边读书，还要做功课，其实是蛮辛苦的。一套会计作业，老师出题目需要8个小时，我们理解题意再完成功课，需要花很多时间。我有一个习惯，作业从来不抄别人的，每次作业都自己认真完成，每个账本必须亲自轧平，我的业余时间全部花在学习上，所以我结婚生子的时间比同龄女生都要晚一些。正因为这段时间的努力，我的知识基础才打得更好，同时也为未来的生活和工作打下了好的基础。

我们刚考进立信的时候，之前的学历还没被承认，后来通过学校的努力，在我们快要毕业的时候，教育部门承认我们的学历了，但有一个要求，就是毕业前要完成全市统考。最终，我通过了统考，学历得到认可。这件事情也给了我信心，就是让我相信要做的事情，只要自己想做，大多数人能做的事情我一定做得到。我就是抱着这样一份自信，去迎接日后的每一项任务和挑战。

艰苦奋斗攻难关

我的第一份工作是财政局三分局四所钟表行业的专管员，在这个岗位我做了8年。有时到月底或年底财政收入完不成的时候，我们就赶快帮人家去打包销售，跑仓库，拉单子，让人家销售多一些，这样我任务就可以完成了。那时候叫"穿针引线"，我们

是需要深入到车间第一线的，围绕增产、挖潜、降本和增收节支来做工作，项目都是自己调研后发现并落实的。

8 年后，我调到了市财政局会计处。每年年末的会计报表都是要从我们处设计出来的，报表里面的每一项勾稽关系都是要自己找的。而且到年底所有的报表集中一起来，加班加点是必需的。我就带回家做。每天晚上做完家务，安顿好小孩，10 点以后开始工作，做到凌晨两三点钟是家常便饭的事。想好第二天的工作计划，安排好家里的生活，能够让自己第二天有条不紊地专心工作。

我在财政局工作了 26 年半，离开的时候是很舍不得的。那年我 45 岁，从财政局调到外经贸委，担任副总会计师。外经贸委不像其他的工业局，比如纺织局、机电局，我在财政局的时候跟这些工业局联系比较多，比较熟悉。外贸一直是比较独立的，原来一直属于中央条线，不参与地方的，包括会计的管理。外贸也有自己业务的特性，这个对我的行业跨度是很大的。这次调动我的职务是平调，收入却比在财政局少了许多，在财政局我是正处岗位，收入一年七八万元，到外经贸委以后，我是副总会计师，1年零8个月我只发了40280元。另外从行业来说，财政是综合性的，全市各行各业都会有接触，而外贸的话行业就比较窄了。那时候我内心是有点不平衡的。后来我就想，不论怎样，与我下岗的一些同学比，我还有一份稳定的职业、稳定的收入，还有一辆专车接送，这么一想我心态就平衡了，就珍惜它了。我重新学，看书，虚心向我们处里的同事请教，不断补充新知识。当时很朴素的想法就是不要被人看笑话。我就想在这个岗位，踏踏实实、认认真真地做好自己当下的每一件事情，体现自我价值。

上海国企的改革整体来说开始是较早的。我在外经贸委时也经历了外经贸委的改革，外贸企业的改革落后于工业企业。那个时候，我与另外两位同事对于外经贸委的外贸企业改革应该是起主要作用的。外贸以前的日子是很好过的，它有国家分配的配额，把这个配额卖掉可以赚很多钱；在外汇没有并轨的时候，外汇也是有额度的，这个外汇额度也可以卖钱，所以他们改革的主动性不强。随着市场经济的逐步建立，外贸企业在原来计划经济下的优势已经没有了，曾经的五朵金花（纺织、丝绸、针织、服装、家纺）也不再具备优势，所以我们推动它们改革。我们把丝绸作为改革试点，努力争取市领导的支持，企业的业务骨干和国企混合制，业务骨干持股51%，国企49%，这样可以不受国企的框架约束。这家外贸企业发展得很好，到现在也是最好的。外贸企业混合制的改革就从丝绸开始。总的一条，改革是从国有独资向混合制发展，这样可以发挥管理者、经营者的积极性。当然，涉及民生的企业是不可以这样控股的，因为上海的工业也是全国工业的基础，一些关键的东西还是国有控股的，包括汽车、光明和一些粮油、水产等关乎民生的东西都是国有独资的，没有进行混合制。但是下面的，我们还是鼓励混合制。通过混合制来调动各方积极性，把各方的利益捆绑在一起，这是改革的主旋律。

毋忘诚信敢担当

咱们的校训就是围绕诚信来说，这是做人的基本素养，也是咱们会计工作者的基本修养，而诚信是依靠日常生活中的一举一动建立的。在财政局会计处工作时，因为我们有制度的解答权和颁布权，如果有存疑的地方大家都会来找我们咨询。我对处里的业务人员立下了一个规矩，凡是来咨询的问题，必须记录在案，有问必有答，能当即回答的，当场回答；不能回答的，请示之后回答，不辜负每一份信任。这样我们就有诚信感，人家对你就有一种信任度。根据记录，如果某一个问题咨询的人很多，便说明我们的文字表达存在问题，这就需要我们做一个制度解答。同时，也正是因为大家有问题常来咨询我们，使我们不断去考虑新的问题，快速提高了我们的业务水平。我常常对身边的人说，是这个岗位造就了我们。但并不是人人在这个岗位上都能做出成就的，这就取决于我们的主动性。那个时候，我们会计处在社会上是很有地位的，我很幸福地在这个岗位上工作了几年。这个岗位既锻炼了我，也让我结交了很多朋友。这些朋友就建立于我凭业务的专长和岗位的优越性去帮助别人，有问必答，建立了做人的诚信。

随着年龄的增长和职务的变动，我接触到的年轻人越来越多。这里我想说，在做职业规划的时候，第一要喜欢，因为喜欢了才会用心去做；第二要坚持，一旦选择就要坚持到底，无论碰到多大的困难；第三要有自信心，相信别人能做的自己也能做到，这样才能成功，反过来说也不会后悔，因为已经努力过了。我们每个人都应该有自己的职业规划和目标，但这个目标不能定得太高太远。我觉得我应该设立的目标是要做好现在工作岗位上的每一件事。我从来没有想过自己可以做到今天正局级这个岗位。我就是想，既然分配给我这个岗位，我就要做好自己的工作，体现出自己的自我价值，做好以后，自己也会有一种成就感。

现在的我，平日里回学校的机会很少，但我对于立信还是很有信心。我的想法是，我们要培养的学生，应该是想要有所成就，就一定要从小事开始，从基础工作开始做起。倘若没有小事的一步步积累，也不会有之后的成就。我很庆幸自己从事了8年专管员工作，这项工作既让我了解企业，也让我练就了扎实的专业技能和知识，为之后的工作做了很好铺垫。一直以来，我们立信培养的学生还是比较务实的，功底非常扎实，现在立信与金融学院合并，以后更加有竞争力，也正在向一流高校发展，希望可以将原来的优良传统延续下去。

徐 波

　　副教授，上海实业集团有限公司执行董事、副总
裁兼财务总监。曾任上海立信会计高等专科学校会计
二系常务副主任，百联集团有限公司副总裁等职务。
1983 届校友。

勇于挑战与改变

口述：徐　波

采访：纪　静　丁　欣　何一玮
　　　黄子育　张铭奋　王雁鸣

整理：王雁鸣

时间：2017 年 8 月 11 日

地点：上实集团上海总部

以苦为乐　奠基人生发展路

我与立信的缘分始于 1980 年。立信在 1980 年复校，我是她复校后的第一届全日制学生。我参加高考的那年报考人数达到高峰，录取率跌至当时最低，包括我在内的相当一部分人都面临着高考落榜的危险，但是立信给予了我们去大学读书的机会。说来惭愧，我在中学时期也算是小有成就，担任校学生会主席，是两届的上海市"三好"学生，学习成绩也不错，老师们都对我寄予厚望，可惜我却没能考出理想的成绩。立信虽然不是我最初想要报考的学校，却也给了我另一个学习、成才的机会，使我走上从财经专业的学生到会计学老师再到企业财务高管的人生发展之路。

立信的复校工作是在潘序伦老先生和顾树桢等几位前辈校友的一再呼吁和努力中完成的。复校是老先生一直以来的心愿，更是要解决当时"文革"以后中国经济百废待兴而会计人才短缺的社会难题。那时学校的老师也大都是"文革"前（包括中华人民共和国成立前）毕业的学生或校友，他们之中有在高校做教授的，也有在企业做总会计师的，我们尊称他们为"老立信"或"老先生"。老师们不辞辛劳、不计报酬的奉献精神，认真细致、勤勉尽职的工作态度也深深感染了我，可以说对我的人生之路影响很大。

当时国内的大部分高校还是包分配的，但是立信不仅不包分配，也没有助学金资助，每学期还会收取20元的学费，20元在那个年代也是一笔较大的开支。那时候的学习条件很艰苦，学校没有自己的校舍、宿舍，所以我们只能借用中学校舍，晚上和周六、周日走读上课，这跟我们高中时期憧憬的大学生活有很大差别。但即使这样，大家还是都认真投入到学习中去。学习之余，团委、学生会克服困难，自编刊物、组织社团、举办文艺汇演，也有好多同学自发组织课余活动。这些经历比起同龄的朋友们很是独特，有同学喻之为"月光下的旅行"，今日回想仍记忆犹新。

机缘巧合 再圆年少教师梦

1983年毕业时虽然学校不包分配，但是我们机遇好，恰逢财会人员短缺而立信的品牌响，由于立信更加注重培养实务操作型人才，立信的毕业生很抢手。在立信学习期间，我是学校的团委副书记，学习成绩也不错，可以选择去当时热门的银行、进出口公司和外资企业，但当团委老师问我是否愿意留下来做老师的时候，我一口答应了。

说来也巧，中学时期我的志向便是成为一名教师。少年时期的我，调皮贪玩，时常给老师们制造麻烦，但是老师们对我都很耐心温柔，在他们的指引下我开始"改邪归正"。之后一路走来，我又遇到了许多优秀的教师，他们帮助我不断成长与进步，所以我认为我也应该选择这样一个职业，去做这样一份工作，像我的老师那样去为人才的培养作一些贡献。填报志愿时我选择了一所师范大学，遗憾的是当时落榜了，没想到机缘巧合，我又得到了做教师的机会。

几轮面试通过后，我留在立信成为一名专业课教师。1986年财政部所属5所财经院校为解决财经学校师资问题招收师资生，我报考了招收会计专业的江西财经大学。1988年完成学业后，我回到立信继续从事教育工作，没过多久便开始独立授课。1997年我评上了副教授，这在当时，是立信拥有高级职称的教师中年龄最小的，也是学校同龄人中最早评上副教授的。我的职业生涯中，在立信任教的这段经历是最难忘的，我把人生中最美好的那一段献给了母校。我现在工作中直接接触的不少银行高管、会

计师事务所合伙人、政府官员等以前都曾经是我的学生。多年的工作我也得到过不少荣誉，但我最看重的是学生给我的"最敬重老师"这个称号。

投身实业 学以致用显身手

1998年1月，我谢绝学校挽留离开立信转向实业工作，确实引起一些议论。因为当时已经是系领导，年龄也不算大，总体发展前景很不错，但我还是毅然决然地离开了。我这样坚定地转向实业工作的原因有二：首先，是从克服事业发展的短板去考虑。我一直认为传授一门应用类学科而缺乏应用经验，这样不能够培养出应用类的优秀学生，会计学专业是一门应用型专业，而我是从学生直接成为教师的，做了15年，不像其他的立信老教师那样从实务工作走上讲台，有着丰富的实践经验，这一块是我的短板。其次，考虑到经过系统学习和多年的教学工作，对于会计学的理解和体会更深一些，感觉投身于中国未来经济发展更能有所作为。就这样，我去了华联集团——一家拥有华联商厦、华联超市等知名企业的商业集团。

有意思的是，为完善法人治理，当时上海地方国企的财务管理正要从总会计师制向财务总监制转变，华联集团是首批试点。我到岗后的第一份工作就是受命起草了公司的财务总监委派制度。不久，就受委派去一家上市公司做财务总监。刚到企业工作的时候，我还不熟悉这个行业，又发现自己掌握的知识可能并不够实际运用所需。最棘手的问题是，我的起点便是企业高管，如果高管说外行话就很容易失去威信，当时的许多部下也曾在背后议论我听不懂他们所说的术语。这是正常的，就好比一个英语口语成绩很好的人，在实际生活中也有交流困难的时候。但我认为既然选择了这份工作就要坚持下去，正视挫折，虚心学习。等融入工作环境后，我原来所掌握的知识、教书15年累积下来的经验便开始发挥作用。2003年，我参与筹建了中国最大的零售企业百联集团，担任总裁助理兼财务部部长，带领同事们一起搭建了一个基于财务总监委派制的新的财务体系。2006年，我去百联股份做副总裁兼财务总监，针对连锁经营的企业特点，在老总的大力支持下，我们克服阻力大胆创新建立了以财务资源集约管理为特征、信息化为手段的新的财务管控体系——财务共享中心，这样一个财务管控模式即使以现在的眼光看仍然是先进的。2009年，我被提任为百联集团副总裁，负责集团的资产管理和证券事务。在任上，我牵头实施完成了百联集团主要零售企业产权层面的整合，这次重组历时1年，涉及A股B股和H股境内外3家上市公司合并，被中国证监会列为重大无先例。

2011年，猎头公司向我推荐了上海实业。出于一心想要从事财务工作的初心和自信，我辞去了在百联集团的所有职务，到上实应聘财务总监，抛开了体制内的"铁饭碗"。

信以立志　不忘初心勤奋斗

上海实业是上海国企唯一一家总部在香港的国际化企业集团，旗下产业多元且分布在多个国家和地区，在经济全球化的今天，它的财务管理对我而言又是一个新的挑战。不断迎接新的挑战也是一种难得的人生体验。工作至今我的薪酬被下调过两次，第一次是离开上市公司到百联集团担任副总裁，一次性减去了近 40% 的工资，我欣然接受。我认为公司将我从百联股份的财务总监调去集团管理资本运作、证券市场，给了我尝试曾经没有接触过的事物的机会。来上实后的 2015 年，因国企领导限薪，我的工资又被减去了接近 50%，虽然有其他选择，我还是坚持了下来。我并不是一个很高尚的人，我也希望我的工资能够高一些，但是在上实集团这样的国际化公司里，能够从事自己喜爱的财务工作，可以在这里有所作为，实现自己的追求，这也是一种快乐和满足。2015 年经有关单位推荐，我被《首席财务官》杂志评为当年"十大财务总监"。

在立信工作后的第三年我加入了中国共产党。在我看来，青年人一定要有自己的志向，在我们国家只有在中国共产党这样一个先进组织中不断锤炼自己，才能更好地为国家发展和社会进步做出贡献。

立信的校训伴随了我整个学习和工作生活。我认为关键在于一个"信"字，无论是在实际工作中还是在日常生活中处事待人，"信"对于我们财务人员来说都非常重要。从主观上讲，要成为一个自觉自律诚实守信的人；从客观上讲，要成为一个值得被人信任和托付的人。潘老先生说"毋忘'立信'，当必有成"，我也一直谨记潘老先生的教诲，踏实勤恳地在岗位上完成每件工作和任务。

立信这几年发展得非常好，我们为母校感到由衷的高兴。当下正处于全球经济迅速发展变化的时刻，机遇与挑战并存。衷心祝愿新的立信能够瞄准时机，引入更多科学新颖的当代理念，大胆创新，培育出更多更优秀的未来财务精英。

于万云

研究生，高级经济师。上海市审计局副局长。

1983 届校友。

外察诸异 内审诸己

口述：于万云

采访：何 煜 李南洁 秦梦瑶
      黄钰珊

整理：张银爽 黄钰珊 李南洁

时间：2017 年 11 月 8 日

地点：于万云寓所

选我所爱 爱我所选

　　我从学校毕业之后从事的第一份工作就是财政工作。刚走出校园，投入工作的我恰逢上海市审计局组建成立。上海市审计局组建之初，从财政系统抽调了一部分人员到审计局从事审计工作，我很幸运成了其中一员，我也从此和审计结缘。在我刚工作时，国家审计在我们国家还是个"新生儿"，我们都对审计工作不够了解，对未来的发展充满了新奇。我也经历过迷茫阶段，由于对审计工作缺少透彻的感悟，带来一些具体工作上的不便，但更多的是激情，是对这一行业发展前景的期待，以及立志将自己的所学投入到工作中，为社会贡献自己的力量。人的不断成长在于能够不断地认识自我、磨炼自我、提升自我、善待自我，我们审计干部不仅要实现四个自我，还要具有责任心、敬畏心、平常心、感恩心这四颗心。

　　从业多年，我对工作最大的感受是：我非常热爱我的工作，审计工作在国家治理体系中发挥着越来越重要的作用，我为自己所从事的这份崇高而光荣的工作而骄傲。有人说，审计就是查查账而已。第一次接触审计课程时，我也曾这么认为，而当我真正从事审计工作后，才意识到，根本不是那么一回事。

审计工作不仅具有较强的专业性，更是一项政策性、法规性很强的工作，它要求我们除了具备相应的会计、审计专业知识外，还要熟悉和掌握与审计工作相关的财税、金融、资源、环境、基建等各类专业知识和法律法规，而这些知识都要靠不断地学习和实践来积累。每一次面对新的领域，唯有学习，才能摆脱"门外汉"的尴尬，才能真正深入到工作中。就我这份工作日常所需面临的问题而言，当前，审计的社会影响力不断提高，外部对国家审计的期望也越来越高，既要求加大审计公开力度，又要求审计发现更多的大案要案线索，既要审计"治病"，又要审计"防病"，这给国家审计工作带来很大的压力。而社会各界对审计这种不断提高的需求与审计机关资源和能力之间的矛盾也比较突出，审计对象的多元化、复杂化，以及审计任务的繁重化，对审计人员的经验、技能提出更高要求。提升审计人员综合素质和能力是我们亟待解决的问题，对我而言，这也是目前最有挑战性的一项工作。

审计，就如同一面多棱镜，折射出了社会、人生的方方面面。国学大师王国维提到过"三境界"：独上高楼，望尽天涯路；衣带渐宽终不悔，为伊消得人憔悴；众里寻他，蓦然回首……简单地说就是一个彷徨、执着、顿悟的过程。回首我的审计路，在多次历练后，我也由最初的彷徨、无奈而变得执着、坚定。国家审计经过 30 多年的寻路历程，我们的审计方法创新了，审计理念更新了，审计层次提高了，但审计服务大局、执审为民的宗旨没有变，审计人疾恶如仇、勇于担当的精神始终如一。从事这份工作不仅实现了我的人生价值，我的家庭也很支持我的工作。对于每个人的职业生涯而言，能够"选我所爱"是一种幸运，但能够做到"爱我所选"才是更高的境界，才是实现个人的人生价值。就这一点而言，我想我做到了。

不忘初心　践行诚信

对于大学生经常提起未来入党从政的选择，首先，我想说的是"入党"和"从政"是两个有区别和联系的概念。"从政"我理解为做一名公务员。我想无论是入党还是做公务员，应该具备什么样的素质，凡是参加过国考的同学应该都很清楚。但是最重要的，我想应该是要问问自己，你的初心是什么？你的入党动机是什么？你是否信仰共产主

义？你是否有一颗为人民服务的心？你是否一心要为人民谋利益？你做公务员是为了有份体面稳定的工作，还是真正想要做人民的公仆？你是否做好了不升官发财、可能清贫一生的准备？无论是入党还是做公务员，都要不忘初心，牢记使命。最重要的准备就是思想上的准备了。

当然，我最重要的初心还是来于潘老先生的24字校训：信以立志，信以守身，信以处事，信以待人，毋忘"立信"，当必有成。潘老先生的校训也一直是我工作、为人、处事的原则。

诚实、守信的传统丰富了审计的职业道德，而审计干部讲不讲诚信，不是个人的私事，在一定程度上也代表着党和政府的形象和公信力。作为一名立信学子和一名审计干部，我始终做到言行一致、表里如一。"诚"就是忠诚于自己所从事的审计事业；"信"就是讲究信用，树立审计信誉，恪守独立、客观、公正的原则，不提供虚假审计信息，不以职务之便谋取私利。在工作中，我如此践行着"诚信"二字。这既是立信教会我的为人处世的原则，更是我的工作赋予我的必须遵守的原则。

珍惜时光 厚积薄发

现代大学生毕业后的选择多样，既可直接求职工作，还可以选择出国及考研深造，丰富多样的选择，也使得我经常听到有大学生对自己的未来选择犹豫不决。对于大学生毕业后的选择，我想这个问题还是要看学生个体的情况，根据自身专业、学习成绩、爱好、特长、家庭状况等进行选择。

关于创业还是就业，大学生一定要树立正确的就业观，不要盲目为了创业而创业，创业除了勇气，还要有创业的能力和足够的思想准备。当然创业和就业也不一定就是二选一的结果，也可以先就业再择业后创业，或者继续深造后再创业，这都可以根据每个人自身情况来决定。至于工作还是出国还是考研，我想这都不是人生的目标，而是通向人生目标的路径。现在的社会已经不是"一选定终生"的时代了，选择什么路径也许不那么重要，重要的是无论选择哪条路径都全身心投入和付出。

对于毕业后的工作选择，我认为无论从事什么工作，都要踏踏实实从基础做起，审计工作的经验和职业判断也是个积累的过程。不管是财务类毕业生，还是其他专业的学生，无论是从怎样的工作岗位开始起步，我们都应认真仔细对待。我们新入职的审计人员也都是从基层做起，从助审做起，从基础的账本凭证做起，把小事做深、做透、做细、做实、做好，这样才能厚积薄发。

困难是永恒存在的，从事任何一项工作都会面临各种困难，同一件工作的不同阶段也会面临不同的困难。我认为，正确对待困难和逆境，最重要的就是要有一个好的心态，如果你在面临艰难处境时仍能保持积极的心态，就一定能更好地解决问题。特别建议各位学生，在职场，困难和失败不可避免，要有勇气承认失误和承担责任，不要推卸责任和一味怨天尤人，对待困难要勇敢面对，迎难而上。

作为一名立信的校友，我自豪我们立信有着自己独特的优势，即使相比于上海财大那样的"211"财经类高校，也不逊色。因为每个学校都有每个学校的优势和特点，都有互相借鉴和学习的方面。立信培养人才，方向以应用型为主，比较注重培养学生的技术技能和沟通能力，学生的岗位适应性和稳定性都比较好。这也是作为立信学子的核心竞争力之一。要提高核心竞争力，要擅长错位竞争，创新应用型人才培养，夯实立信应用型财经人才培养特色。对此，我的建议是在校企合作和产教融合方面进一步做实做深。

毕业后的我也会一直回想起大学的美好时光。工作要面临一定的压力，而在校读书时相对压力较小，读书的时候总想着要工作赚钱，而工作后又想着最好能回学校好好读读书。这也是我认为学习与工作的最大不同。所以在读的大学生一定要珍惜自己能够专心学习的时光。对于众多当今大学生，不仅仅是立信的学弟学妹们，我想推荐大学生去看一本书《不要等到毕业以后》，也许你关于求学、创业、择业的迷茫和困惑，都可以在其中找到答案。

祝福各位校友都能有个美好的未来！

毕永亮

　　大金麦克维尔中国地区集团公司财务总监。毕业留校，任职于立信会计编译所（现立信会计出版社）。后赴日留学深造，毕业于日本大学商学院；清华大学深圳研究生院 EMBA 课程结业。历任日本大金工业株式会社管理财务本部主计课课长，大金空调上海有限公司财务担当部长、企划部长和董事等职务。1983届校友。

岁月易因循　志士宜自强

口述：毕永亮

采访：王　璐　蔡婉仪　李带娣

整理：蔡婉仪

时间：2017 年 9 月 12 日

地点：麦克维尔中央空调有限公司会议室

恪尽职守　砥砺前行

　　我就职于日本大阪总部的大金工业株式会社至今已有 20 余年了。记得刚进大金的第一年，我参与了总部财务决算系统的升级开发项目，这对公司业务还不熟悉的自己来说是很具挑战性的。当时的大金在日本国内的空调行业里还仅是一个市场份额第 5 位左右的公司，销售收入也就是现在的 1/10 多一点，经常不断地承受着被国际一流企业淘汰和收购的压力。陈旧的财务系统阻碍着公司经营管理效率的提升。记得我们项目组有 6 个人，从调查业务内容到改善工作流程；从提出设想到确立蓝图，几乎是夜以继日。一年半后，功夫不负有心人，终于有了收获，可以说现在日本大金总部使用的连结财务决算系统就是在当年的基础上发展而来的。对我个人来说，有幸通过这些工作对总部的业务系统和实务流程有了较深的理解。在日资文化的大金公司，既要注重团队作业，又要不断及时汲取经验以充实自我。财务工作注重细节，通过工作中和前辈同事们的交流探讨，建立了良好的信任关系并积淀了团队的情谊。这些收获的经

验和成果，为自己后续能在大金集团的全球工作范围里参与和推进国际财务会计准则，统合财务合并决算系统的开发等工作有了一个不错的铺垫。

如大家所知，20多年前的日本社会经历了一场深刻的泡沫经济破灭的灾难。日本的学术界和产业界在深思其原因时，得出的一个重要的反省就是日本的会计制度没有能够事前有效并及时地告知这场灾难的发生，缺乏一个披露经济活动中出现的高风险的"爆走现象"的制度。这种共识后来就成为了20世纪末和21世纪初的日本国内一系列参照和导入SAC基准、IFRS等准则的思路来对日本传统的财务会计准则进行修订的契机，尤其是对上市企业的会计准则的修订，以及公司财报信息的披露的要求。其变化的幅度之大，给企业的会计实务工作带来了很大的更改。当时，我正担任集团内总括决算部门的经理。为了适应制度变更的形势，我一边落实从"四大"招聘专业人员来充实团队；一边要求同事们利用各种机会进修和提高能力。说来也惭愧，其实我也是不得已把困境当作机遇，读了在职研究生课程，为自己充了电。作为大金麦克维尔中国地区集团公司财务总监，我参与整合了大金集团的全球子公司的国际会计准则。大金在收购 OYL 麦克维尔集团前，全球有 160 多家子公司需要合并财务报表，并且需要完成新准则下的上市企业年报"有价证券报告书"。一位审计事务所的合伙人在年末完成了外审后，当时说了一句令我至今记忆犹新的话："在日本所有几千家上市企业里，大金的企业年报实质上是出自一个外国人的手。"虽然这句话是对我工作的赞誉，也是警示自己工作责任之重大，千万不可疏忽大意。

心怀赤诚 坚守初心

直到今天，可以说会计工作一直跟随着我，贯穿了我的职业人生，而且它又跨越了两个国家，一个是日本，而另一个就是我的祖国——中国。

立信毕业，赶上了中国的改革开放初期。在立信会计编译所（立信会计出版社的前身）工作了一段时间以后，我发现当时中国国内在会计财经领域与西方发达国家确实存在着较大的差距。为了改变这种困境适应经济形势的需要，当时各大财经院校受财政部的委托，与"四大"联合办了诸多的讲座和培训。立信会计丛书编委会上也时常讨论这些学术问题，当时，潘老校长和不少编委会的老先生们都有着年轻时留洋学成归国的经历，他们渊博的学识和专业的分析能力给了我很大的触动。和许多梦寐着出国深造的年轻人一样希望进一步提高自己，我也走上了辞职留学的道路。在即将离开出版社的前夕，欧阳仲华总编对我谆谆教诲、句句叮嘱，犹在耳边；张立年老师特意为我引见李鸿寿老校长，帮助我深造会计专业；孙庆元副校长在我的推荐信上亲笔签名……为了像我这样一个年轻人能更好地去异国求知，立信的老先生们给了我父母般的温情和支持，这份殷切厚望此生难忘。

虽然长期居住和工作在海外，我深深地为祖国的蓬勃发展和自己是一个中国人而感到自豪。多年来，每当举例一项有意义的工作业绩时，我都会拿出参与过完成首轮的大金集团在中日两国转让定价磋商的事，当然因涉及企业秘密，不能详述，但是那确实是一个双赢的结果，是中日两国国税当局经过了来来回回多轮的磋商才谈定下来的。它历时 4 年多，虽然是起源于税务纷争，最终有幸解决于 APA（预约定价）的协议合同之上。这是两国国税当局和公司内部双方共同努力的结果，是大家智慧的结晶。而我当时能够在其中起到这样一个承前启后、承上启下的作用，自己的努力和付出，我认为是真正做到了站在事实的一边，用公正的视点为大金企业在中国市场的贡献说了公正的话，运用大量的事实数据，取得了中日双方国税当局的认同和信赖。我之所以尤为庆幸的是，因为我能在自己祖国的土地上直接尽到了一份职业上的责任，做了一件实实在在的事。

如今，尽管自己现在未能实现回到母校继续从事出版工作的最初愿望，但从事着自己心仪的财务会计职业，也基本上没有离开过会计实务的现场。当我被任命为大金集团的麦克维尔中国地区集团财务总监后又重新回到祖国工作，心里尤其欣慰和踏实。

感恩潘老 铭记校训

在立信接受的会计专业教育能够在异国他乡得以实践适用，并得益至今 30 多年，是我对立信的校训有种怀瑾握瑜的感觉。在日本大金这样一家跨国公司的总部工作，我是一个外国人，能够得以坚守，可能也是因为"立信"两个字引领着自己，使自己的工作获得了认可。得以走到今天，确实感恩母校。

当初，作为复校后首批留校毕业生，我幸运地进入了当时的立信会计图书用品社，成为有幸直接与潘老校长共事、直接聆听和感受他的工作风貌的成员之一。当时我所在的立信会计编译所，由于立信的出版社还没有获得国家出版总局的审核批准，而用此名。改革开放伊始，财经书籍奇缺，全国各地对财会书籍的需求更是供不应求。为了适应各地包括立信职业学校等院校的要求，我们只能借大百科全书出版社名下的知识出版社来出版发行"立信会计丛书"和"立信财经丛书"。当时立信会计编译所有一个惯例，每个季度会召开全体编委会会议。我们这些小字辈们就有机会在编委会上见到潘老校长，聆听他对丛书构成体系、编辑方针、作者安排所发表的见解，等等。当时，潘老已是 90 多岁的高龄，却对编写、出版、发行的细节了如指掌。面对急剧上升的立信丛书购书订单，潘老用他丰富的经验和校友学生们的信息渠道，正确及时决断丛书的修订再版，指示安排加印册数。针对新华书店运行速度慢、服务不如人意的局面，他果断提出要建立与邮局的合作，会同知识出版社一起设立邮购发行的销售方针，把我们的丛书直接送到学生手中。这些经营上的判断，使立信丛书为大百科全书出版社增添了丰厚的经济利益，从一个侧面也大大支援了中国第一套百科全书这一国家工程的实现。潘老先生的工作风貌深深地感染到我们每一个年轻人，也令我受益匪浅。

30 余年弹指一挥间，复校后的母校有了翻天覆地的变化。师资、教室、图书馆和操场从无到有；从专科、本科到培养硕士研究生；从当年只有会计和物价两个专业到现在拥有了几乎涵盖经济学科的全部课程。记得在校庆 85 周年的时候，我提过的一个提议，就是把校友会作为联络校友和母校的纽带，为便于分散在世界各地的校友与母校的联系沟通，扩大立信的影响程度，建议在海外成立各国的分会。今年 7 月喜讯传来。果然，在日本东京成立了第一个海外校友会支部，据悉还有北美支部也在筹备之中。真是可喜可贺！祖国在稳步地发展，立信也在不断地向前迈进。今年初与金融学院的合并更是适应了时代的需求，抓住了机遇，潘老校长的愿望和蓝图更是在一步一步地得到实现和光大。我们校友们因为母校而聚集在一起感到光荣和自豪！

时代日新月异，传统会计也正面临着挑战。提升管理会计在我国企业管理中的运用水平是摆脱粗放式经营的课题；税收从宏观经济中的杠杆，逐渐演变为全球化中的国与国之间竞争的工具；虚拟货币对实体货币的国家主权的挑战，其发展的前景越来越引起关注；金融工具的创新和会计准则的研究在不断地进行，等等。大数据时代中的 IT 智能化给传统的会计专业的人才培养提出了新的要求。立信一定能够顺应时代发展，很好地应对这些客观环境的新要求。数年前，自己有幸被聘为校友讲师，能有机会和学弟学妹们一起切磋学习和交流实务。立信 90 年的发展轨迹告诉了我们一个道理，适应时代的发展是学科成长的基础。潘老校长高度地概括了会计在经济活动中的特性和会计人员所需具有的职业素养和伦理观。高瞻远瞩地用"信以立志，信以守身，信以处事，信以待人，毋忘'立信'，当必有成"这 24 个字，精辟凝练了立信办学育人的思想，并升华为会计人的职业理念和价值观。古今如此，中外亦是如此！这份精神，不仅可以打动我们每一个学子的心，而且能在我们的灵魂中生根发芽，激励着我们前行。

我们庆祝立信 90 周年华诞，意义非凡。我深深地祝愿：立信精神永恒，立信人永葆青春，母校未来一片灿烂！

杨志勤

中国注册会计师，普华永道合伙人。1983 年进入
上海会计师事务所；1989 年前往香港毕马威；1995
年应邀加入著名国际会计公司普华永道，成为普华永
道第一个中国籍合伙人。1983 届校友。

立信，我成功的基石

口述：杨志勤
采访：王怡璇　邓紫琦　王　洁
整理：王怡璇　邓紫琦
时间：2017 年 9 月 27 日
地点：普华永道中心

珍贵的立信记忆

我是 1980 年立信复校后入学的第一届学生，那时的高考在我们这个年龄段只有 4%的录取率，所以我们非常珍惜能够在立信读书的机会。时任副校长是育才中学的老校长段力佩先生，潘序伦老校长邀请他来校主持教育，学校其余任课教师是在中华人民共和国成立初期从立信毕业，之后成为财务部长，或是来自各个行业领域的财务主管。

当时因条件所限，潘老校长向育才中学借用校舍，白天育才中学的学生上学，我们晚上才能去上课，我们的学习是以夜校的形式进行，老师们也是从各自岗位下了班以后来给大家授课。虽然当年不像你们现在环境这么好，但大家还是挺有乐趣的。我们一般白天去上海图书馆或者区图书馆，大家互相抄笔记，分享老师的题目。晚上同学们挤公交车、骑自行车去学校上课，身上带的算盘一路哐啷哐啷的抖动。这是我们那个年代值得回忆的往事。

因为大家晚上才能一起在育才中学的校舍上课，所以为了增强校园归属感，形成400 多个学生的凝聚力，或者说进行学校的文化构建。在校期间，我担任了校团委副书记。

当初我们搞了几项活动：一个是创立立信的校刊。比如说，我们有一个知识栏，把大家在读书期间看到或者听到的问题，还有会计上的名词和大家分享，营造学习的氛围。第二是报道各个班级搞的班会活动。当时我们还会派出"密探"，去看别的班级搞什么活动，搞得怎么样，私底下暗暗较劲，互相竞争，都希望自己班级的活动最有特色。那时我们拿着蜡纸、钢板，一个字一个字地把校刊刻出来，一个月出一期，内容还是蛮丰富的。虽然没有你们现在的校刊这么漂亮，但对于我们没有享受过大学校舍的同学来讲，确实帮助我们形成了无形的校园氛围。

复校的时候我有幸和老校长一起拍过照。当初我们的这些老师都是社会上行业里的专家，跟他们到企业实习，企业对他们的尊重度我们都可以很清晰地看到。他们的工作态度、上课的敬业精神，让我们在待人接物方面学到了很多。学校培养我们如何能够被社会接受，其中很重要的一点就是做人，做个对社会有用的人。我觉得在学校里就应踏踏实实地打好基础，掌握原理，踏上社会才能让自己发挥自如。所谓高情商并不是拍马屁，而是要真诚、要工作态度好。这样你才能被用人单位重视，人家愿意给你传授新的东西；你们要愿意接受新的东西，哪怕是学得慢，没关系。相反，毛毛躁躁，想走捷径，我觉得这个不是社会能够接受的。

踏踏实实，一定会有闪光的一天

我毕业出来工作到现在已经有 30 多年了，改革开放的每个阶段都会涉及我们行业。比如读书的时候还在计划经济时期，因为没有会计制度，每个行业都有一套会计系统，所以我们学了会计原理、工业会计、银行会计、农业会计；还有三段资金划分，专项资金、国家资金、流动资金。但是到1983年毕业后，逐渐有市场经济因素出来，开始引进外资了，国际会计准则也随之而来，投资人带来国际使用的财务报表等。毕业后，我们发现当初学校学的知识在形式上已经不存在了，到了实际操作是完全不同的，工作中我们每一年也都有新的东西要培训。但是我们 3 年中学到的广泛的基础知识，还是帮助我更轻松地步入工作岗位。我觉得不仅仅是那时候，就是现在大学里学的东西和实际比起来还是有所不同。但是，原理和方法是不会变的。

现在的互联网金融、大数据、Alpha Go、财务机器人等行业技术的更新，首先要

明白他们都是工具，这些工具一直都在更新的，但工作的原理还是没有改变。举个例子，现在财务会计转管理会计的理念是什么？就是怎么利用大数据归结出来的问题，所以就不是单纯的停留在行业核算层面了，而要转化到利用上面。但是你说你连财务管理原理都不清楚的话，大数据出来的东西你必然也看不懂，无法对企业类型、规模如何做出一个科学判断。没有这些基础知识的积累，管理会计根本做不了。所以说，我们需要了解未来将要面临的是什么，但不能因此放弃最基本的东西。作为在校学生，学科基础打得好不好是关键。之后到了具体的行业还有非常多细化的东西要去学。学校是不可能包罗万象、各个行业都涉及的，它是一个学习方法的传授场所，未来经济环境、行业的变化才是你们真正要去参与的。既然花了时间读书，就踏踏实实、认认真真地学，学一些学习和思考的方法，以后引申到行业里可以无限地发挥。

从我个人角度来看，我觉得年轻的一代有一些虚荣心是可以理解的，虚荣心会促使你有更高的要求。比如说当初我进会计师事务所，我希望在 3 年里，事务所的事务我至少都要做过。所以有虚荣心会促使自己平时有意识地去关注这些项目，并参与进去，以增加对职业的兴趣。宏观角度上有了一些目标，微观角度上就会想怎么踏踏实实地做。不要以为第一年进来，做做拷贝、副手、搜集搜集资料好像不重要，因为这些基础都会归结到最后的能力。比如作为审计，要验证箱子里的 3500 块钱。出纳会告诉你50 元有几张，100 元有几张。你必须要这样记录下来，才能代表你是清点过的。如何记录，并以此证明保险箱里的钱就是报表上反映的金额？这也是一个问题。因为这之后会帮助你盘点存货、盘点固定资产。这些细节不要小看，它们都是基础的积累，帮助你建立对事物正确的判断，培养"不出一分差错"的素质，有了这些你才可以成长。怎么样才能得到社会的认可？认可又是什么呢？就是这个工作岗位别人愿意交给你来做，你有产出的价值。刚开始你可以是一张白纸，但你的吸水能力很好，当墨放上去你要像高级宣纸一样很快地展现出来，这就是一块好材料。有些新进来的同事问怎样才可以达到这样的状态？我认为一方面是好好学习基础知识；另一方面是做人本本分分、踏踏实实，就一定会有闪光的一天。

以中为渡，诚信为本

1983 年，我进入中国第一个会计师事务所——上海会计师事务所，主要从事改革开放后中外合资企业的审计工作，也是中国第一批注册会计师之一。在上海会计师事务所工作的 12 年里，中间有一年我去了香港毕马威，一方面是去了解香港联合交易所股票上市的业务；还有一方面是去学习当时国内还比较落后的银行保险业务。了解内地的会计工作怎么跟国际接轨，学习考察香港资本市场运营、银行保险业、会计事务如何与国际接轨等业务，积极宣传介绍中国的投资环境与政策，这是我在香港的一个主要工作。进入香港这个资本市场对我来说的确是冲击很大，那时候国际媒体对内地封锁得很厉害，我们从内地出去的人也是被另眼看待的。当初我就目睹了很多，比如说香港银行放给内地的贷款，都在担心贷款回收不了，特别是"六四"以后，觉得改革开放会受影响。我就跟他们分析各个投资项目的状况，内地的环境是怎么样，让他们知道舆论是不真实的，中国并不是像媒体所描述的那样。回来以后很多境外的投资人就通过我们会计师事务所来找投资对象。当时内地企业要想让资本市场认可的话，会计师在当中起到很大的作用，我们需要把投资对象及其经营状况真实反馈给他们。

我觉得作为一个独立公正的会计师，我希望让看我报告的人知道这份报告是一个独立的表态。具体来说，会计师在政府、企业、投资人三者中间，我们既要对政府负责，我们给出的报告要满足政府对企业监管的需要，比如说纳税是否完整、社保有没有做到位、合法合规等；也要对企业经营者负责，要反映出企业真正的经营成果，让他们能够合法保障自己的利益；还要对投资人负责，因为投资人只能通过我们去关注企业的经营结果，最大化地拿到分红。所以从中介这个角度，要处理好这个三角关系，需要我们用自己的专业知识，诚信并且公正地反映企业真实的经营状况。

我们这个行业的人员，都是比较低调平淡的。我对来面试的毕业生讲，假如你希望出名的话，最好不要进会计师事务所，不要做我们这个行业。为什么呢？因为我们这个行业一旦出名，肯定是你签字的报告有问题，公司倒闭了被查出来。所以做会计、做财务没有出名的，始终是默默在做，才是最稳妥的。我们就好比是河虾，活的时候都是青的，不容易被看见，一旦你红起来，可能就是被烧熟了。这也是我们为什么要诚实守信的原因。不偏不颇，以中为度，坐好中间的位置，这是我们的职责。

徐若海

　　审计师，经济师。上海新世界（集团）有限公司董事长、党委副书记。历任黄浦区审计局局长助理、副局长，黄浦区财政局副局长，黄浦区审计局党组书记、局长，黄浦区国有资产监督管理委员会党委副书记、主任，区集体资产监督管理委员会主任，上海新世界（集团）有限公司副董事长、总裁。1983届校友。

谦谦君子　温润如玉

口述：徐若海
采访：蔡秀敏　周　雨　盛　迎
整理：周　雨
时间：2017 年 12 月 1 日
地点：新世界集团董事长办公室

忆往事，谨记立信校训

我毕业于 1983 年，是复校以后的第一届学生。其实在我报考的时候，对立信还不是很了解，是我们的班主任到我的家中，询问我是否要去这所学校。立信当时还是大专，在中华人民共和国成立前就很有名。虽然我很迷茫，不知道进入立信之后将来会做什么，但觉得这是一个很好的机会，不想放弃。那时家庭的经济条件不是很好，虽然是自费，但好在费用不是很高，家人都十分支持我。

当时那个年代，考大学真的挺不容易的，12 个人当中大概只有 1 个人能考上大学。我们也知道改革开放之后，中国的经济不断发展，会需要很多这方面的人才。立信当时才刚刚复校，还没有新的校舍，学校借用育才中学的校舍，我们当时都是走读的。

我到了立信之后，从原先的不了解，到慢慢了解，并逐步地喜欢上了会计这个专业。那时候，我们的求学条件还是比较艰苦的。我们白天很多时间都会在图书馆自习，尤其是在考试前的那段时间，会去图书馆温习相关专业的功课。到了晚上，等中学生下课后，我们再到教室里上课。

在我的印象中，立信的老师非常的负责。我之前是在北方读书，从来没有打过算盘。第一次打算盘，我是班级里最慢的那一个。于是我的老师每节课都留下来指导我，最后我的打算盘速度也算是中游了，不再是班上最慢的那几个了。

从立信毕业到现在已经走过了 30 多个年头，让我印象最深刻的还是立信的校训，它伴随了我的成长。立信立信，首先就是一个信字。我们做人、处事都要把诚信当作一个很重要的基础。承诺的话就一定要去兑现，要么不讲，讲了就一定要做到。有什么就讲什么，不能够为了达到某种目的就去欺骗隐瞒。新世界集团也一直恪守诚信的原则，所以我们集团的信誉也是非常良好，而这些信誉也都是长期以来积累的结果。

改思路，畅谈实体经济的发展

新世界集团成立于 1999 年，但旗下的很多企业都是有着 100 多年历史的中华老字号企业。我们集团现在的主营业务主要分为两类：综合百货业（含主体百货）和食品餐饮业。综合百货业主要就是位于南京路步行街两端的大型百货商场：新世界城和新世界大丸百货，这两家目前的销售量都是十分不错的。主体百货商店主要是宝大祥青少年儿童有限公司，目前连锁店铺已有 20 多家，主要分布在上海各区及长三角主要城市，最远的店铺开到了海南三亚。食品餐饮业集聚了众多老字号的企业和品牌。上海的老字号品牌黄浦区占了一半，而我们集团又占了黄浦区老字号的三分之一，所以我们集团老字号也是相对集聚的。现在在我们旗下的老字号有三十多家，包括杏花楼、新雅、沈大成、小绍兴、邵万生、三阳，等等。对于老字号而言，我们现在既需要传承又需要创新。单单传承没有创新，老字号也不能很好地走下去。老字号之所以能够一直发展，就是因为在它的每一个阶段都在不断地创新。否则，一些老字号很早就要被淘汰了。所以，老字号需要在传承的过程中不断创新，激发老字号的活力、生命力，让老字号有"新面孔"，迎合年轻一代的消费需求。

另外，我们集团还有一些重点培育的业态。比方说，文化方面，我们有上海大光明文化（集团）有限公司；医药方面，我们有上海蔡同德药业有限公司等。

我们集团是传统的实体商业，这两年受到电商的冲击非常大，所以我们现在也是在不断地转型升级。线上线下要联动，我们的转型不是要把实体商业转化为互联网商业。

我们是要利用互联网的技术来改造提升传统的实体企业，使消费者到我们的商场后有更多的体验感。比方说你到商场里购物，现在可以通过手机在柜台直接支付，而不用到收银台付款，这给顾客带来很大的便利。另外，就是营造一个良好的购物环境。现在的实体商店对于消费者来说，其实既是一个购物的场所，又是一个社交、休闲和娱乐的场所。

我们的营销模式也在随着消费者消费习惯的变化而相应改变。现在我们集团每年都会相应地推出一两款网红产品，通过互联网渠道营销。去年，大家比较熟知的网红青团，在20天的销售期内创下了1000万元的销售额。今年，销售额一再创新高，达到4000万元，是去年的4倍。网红青团的营销成功，就是通过微博、微信等线上营销渠道，把线上的年轻客户引到线下，形成了线下门店大排长龙的"壮观"景象。

作为商业企业，一定要有创新的思维，但是更要脚踏实地地去做。你有好的想法，但不去做，好的想法也不能成功。我们的网红青团就是一个很好的例子。起初，是一个年轻的厨师有这样的一个想法，把蛋黄、肉松与青团相结合。刚开始还只是一个想法，后来他管理了一家杏花楼的分店，于是将想法付诸实践，创造了一炮而红的网红青团。所以说，创新的思维要与创新的实践结合起来才能够取得成功。

谈经历，分享成功经验

1983 年，我毕业被分配到了黄浦区财政局工作，至今已工作了近 35 年，先后在财政、审计、国资等部门工作并担任部门的领导。2011 年根据组织安排，我来到上海新世界集团，担任总裁。现为新世界集团的董事长。

在我个人的成长过程中，非常感谢组织上对我的信任和培养。正是因为立信的校训，让我立足于自己的本职工作，一步一步地做出成绩，被领导逐渐重视。当时，我们年纪轻，领导也非常地放手。我们当时都是拜师傅的，由老同志先带着我们做，基本上是一个带一个，一步一步熟悉工作的流程。我的师傅带了我三四年，自始至终都是尽心尽责不遗余力。我记得当时写报告写材料，第一稿一般都是交给我们年纪轻的人去写，写好之后再交给师傅修改。单位里的领导对我们青年也非常地关心、爱护。在年轻的时候，我几乎每年都会获得区政府的嘉奖，所以我的成长离不开老同志的帮助和组织上的培养。很多事情不是单靠个人的能力就能完成的，还要靠团队的精神，大家相互启发、共同进步。不管事情大小，领导交代的任务，你就要尽力去完成。虽然能力有限，但一定要尽自己最大的努力去做，这是一个人做人做事的基本品质。就我来说，在不同的岗位上，我也有做得不好的地方，但我会不断反思自己，这也是成长所必须要经历的部分。在我犯错误的时候，领导大多会报以宽容的态度，他会说自己在年轻的时候也会犯错。所以，我们现在对青年人犯错也会以宽容的态度去对待。年纪轻，经验不足，犯错误很正常。关键是要从这些错误中吸取教训，今后不要犯同样的错误。

每次接受访谈的时候都会提到我的成就。其实，我从来就没有觉得自身有什么成就，这些只是自己应尽的一份责任。不管你干什么工作，都要有责任意识，特别是作为领导更要有责任感。所以部门的领导叫部门负责人，单位的领导叫单位负责人。也就是说，你在这个位子上就是要承担责任的。所以，我对现代大学生未来工作的建议首先就是责任感要强。做任何事情，如果你有责任感了，尽力去做了，大家都能够看到。我相信如果你有这份责任感，尽心尽力去做了，很多事情是能够做好的。

作为一个大学生，不管你进入什么样的工作岗位，你都要从最基础的做起。大家不要以为自己样样都懂了，有很多的事情你还没有经历过，所以很多不懂的东西你还是需要虚心地向老同志、周边的同志学习。切忌眼高手低，组织上安排你做什么，你就应该去努力地完成。虽然有的事情可能很简单，你也会做，但是做与不做，体会是不一样的。很多事情看似简单，实则不简单。比方说人际关系，到了工作单位，你要处理好和上下级、周围同事的关系。处理好人际关系的关键就是，你要踏踏实实地做事做人。在我们年纪轻的时候，也都是很早就去办公室了，倒水、擦桌子，这些事情我们也经常做的，多做总是好的。所以说，不能眼高手低，不管是什么工作，只要是领导交给你的，都应该认认真真地完成。领导对你信任，你就不能辜负他的信任，这是立信校训教导我们的。

另外，大学生本职的工作就是学业，在学业上还是需要精益求精。学无止境，像我们现在每个礼拜还需要去区里面听课，有些知识性的讲座，听与不听是不一样的。听了之后，受益很多，今后再碰到同样的问题，你心里也会有个底。到了企业之后，我觉得在立信学到的一些知识非常的有用。我是学会计的，到了企业以后，我们首先要看懂会计报表。目前集团的规模相对较大，下属有很多子公司，子公司的业态几乎都不相同。每个月我们都需要对下属汇总的报表进行分析，如果有销售额下降或者利润下降比较多的，都会引起我们的重视，分析其原因并采取一定的措施来改进。我毕业后所从事的工作，不管是在政府部门，还是在企业，在立信学到的知识都帮助了我很多。我到审计局 3 年后就提任副科长，再过 3 年，又提任科长。我担任处级领导的时候，才刚刚 30 岁出头一点。这与我在立信扎实的学业功底和诚信做人做事的基本原则是分不开的。

到了社会上，也还是要牢记立信"信以立志，信以守身，信以处事，信以待人，毋忘'立信'，当必有成"的校训，以实干为主。立信的知名度现在也是越来越大，作为立信的校友我非常自豪。立信的校友也是遍布各地，我在平常的工作中也会接触到很多优秀的立信校友。希望日后我们的学校能够越办越好，人才辈出，后生可畏！

周钧明

　　高级会计师。中银消费金融有限公司首席财务官，独立董事。毕业后留校任教，曾任教务处副处长；历任上海交电家电商业集团公司财务总监、新路达商业集团有限公司财务总监、汇丰医药药材有限公司监事长、上海食品厂有限公司董事长、第一医药股份有限公司董事。1983 届校友。

幸遇立信　感恩立信

口述：周钧明
采访：方　爽　刘希尧　郁慧珺
　　　张子凌　黄嘉伟　江　剑
整理：刘希尧　郁慧珺　张子凌
时间：2017 年 10 月 18 日
地点：上海市中山东一路 23 号 8 楼

立信给我留下宝贵财富

作为立信的学子，母校的教育对我的人生有着重要的影响，尤其是潘老校长给我们留下了许多宝贵的精神财富。

第一点，就是潘老提出的诚信教育。在我学生时代很荣幸的是开学典礼和毕业典礼上潘老都在场。那个时候，无论是开学演讲还是毕业演讲，他都强调一条就是诚信，他认为立信培养的学生，需要有诚信的积累或者说是诚信的品格。从某种意义上来说，诚信，无论是在我做老师的时代，还是现在我做财务的时代，都是我的一个执着与信念；它也与我的专业有关，与我所从事的工作有关。从我现在的工作领域来看，金融企业本身就是与资金打交道的，那么，这里面的风险，除了信用风险和流动性风险，还有就是道德风险，或者说是操纵风险等。道德风险和操纵风险与诚信底线是否坚守是密切相关的。所以我认为潘老留给我们的第一笔精神财富就是诚信的品德。

第二点，我觉得潘老留给我们的就是教学的特色。记得当时我们所学习的一门课中说过，会计本身就是一门艺术，这门艺术如何体现？我认为立信始终贯彻的教学观念就是很好的体现，其特点就是实用型和应用型教学，着重培养学生的动手能力和实践操作能力，这是潘老或者说是立信留给我的第二个宝贵财富。

第三点，我觉得是潘老在世的时候强调的立信"三位一体"。"三位一体"属于应用式教学，教学特色是与实务结合，因而培养了很多的优秀学生。首先是学校，学校的本身是为了教育，是一个职业的教育，我们的学校也在不断扩大招生，吸纳更多优秀的人才。其次就是出版社，我觉得出版社的功能在两个方面，一个功能体现在它的研究功能，因为这个学科本身是要有理论支撑的；另一个就是传播的功能，因为知识是需要传播的，需要把整个行业的水平提高的。我认为出版社这个作用，无论从当时还是现在来看，都是很有意义的。最后就是事务所，虽然由于我们国家现在的管理体制，把事务所和学校分开了，但事务所培养学生动手能力的功能，在目前的教学中通过建立产学研基地和会计实验室的办法得到了保留。

教师经历延续立信精神

毕业后在学校工作的 15 年教会了我很多。

第一，我和学生教学相长的关系，促进了我的进步。我做老师的时候还比较年轻，我陪伴着学生的成长，同时自己也在成长，从学生的身上也看到了我需要提高的地方。

第二，感受到了教师的"人梯"精神。教师的职业崇高而责任重大。我的很多老师是立信的前辈，我的会计学老师是立信 1949 年的校友，那时候我跟着她去机电一局实习，使我有机会看到成本会计里分步法、分批法等真实的成本核算案例，也看到了所谓的龙门账和棋盘账等传统记账办法。我毕业以后，我的另一位老师，也是立信1949 年毕业的，后来到会计师事务所做副主任，他是我做老师时候的带队老师。他的执着、认真、谦和，对我影响深刻。这些老师对我的人格培养、人生教育和职业素养的提高，乃至于我的教学方法都有很大的帮助。我做教师的时候也延续了立信的这一精神，愿意全力去帮助我的学弟学妹们。

第三，我觉得立信的学生很懂得感恩。我很感激当年立信很多的学生记着我。有一年教师节，我收到了一份祝贺电报，还附了一束鲜花，打开一看是来自我带的刚毕业的 8832 班的一个新疆同学。她当时发的电报的内容我现在还记忆犹新，她写的是"感

谢老师，师恩难忘"，让我很感动也很难忘。

从实际出发拓展学习

　　每个人有自己的发展目标，每个人有自己的特点。道路怎么选，一是根据自己的喜好和特点；二就是看机会，哪个机会好就选择哪个。

　　国外的研究生学习和研究能力比国内强，国外高校里所培养的研究能力和学术氛围普遍比国内强，这点是不可否认的。这也是为什么我们一直在学习国外的研究生教育，当然国内也发展得很快。在英国的一年读研和在其他国家两年半的读研，也是有差别的。因为英国的教学制度是很多基础在中学就打下了，虽然研究生是能念出来，但是下的工夫一定和其他人花两年时间去研究是有差别的。而这个差别短期之内不一定显现出

　　来，长期之内肯定会暴露出来。

　　每个学校的研究生都不一样，我建议要选择这个专业中排名靠前的学校。

　　如果真的对其他专业有兴趣，很多专业之间的道理是相通的。跨专业的考研也是另一种选择。跨专业之后，某种意义上来说，知识面会比一个专业从头念到底的人更广，而且可以把两个方面的特长都展现出来。跨专业不是问题，应该也没有障碍，跨专业对个人成长进步是有帮助的。

　　对于考证，CPA、ACCA 能够考取，也是对学习能力一定的肯定。CPA 与学校课堂上的知识还是有所出入，它更偏向于最新的准则。所以我认为考证还是有用的。研究生是从理论研究、学历深造来考虑，CPA 更多的是从职业的资格和能力，CPA 所考的内容我觉得是可以反映出我国最新的会计发展和管理的。

新的机遇与挑战

我觉得现代立信人面临着许多新的机遇与挑战。

从我现在的工作领域来看，现代的财务和会计有了很大的变化。比如，金融业首先是个风险行业，习近平主席在中央金融工作会议上专门提到防止系统性金融风险。在风险行业当中，如何去做财务，无论是从观念、技术和手段，对我们新一代的立信人提出了很多课题。比如说新金融，新金融是什么？其特点和传统金融有什么区别？新金融和科技金融的关系是什么？在新金融中财务管理的作用和管理手段有什么变化？是我们从事这些工作的专业人员面临的问题。

从我自身的经历来看，我也遇到过很多问题。我要感谢母校，让我有扎实的基础，从容完成各种角色的转换，完成各项任务。目前我们公司已做到整个消费金融行业的绩效第一。除此之外，我带领的团队中也做了很多行业里面的第一。比如，我们发行了行业里面第一个资产证券化产品，发行了第一笔金融债，做了第一笔银团贷款，等等。这一切都离不开母校对我的栽培。

濮　军

上海新国际博览中心有限公司财务部经理。1983
届校友。

回首思之几许年　其间立信最为先

口述：濮　军
采访：陈慧玲　邱家祺　丁　琪
整理：邱家祺
时间：2017 年 10 月 17 日
地点：上海新国际博览中心

一段难忘的大学岁月

虽然立信复校后条件艰苦，但是我还是非常荣幸能成为立信复校后的第一届校友，这让我有幸能切身经历复校后的整个过程，能了解学校的历史，看着这个学校一路走来，成长为如今令人欣慰的样貌。

那个时候刚刚恢复高考不久，我们中学有 16 个班，却只有两个班能参加高考，可想而知考试的压力比现在的学生要大得多。一开始我是不知道有立信这个学校的，在填志愿阶段的某一天，高教局突然来了个通知，说有一个叫立信的学校复校了，来征询我们的意见要不要填报。我父亲告诉我，立信是块老牌子，是很好的学校。就这样，我来到了立信。后来我们才知道，以潘老为代表的老一批专家教授付出了很多努力，才将学校复办。

刚复校的立信，一共有 8 个班，两个是物价班，其余都是会计班。我就在其中一个会计班里。当时学校不像其他高校由财政全额支出，我们没有自己的校舍，没有自己的操场，也没有自己的图书馆。那时候学校借的是育才中学的教室教学，而且我们

171

只能在晚上上课。我有个哥哥，白天哥哥骑着自行车去上大学，晚上他放学回来之后，我又继续骑着他那辆自行车去上大学，像是接力一般，我们就是这样把书读出来的。我们和现在的学生一样，也喜欢踢球，白天的时候，我们会去人民广场踢球，那时候的人民广场是可以踢球的，人民广场就是我们的体育场。我们的图书馆就是上海图书馆。虽然那时候物质条件不好，学习环境也很艰苦，但是回忆起那段时光，还是很开心的。

我们也没有自己的老师，那时候教我们的老师都是潘老从各处找来的一些已经退休的老教师。我非常幸运地遇到了陈学文老师，一个看上去和蔼可亲实际说起话来非常严厉的老师。陈学文老师的教育使我终身受益。从基础会计到后来的工业会计，好几门课程都是陈老师教的，是他手把手将我带上了会计道路，对我的会计学习帮助非常大。一个好的老师，对学生的学习道路是影响深远的，很多人可能一开始不喜欢某门课程，但是遇到了一个好老师，你可能会了解它并从而喜欢上它。我可以肯定地说，我们班级所有学生都非常喜欢陈学文老师，我们都很想念他。

工作生涯的两个十七年

我读书成绩比较好，当时财政局内部也是青黄不接，我本可以进入财政局工作。这个工作在你们看来是特别好的一个工作，但是那时候的价值观和择业观与现在的不一样。我觉得进入机关工作没有意思没挑战性，而那个时候外企刚刚兴起，并不稳定。权衡之下，我最理想的工作是能进入国企。我进入的涉外国企是属于外贸局的外贸进出口公司，当时是非常理想的一个工作，薪资和福利待遇都很令人满意。当时，10年"文革"造成会计行业很大的一个断层，已经近十年没有从专业院校培养出来的会计，会计这个行业在单位里是非常稀缺的。我毕业进入单位之后，我是当时单位里唯一一个从正规大学毕业的会计，是企业重点培养的对象。这一点比起现在的你们，我们是幸运的，你们现在的学习生活条件比我们当时好，但你们毕业后的就业压力比我们大得多。

随着国家经济发展，外贸形势急转直下，原来的外贸是国家垄断统一的，但是进出口权开放以后，全民都可以做外贸生意，国有的已经不行了。这时候的转型是时代逼着你做的，不转型意味着很可能被时代淘汰，即便那时候我已经在国企工作了17年，做到了企业中层的位置。离开外贸国企后，我也曾在私人企业、股份制企业工作过一段时间，来到现在的上海新国际博览中心有限公司则是纯属巧合的一件事情。

那个时候政府决定在浦东中德合资建一个大型展馆，中方的管理层恰好是原来外经贸委的老领导，他把我叫过来帮忙。我等于是从这个企业的诞生就一直待在了这里，如今又是一个 17 年。所以我的工作生涯一半是在国企，一半是在合资企业。

职场经历的三点心得

我见证了立信的成长过程，也经历了老国有企业的下岗倒闭和浦东开发开放的历史。这么长的职场经历我也从中得到了不少启示，也希望能够对你们日后的职场工作有所启发。

首先，要耐得住寂寞，沉得住气。我刚来新国际博览中心的时候什么职务也没有，从基础做起。而我曾经做过分公司的总经理、财务部经理、审计科科长，我并没有觉得在这里从基层做起是压低了我的身价，反而觉得这是一种自我锻炼。我在国企 17 年的工作经验，在这里也得到了很好地运用，自己的特长得以发挥。我来这里后，德国总经理跟我说的第一句话是："你能不能帮我把德国的代垫费用汇出去？"当时中国人民币还没有开放，外汇管制特别严，钱根本汇不出去，特别是代垫费用，银行有很多规定和文件要求。我原来是外贸进出口公司做的，所以这方面知识比较充足。虽然当时中方副总经理跟他解释说这种事不是我一个人能解决的。但我仍把这件事放在了心上，运用以前在国企的经验，与银行进行联络。后来这个钱我陆续地帮德方汇了出去。

2001 年的时候，像我们公司这样的大型展馆，在中国可以说是没有的。大型展馆的财务管理实际上跟小场馆的管理是不同的，而且因为企业是新建的，肯定要建立自己的一套财务制度。这个时候，我们这些老国企的人就发挥作用了。当时的国企有一套很严密的制度和规范，我们通过借鉴，取长补短，将属于自己的财务制度逐步地建立。现场收费子系统、停车场管理子系统、制证中心子系统，都是我们参与设计并现已投入运行了的。

我通过自己的工作成绩证明了自己的能力。在企业发展过程中为企业提供了很多好点子，再后来当我们原来的财务经理辞职之后，我就被提升上去了。现在很多刚毕业的毕业生都好高骛远，看不起基层工作，看不起基础工资，其实只要你踏踏实实地工作，通过自己的努力做出了成绩，在任何职位都有被发现的机会，这就是我们常说的"是金子总会发光的"。

其次，做事情要未雨绸缪。因为这一点，我做了一件对企业有深刻意义的事情。前几年，现代服务业改增值税6%，展览也纳入增值税范围。我们虽然是展览业，但我们的主营业务收入是场地租赁，并没有纳入营改增的范围。这个消息让我突然想到，如果税率变化老合同怎么办？当时听说租赁可能会涨到11%，如果这样我们的总价自然也要提升，而我们原来的价格全部是含税的，客户不会同意涨价。所以那时候我就跟公司管理层提出来，把我们所有合同的价格必须要体现出不含税价和含税两个价格，同时注明如果国家税率调整，就要相应的调整税金。全国大概这样做的展馆只有我们一家。果然，2016年6月1日，开始全面营改增。根据之前合同，在此日期后继续执行的合同必须与我们签订补充合同，税率全部改为11%。虽然税率上涨了5%，但增值税是可以转嫁的，客户原来想要增值税抵扣，苦于我们没有纳入营改增范围；现在虽然税率提高，但11%增值税可以全额抵扣，对客户来说是增加利润的，这是件买卖双方双赢的事情。价税分离后，税的上涨成了一个自然的事情。如果我没有事先的筹划，没有把价税分离的话，合作商绝对不会同意我们涨价。不同意的话要么我们自己承担税金，要么按照原来的合同做，这样就会出现一个很麻烦的状况。所以，当国家出台一个政策后，就要想到可能会出现的情况，这个收益实际是很久远的。我非常欣慰，我的未雨绸缪为企业带来了实际的利润。

工作中的前瞻性是非常重要的，要自己去了解情况，特别是在外汇、税务方面，要考虑国家的政策会不会变化。只有这样，才能为实际工作打好基础，减少障碍。这就是我们常说的"不打无准备之仗"。

最后，要活到老，学到老。在外资企业工作，开会作报告都用英文。之前在国企工作那么久，英语早已忘得所剩无几。所以年过四十的我，仍回到学校重新拿起英语课本，利用周末学习英语课程。花了5年时间，取得北外网院5年制本科毕业证书和学士学位证书。虽然我是因为工作被逼无奈，但是语言在一个人的工作和生活中是很重要的，这也是我的一个感悟。除了英语，平时我也在不断地培训学习，不断地吸收新知识。会计都是在实践中变化，我们从前读书的时候学的东西跟现在的完全不一样，特别是税务，完全是新的，就更需要不断地更新，不断地学习。我学英语的时候，老师跟我们说过终身学习的理念，这也成了我的理念。

毕业后一直坚持的信仰

2008 年的时候，我们公司出了一个贪腐案。在企业的日常工作中经常出现经济交往，无论是做采购还是做销售，都会有各种各样的人给你好处来腐蚀你。我在这方面对自己的要求是很高的。之前在国有外贸企业工作的时候，窝案腐败案件也很多，检察院每年都到公司来抓人，因为财务方面要查凭证就要找我来拿，我一直都配合着他们工作。我看到这种事也就比较多，渐渐也就觉得，不属于自己的钱是不能拿的，这个钱实际上看多了也就不是钱了。我在立信上学的时候，校训就是这样教育我们的，我也确实是这样做的，"莫伸手，伸手必被抓"。

我觉得潘老校长定的校训非常好，直到现在我仍然能脱口而出"信以立志，信以守身，信以处世，信以待人，毋忘'立信'，当必有成。"这句话我终生难忘，这是我毕业以后一直坚持的信仰，我很多成绩的取得，都是因为坚持这一点，做任何事情都应该秉持着这点。我希望所有立信的学生出来以后也能以这个为处世原则。我记得陈学文老师对我们说过的一句话："做会计，赚不到大钱，却也饿不死。做会计的如果发大财了，肯定就有问题了。"实际上也是告诉我们学生，当你选择了会计这个职业之后，就该明白你坚持的基本操守是什么。

去年立信和金融合并的时候，我们老校友们都在担心会不会把"立信"两个字去掉，最后没有，我们感到很欣慰。我们希望立信能有个传承，这也是潘老希望看到的。实际上立信是个很坎坷的学校，中华人民共和国成立前建校，后与财大合并，改革开放后又复校……我们不想看到她再经历波折，我们希望立信能不断地壮大发展，希望我们的学生能人才辈出，能将"立信"两字发扬光大。

胡　奋

中国注册会计师。上海盈洋食品有限公司董事长。曾就职于上海会计师事务所，普华永道（其时为永道）会计师事务所美国旧金山和香港分公司，美国3M公司全球副总裁。1983届校友。

继往开来　薪火相传

口述：胡　奋
采访：冯晓楠　陈　双
整理：陈　双
时间：2017 年 8 月 8 日
地点：上海市虹莘路 3579 号

难忘母校，常怀感恩

　　1977 年恢复高考，到我们高中毕业的 1980 已经是第三年，但还是僧多粥少，全国高考的录取率不到 5%。当年立信复校并成为自费试点的高校之一，立信 3 年对我的人生观、事业观产生了深刻的影响，可以说是一辈子的。

　　对于母校难忘的事情，我主要讲两件事：当时外文书籍非常缺乏，立信老先生对学生的关爱是经常把外文书给同学们。师生之间更像是一种长辈对小辈的关怀，温温润润的。那时的老先生们，他们教书育人，为人师表，尽职尽责。当时的物质资源不丰富，资讯也不发达，人们的感情更简单纯粹一些。比起现在的老师，他们的文化素养更高，年龄上也更接近，交流更容易吧，亦师亦友。以我们立信复校第一届的学生来讲，老师对我们的影响是人性化的，精神上的感召力更强。还有一件事，就是立信的教育很注重实务，特设了珠算课、书法课。珠算课打算盘，学算术，写分录先练字，会计人没有一手好字，做账怎么拿得出手！从纯技术的角度看，现在的同学可能会对这两门课不以为然甚至嗤之以鼻。但它绝对是我至今少数几个最留恋的课程。我知道

现在的立信会计金融学院延续了立信 90 年重操作实务的传统。这个非常好。我们毕业时，的确有单位更希望录用立信而非财大的学生。我们实务强、上手快是唯一的理由。没有在立信打下的扎实基础，自己后来的发展是不可想象的。谁会相信我在世界 500 强最高领导层的管理会议讨论全球财务资源配置时，会在纸上画出一个大大的"T"字账户来展示自己的分析并让所有与会者心服口服？而这个"T"正是我在立信上会计原理最先几堂课时，老师在黑板上画出来说明资产和负债资本在资产负债表两边永远恒等的那个 T！

我做财务的态度其实是在立信读书时形成的。那就是绝对的严谨、保守。这里的保守不是个贬义词。或许也是做审计师的职业病吧，不仅在财务制度上保守，在运作制度上也要留足余地。对于财务工作，只有拥有扎实的基础，才能有更大的发展，最基础的体现就在于报表的真实性。财务工作的方式当然要创新，但它的真实严谨不能变。只有这样，你在宏观管理上的发挥才可得以充分施展，没有顾虑。财务工作从本质上讲是要守住家底并让资产或资源的效率最大化。中国的变化日新月异，若没有很好的商业头脑、战略眼光、创新精神和超强的执行力，任何机会都会是过客。但这一切的基础是要有个牢固的基础特别是财务基础。试想若财务基础不稳，其他的尝试都会承受极大的风险，事实上也会影响创造力的发挥。就如在一张不稳的桌子上跳舞，再高超的舞者也不可能做出最优美的动作。我在管理团队中扮演的角色首先就是稳定军心让大家放心。

其实这些道理对个人也是一样的。人们想要摆脱旧世俗、旧观念，接收新思想、新式教育，一步步推陈出新，都是革新，不断创新的行为。但自身通过历练所有的扎实功底是应对各种变化最重要的资本，也是自己可以面对挑战走向成功的基础。"毋忘立信，当必有成"影响了一代又一代人。

积跬步至千里，功在不舍

1983 年我从上海立信会计专科学校毕业，有幸被分配到中国实行改革开放政策后全国成立的第一家会计师事务所——上海上会会计师事务所（当时名为上海会计师事务所）。当时事务所里绝大部分的老师是中华人民共和国成立前执业的会计师或他们的关门弟子，学习氛围特别浓。我们的办公地点在外滩（中山东一路）33 号，以前是英国驻沪总领事馆。环境优美，我们充满对未来的憧憬。其实，当时全球最大的八大会计师事务所（"四大"的前身）都希望在华开展业务，永道（即现在普华永道的一部分）为"八大"中来华设立办事处的第一家。由于我对学英语一直有着浓厚的兴趣，水平也就比我的小伙伴稍稍好些，就被派到永道办事处协助，当时的英国人首席代表调侃我是去"削铅笔"（办公室打杂）的。我表现不错，常陪首代出差，也建立了很好的个人友谊。他好多年前从普华永道英国总部的行政事务合伙人退休，直到今天我们还有联系。1985 年我被公派到美国普华永道旧金山工作，第一次全面接触西方会计和执业审计，专业上的提升不可言喻，也实际了解了中西文化特别是企业文化的差异，为我以后在中国的美资企业工作打下扎实的基础。回国在上会所发展很顺利，24 岁即任部门经理，27 岁升任所长助理。1989 年又再次赴香港普华永道工作，担任助理主任带队独立工作。事业发展开始起航。1992 年，我加入了我多年的主要客户美国 3M 公司，20 年间从中国财务经理升到全球副总裁（3M 最高管理层级，全球不足 100 人），职责包括大中华区的财务、人事、战略规划、公共媒体事务及政府关系、信息技术、行政及各地办事处运作。我参加公司的时候，3M 中国人数不足 300 人，营业额差不多就2000 万美元，也就是 1 亿多元人民币。2014 年我离开上海赴 3M 泰国任董事总经理时，3M 在大中华区销售额超过 30 亿美元，在中国建有 12 家全资分公司、10 个生产基地、25 个办事处、3M 海外最大研发中心及 3 个技术服务中心，员工超过 8 000 人。可以说，我是 3M 公司在华本土化发展的最重要决策者之一，是从一个不足两千万美元的销售分公司发展成 3M 全球最大运营中心的见证人和直接参与者。2009 年我被评为中国 CFO 年度人物，为该奖设立后第一位赢此殊荣的外资企业 CFO。

2015 年，我离职后创业。目前，公司拥有数家涉及健康保健领域的企业。

"骐骥一跃，不能十步；驽马十驾，功在不舍。"我觉得任何成功都来之不易。做选择不易，决定时会犹豫，当你足够优秀的时候好比船到桥头自然直，一步比一步踏实。

德厚才大，方能怀远博见

从公司的发展再想到自身还算成功的职业发展，慢慢也体会到其实最后沉淀下来的是个人的成长。大学生的人生才刚刚开始，如果在发展起步的时候就认定正确的方向，也许可以少走一些弯路，至少可以离成功更近一些。

第一，在职场上甚至自己创业，良好的专业能力和建立在专业能力上的判断力是成功与否的关键。拥有自己的特长方能有别于他人。做一样精一样，是最明智的"孤注一掷"。

第二，我建议大学生在找工作时不要过于挑拣，多尝试，学会适应，积累经验。对于第一份工作的要求不要太高，眼高手低最忌讳，踏实坚持地好好做。每一份特别是最初的工作都是学习和历练，追求差异化甚至更有收获。

第三，我建议大学生要各方面发展，接触面管理触角多了机会才会多。在此基础上学会与不同的人相处合作。那样，周围的资源才会为我所用，事半功倍。

第四，要时刻追求成为素质高的人，物以类聚，人以群分，这个群不是按你的地位、职业、金钱等纯物质来分，而是素质。我身边的人都是我比较认同的，觉得他们素质都是可以的。成全别人就是成就自己，帮来帮去互相成就了彼此。

另外，我还想说一个"好"字。在这漫漫人生路，积极付出和奉献才能有美好的回报，要懂得欣赏别人的优点，学会取长补短，多去帮助别人，多去支持别人，助人方能达己，互利方可共赢，"德不厚者，不能怀远，才不大者，不能博见！"常怀感恩包容，拥有正确的价值观才是当代大学生最必不可少的人格养成。工作环境里，判断一个人是不是高素质人才，不唯学历，不唯能力，关键看是否能成为公司的核心岗位上最称职、最合适的员工。懂得怎么样为人处世是最重要的，所谓做事先做人。其次是有与时俱进的头脑，适应社会的高科技水平，等等。注意自身水平的培养，文化水平，英文水平，有种特长，等等。另外还要有适应工作需要的精神，比如敬业精神、诚实、坚持、团队精神、积极向上的态度等。人格发展和事业发展上都需要高素质，学着做个"好"人吧！

任义彪

　　上海精文投资有限公司副总裁兼财务总监，兼任
上海东方汇文国际文化服务贸易有限公司（国家对外
文化贸易基地运营机构）董事、总经理。曾任上海电
影制片厂财务部会计、副科长、主任，上海文化广播
影视集团财务管理中心副主任，上海文化广播影视集
团计财部财务主管、副主任，上海文广投资有限公司
财务总监。1983 届校友。

坚守"信"字写人生

口述：任义彪
采访：李　彤　张百慧
整理：张百慧
时间：2017 年 9 月 1 日
地点：任义彪办公室

立信的培养是受用一辈子的基础

我是立信复校后的第一批高中毕业生。立信很特别，是 1977 年恢复高考以后上海唯一的一所自费且不包分配的高校，没有固定校舍，所以我们当时上课便是在静安区育才中学的老校舍之中。白天校区供中学生上课，晚上六点后，才是我们立信学生的上课时间。因此，学校还被同学们自称为"夜茫茫大学"。我家与学校只有一墙之隔，白天我一般都会在家中看书学习。就当时的时代背景而言，我们这批学生来自各种因素的压力是非常大的。

大学的学习彻底改变了我未来的发展。我从来没想过学财务做财务，当时自己的文科比较好，想学中文、新闻类专业，但投报专业时被选择了会计专业。3 年的大学青春时光度过后，让我转向了从事经济工作，进入了全新的领域，正是在立信所学的一切专业和理念为我的工作和发展奠定了扎实的基础，从基础的会计借贷的核算到高端的财务分析与控制。虽然如今我已主要从事经营管理工作，而不是直接的财务管理工作。但从当初我进电影制片厂时做出纳等基础工作开始，正是在立信所学到的专业知识打下的坚实基础，形成了我对财务、经济工作的一些基本理念。

立信的校训对我的"三观"树立起到很大影响：做人守信，做事诚信，所有的一切都离不开一个"信"字。毕业后走上社会，待人处事，与人交往，从事经营管理，从最基本的预算编制到经营考核目标的完成，在立信所学的理论、专业对我们来讲，都是受用一辈子的基础。学到的东西也不是要天天拿着书本，和所做的工作一一对照，那是行不通的。但是书里面最基本的一些理念会深入你的大脑后进行加工、转换、升华、衍生，到工作中便是一种自然的反映和运用。之后一旦工作上遇到了相应的问题，便自然而然地会用脑海中形成的专业基础和思维来对应处理。好多人说，大学所学知识好像在实际工作中运用的并不是太多，从绝对的概念上讲，或许这有一定的道理。但大学里所学的一些基础知识和理念思想对自己后续的工作是会产生长期影响的，所以说大学的学习对一个人未来的影响绝对是大的。

为上影厂的发展勇挑重担

我毕业以来一直从事文化工作。当时有段时期电影很困难。1989 年开始，上海电影制片厂揭不开锅，要靠借钱过日子。作为年轻人，我收入低，工作压力又大，还担负一定的财务领导岗位工作。怎么把企业营运好，要花很多的精力。要向银行借款，要争取财税的优惠支持政策，要写大量的报告争取政府各部门的关心和支持。同时，还要发展生产，要投拍电影，要把有限的资金投到刀刃上。就在那段最困难的时候，我们还建了第一个电脑特技制作公司、车墩影视基地，拍了很多有影响力、有品质的电影。当时在电影厂，为筹措资金建拍摄基地还大胆创新向厂里员工发过债券呢。

自 1995 年我在上海电影制片厂入党后，作为青年党员、团干部、厂里财务部门的男青年，能以身作则，勇挑重担。我跟随的电影摄制组去的地方，往往都是条件比较艰苦和困难的，冰天雪地零下 20 度的摄制环境，我都毫不犹豫；要求高，压力和困难特别大的摄制组，我也坚决上。20 世纪 90 年代电影厂经济十分困难、压力很大，但我不计疲劳也不计得失，为电影厂的振兴与发展努力作出自己的奉献。作为一名党员并不需要把努力拼搏挂在嘴边，而是在实际行动上要有所差异。共产党员就是为人民服务，为企业和国家多做贡献，为国家的文化事业不断努力。

　　在上海电影制片厂的工作经历对我的锻炼非常大。18 年的工作过程中，前 10 年时间基本都在摄制组工作，参加了近 20 部故事片的拍摄工作，让我对电影整个生产的流程、管理的方法、影视方面核算等专业知识和内容有了全面了解和掌握。之后国家财政部及广电总局在编写全国电影财务核算制度的时候，凭借多年厚积而成的专业经验和能力，我作为上海制片企业财务的代表参与了和财政部、广电总局共同制定《全国电影制片企业财务制度》的工作，作为上海方面出席人员所提出的意见和建议，得到了国家主管部委的采纳与运用。其中如由于电影投入的存货核算在各个制片企业间的核算处理不尽相同，使得各家电影企业的财务报表出现缺乏可比性的问题，如何对电影销售的年限确定及销售成本的分摊问题进行统一的规定，这是电影行业财务管理不同于其他行业的一些特殊之处，对此提出合理合规专业的意见和建议，这也是自己的专业工作如何与国家的文化产业发展要求相结合的一种具体体现，也让自己在工作过程中不断地提高专业能力和水平，也为今后作出更大贡献的积极实践锻炼。

　　我曾在新华传媒、世纪出版、城市舞蹈、东方网等多家文化企业任职。参与上影车墩影视基地项目的筹备运作，参与文广集团融资信贷，以及广电行业广告收入税收政策等问题协调，参与全国电影财务核算制度的研究、编制与撰写；参与《高山下花环》《开天辟地》《画魂》《太阳帝国》等 20 多部中外故事影片的摄制工作。作为中国 2010 年上海世博会舞美技术集成服务平台的总指挥，世博会舞美技术集成服务平台获得中共中央、国务院颁发的"上海世博会先进集体"称号。我自己也因此获得 2010 年市委、市政府"上海世博工作优秀个人"。

传承和坚守"信"字招牌

在我的工作经历中没有遇到过什么大的坎坷，算是比较平顺，从事的行业本身也比较开心，和自己的个性也比较相符。虽然没有直接从事电影的前台职业，但是作为后台财务工作和前台也是密不可分的。无所谓事业有成，也没有什么可以自豪的，只是通过自己的工作和努力可以看到一些落地的成果和业绩的体现。就所在的国家对外文化贸易基地而言，从 2007 年开始到现在，从最早收购这栋楼、建设再到基地被命名，这一路过来，也都付出了许多的艰辛和努力。搭建的这个文化平台一直在全国具有相当的影响力。

每个人都是社会中的沧海一粟，尤其在中国泱泱大国之中。我们从事的财务工作往往在行业的单位里是后台部门，不可能如前台部门和人员光鲜亮丽，自己要努力抓住专业工作中的各种机会，来展示自己的能力，发挥自己的作用，来取得大家的认可。如果每天好高骛远，不脚踏实地，那肯定无法得到认可也无法取得成功。财务工作最主要就是甘于寂寞，静得下心，踏踏实实。凡事要认真，不管大事小事一定要踏实肯干。要善于从小事做起，要甘于做小事并且能够投入进去。若是一味追求高大上，反而可能会失去更多的机会。其次，凡事要懂得顺其自然，对事情的结果不要抱以太大的奢望，做事在人，成事在天。成功的机会是要靠自己的积累、努力去创造，决不能只想着一夜暴富、一夜成名这样的急功近利、不切实际的事。

每个人的人生可以分成三个部分：在家，和自己的亲人相处；在学校，又是另外的一种关系；但是到了社会上，关系就更加的复杂。一个人可以成事，但是两个人甚至一群人会出现反而难以成事的情况，面临的矛盾也可能更加多。作为大学生要有充分的思想准备，可能会面临影响自己世界观、人生观转变的情况，所以关键在于两点：一是，既要看重人生中的每一步，又要看淡人生中的得与失。人生中难以步步都顺利，回忆我自己的过去，我时常感叹并庆幸自己的人生道路较为顺利，没有什么太大的坎坷。在人生道路上要关注长远的目标，不要怕走错某一步，人要拥有广阔的胸襟，不要太在意得失。要学会把好事做好，怎么使得坏事变成好事。二是，我认为做人的人品非常重要。影响一个人的关键口碑很重要，金杯银杯不如口碑就是这个道理。人品决定了今后的人生道路，不好的人品必定会走向歪路，即使取得了一定的成就，也不可能被完全认可。所以心术要正，做事先做人。就像我们立信的校训一样，做人做事，无论是在学校还是在社会中，都要讲究一个"信"字。

作为一个立信人，我们要谨记立信校训的宝贵意义，作为一个人，一个企业，一个社会，一个国家，"信"字都很重要。立信的学生也应以"诚信"的思想和理念来武装自己的大脑，让"信"字这个立信最有价值的"招牌"，一直能传承下去，坚守下去。

陈　浩

　　东方国际集团上海市对外贸易有限公司党委书记。曾参与浦东开发、援藏等项目。1983 届校友。

知识更迭　唯学长青

口述：陈　浩
采访：张妍雯　沈　鉴
整理：张妍雯　沈　鉴
时间：2017 年 8 月 4 日下午
地点：上海市娄山关路 85 号

立信情　太湖石

我初中和高中都是在育才中学读的，我们 1979 届是"文革"后第一届恢复中考的高中生。高中毕业后，参加了 1980 年的高考。我很幸运这年正赶上立信复校。当我了解到立信的悠久历史后，赶紧增补志愿报考了立信。而复校后的立信又借育才中学作为临时校园，所以感到特别熟悉和亲切。

我是立信复校后第一届物价专业的学生。那时经济人才紧缺，我们学校设立的班级是按行业需求定向培养学生的，故开设了 6 个会计班和 2 个物价班。当时，我对物价专业到底要学些什么也不太清楚，只是觉得自己生性好动，比较活跃，物价专业可能比会计专业更适合我。物价专业顾名思义就是订价、审价、检查等。由于我国处在计划经济向市场经济过渡期，物资供应相对匮乏，老百姓最担心的问题就是涨价。为了满足对定价的好奇心，我便报了物价专业。通过学习，我知道了商品的定价基础、定价原则和定价方法；知道了计划经济中企业并没有自主定价权。由于中国经济改革已经进入计划经济为主市场调节为辅阶段，在我们毕业前夕，市物价局放开了部分工

业品的市场价格，允许在成本法定价的基础上，引进供需要素，在核定的价格区间内作上下浮动。随着中国经济体制改革的进一步深入，在我们工作后的几年里，中国进入了有计划的市场经济时代，物价管理体系发生了根本性的变化，除国计民生的商品外，基本都按照价值规律办事，市场决定价格。很多企事业单位的物价处、物价科都撤销了，我的很多同学都转做了财务，价格专业完成了它的历史使命——将商品的定价权还给市场。我们在学校学过苏联的计划价格制定模式，超复杂，它的逻辑是当社会某种商品价格变化时，将会改变人的消费行为，从而影响目标商品价格的指定或调整。例如，猪肉涨价了，会导致人们对牛羊肉的消费增加，如果牛羊产量不变，则会引起牛羊肉的涨价，如果荤菜涨价了，会促使人们更多地消费蔬果类，引起蔬果的涨价，引起一系列的连锁反应，等等。由于所有的函数都是变量又无法穷尽，你怎么算？其结果有意义吗？所以，通过学习更加坚定了我们对加快中国物价体制改革的信心和决心。

　　立信刚复校之时，条件艰苦，校舍也没有，我们就借在育才中学校舍上课。育才中学的初、高中白天是要上课的，所以我们只好等中学放学后，晚上才去学校学习。

那时的我们是多么希望立信能够拥有一个自己的校园。

毕业后，我得知是在校领导和市有关部门的共同努力下，先是拿到了立信徐汇校区地块，后来又拿到了松江校区地块。每一个新校区建成后，学校都会邀请我们这些老立信校友去参观体验、合影留念。之后我还受学生会、校友会的邀请，参加了学校复校周年的重大庆典活动。每当来到学校门口，心里就无比激动和自豪。现在的松江校区门口那块刻有顾树帧校长题字的"太湖石"，就是我们这届校友捐赠的。我还有一件很值得骄傲的事：在复校开学前一个星期，我有幸参加了潘序伦老先生召集的小型座谈会，我们6个学生还和潘老先生合影留念。此时此景，我终身难忘。

作为复校后的第一届学生，大家对立信的情感是很深的，每次与老同学碰面时总会忆起学校的点点滴滴。这么多年来，立信依旧低调务实，这是学校的一贯风格。诚信这二字也是我们公司企业文化中第一重要的，一出电梯门，一进会议室，就可以看到墙上挂的两个大字，就是"诚信"。无论人生发展方向如何，无论从事哪种职业，"诚信""立信"都是一生必需坚定的、受益终生的根本。毋忘立信，当必有成！

顺应发展，常学常新

我毕业后是在外贸局计划处工作，当时物价属于计划当中的一个组成部分。随着整个外贸体制的改革，1984年底，我调入了市外经贸委工作，从原先微观的价格管理过渡到宏观的计划管理。1992年，小平同志提出了浦东开发开放，市外经贸委组建外经贸投资开发有限公司，我顺应时代发展的要求，积极参与了投资开发公司的组建和浦东开发。

第三次西藏工作座谈会以后，中央号召全国各个地方和中央各部委都要大力支持西藏的建设。上海援藏对口的是西藏日喀则地区，属于后藏，平均海拔4200米。1998年，我被选为第二批援藏干部到西藏工作。我积极备战，克服高原缺氧，克服了各种难以想象的困难，帮助日喀则地区开展边境贸易，经过几年的努力，日喀则地区外贸公司实现了扭亏为赢，基本建立了现代企业制度。后藏周边有印度、不丹、尼泊尔、印度等邻国，我们就因地制宜注重做国际贸易、互市贸易。在援藏3年的时间里，通过对口支援，为西藏的稳定、发展和农牧民的脱贫做出了应有的贡献，也交出了两份满意

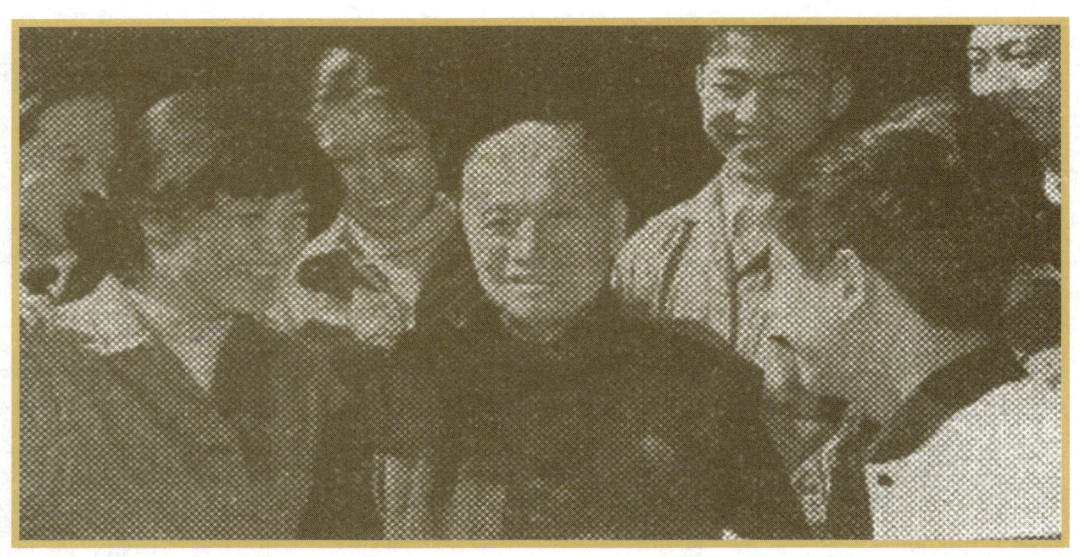

的答卷——让西藏人民高兴，让上海人民放心。

在西藏工作期间，我的意志得到了磨炼，精神得到了升华。从西藏回到上海之后，我认识到自己的知识储备已经不能适应上海改革开放的巨大变化了，便选择读研继续深造。在援藏的 3 年时间里，与基层接触得较多，对我国的国情、民情有了更深的了解，这对成长很有帮助，让我有更强的责任感和使命感来做好我所从事的工作。在这个知识爆炸的时代，没有先进管理理念就无法适应上海"五个中心建设"的需要，所以我在 2002 年报考了"中欧国际工商学院"，研读国内外优秀企业的管理思想。现代企业制度不能单凭过去的经验来实现，需要借鉴大公司的治理体系，学习如何将传统贸易与金融、技术、物流、互联网等相结合，通过跨界融合，抢抓发展先机。两年的学习，确实对今天的工作有很大帮助。

学涯感悟，寄语学子

大学是人生中非常美好的一段经历，是我一生成长的起点和基础。但处在知识迅猛发展的时代，终身学习是不可或缺的。有人说，当你毕业的时候，你曾经学习的知

192

识的 70% 可能已经过时。但是我认为校园生活对成长而言十分必要，学校教会我们学习方法，培养我们分析问题、解决问题的能力，这些在工作中都会经常用到，非常受用。现在整个经济快速发展，行业与行业之间重合交叉比以往任何时代都要多。因此，作为经贸工作者一定要有大的格局，要有国际视野和战略思维，既要懂得宏观，又要了解微观。要坚持目标导向、问题导向、结果导向，才能真正做到"接地气"，才能真正做到学以致用、融会贯通。

我在立信时就担任了班级团支部书记，并积极向党组织靠拢。其实，单位招聘用人中很看重学生党员。因为学生党员素质高，对自己有要求，愿意付出，愿意承担社会责任，所以在招聘时会更受欢迎。在工作中也能感受到，一个党员一面旗，关键时刻挺得出。我们都要做"四讲四有"的践行者，讲政治，有信念；讲规矩，有纪律；讲道德，有品行；讲奉献，有作为。总之，学生时代要积极争取入党，在党组织的关心培养下，将成长得更快。

大学生要善于思考、勇于实践。毕竟年轻时吃苦再多都不算苦，长大后会觉得这是人生的一笔宝贵财富。这些都会是人生的故事，美好的回忆。你们正赶上一个好时代，党的十九大已经为我们描绘出一个新时代的宏伟蓝图。希望大家能够珍惜好时光，站在历史的新起点上，为实现人生奋斗目标，为实现"中国梦"而不懈努力。

杨德钧

交通银行博物馆馆长。上海市政协委员，上海市政协文史委委员，民革上海市委常委，民革上海市委监督委员会副主任；上海市公安局特邀监督员；华东师范大学银行史研究所副所长；上海银行业青年讲坛专家讲师。1983届校友。

收藏如播种　甘做栽树人

口述：杨德钧
采访：丁　乙
整理：周子琳　孙凯飞
时间：2017 年 12 月 13 日
地点：上海交通银行博物馆

树立信念　，一往无前

在立信读书期间，我收获的东西很多。最直接、最表面的是学会了一个吃饭的本领，但更加重要的是立信教导学生怎样做人。我们做的是经济行业，关键是要讲信用，而立信尤其看重这一块儿，这就要求我们出来的人，都必须诚信做人，诚信经营。长久以来，对于立信校训的理解仿佛仅仅锁定在诚信身上，我认为立信的深刻内涵，远不止于此，还在于让我们树立正确的人生观、价值观、世界观之后，树立一个正确的信念。一个人没有信念，就没有理想、精神、灵魂。诚信是为人处世的基础，必须有了诚信才能在社会上立足。此外也得有信念的支撑。什么是信念？往宏观说，要对社会有担当，要为中华民族做些儿事；往微观说，只有树立了信念，当我们在读书，或者踏上工作岗位时，才会有所作为。信念是人的导向，人的指路明灯，正因为我们有了一个好的信念，有了一个正确的导向，才会一步步走向成功。举个简单的例子，加入中国共产党是我的理想，为实现这样的理想，我必须树立信念，朝这个方向努力。与此同时，信念与理想会随着行动和进步不断修改，趋向高处。这从来不是一个一蹴而就的过程。

而立信帮助我们每一个学生树立起理想信念，这样才能步步走高。在立信，除了基本的学科课程以外，我在学习过程中，还积累总结了不少工作方法与思路，这离不开老师的引导与影响。即便当年我们学到的很多东西都被如今的智能所替代，但思考方法和着手思路仍然有用，并不会过时。

沉潜自省，日臻完善

我经历比较丰富。从立信毕业之后，在计划经济体制下统一被分配工作。在轻工业局日化公司财务科做过物价工作，在商业局待过，后来进了交通银行，也做过很多工作，实际上是社会这所大学锻炼了我。一段丰富的经历能练就我们的思维和工作能力。在管理工作上，我的起点比较高，第一个就在市工业公司，当时的计划经济体制下，下面有几十家厂。说到管理工作，一件事是耍嘴皮子；另一件事是动笔杆子。既要写出领导看得懂，旁人看得懂的文章，又要同上下沟通协调一致，要说出内心想表达的东西，简洁且不能带有歧义，这十分考验个人实务能力。实际上我们工作的时候就是练"内功"的时候。工作怎么做？用手做？用心做？无论工作大小，是用手去做，还是用心做，对个人的进步是有决定性意义的。同样一个问题，一件事情，一定要想想为什么？比如被领导表扬，或者工作出错。为什么会被表扬，好在哪里？还能更好吗？为什么会出错，问题出在哪里？自己犯的错，不能重复去犯，别人犯过的错，不能跟着去犯。这样我们就比别人进步快，积累多。关键就是每一件事，我们把它当成一桩任务还是一项事业，决定了我们做事的态度。如果是一桩任务，我们会拿出百分之一百的力量去完成，可能也会打折扣。但如果是一项事业，我们会拿出百分之两百的热情，因为这是自己的事业，包含着一定责任心与企图心的工作，完成度绝不是刚刚好，我们所期待的是越来越好。只有这种情况下，我们愿意主动去思考，用心去完成，吸取经验，为更上一层楼做准备。

1887年以后，交通银行重新组建，它需要一大批会计人才过来，我作为懂经济懂会计的人才被推荐到了交通银行做国际业务的外汇会计，后来转入信用卡部。从一个操作性、实务性的工作再次转到一个管理性质工作。很幸运，处于一个管理阶层，我常常都逼着自己去学习各种内容。如果自己都没有过硬的知识与能力，当面对专业人士提问时，是回答不出来的，这样就失去了管理者的威信与底气。所以在信用卡部工作的时候，信用卡借记卡的章程我都亲自起草。与之相关的合同法、婚姻法、继承法什么的也都认真学习。当时交通银行的法务部还未细化，很多东西都是我们自己起草制定出来的。在这样的情况下，艰苦奋斗，从而收获知识，提升能力。

热爱收藏，乘凉亦种树

出于某种机缘巧合，我最终来到了博物馆。因为白手起家，交通银行很多与历史相关的内容必须从社会上征集，需要一定鉴定能力。在当时，懂金融又懂收藏的人在我们单位很少，在社会上也不多，所以当上面和我说起要做这样一个博物馆的时候，我答应了。

非常偶然的一次机会我接触到收藏，从 20 世纪 80 年代开始搞收藏，到现在已经有很长时间了。收藏可以陶冶性情，提高鉴赏能力。除此以外，收藏与金融息息相关，是一个很重要的理财手段，对个人资产增值的效用亦很可观。举个例子，在 2000 年的时候，别人给了我一件小东西，当时只有 1000 元，2005 年的时候，通过拍卖公司，卖了 8 万元。

我喜欢收藏，这真是一项很有意思的事业。交通银行很多东西都是前清翰林写的，收集起来不容易，真真假假也难以辨别。我把它看成是"种树"。前人栽树，后人乘凉。博物馆有四大功能，收藏、展示、教育、研究。研究功能是支撑所有功能的一个基础，没有对史料的研究，不可能有可持续发展的一个博物馆。这些史料在墙面上看着很单薄，可每一件背后都是厚厚一叠历史。我们做历史研究，收藏展示相当于种下一棵树苗，结出来的果实让后人品尝，繁茂的枝叶让后人纳凉，也算是对社会作出贡献。过程很有意思，结果很有意义。

这个收集的过程必然艰苦，要动用很多资源去还原寻找史料。抗日战争时期，很多史料运往了香港，香港分行将这些放在了银行的库房里，等收集过来的时候，很多都成了饼状，很多资料缺失了。我通过上海图书馆当时的馆长吴建中，请他帮忙修复、揭开、然后重新装裱。在这个过程中，我从各行收集了 70 万件交通银行 1934 年到1986 年的史料。类似的困难还有很多，可我将收藏看作事业，而不是一个必须完成的

任务，有了兴趣，心态乐观，碰到难题，也更有动力去解决。

脚踏实地，把握机遇

  对于立信的学弟学妹们，虽然从未谋面，但仍然是倍感亲切。在这里，有一些经验和想法与你们分享。

  首先就是之前提到的树立信念。信念很重要，是一个人的内在、灵魂，有了信念，遇见困难的时候，才有自信，有底气去挑战去克服。

  其次是要将学校里所学知识融会贯通，活学活用。要做到这一点之后再去学其他的，不要好高骛远，夸夸其谈。大学的课程设置是一个科学的体系，不是老师拍脑袋想出来的，所以同学们要吃透这些主课程，让它们消化，转化成营养，最终变为自己的实力资本。

  注重积累、保持敏锐，这两点我放在一起讲。举个例子，做区人大代表，包括之后的政协委员，都要求写书面意见提案来反映社情民意。这些东西包括社会的方方面面，除了要求政治觉悟和素养以外，还需要敏锐的眼光与洞察能力。如果没有平时的观察积累，那么就写不出提案，也转达不了百姓意见。不仅仅是政治方面，平时工作也很用得到。如果看到一件事熟视无睹，不去关心，不去追问，那么这件事就过去了。但如果能够去深究，去挖掘，结果一定不同。这要求我们除了积累专业知识，还要观察积累社会经验，对我们来说百利无害。

现在社会充满了机遇与挑战，就看我们怎么去把握。路就在脚下，不是一句空话，要求我们脚踏实地，有始有终，切忌眼高手低，好高骛远。把握当下，着眼未来，要有理想、有信念。同时光有理想不够，还得有与之匹敌的能力与努力，才有可能走向成功。

相信学弟学妹们未来前途必定无量，青出于蓝而胜于蓝。不要丧失信心，在拼搏中充实自己，既为自己创造辉煌，也为立信争光！

胡兰芳

国家税务总局上海市税务局巡视员。曾任上海市财税局第四分局副局长，上海市财政局会计处处长兼上海市财政局第六分局局长，上海市会计事务服务中心主任，上海市财政局、地税局局长助理，上海市国家税务局、上海市地方税务局副局长。1984 届校友。

平常心做人　进取心做事

口述：胡兰芳

采访：金　旸　李力南　苏　爽
　　　蒋　晟　丁鸿月

整理：金　旸　苏　爽

时间：2018 年 3 月 23 日

地点：上海市财政局会议室

艰辛求学路

立信复校的第二年，学校百废待兴，教学场地全靠租赁，校舍陈旧。22 岁的我就在这里开启了难忘的校园时光。从上海财政金融学校毕业后，我没有停止学习，来到立信继续深造，这段经历也提高了我的财会知识专业素养。

那个年代，我们上的是夜校，和现在的大学形式差别很大。那时候，我白天要去财税局上班，利用下班后的时间来读书。放学之后，同学们三五成群地伴着微弱的路灯回家，内心充实就不觉得疲惫。那个年代大学的录取率远低于现在，我很珍惜自己的这份幸运，当时的同学也格外珍惜这段求学时光。我边学习边工作，以学习促进工作，以工作巩固学习，在这种看似艰苦的环境中我大大提高了自己的专业实务能力。回想昔日时光，景象仍历历在目，最令我难忘的是当时已经是两个孩子妈妈的同窗——张维宾老师，忙碌的工作、繁琐的家务却没有阻挡她对学习的不倦追求。

我们当时因为年纪轻、刚工作不久，并且觉得边读书边工作对自己的帮助很大。财政税务专业为我后来的工作打下了基础。立信更加侧重的是会计，这对自己的实务能力是一种提高。我是幸运的，一方面是环境使然，另一方面我对读书抱有渴望，在学习过程中我也感受到了莫大的快乐。工作当中遇到问题，再去学习，真的很有帮助。

知识就是力量，人生就是一个不断给自己充电的过程。在大学这座象牙塔中，是人生中最美妙的时光，希望大家不要有"黑发不知勤学早，白首方悔读书迟"的遗憾。年轻人就是要踏踏实实地学习各种知识，不要在乎眼前的利益、现有的工资、别人的成功。将自己缩小，不断踏实沉淀，是金子总会发光。只要博学笃行，谦恭求实，人的成功只是时间问题。

付出的回报

我 1980 年（21 岁）参加工作，在那个年代，科技和网络都不发达，财税工作就是查管征、支帮促，除了负责税收征收管理外，还需要到企业看账、看报表、进行财务分析，有时还要到车间、仓库实地盘点，找到生产、管理中的薄弱点，为其降低成本，增加效益提出建议。在老师的带领下，我自己摸索、领悟，积沙成塔，知识的储备的确是一个从量变到质变的过程。立信会计教育的踏实、细微，对我工作帮助很大。

1986 年，我得到了提任。当时绝大多数的同事年龄都大于我，他们是老一辈的骨干。我既是幸运的，也是努力的。我觉得我之所以能有此成绩，首先要感谢领导培养和同事们的关心，其次也归功于我在立信的不断学习，再则就是机遇。我不认为我的综合水平很高，但是经验为我提供了极大的帮助。每个岗位都是要自己去学、去领悟、去积累的。我内心也是心怀感激，感谢组织给我机会，领导信任我。同时，自己也要努力实干，职场不缺有才能的人，努力才会使你出彩。

1993 年，我到财税四分局工作，1999 年又到了市财税局工作。在 38 年的工作生涯中，我亲历了两次重大的增值税税制改革（1994 年新税制和 2012 年的营改增上海试点）。那段时间，我们克服了重重困难，连续加班加点，提出的建议也得到国家层面的认可，这是让我激动和自豪的一件事。在工作实践中，一步一个脚印付出的努力得到认可是一件很幸福、很享受的事。

工作的意义

这些年我从事过不同的工作，岗位在不断变化，不变的是为人民服务的热心和不竭的工作动力。工作了这些年，很开心的是能在一个良好的氛围里工作，和同事的人际关系也一直很好。我认为一个人对自己的定位很重要，将自己放低，同时要在乎别人的感受想法，意识到吃亏就是福的道理。退休后再大的干部也就是普通百姓，做人做事不能完全以自我为中心，要顾及他人，少一点利己心。只要待人谦和，处事低调，朝着这个方向，大家自然会敬重你、信任你。

我现在分管工作的内容较多，虽然辛苦，但我还是乐在其中。做任何工作，不管做什么，都要有一种激情和热情。工作中，要学会"弹好钢琴"，重点的工作要主动去抓，要学会合理分配时间，学会授权。回望 38 年工作，我也有遗憾，但我更加记得那些有意义的事情。

我认为我的工作是很有意义的。税收、发展、民生这三者之间是密切相关的，税收促进发展，发展为了民生。作为税务机关工作人员，除了收好税外，更多地要服务好纳税人，为纳税人创造良好的税收环境，通过政策的落实促进企业发展。

角色的变换

我很享受人生经历的不同角色变换。我在家里、同学、朋友中定位很清晰，不同的角色做好自己该做的事情。希望各位有追求有抱负的年轻女士们，即便事业再成功，在家里也不能颐指气使，职场和家庭是两个不同的系统。

忙碌的工作，让我投入家庭的时间变少。我感谢家人们的支持和理解，他们像我温暖的港湾，让我有信心走好每一段路程。

当然，在紧张忙碌的工作之余，你还要把心态放平。要有一定的抗挫折能力。凡事气量大一些，自己要学会释放压力。面对压力的时候，要学会倾诉，这样才能以更积极的面貌面对工作，没有什么是迈不过去的坎儿。拥有挚友是一件多幸福的事情。大学生活缤纷多彩，不仅要积累知识，也要结交同好，使自己的价值观、世界观、人生观趋于完善，走向成熟。希望学弟、学妹们在立信都能收获最真挚的友谊，相互勉励，共同进步。

张维宾

　　教授，中国注册会计师。上海市司法会计鉴定专家委员会委员，上海会计学会第十届理事会理事。国务院特殊津贴获得者。上海市第九、第十、第十一、第十二届人大代表。1985年2月进入立信任教，曾任教研室主任、会计学系主任、会计研究院副院长、立信会计产学研基地管委会委员等。曾获国家教育部、人事部授予的"全国教育系统劳动模范""全国模范教师"称号及"上海市高校教学名师奖""上海市优秀教育工作者"等称号。1984届校友。

　　担任课程负责人的《财务会计》课程被教育部评为国家精品课程，作为主要完成人之一的《会计实验教学的实施及成果》《立信会计产学研基地建设的探索与实践》两项目分别获得2005年高等教育国家级教学成果二等奖，2013年高等教育上海市级教学成果一等奖。

立信育我　我育人

口述：张维宾

采访：王凤仙　解馥玮　王敏伊　张依文
　　　黄嘉玥　郭冠华　吴伶俐

整理：解馥玮　王敏伊　张依文　王凤仙

时间：2017 年 8 月 9 日

地点：立信会计师事务所

坚持理论与实际相结合

　　像我这样 20 世纪 40 年代出生的 66 届高中生，大多有过一段上山下乡的经历。在上山下乡的 6 年中，我曾经有一次与当教师的机会擦肩而过，那是在 1971 年左右，农场要推荐表现优秀的知识青年当教师，连队推荐了包括我在内的 8 名知青。因为家庭出身的原因，我最终未能入选。在连队的最后两年，我担任连队出纳工作，返沪后也担任过企业会计。在立信夜大学工业会计专业毕业时，经老师的推荐，我进入立信任教，圆了教师梦。与当时其他老师相比，我的学历不高，进校已近 40 岁了。但我一直觉得一个人能走多远，最关键的因素并不在于他的起点，最重要的还是要朝着既定目标坚持不懈地努力，多难都不要放弃。结合自身条件，我注重理论与实际相结合地学习，逐渐形成"重应用"的教学和研究特色。

　　1991 年，我决定参加全国首次注册会计师考试。我认为自己作为一名会计专业的教师，应当具备这方面的专业知识和能力，自身条件的欠缺更需要我通过不断学习新的知识和攀登更高的理论层次去弥补，只有自己的相关知识水平和专业能力提高了，

才能胜任教师工作。当时注会考试科目只有4门：会计、审计、经济法和财务管理，但除了考纲以外没有系统的辅导教材，更没有专门的培训班，那时我所拥有的只是对学习的执着和对知识的渴求。我觉得最难考的是审计学，因过去没有接触过审计工作，学习审计理论缺乏感性认识。最后出乎意料的是，我的4门科目考试成绩总分为上海市第一名，当时的《上海会计》杂志也刊登了相关报道。还不错的注会考试成绩给了我信心，而同时我也看到了自己在审计等领域专业知识和实务经验的缺乏，这也成为我后来20余年坚持边从事教学工作边进入会计师事务所学习的动因。

当时我已是两个孩子的妈妈，一边要完成学校的教学工作；一边还要在事务所完成审计项目。在此期间，又逐渐担任一些行政职务，还要复习外语考职称，写论文等，压力不能说不大。践习时间只能从教学和行政工作以外的业余时间中挤出来，报酬在开始几年没有或几乎没有。因为在20世纪90年代，注会行业还只是刚刚发展起来的新兴行业，在地位和薪酬方面并非很吸引人。初入事务所的我是个审计新手，得放下架子从底层做起，向比我年轻的审计人员学习，向我过去的学生学习，从最开始的助理，到后来担任上市公司的主审，虽然那段日子很辛苦，但我从未想过放弃。我觉得坚持在实务中学习是很有意义的。我在事务所接触到的真实案例及与各种不同企业打交道的经历，不仅丰富了自己审计和会计方面的专业知识，更锻炼了解决实际问题的能力和与人沟通的能力。

我深知由于受到自己理论基础与学术水平的限制，在提升案例教学质量、指导学生论文方面存在不少缺陷或困难。我虚心向张奇峰等博士取经，如何充实案例分析的理论基础；主动要求与博士搭档（即指导老师与评阅老师结对），向在同一个论文指导组的万华林等博士学习指导论文的方法，取长补短，获益匪浅。

坚持理论与实践相结合地学习，永无止境。正是当初的选择和坚持，才使我在践行潘老先生"三位一体"的办学模式这条道上越走越有信心、愈加有成就感。

始终把学生放在心上

我在农村当过农民，在工厂做过工人，在企业做过财会工作，后来又在学校任教师，在事务所从事审计工作，转变过几重身份和职业。我始终认为无论从事什么职业，都要有责任心，这是首要的也是最基本的要求。在我的职业生涯中，任职时间最长的是教师。一名教师的责任心，就是始终心系学生。

教学方法影响学生的创新能力。为了培养学生的自主学习能力、职业判断能力和实践创新能力，我努力探索和坚持案例教学。与传统的教学方法相比，案例教学需要教师花费数倍的精力和时间。例如，由于经济体制改革、资本市场发展及企业经营模式创新等，需要教师根据教学内容收集并不断完善或更新案例；由于案例分析往往没有标准答案，需要教师事先对案例进行深入研究和多维度思考，才能在课堂上针对学生的案例分析及时捕捉其思考的闪光点予以激励，寻找切入点，提出问题引导争论和深入探究。当我走进教室，看到学生自发地在黑板上抢着登记案例分析发言的小组编号时；当我看到教材上印有学生作为案例编写参与者的姓名时；我觉得所付出的劳动值了。同时，教学相长，学生在案例讨论中的多视角分析，充满活力的争辩，独特的见解，为交流而设计的富有创意的PPT，也使我得到不少启示。

我在指导学生毕业论文时，深刻体会到论文选题对论文质量的影响至关重要。于是，积极引导学生结合参加产学研基地课题研讨和校外实习内容选题，鼓励学生选择疑难实务问题研究。例如，一位2006级学生实习中对集团公司在多层控股关系下编制合并报表的不同方法产生疑惑，探讨这一问题既有难度又有应用价值。我就鼓励她将合并报表的编制方法研究作为自己的毕业论文选题，比较按层层合并与一次合并不同程序编制结果的差异，探究差异的形成原因及消除对策。后来她所发现的采用不同程序编制合并报表产生差异的原因，有的连我自己原先也未曾考虑到。我所指导的本科生毕业论文中，有多篇经过节选和修改发表于《财务与会计》等核心期刊，通过论文环节，提升了学生发现问题和解决问题的能力。

在这些年的教学生涯中，我接触到的学生能力不同，性格各异，学习基础也有差别，但对于我们老师来说，平等、真诚、负责地对待每一位学生是必需的。特别要注意发掘基础较薄弱学生的闪光点。德国教育家第斯多惠说过："教学的艺术不在于传授本领，而在于激励、唤醒和鼓舞。"我在指导论文时曾遇到一位2007级学生，她有多门课程考试未通过，家里也有一些特殊情况。一开始与她联系非常困难，她基本上不予回复。最终我以诚心和耐心打动了她。她的论文以某上市公司的一项与权益性交易相结合的债务重组为案例进行分析。一次讨论时她就案例公司的部分会计处理表示了不同看法，我觉得她能够提出自己的看法实属难能可贵，立即肯定了她的独立思考并就此与其进

一步探讨，这一思考成为她论文的闪光点，增强了她对完成论文的信心。后来她顺利地通过了论文答辩，成绩被评定为"中"。这件事让我体会到：不同的学生其共同点之一是都需要激励，都渴望听到喝彩。

在从事立信会计产学研基地的日常工作时，我提出并坚持让学生参加基地的课题研讨会、建议基地课题的研究团队必须要有学生参加，想方设法推荐学生就业等。只要对学生成长有利的事情，我主动而为、尽力而为，只因为我是教师，始终要把学生放在心上。

成长和荣誉得益于立信

我一直认为自己的成长和所获得的荣誉，都得益于立信"三位一体"的办学模式，与立信的培养分不开。潘序伦先生不懈奋斗、倾力构造形成了会计师业务、会计教育、立信出版"三位一体"的立信会计事业发展模式，独树一帜、影响深远。"三位一体"

模式使资源得以有效配置，实现了优势互补和共同发展，是现代会计教育产学研的先驱，一直影响到立信今天的教学实践，成为培养应用型高级会计人才的经典组合。2007年由上海立信会计学院、立信会计师事务所、上海证券交易所共同组建的立信会计产学研基地，是潘序伦先生所倡导的"三位一体"模式在新时代实践的创新。

在企业尤其是在会计师事务所的践习，对我教学和科研的影响非常大。我主编的《中级财务会计》《财务会计案例分析》等教材，都是在实务中学习并将理论与实际相结合的结晶。我还主编了一系列的实验教材，包括制造业、房地产企业等的集团母、子公司系列会计实验教材、企业并购与合并报表实验教程等，被立信学子和其他高校会计专业学生广泛使用。这些教材无一不是源自实践。例如，制造业会计实验教材的开发，是我和姚津老师在没有任何经费的情况下，在长达1年多的时间内坚持到工厂实地调研，在车间和财务部门奔波，了解他们的生产环节和会计核算流程，与财务人员沟通交流、相互帮助解决各自工作中遇到的问题，从实践中一点点地摸索进步。该教材已经在立信会计出版社出版第六版，累计印数达32万余册。又如，企业并购与合并报表实验教材，以及相关实验教学软件的研发，从案例开发到实验教学软件测试，邀请了多位实务专家全程参与，前后历经两年时间，光是软件测试就在事务所和学校进行了16次，根据参与测试者尤其是实务专家的意见，不断修改完善。最终《企业并购与合并报表系列实验软件》获得国家版权局颁发的计算机软件著作权证书，这是产学研基地合作研究的重要成果之一。

我深知产学研基地是取之不尽用之不竭的资源宝库，我从中持续收集伴随着社会经济发展会计审计实务急需解决的问题，不断发掘丰富的教学案例和科研论文选题，并及时与学生分享，激发学生学习和研究的积极性。

正因为自己在教学和科研上的进步都离不开立信事业的发展，所以我也希望更多的教师在产学研基地提升应用研究和实践创新能力，从而才能有效提升学生的相关能力。对于到产学研基地参加践习的教师，我总是先了解他们研究方向及兴趣，然后帮助联系合适的业务部门接纳；教师申报基地课题组建合作研究团队时，我也总是牵线搭桥，邀请相关的实务专家参与。同时，我通过实地调研和参与基地合作方的技术咨询，及时了解实务需求或难题，使基地发布的研究课题指南更有针对性，更具现实意义，以期为基地合作方提供技术支持与服务。

回顾我这一路走来，我没有很高的起点，也没有特别的天赋，我只是在选定了目标后，竭尽全力把它做好。也许我做的事情很平凡，但因为这是坚持走自己想要的人生道路，所以我觉得很有意义。作为立信人，我至今觉得最自豪的事，就是能亲身实践潘老校长的"三位一体"模式，为学校建设产学研基地奉献一份力量。

每个立信人都要践行校训

在立信的这么多年，立信的诚信文化对我影响很深，诚信亦已经构成我个人的处世观。在指导学生论文时，我希望在源头上杜绝抄袭，而想做到这点，论文工作的前期指导是非常重要的。比如引导他们选择急需解决的实务难题，或者会计规范在实际运用中的困惑等，让同学们结合自己的兴趣选取。关于这些选题现有的研究成果较少，更需要独立思考，富有挑战性。

本科生毕业往往面临先就业还是先考研的选择，也常有学生来找我讨论未来的方向。我认为根据个人具体情况对自身进行定位很重要。的确，现在招聘单位对学历的要求越来越高，考研确实能成为许多同学提升自己学历和专业水平的途径之一，但走上工作岗位，边工作边读研，结合实务学习理论也有其显著的优势。一些学生告诉我，他们从事会计审计工作后再读研，明显感觉学习相关理论更容易理解和运用。因此，先考研还是先就业，各有千秋。只要确定那条路是适合自己的，就不要轻易放弃。

有些学生关心引入人工智能审计的问题。人工智能应用于审计领域，可以将审计人员从庞大数据处理工作和大量乏味劳动中解脱出来，与传统审计相比，所需的审计人员将显著减少。但是，人工智能并不能替代审计人员的主观判断和人际沟通。对于这一颠覆性的技术，我们审计人员和未来准备加入这一行的学生需要保持开放学习态度，更加注重向复合型人才方向发展。例如，熟悉企业业务以适应财务管理向广度深度拓展的业务财务一体化要求；学习大数据技术的应用以顺应科技发展对审计带来的重大变革等。这样，才能做出个性化的专业判断和提供有创造价值的决策分析支持等，才能不被淘汰或替代。

我希望未来的立信，能够继续保持和凸显立信重应用的特色，弘扬立信的诚信文化，将潘老先生"三位一体"的办学模式传承、发扬，并与时俱进、不断创新。

我们每一位立信人，都要践行校训，毋忘立信！

张 岚

会计师。上海市人力资源和社会保障局副局长兼上海市就业促进中心党委书记。历任上海市计划委员会社会发展处副调研员；上海市发展和改革委员会社会发展处副处长、处长，副总经济师兼办公室主任、投资计划处处长；上海市对口支援新疆工作前方指挥部总指挥助理兼综合计划组组长，喀什地区发展和改革委员会副主任。1984 届校友。

牢记校训　信守人生

口述：张　岚
采访：姚惠兰　栗彬超　迟一宁
整理：姚惠兰　栗彬超　迟一宁
时间：2017 年 9 月 19 日
地点：张岚办公室

信以立志，信以守身

　　我报考的时候，不像现在有高考专业指导。我父亲 1949 年从绍兴到上海做学徒，曾经读过立信会计的补习学校，就初步了解到了立信。实话讲，报考之初并没有远大的理想，只是把它作为一种职业，一种谋生的方式。如果说对专业和职业的敬畏感，那是后来才培养的。

　　立信刚复校后的条件很艰苦，连固定的校舍都没有。我在立信读书的第一年，学校是借用上海育才中学的校舍。因为是中学，所以立信的学生在工作日晚上和礼拜天才能来上课，当时被我们戏称为"1+6"。第二年学校又搬到现在的民办永昌中学。到了第三年，校舍搬到了当时的长宁区少体校，学校特意加了几层楼，才终于可以白天上学，就这样读完了大学三年。

　　除了校舍紧张外，立信的老师也是从四面八方过来的，专职老师很少。尽管条件艰苦，但我一直都觉得立信有一个很好的传统，就是教学和实践紧密联系，而不是纯粹地围绕教科书，这是立信的特点。立信请的老师，既有大学里的讲师，又有企业里

实务经营的人。包括立信编写的教材，也不一定完全按照教科书的形式，而是根据企业的需求来编写的。现在回想起来，特别是从教学改革的角度来讲，像会计这种实务性、操作性很强的专业，当时的教学方式是很好的。像我在立信读书的时候，每年暑期还有勤工俭学，我当时去的南京路蓝棠皮鞋店，可以工作两个月，一个月补助 30 多块，这个补贴还是蛮高的，立信是首创收费上学，一个学期的学费才 20 块。这段经历对我日后工作有很大帮助，它为我提供了基础的实务操作锻炼，以后做出纳也好，做会计也好，基本的路子已经有了。我们现在说学校是象牙塔，都把理论看得比较重，我们还应该考虑怎样与社会相结合。

　　我记忆最深的还是校长每会必讲的二 24 个字："信以立志，信以守身。信以处事，信以待人，毋忘'立信'，当必有成。"当时我们听到所有校领导的讲话中，都把"立信"作为立校之本，或引申为做人的信条。因为会计是跟钱打交道的，如果对诚信没有信念的坚守，很容易出事情。

　　校训对我世界观、价值观的形成有很大的帮助，这里面或许没有多大的学问，但这是做人的准则，是影响一辈子的，和我们现在任何事业上的成就都有很大关系。所以我认为即使学生读完书以后出去，有各种各样的工作，校训都是必须要坚守的。信以立志、守身、处事、待人，包括现在的社会主义核心价值观，都要求我们这样做。立信的学生出去以后受到欢迎，除了和本身的业务能力、实际操作能力有关，还得益于这种做人的准则。这是一代一代的立信人长期坚守的积累，是一笔精神财富。所以说尽管当时的条件很艰苦，但这种信念在无形中一直影响着我们。

信以处事，信以待人

我在1984年7月份离校，9月份到交大分校财务科开始第一份工作，就是现在的上海工程技术大学。当时各校都在复校，会计人才短缺。做银行往来账做了一年多，每天骑着自行车往返工商银行送票据。

到1986年上半年，市教委搞财务大检查，缺人，就把我借调过去，负责财务大检查报告起草，之后就留在了高教局，主要从事高校规划计划工作。

1992年邓小平南巡讲话发表以后，随着浦东开发开放，上海进入了大发展阶段，我被调到上海市计划委员会（即现在上海市发改委）教科文计划处，主要负责教育计划，包括确定每年的上海招生数额。大家可能都以为这是教委负责的，其实背后是计委在管，因为一个学校招多少学生是与经费挂钩的，计委要先定好招生的规模，财政按照盘子拨钱，教委具体负责招生。学生按照计划进学校，也要按计划经济的模式出门。第二个要负责的就是学生的毕业分配，那时实行计划分配，不像现在的双向选择、自主择业，当时我们要把所有学校的毕业生人数收集起来，作为供方，需方则是上海市的委办局，告诉我们今年要招收多少大学生。我们做的就是要使两者供需相配。按照单位需要的学生数分配好，然后交给教委。第三是教学设施建设的审批立项。当时，高校的大规模建设开始启动，我负责了几个项目，比如松江大学园区项目，包括立信松江校区的建设，还有复旦在新江湾的校区，交大、华东师大的闵行校区，等等。现在好多校长碰到我，还会回忆当时学校是怎么建设的。2000年到2010年，正逢世博会召开，上海社会事业进入新的发展阶段，我先后负责了世博会国家馆、世博中心和奔驰文化中心的项目立项，瑞金、中山、仁济等三级医院改造，参与上海迪士尼项目的中美谈判。

我是1992年去发改委的，到2010年离开。可以说，经历了整个计划经济到市场经济的过程。在将近 18 年的时间里，受到了很多锻炼，也受到很多领导的谆谆教诲，从他们的举止也好，讲话也好，都学到了很多东西。

2010 年 5 月，当时新疆"七·五"事件刚过，委主任找我谈话，问我去新疆怎么样，我说听从党的安排。6 月，由上海市人民政府副秘书长陈靖带队，组建上海赴喀什经济社会发展规划调研先遣组进疆，由于陈靖同志要先赴京参加培训，此规划调研先遣组前期由我带队，很荣幸成了上海新一轮援疆"规划为先"中的先行者。进疆以后，调研先遣组首先对上海对口喀什地区的莎车、泽普、叶城和巴楚 4 县进行了为期 10 天马不停蹄的深入调研。在经过对上一轮上海对口援助阿克苏情况的调研，以及对喀什4 县的考察后，我和调研组同志们反复思考对口援建规划编制总体思路，深感应始终把保障和改善民生作为出发点和落脚点，优先对口支援涉及各族人民生活的富民安居、教育、卫生、保障等，援助资金应向困难地区、贫困人口倾斜，让各民族在较短时期里普遍得到并切实感受到党和国家的温暖和上海人民的真情实意。按照"民生为本、产业为重、规划为先、人才为要"的 16 字方针，我们认真编制上海对口支援喀什 4 县援助规划，当中 12 次易稿。完稿后，4 县当家人都说好，2011 年 10 月新疆维吾尔自治区对口援疆工作协调领导小组办公室专门授予上海市前方指挥部对口援疆规划编制工作"创新奖"。此前两个月，这一规划还在上海城市规划展示馆展览，专门向上海市民汇报并接受检验。

2010 年 6 月 28 日，上海市对口支援新疆前方指挥部正式挂牌。8 月 22 日，首批58 名援疆干部，我是其中一员。在指挥部，我担任综合计划组组长、喀什地区发改委副主任，如果算上前期调研的时间，直到 2013 年 12 月 29 日结束援疆回沪，我执守在与上海有着 3 小时时差的喀什长达 3 年半。我认为这 3 年援疆期间对丰富人生是很有好处的。回来以后到上海市人力资源和社会保障局担任副局长，主要负责就业和职业培训。2017 年的一个大事，就是成功申办了有"技能奥林匹克"之称的 2021 年第 46届世界技能大赛，并在第 44 届世赛中获得两枚金牌和两个优胜奖，取得金牌零的突破。

毋忘"立信"，当必有成

我现在确实感到，时代对一个人的成长有很大帮助，从 2000 年到 2010 年，这是

上海教育、社会的快速发展期，自认为我是蛮有幸的，身处一个大发展的时代。我到发改委的时候，因为当时的发改委主要以经济计划为主，总共有十几个处，都是负责经济工作，管社会的就一个处，分管教育的只有处长和我两个人。但是从 2000 年开始，上海改革开放以后，城市逐步有财力，便把社会事业放在一个重要地位。

社会事业的发展和经济社会紧密相连，这几年上海的发展确实很快，从硬件设施到软实力，上海的条件不亚于任何一个国家的水平。这种发展为学校提供了物质基础，也对我们学校的发展提出了新要求。比如，怎样在推进科创中心建设、产业结构调整、创新驱动的同时来推动学校的教育改革，这是我们要研究的。我们现在提倡课程体系改革、专业课程改革，怎么改？改成什么样？也是立信需要考虑的，因为立信跟经济社会发展的联系太密切了，它是搞实际应用的。换句话说，新的社会形态不断出现，会计制度就要适应它的发展。我觉得新时代对立信和当代大学生提出了 3 点新要求：第一，除了有扎实的基本功以外，还要有国际眼光的会计分析、决策能力。虽然这种能力在学校只能学到初步，要到管理岗位学习才行，但现在至少需要培养这种眼界，否则就会脱离社会需要。我们现在高等教育中很大的问题，就是到了工作岗位发现和学的东西不一样，岗位上的内容明明已经走到第十步，我可能第一步还没走。第二，从学校整体的发展角度来讲，立信将跨越到一个新阶段。要不断有新的学科体系建立起来。这种学科体系可能是复合型的，像会计、金融、管理学科，怎样由多种学科构成一个新的学科，我觉得学校要做点前瞻性的工作。保持特色是需要的，也是必须的，但对新的学科也要有研究。现在科技领域已经提出了颠覆性技术，这个不是说现在要用，但是要未雨绸缪，像我们一直讲要有科学的、长远的规划。第三，是做人的问题。这个从立信的角度来讲已经有很好的传统。我看到媒体对某个 985 学校评论是在培养精致的利己主义者，他们很精致，学历也很高，但最后都是为自己。我认为这个是有问题的。原来我们是为生存而努力，但现在吃饭已经没什么大问题了，作为一个综合的人，我们要有家国情怀，有理想抱负。这就对学校提出新的要求，除了专业的学习，学生的价值观也需要潜移默化地培养。立信人出去，虽然在会计岗位是个体，但人家看他的处事、待人都应该是大格局的姿态。

我现在负责全市的就业和培训工作。我发现目前大学生就业有个问题，就是到生产一线的很少，大家宁愿要一个工资四五千的办公室工作，也不愿意去工资七八千的生产一线工作，因为怕苦、怕累。所以我们现在一直强调，要端正大学生的就业观念，树立正确的职业观。

虽然我说了个人的成功离不开时代发展，但机会和机遇是一方面，勤勤恳恳地工作和踏踏实实地努力，永远是我们最后可以成功的最关键因素，这也是立身之本。年轻人永远不要觉得自己很聪明，可以偷奸耍滑，这些事情领导都知道，哪些同志耍小聪明，哪些同志工作努力，领导都看在眼里。人只有通过自己的努力才能得到自己想要的，我们要凭工作实力和个人努力来决定自己成为怎样的人。

最后，我要祝贺母校的 90 周年校庆。即使经过了风风雨雨，但走的路越来越宽广。时代造就了一个学校，造就了每一个学生，我们应该牢牢记住校训，继承老一辈立信人的传统，争做有抱负、有理想，勇立时代潮头的大学生，发扬立信的传统，光大立信的精神，我们这些已经毕业的学生应该在自己的岗位上充分发挥自己的价值，这是对于母校立信最好的祝贺。

周春明

全球高级工商管理 EMBA。工商银行上海分行副行长。1984 届校友。

博学审问　诚信笃行

口述：周春明
采访：赵倩雯　谭　璐　徐嘉玥　张彤豪
整理：赵倩雯　谭　璐　徐嘉玥　张彤豪
时间：2017 年 7 月 20 日
地点：中国工商银行上海分行

"珍惜青葱时光" —— 刻苦求学之路

　　好多年没有回母校了，现在回想起来，却是历历在目。我就读的地方位于昆山路，是金融学院的前身，银行学校。说是校园，其实只有一栋楼，一个篮球场，没有什么娱乐设施，也没有完备的辅助教学设施，那时的校园生活很单调，不像现在的大学生活那么丰富多彩。当时一栋楼里有八九个班级，每个班约有四五十名学生，因为食堂很小，吃午饭的时候还要分几个批次，午餐费也就两三毛钱。除了学习之外，学校偶尔会举办篮球、围棋、象棋等比赛，班级有时也会开展拉二胡、吹口琴等娱乐晚会，虽然次数不多，但学生们自娱自乐很是欢乐。当时学校是没有住宿的，每天要挤公交车上下学，上课的课程都排得很满，上下午都有 3 到 4 节课，每天都非常充实。也正因为这样，我们还是保持一种在中学时的读书劲头，一门心思专心学习。毕业多年了，想想也是怀念，我们 82 级 2 班至今每年都要定期聚会，有时会请班主任一起。班主任虽已 80 多岁高龄，但他也加入了我们班的同学微信群，经常在群中与我们互动。大家对老师始终非常敬重，一日为师终身为父。真的非常感激老师对我们的培养。

"信以处事" —— 33 年工行奋斗

1984 年 8 月，毕业后我被分配到人民银行。同年 10 月，随着国家金融改革，人民银行成为中央银行，同时成立了工、农、中、建 4 家商业银行。由于当时所在的中山东一路营业部支行划分在工商银行，我便成为了工商银行的一员。当时商业银行的业务相对简单，主要是结算、存款和贷款 3 项。我最先在信贷科担任信托员、信贷员，之后被提拔为存款组组长，1993 年担任信贷科科长。1998 年我调至分行担任分行处长助理、项目部、评估部副总，后来又同时兼公司二部、投资银行部、小企业信贷部 3 个部门的总经理，2010 年初至浦东分行担任行长，2013 年年初至今担任工商银行上海分行副行长一职。

工作期间，我不断通过学习提升自身能力与素养。1987 年就读财大夜大学本科至 1992 年毕业，1998 年就读华师大世界贸易专业研究生，2004 年就读国家会计学院 EMBA，取得全球高级企业管理人员工商管理硕士证书。

我在工商银行工作了 33 年，始终保持着对工作的热忱。秉持积极的工作态度和高度的责任心，同时克服各种困难。通过不断学习加强自身的能力水平，自身的努力也得到了领导的认可。工商银行作为一家非常优秀的金融企业，非常注重员工的职业生涯发展，对于具有上进心的员工，一定会提供各类进修、培训的机会，以帮助员工的提升与发展。

"夯实基础，锻炼能力" —— 致母校学子

经过大学 4 年的学习，学生们会从学校获得大量的文化知识，但是最终能在工作中直接运用的可能只占 20%，是一个不高的比例。那么是否还要坚持学习呢？答案一定是肯定的。因为在大学的学习不只是学到知识而已，更重要的是在学习过程中的能力提升和思维拓展。举个例子，高等数学这类课程，在实际工作中几乎用不到如此专业的知识的，但通过课程的学习，可以提升个人的学习和分析能力，包括思维能力、逻辑能力，等等。而这些逻辑分析能力，对任何工作都是有帮助的，这就是作为能力的培养。当时老师推荐我们看一本叫《科学研究的艺术》的书，是俄国科学家所著，

很薄的一本小册子，可是讲了很多有用的东西，包括进取精神、研究方法、科学思路，这些能力将会成为个人的核心竞争力。因此，我想给学生们的第一个建议就是要认真学习并不断思考总结，只有这样，才能提升自身实力，不论在何种岗位，就任何种工作，都足以胜任的。工作后，更多学习的是一种工作技能，技能是应用型的，可以通过不断的努力，熟能生巧。技能相对于能力而言，是更容易培养和提升的，不用太过着急。关键的基础能力，则需要在大学的学习中努力提升，这对以后的工作将带来莫大的帮助。

我想给同学们的第二点建议，就是诚信。诚信是立足之本，是我认为最重要且必须具备的品质。在金融行业，我们可以通过后天的工作实践和培训，培养出各相关领域的人才，但要想成才的前提必须是具备诚信的品质。现在社会包括银行业，有着形形色色的诱惑，银行里天天和钱打交道，虽然有时只是一个数字，但若没有原则上的坚持，没有诚信的品质，就很可能会犯错，所以诚信是必须的。

现在的大学生活与我们以前迥然不同，当时学习时间几乎占了我们的全部，而现在学生有了更多的课余时间，有了更大的自由度。我想给的第三点建议是要重视"时间"的价值，学会管理时间，千万不能虚度光阴。我十分希望同学们除了学习知识外，可以通过大学4年这段时间来找到自己一生的志向志趣，并为之努力奋斗，而不是在宿舍里一起打游戏，消磨时间。做好每一天的时间管理，提升自身的时间规划能力，将来走向社会面对方方面面的压力，方能从容应对。

说到宿舍问题，我曾经走进过一些大学生的宿舍里，有的整洁干净，一尘不染，也有乱作一团，乌烟瘴气的，这是现在大学生宿舍的一个常态，同时也说明存在着自立能力和自我管理能力的缺乏。一屋不扫何以扫天下，一个自己生活都管理不好的人，以后走上工作岗位怎么能成为一个杰出的人才呢？在大学生活中建立自立能力和良好的生活习惯，在将来工作中也一定受用。

最后，我想谈一谈大学生就业时对自己定位的问题。首先，大学生要清楚自己的价值，明确自己的定位。根据现在的就业形势来说，本科学历已是最为普遍的学历了，千万不要把自己放在过高的一个位置上。而校内优异的成绩，或者考取其他资质证书能在某种程度上提高自身价值。其次，大学生要根据自己的兴趣和性格，选择适合自己的职业和岗位，确立日后的事业方向。以银行为例，性格开朗，擅长人际交往的，可以选择客户经理、信贷工作等能更多与人沟通交往的岗位，发挥自身强项；而性格沉稳，善于思考，逻辑能力强的，则可以选择会计、法律法规等岗位发挥自己所

长。根据自己的兴趣志向来做决定非常重要，希望同学们可以通过大学 4 年的学习生活，对自己的兴趣有一个充分的了解。最后，要提的是要对自己以后的薪酬有一个合理的期望，薪酬只是选择工作的一个因素，还要结合所处行业的发展潜力、所在单位的前景、自身职业规划及发展前景等因素综合考虑，而不要仅仅局限于关注当前的薪酬。

如今的学校，校园大了，教学楼高了，学科范围也广了。就如学校的大学精神，"立诚明德，经世致用"。一个学校的优良传统，一个民族的优秀精神，会长久地发挥作用。我希望母校的学子们，保持一种拼搏的精神，创新的勇气，还有诚信的人品。现在立信会计金融学院的学生那么多，我相信要比我们那一代有更大的作为，但是最终还要靠实践的检验。在此想借这次机会对母校说：感谢当年的栽培，期待母校蓬勃发展、蒸蒸日上！希望师弟师妹们都学有所成、前程似锦！

金鉴中

正高级会计师。中国东方资产管理公司全资子公司上海东兴投资控股发展有限公司财务总监。曾任上海地产（集团）有限公司财务总监。1984届校友。

知行合一　踵事增华

口述：金鉴中
采访：金文琪　陈姗蓉　童雯琪　胡妮萍
整理：童雯琪　胡妮萍
时间：2017 年 10 月 30 日
地点：东兴公司会议室

与时俱进　学无止境

我从事会计岗位是从 1980 年开始的。当初就读于立信的会计专业，学了这个专业就爱上了这个专业，就奠定了我的职业生涯，按着这个轨迹一直走到今天。1995 年，我读了华师大的研究生，1997 年又参加华政干部专科学院进修，专门读了经济法。当时我是有机会考律师的。后来到立信会计事务所实习，当时让我选择到底是从事会计还是律师，我选择了会计。不管社会怎么发展，对于会计的需求始终存在。随着科学技术的不断发展，未来可能远远不止是凭借现在的互联网，那可能是人工智能了。但人还是需要的，需要更高端的会计人才，所以我们要快速成长。

会计未来发展最大的问题，就是要在企业和社会生活里面有价值，就可能远远不止懂会计，它衍生出财务，已经超越会计了。在财务管理里面，管理会计也是当中一个部分，会计的信息化也是其中一部分，融资肯定也是其中一部分，以后资本管理、融资管理也好，投资也好，我相信都是财务管理当中的一部分，但是还远远不够。比如说，一个上市公司要有 3 个独董，一个是会计，一个是法律，一个是管理。管理的概念又太宽泛了，有宏观的管理、微观的管理、中观的管理，中观也就是行业管理，宏观就是国家经济。我这几天在看那个美国的一个经济学家评判分析，第一次世界大战或者说引起的金融危机也好，跟 1907、1908 年全球金融危机，两大危机当中，都有好多宏观经济上的评价评估。今天我看到一则新闻报道，是对美国在第一次世界大战后的金融危机中采取的应对措施的相关研究，这与我近来看的一篇美国经济学家的分析不谋而合，他提到高科技企业也会挫伤国家经济，但是房地产价格的突然泡沫破裂风险远高于高科技企业，因为我们对高科技企业的估值往往不像房地产那么高。无论是金融机构还是投资者对企业的资金融通、估值评判，即使企业破产，相对来说对实体经济的伤害影响都不大。所以说我们搞财务的，绝对不是简单的算账。今天财务的外延还在不断地扩大，对于每个人来说还是有很大的挑战。所以学无止境，只有不断地学习了。

甘当绿叶　自强自信

财务人员要做好思想准备。在企业里面，不管哪个层次，对财务的价值还没有足够的重视。民营企业可能会对财务比较重视，财务远不是我们说的记账、核算之类的，可能需要的是对资本市场、对企业未来的战略上的东西，为决策能提多少合理的、高屋建瓴的、宏观方面的、多方面的建议。国企的董事长、党委书记对财务重视不多，因为企业利润、节省成本不是那么重要，我们财务要有思想准备，因为有可能财务认真提出的建议不被采纳。

财务人员要承受企业运作困难的压力。做不好了，老板会认为，这是财务融资没有融好，成本没有管好，主意没有出好。但是好的时候，红花不一定会给财务人员戴，可能老板自己戴，要么给其他部门，这个要做好思想准备。甘愿当绿叶，绿叶倒还好，绿叶到四五月份还有靓丽的时候。有的时候，掉眼泪的时候，是在秋风扫落叶的时候，西北风一起来，叶子吹到哪里都不知道了，树上看不到叶子，老板的眼里看不到财务。

当然自己对自己要有信心。唯一让别人信任尊重的、看得起的，是把自己的本事提高，修炼自己、磨炼自己。当然，财务的修行提高之路蛮漫长的，要系统、全面、立体地把握企业存在的问题，给出有效的建议，不吃个五年十年的"萝卜干饭"，怎么可能做到？如果都能凭书本上的知识，那么只要哈佛大学、耶鲁大学的教案拿过来背出来，企业不就搞上去了？现在不要说是改行或专业不对口，哪怕是对口了，光凭书本上讲的去做，差异太大。不管是民营还是国企，人为的因素太多。只有一句话，做好心理准备，不断提高修炼自己，在会计专业以外，还要刻苦地学一些其他的专业知识，不断充实、丰满自己。

注重实践　学而躬行

大学生现在毕业后就业，最大的挑战就是必须要面对课本知识和实务操作之间的巨大差异。这跟教育体制有关系。第一，我们的办学是一种填鸭式的教学；第二，目前的大学教育，是一种关门的、而不是开门式的教育，是一种不接地气的教育方式，比如像美国、欧洲的大学，请企业的老板、CEO、CFO、运营总监与大学生互动，大学生经常在公司实习。他们也没有我们这里直接升研究生、直接升博士，而是工作了一段时间再去深造，这样会在实际中了解：自己的发展方向在哪里？财务是不是我的专业特长？我喜欢搞统计或者喜欢搞审计？媒体上报道现在有的学校在试点把公共学科作为大学一年级的基础课程，然后再填报专业，可能相对来说好一点。但是，毕竟这个过程是在围墙里学，社会现实跟我们的书本是脱节的。

最好是从进大学开始，每年都有实习的机会。比如一个学年里，至少应该安排两次为期两个星期的实习，每半个学年里有一个专题。比如轮岗，这次大家都在财务轮岗，明年实习的是管理岗，还有人力资源的、营销的、规划的，然后让企业的老总和学生一起分享：这个企业实习的案例给你们带来什么？企业应该改变什么？学校应该改变什么？

你们自己要把假期利用起来，多实习。实习了以后，才会对自己研究生专业、博士专业有方向，明白自己对哪个方向感兴趣？自己的才华在哪里可以发挥？自己的兴趣在哪里？最好两个可以契合，否则可能涉及根据社会需要来改变自己的专业，改变你的爱好，这样才能逐渐使大学生成长。美国好多学校的学生，为什么可以休业去社会实践？我们不一定要强求，但是学生完全可以利用假期，学校也可以请公司的老总、券商、分析师来分析一下整个行业的情况。

立信从专科学校升格成为本科，又在审计方向上开辟了研究生培养。结合上海金融创新，与上海金融学院合并，可以说是财经类院校的珠联璧合，在原来会计这个专业上又往前走了一大步。立信在一步一步地上台阶，我相信立信一定会越来越好。

陆家明

上海新新桌球俱乐部董事长，上海市台球协会副会长，黄浦区台球协会会长。1984 届校友。

人无立信　何成大器

口述：陆家明
采访：兰丽丽　肖　悦　闫少兵　林伟伦
整理：肖　悦
时间：2017 年 6 月 17 日
地点：上海新新桌球俱乐部有限公司

设立"陆家明奖学金"

我在立信读书那会儿，一直担任班长，而且每年都是优秀学生干部、三好学生，毕业的时候又是优秀毕业生。我一直考虑，明年学校 90 周年了，是不是送点礼物给学校。到底送什么呢？那时候正好成立了潘序伦基金会，我感觉自己能够为这个基金会做些什么，综合考虑了以后，便决定设置奖学金来奖励优秀的学生干部。

回忆我的大学时代，还记得第一次开班委会的时候，我站在台上，各种想法都有，说话的状态也异常不自信。有时候会想，我是学生啊，第一要务应该是学习，我为什么要去做班级的事啊，他们的事跟我有什么关系啊，不用我去管。但是理智战胜负面情绪的时候就会意识到，如果我这件事情做好了，能够让别人接受和认可，既是一种能力，也是个人魅力。

有时候，我们可能会觉得当学生干部奉献很多，甚至是吃力不讨好，会受委屈；有时候明明出发点是好的，却会被别人误解。纵然坚持不易，但是当你努力说服自己坚持下来并突破瓶颈时，你收获的将是功夫不负有心人的欣喜和柳暗花明又一村的雀跃。我一直认为，如果在学校当过学生干部，踏上社会以后，待人接物等各方面，都会比其他没有当过学生干部的学生更加优秀一点。设立奖学金，也是想在学生中间，培养一种能够舍己为公的精神。

诚信是学校留给我的财富

20 世纪 80 年代，改革开放方兴未艾，社会正处在激烈的思想变革之中。在这种环境下进入大学的我们，求学过程也是异常艰苦。那个时候学校跟现在不一样，接触面没这么宽广，而且上学基本是走读。等中学放学以后，我们去借人家中学读书。为了节省经费，吃饭的成本也是尽量降低。那时候的媒体没有现在那么发达，我们对外界知之甚少。除了读书以外，业余生活不像现在丰富多彩。每天的生活就是白天去图书馆看书、复习功课，晚上去学校上课，回去就早早睡觉。现在来看真的是有点单调枯燥。

至于和立信的缘分，说来惭愧。当初填志愿的时候，根本不知道立信是什么。但是我们的父辈都知道，立信有会计啊，那是了不起的事情。慢慢的对学校有了了解之后，才知道潘序伦老先生 24 字的校训蕴含着多么深刻的道理。人无立信，何成大器？人如果连一个基本信用都没有的话，真的无法在社会上立足。拿我自己举个例子吧。我做生意已有多年，在外的名声就是，我不会轻易答应事情，而一旦答应，一定做到，这是我的习惯。诚信，既是我生意场上摸爬滚打出来的人生体验；也是我们学校留给我的财富。讲求诚信，真的会让我们受益终生。

我们要为社会做点什么

企业的发展无论如何都是一个一波三折的过程，目前的趋势是，涉及商业，所有人都会注重成功者，但其实创业也好，企业壮大达到一定程度也好，最后失败的也很多。说大一点，企业的魅力啊，人是最要紧的。一个成功的企业家，必定有着自己独特的人格魅力，这些对于我们学生来说，不是一时一刻就能够形成的，要经过长时间的磨炼，才能积累经验，形成独到的东西。

　　人格两个字对每个人都是一生的东西，不是三言两语能够很简单的说完。你在做生意的时候，人家凭什么相信你？为什么要跟你一起合伙做啊？当你有了足够的人格魅力时，这些都变得容易了。企业发展到一定程度，就会有规章制度，但是怎样更人性化、更细致化是写不出来的。去公司上班，你的职责是什么，超过范围，又能够做些什么，怎么发挥员工的主观能动性，也是一个需要深思的问题。

　　现在看见的球馆干净、整洁，但其实我刚开始的时候，是做贸易公司的，主要是接相关的订单去加工和出口。我涉及过许多娱乐行当，到目前为止唯一没有涉及的是宾馆。而现在的想法，跟当时有点不一样，创业初期都会比较追求利润，现在则是更想做成一个品牌来推广。这几十年中，球馆多的时候，有13家投入运营，面积超过1000平方米，直到如今这都是一个惊人的数字。其中一家球馆860平方米的建筑面积，仅靠桌球收入，创造了一年净利润200万元的业绩，这是令我自豪的事。那个年代，办一个工厂，一年也不过是100万元左右的收益，小小一个球馆能产生这些净利润，虽然有各种因素，但也确实相当不易。

　　我现在很多的精力都放在台球上，每年都会承办很多台球比赛。作为上海市台球协会副会长和黄浦区台球协会会长，坦白地说，我也觉得能力越大，责任越大。我们现在做事，不仅要有广度，更要有深度，我们要为社会做点什么，留点什么。上海有两个台球大赛，一个是八万人体育馆的斯诺克大师赛，一个是浦东的九球公开赛，都办了十年。如果通过我们自己手上的运作，能够把这么一个大赛流传下去，我感觉非常值得。所以我很注重平时办赛，致力要把我们区里、市里的台球活动，变成全民健身活动。全民健身活动与台球运动相联系，不仅促进它推广，对我们企业的知名度也是大有裨益。知名度提高了以后，无论是企业还是比赛，大家都会更加放心。

对大学生创业的想法

在当下社会，大学生创业是一个热门却又敏感的话题。但是如果要我来谈这个问题，我觉得大家还是需要深思。学生创业说起来是个很时髦的话题，作为校方，不可能来劝阻或者是制止，但是作为学长，我感觉不妥。作为学生还是要有过硬的专业知识，基本功哪怕比别人高出一点点，进入社会你就比别人前进了一大步，专业知识的融会贯通真的太重要了。

就我自己来说，毕业以后，在 1987 年的时候，我被派去东莞合办一个厂做副厂长，根据他们生产情况设计了一套财务制度。我在那边足足待了两年时间，1989 年回上海公司以后，我就当了财务经理。1990 年 12 月 19 日，是上海证券交易所成立的日子。当初，我们想作为第一家中外合资企业，进入证券市场第一批股票上市，在这种情况下，我回来之后就一直忙碌于股票上市交易的事情。但后来因为种种因素，中外合资企业没有一家做，全部是给中资企业在做，他们被我们戏称为"老八股"。我们是第二批上市的，当时有十大中外合资企业，我们算是领头企业。所以，那时候相关操作都是来我们这里学习的，也的的确确是新的东西。后来，在讨论中外合资企业会计法的时候，在社科院开会，我一直参加他们的会议，那时候也很自豪，人家去的都是专业的财会人士，都是六七十岁的老先生，我作为一个新学员也能够参与其中，这比现在赚钱的自豪感更大。所有的内容我都能够说出所以然来，为什么？因为我是实际操作的，公司的账都是我们自己在做的，他们没有经验，他们只有老的东西，然后大家一起讨论新老怎么结合。

当然，我们不能抱怨自己所处的专业、环境，这会让我们形成消极、怠慢、排斥的想法。如果有更多的时间，可以多学一点其他兴趣所及的东西。但踏上社会以后，很大程度上可能会身不由己。所以学生时代要确立目标，以后往什么方向发展，做到有的放矢。如果真想有机会的话，可以适当参加实习。需要强调的是，碰到什么事情，不能立马下结论，因为作为大学生，现在接触的东西是很片面的，一旦下了错误的结论，今后的判断永远有偏差。

物以类聚，人以群分。优秀的人对我们的影响一定非常巨大，但是不要跟人比，什么样的人适合做什么样的事情，是因人而异的。你们的可塑性很强，只要心态放正，方向明确，总会看到柳暗花明之景。我想告诉我的学弟学妹们，在世界观没有形成之前，对自己下结论稍微慢一点，创业也好，就业也好，三思而行。只是勤工俭学，倒也值得，趁时间多，跟人多打一点交道。至于是不是作为以后努力主攻的方向呢，自己慢慢定，如果你觉得是的，你坚持做，没人会反对你。作为长辈来说，会提出建议，但决定权最终握在你的手中。相信大家运用自己的才学和智慧，都会取得成功的。

多年来，我一直关注着母校的发展。这些年学校发展得很快，这得益于对教学、科研的重视以及师生的共同努力。在建校 90 周年之际，我衷心希望学校越办越好，不断进步！

徐海蕾

上海棉益纺织品有限公司董事长。上海市第十四届人大代表。企业曾获得"全国三八红旗集体"和"上海市三八红旗集体"称号。1984 届校友。

立信精神助我成功

口述：徐海蕾
采访：王凤仙　姜　洋　郑　玲
　　　王恩泽　刘诗吟　樊梓岳
整理：郑　玲　王恩泽　刘诗吟
　　　解馥玮　王凤仙
时间：2017 年 4 月 26 日
地点：上海棉益纺织品有限公司

毕业分配　阴差阳错

我是 1981 年考入立信会计高等专科学校的。在校时期，我担任过副班长和班长，有较多的兴趣爱好，学习成绩在班里算是名列前茅吧。作为班委，经常会协助老师做一些班里的工作，譬如做班委通讯等。我做事比较认真负责，也得到同学们的认可和支持，多次被评为校"三好学生"。毕业之时，荣获"优秀毕业生"称号。

20 世纪 80 年代的时候，我们毕业的工作都是学校直接分配的。作为优秀毕业生，可以优先选择单位，我希望去上海市手工业局（后来的第二轻工业局）。因为学习成绩较好，局里把我安排到下属的一所中专做老师。我很困惑，因为当时不敢在众人面前讲话的我，很害怕去当老师。但是，我原来选择的岗位已经录用满了，局领导建议我在局下面的公司做重新选择。

几经考虑，我选择了手工业局所属的上海服装公司。虽然这不是我最初的选择，但我还是欣然接受这个阴差阳错得来的结果。我很喜欢雨果说过的一句话"当命运递给我一个酸的柠檬时，让我们设法把它制造成甜的柠檬汁"。这个意外的工作，就像是

237

命运递给我的酸柠檬，之后如何对待它，让酸的变成甜的，需要我去努力，去创造。我坚信任何坏事都有变成好事的机会，既然命运给了我新的选择，我应该好好把握它，全力以赴做好它。或许这个简单的想法，让我进入人生最美好的阶段，学习、适应、改变。

踏实肯干　好运相伴

我到上海服装公司报到时才知道，原先这家公司并没有招聘计划。公司组织科让我先下基层锻炼，到上海第二衬衫厂财务科实习。这对于我来说又是一个意外。在我到上海第二衬衫厂报到时才知道，厂里的财务科不需要招人，我又一次被尴尬地安排到厂办实习。我开始进入不是自己熟悉的财务专业，去了一个陌生的领域。我带着好奇心，开始了意外而全新的工作。我告诉自己，既来之，则安之，尽自己所能去适应、去学习、去掌握新的知识。有时候，挫折和幸运往往是相伴而来的。我的认真投入和全心融入，让我很快适应了新的环境。基层工厂很少有大学生来，我得到厂领导和师傅们的珍惜和呵护。一年的实习，我有幸在衬衫二厂这个行业领先的国家二级企业里，参与了很多企业的重大项目和各类活动，我获得了意外的全范围的培训和实习，我收获满满地完成了实习。我感受到了只要努力，坏事可以变好事，也可以变成机会。

认真、扎实肯干的工作态度和出色的工作成果，使我很快就得到了厂领导和同事们的认可，并被他们接纳和肯定。服装公司的领导也因此注意到了我，没过多久，公司便将我调到公司财务科工作。

1985年我完成实习回到上海服装公司财务科，之前一年应对各种意外的训练，让我很快适应了新环境的各种变化。我经常被借调到其他部门做与财务不相干的事，我的认真和付出总会给我带来意外的收获和惊喜，让我学到了各种我专业以外的知识和经验。1993年我离开财务科进入外贸三部，我的认真和担当，获得了客户和朋友们的信赖。我相信，机会总是愿意给有准备、肯付出的人。

我人生中的一个转折点是挫折给我的，它让我感知对生命、对工作抱有一种踏实、认真、积极的态度始终是很重要的。特别在当今浮躁的社会风气下，很多年轻人习惯计较短期得失，埋怨多于实干，普遍缺乏积极主动做事的激情，每一件事都希望得到等值甚至超值的回报，却忽略了我们对于生活、对于公司、对于社会、对于国家的一

种责任感和使命感。在当时那么一个不太如人意的情况下，我的晋升、被赏识与好运气不无关系，但是我也坚信，所有好运气的源头，更是一个人始终如一认真做事的态度和踏实肯干的精神。

下海创业　追逐梦想

1995 年，我做了一个很重要的决定——辞去在上海服装集团的工作，下海创业。11 年国有企业的工作经历，让我越来越喜欢服装这个给人的生活带来美好的行业。幸运的是在创业初期，我得到了客户和朋友们的信任和支持，这是我人生获得的第一笔财富。这笔财富让我克服了创业初期最艰难的阶段，应对人员、订单、资金、厂房、设备等等问题。记得当时我正四处寻找厂房，有一家国有公司的领导在与我商谈后，以我能承受的租金把 500 平方米厂房租赁给我时，我当时还蛮困惑的，后来才知道原来他无意之中，通过我之前单位的领导了解我的人品，愿意相信以我的努力和认真，能够越做越好，愿意最大限度支持我创业。让我感受到了原来我过去一贯的工作表现和认真做事态度，成了我日后事业发展的巨大动力。

我创办的公司主要生产 0 ～ 3 岁婴幼儿棉针织品，100% 出口日本。创业 1 年后，日本在上海的佳世客百货需要我们的宝宝产品，这是我们"棉益屋"自主商标诞生的第一步。1997 年，我们应邀进入南京西路梅龙镇伊势丹百货，设立了我们自己品牌的销售专柜，让我的公司在出口日本的同时，孕育着全新的梦想，就是要为中国宝宝提供安全、健康、舒适的产品，为中国妈妈提供方便的生活。

如何做到这样的蜕变，从无数民营公司中脱颖而出，我觉得，首先，如何正确看待一个正在成长的企业是很重要的。它就像一个孩子，每个阶段都有不同的困境和情况，很多行业可以说都是 5 年一个坎。有的小企业，也许在 5 年、10 年这种阶段就熬不下去，关掉了。中国的民营企业寿命不长，而我现在做了 23 年，其中高潮低谷不计其数，这是一个企业必须要经历的事情。如何在困境中求生，在逆境中转型，才是我们要考虑和努力的。我认为，拥有梦想是企业走得更长、走得更远的巨大力量，因为有了使命和担当。其次，一家优秀的企业必定有着良好的企业文化。作为立信人，我时刻铭记校训。我在为人处世和企业文化方面都遵从了 4 个字：认真、诚信。创业初期，我公司里的员工大多数是朋友同事介绍来的。在那个年代，每一个人的经济实力都比较弱，谁也不能保证企业能够给员工带来稳定的保障。但是，我在之前单位十几年积累下来的人缘、信誉和口碑，使许多技术人员和工人都选择信任我、跟随我。随着企业的不断发展壮大，认真和诚信也成了我们公司的企业文化。我一直都认为，只有有了认真做事、诚信做人的氛围，员工才能更加努力工作，做出高质量的产品，特别是做婴幼儿服装，更需要人与人、员工与企业之间的真诚相待，认真踏实。

很多人曾问我，你是如何在困境中坚持下来的？我觉得其一是我自己对待事情的态度是选择了一条路就坚持走下去，不管有多困难；其二是因为有人愿意信任我，比如帮助过我的朋友，还有那些跟着我们公司的忠实客户。信任对于我来说是一笔财富，同样也是一份压力，我必须要担起责任，必须走下去，不能辜负他们的信任。

参政议政　回报社会

在公司走上健康发展的轨道之后，我也开始把目光放到企业的社会责任这一块。从 1998 年起，连续数十年被评为"上海市优秀私营企业"，2000 年我担任了嘉定私营协会的副会长，2001 年加入民主建国会，2003 年当选为闸北区第十三届人大代表，至此开始了长达 15 年的参政议政、服务社会的工作。虽然企业发展需要花费很多的精力，但我还是倾注很多的精力，投身很多社会事务。我 2006 年当选为民建闸北区委副主委，2011 年当选为民建闸北区委主委。期间，我还担任了闸北区第十四、第十五届人大常委，同时担任上海市第十四届人大代表。我担当起了很重的政治责任，作为体制外的干部我对此很自豪，也明白自己需要拿更多实际行动去证明和不辜负这个身份和责任。因此，我时常会利用空余时间走进社区探访民情、了解民意，并通过调查研究形成各类提案议案提交给市人大。15 年间，我全力做好一个民主党派领导要担当的使命，尽全力做到了"尽心、尽力、尽责"，对于我自己，是无愧的。

2015 年 12 月的上海市人大代表意见座谈会上，我对当前实体经济的发展也表达了自己的看法和担忧之情。在实体经济这一块，企业关闭的越来越多。企业关门并非都是经营上的原因，有部分原因来自政府部门不合理的监管。比如，每到年底，各类监察大队频繁出现，对企业开出名目众多的罚单，或者提高标准，让企业增加一些无法

承受的工程，等等。在国外的很多著名企业都是历史悠久的百年企业，而在中国，百年企业则如昙花一现般稀少。据统计，我国的民营企业的平均寿命只有2.5年，相比于西方国家要短很多。企业为社会提供了大量的工作岗位。只有企业安定了，社会才能安定。如何促进中小企业的发展，我觉得，一方面，要鼓励企业开创品牌意识，创造出家喻户晓的著名品牌；另一方面，政府要转变工作作风，对民营企业发展提供政策上的支持，营造政府真正为企业服务的氛围。

勇于承担　坚持不懈

如之前我提到过很多次的，我觉得认真踏实和不计得失的付出，是我个人成功的终极秘诀，因为我"认真"的价值，"付出"的价值，使我拥有了"被信任"的价值。这个价值，让我在创业路上遇见好多贵人，获得了满满的正能量，从而有了不断前行的动力。只有认真对待每一门课，每一件事，有了充分的积累，才会在未来激烈的社会竞争中占据先机。

也许有些学生会存在一种浮躁心理，比较急功近利。我想告诉这些同学，不要总是想着我能获得什么，而是要重点关注"我能为他人做什么，我能创造什么样的价值"。不过多地计较个人得失，这样长久坚持下去，终会获得他人和社会的认可。就像路遥在《人生》中写到的那样："人生其实无非是矛盾与选择的综合体，无关对错，仅仅在于我们能否有勇气在矛盾中做出选择并勇于承担一切后果。"不要患得患失，扼杀自己的心中梦想，要学会倾听自己内心深处的声音，坚持下去就终将如愿以偿。

相信每一位立信的学子都能够在自己所选择的道路上走得足够远！祝好！

秦文君

　　高级会计师，中国注册会计师。上海海立（集团）股份有限公司财务总监，兼任上海海立电器有限公司董事、上海海立中野冷机有限公司董事。毕业后曾任立信会计出版社编辑部副主任；大华会计师事务所有限责任公司项目经理、部门经理；安永大华会计师事务所有限责任公司高级经理。1984届校友。

非学无以广才　非志无以成学

口述：秦文君
采访：兰丽丽　许　洁　周怡龙　李宇彤
整理：周怡龙
时间：2017 年 11 月 8 日
地点：上海海立股份有限公司会议室

秉承诚信理念　做事先做人

我于 1984 年毕业，为立信复校后的第二届毕业生。当时的读书环境比较艰苦，由于没有固定的校园，还需向外校借教室。我们第一、第二届毕业生正赶上改革开放，是中国经济发展的初步阶段，市场对财务行业需求很大，注册会计师、事务所开始流行。

1984 年毕业后面试到了立信会计出版社做编辑工作，在那里工作了 10 年。在出版社的 10 年编辑工作，让我打下了扎实的理论基础，逻辑思维能力不断得到提升。因为那时编辑图书，需要自己写大纲和设想，找作者商谈，审阅书稿……所有的环节都需要亲自完成。然而我还是希望真正从事会计工作，于是考注册会计师，接着跳槽去了大华会计师事务所。后来大华与安永合作，我在会计师事务所执业了 11 年。2015 年我来到上海海立集团，担任公司财务总监、总会计师，一直从事财务工作。

我的工作经历了三段，虽然是三个不同的职位，但编辑、审计都没有离开财务内容。我这三份工作的本质是一样的，做事先做人，校训所表达的精神对我的影响很大。从头到尾，我一直秉承"诚信"理念。潘老"信以立志，信以守身，信以处事，信以待人，毋忘'立信'，当必有成"的理念给我打下了深刻的烙印。所以我认为无论是接触银行、客户，还是做不同部门的财务工作，所有的职业经理人都应恪守诚信。

集三师于一身，紧跟职业前沿

随着时代的发展，会计的定义也在不断改变。我们那个年代，要会用算盘、书法、手工记账，现在则不同了。会计，包括纳税，已经不是一个个岗位的模式。公司发展到一定规模，简单的会计记账、出纳岗位都可以通过财务中心来操作，有些工作甚至可以由机器人来操作。所以会计人才并不意味着简单记账，而是需要复合型人才。

作为财务人员要有终身学习的能力。因为准则一直在变，所以我们不仅要活到老，学到老，还要考到老。不必太拘泥于自身的财务知识，其实好些行业理论都和财务有关，它会打开你的视野，在与投行、评级公司接触时，你会学到他们会用哪些指标来看待公司。在大学的黄金时段，你们有充沛的精力看书考证，哪怕考不下来，也可以把整套理论掌握起来。这样的话，你就比别人多一份本领，少一些被淘汰的可能。

在校时，你们要多注重学习理论基础，学习时多看些企业的分析报告、投行的研究报告，等等。看书比较多的同学在文章论述上思维更宽广，更有逻辑性，包括凯恩斯的理论，都可以去接触。央行最近动作背后是什么理论、欧洲经济为何与美国经济相关性那么大，你要知道一些经济现象的相关性和背后的理论基础。企业选择什么时候发债，要看央行是收紧利率还是宽松利率，和投行交流，什么时候做评级、什么时候发，依赖原来的会计知识是远远不够的。

大三大四的寒暑假可以考虑去实体企业实习。现在有些会计、金融的毕业生，不太愿意来制造业工作，毕竟这种行业相对于金融行业是没有优势的。但我认为人的职业经历是漫长的，哪怕来制造业，你也应该沉下心来好好学习，并且要在不同岗位学习，这样才可以做好财务管理和财务分析，不被财务中心淘汰。你如果没有做过全流程的制造行业，分析就不到位。比如近几年的管理会计，如何解释数据的有效性，是通过各流程不同切割、不同角度进行分析的。举例说，海立下属5个工厂，把管理会计渗透到工厂血液里去，按工厂切割，看最终盈利；按职能切割，看研发的投资产出；看九大类机种，各大类的盈利能力。财务人员是需要了解工程流程和工程构成的。你

只有在工厂各岗位历练过，才能更好地管理数据。优秀的行业分析员都是从企业中脱颖而出的，因为他对这个行业的各种数据都非常了解。所以实习肯定对你就业有好处，并且在闲暇时间，通过不同触角去打开不同视野，对写论文也有好处。

我推荐你们去看《上市公司年报分析》，每年都会有券商对不同行业的上市公司进行分析，你就可以学到他们是怎么分析数据，怎么运用逻辑关系的；你从什么角度切进去，取什么数据来支撑你的论文，这些都是需要思考的。

有人不清楚怎么对财务总监进行岗位定性，我认为是集三师于一身。首先是注册会计师，因为和事务所打交道，你如果不懂得注册会计师的语言，是没办法和他们沟通的；还要是财务分析师、财务管理师，所以你就要有扎实的学业基础，在不同行业打磨自己。

未雨绸缪，做好职业规划

财务就业情况总体一直不错。对于当代毕业生就业，我建议眼光要放长远，要有

危机感，要学会转型。在机器人逐步取代人工和大数据的时代，一些风险岗位还是由人来担任的，比如内控。不要局限于某一岗位，要尽可能多地接触不同岗位，以便更好地适应转型。例如我们海立电器在全球有 5 个工厂、6 个技术中心，将来集团规模扩大，需要建立财务中心，那么岗位需求就会变动。所以财务人员要有危机感，不被时代淘汰。

我认为是否考证考研取决于你的职业定位，直接就业、走研究之路、考研再就业都可以。企业提拔财务经理时，在知识、经历同等的条件下，往往会优先考虑有注册会计师证的人员。我建议早考，以后会有很多因素影响你，考试的难度和门数也会增加。

你如果想更好就业，建议加入一两个社团组织，以此锻炼综合实践能力，还要多积累相关实习经历，企业很看重应届生的实习经历，在选择实习企业时，你可以灵活选择，哪怕去星巴克、麦当劳，别的企业也会看中你吃苦耐劳的背景，所以不要局限于银行或者会计岗位。在职业发展过程中，我不建议频繁跳槽，否则企业很难判定你是否值得培养。如果你跳槽，你要想好原因，确定好定位。例如，假设你的最终目标是投行，那可以逐步转型过去；如果喜欢公司文化，比如 GE，就可以做不同行业的经理人。公司选拔综合性人才一定优先考虑在各个领域历练过的员工。

在面试时，就需要你有诚信的态度、足够的自信，尊敬对方并且进行眼神交流。所以你在大学还要锻炼你的交流能力、谈吐能力。对于财务人员的能力要求我是有感触的。因为我之前的团队里有上财、立信的毕业生。财务人员除了要有业务能力，还要有沟通能力，因为你可能需要与市场、营销等不同部门的人员沟通。既要有职业底线，又要善于提建议。这里需要说下写作能力，财务人员需要提高自己的分析和表述能力，善于透过数字分析背后的逻辑。你去问领导，他可能试着交给你做一些基础分析，如果你有很好的写作能力，积极表现，就可能会被重点培养。

从学校过渡到企业时，需要天时地利人和。我感谢在出版社10年遇到了我的良师。刚进入企业会有迷茫的时段，遇到良师，那是你的幸运，他会给你很多的指引，你会有很多成长的经历。那么你应该主动些，有担当和责任感。将来无论到什么岗位，都要踏实工作，哪怕辞职，公司对你印象也是好的，背后评价对于就业是很重要的。你工作10年，不断成长，就会有自己的人生目标，这是需要一个过程的。

最后呢，我还是希望学校学科建设不断完善。有些课程是可以互通的，举例说，将来财务中心建立，财务人员制定IT需求，如果你没有相关知识，就无法与IT行业搭建正确的构架。我比较赞赏国外的通识教育，用1年时间学习其他学院课程，这可以锻炼学生的价值观、思考能力、学习能力，以及通融性的逻辑思维能力。

对立信的学弟学妹，希望他们树立终身学习的观念，适应时代需求，不断成长，有自己的人生目标和追求。

沈 杰

上海杰询投资管理有限公司董事长。毕业后留校
在人事部门工作。曾任上海大陆期货有限公司总经理，
上海杰询资产管理有限公司董事长。 1985 届校友。

师恩难忘立信情　报答母校当自强

口述：沈　杰
采访：谢子颖　彭　亮　李舒悦
整理：谢子颖
时间：2018 年 1 月 18 日
地点：上海明申中心大厦 26 楼

难忘立信

2017 年春天一个阳光明媚的日子，我受立信校友会秘书长何佩莉之邀回到了阔别 25 年的母校，参加校友会的活动。看到这漂亮的校区，情不自禁让我浮想起当年我们刚复校几年的艰辛岁月。

1980 年 10 月，为适应改革开放新形势，经潘序伦老先生等人倡议，上海市人民政府批准立信复校。刚复校的几年，我们没有自己的固定校舍，立信的知名度还没有得到社会和企业的充分认可。这也造就我们复校第一代立信学子艰苦奋斗、不折不挠、积极创新的精神，也一脉相承了潘序伦老先生人生价值观。直到今天所有立信人永远坚守信念，把校训"信以立志，信以守身，信以处事，信以待人，毋忘'立信'，当必有成"作为座右铭。

作为当时的学生，我已深刻体会了立信学生与其他学校学生相比的艰辛。由于我们校舍还没建造，大多数同学每天走读在路上花的时间就有几小时。校舍是借其他中、小学的校舍，不但没有固定的教室，有时还在几个就读点穿梭学习。当时我们属收费

走读，还明确告知不包分配。相比其他大专院校就业基本都是国家分配，"立信"就是一个"另类"。我还记得立信招生的标语就是"自费走读、不包分配、择优推荐"，正是这样的压力，才形成良好的努力学习氛围，也造就了一大批优秀的真才实学、脚踏实地的毕业生，为当时奇缺财会人员的社会输送了大批的优秀人才。潘序伦老先生一直坚持教师严谨教学、学生努力踏实学习，最终为立信发展打下了坚实基础。慢慢地，立信的毕业生成了市场的宠儿，企业很早就来预约毕业生了。

我是1985年毕业留校后在人事部门负责学生工作，主要负责毕业生就业指导和推荐。我和许多留校当老师的立信毕业生一样，是非常热爱和珍惜这个工作机会的。我们当时那一批"教师"，对学生来讲，既是师长又是学长，对学生都非常了解，没有一点隔阂。有当班主任的，有当辅导员的，有教课的，也有在后勤部门工作的。每当遇到学生生活上、学习上、毕业就业，还有家庭问题，等等难题，几个老师一沟通都能非常快地解决。我也非常怀念那时的工作氛围，这种氛围不但是我们年轻教师自然而然形成的，更是一些年长的优秀教师榜样示范潜移默化的结果。

有几个令我难忘的事与大家分享。在我们新校舍建好不久，就传来了不幸的消息，我们的潘序伦老先生得了不治之症需要化疗。我和几个年轻教师主动请求接送。当我第一次踏进潘老家，看到的是非常简陋的寒舍，几乎没有一样新家具，这和我想象的真是天壤之别。他自己生活非常节俭，而把所有稿费和积蓄等都赠予了学校，后来学校将此款项分别成立了潘序伦助学基金和奖学基金。而更让我揪心的事，是在他离开我们后，居然让家人送来一些酬劳费给我们几个每次接送他治病的教师，还支付了学校派车接送的使用费。潘老校长崇高的品德，以及对事业执着的追求，这种精神深深地影响了我。

在老校长的言传身教下，立信的老师都有一种不一样的工作境界。还有一位我不得不提的老教师，她就是我们工会的董剑香老师。立信由于刚复校不久，年轻教师非常多，而当时学校教学设备严重不足，更别提教工娱乐设施了。年迈的董老师为我们年轻人忙前忙后，因地制宜开辟了台球室、乒乓室、篮球场里的足球场，还积极帮我们组建乐队等。那时我就挑起了具体组建教工乐队的重任。在大家的努力下，我们乐队在学校春晚舞台上给大家奉献了精彩的节目。而最让我难以忘怀的是她对学生们的照顾。当时我校招收了第一批外地企业委托培养的学生，他们大多来自贫困地区，许多学生有时吃饭都成问题。董老师没有认为负责工会工作的无需去照顾学生，她把更多的关爱留给了学生。她经常去探望这些外地住读生，还常常从食堂买了饭菜和包子送到宿舍，冬天下雨时同学们的鞋子湿了，她拿了自家的电吹风吹干。有时鞋太多来不及吹，不知她拿回去用啥法子把它们弄干，第二天一早，再把鞋放到学生床边。有学生病了，她会去送水送药，她还和班主任一起到我办公室为困难学生申请补助或协助他们安排勤工俭学。正是老师们爱生如子的高尚师德，影响和造就了一批又一批莘莘学子。

现在回忆立信这些往事，有太多太多的令我感动的人和事，真的无法全部还原当时的情与景。

挑战自我

我比较好接受新事物，好探究与挑战。一个偶然的机会，把我带上了期货之路。当时从报纸上知道期货这个对当时的国人很陌生的东西。那个时候网络并不发达，我就去图书馆借一些书刊，但书上介绍也不多。只知道期货市场在国外很大，这更加激发了我对期货行业的好奇。

恰巧在1992年年中，建设银行上海分行和香港的一家金融公司合资成立了上海第一家期货公司。这家公司开始在社会上招聘一些有工作经验、又有固定工作的人。因为期货是在晚上交易的，和美国时间一样，所以只要晚上有空，是不会影响白天工作的，相当于是兼职。我和立信的其他五六个兴趣相投的老师一起开始初涉期货行业。

公司希望能很快带来客户，快速赚钱。所以我们经历了短短3个月不怎么规范的培训，在9月份就开始帮别人理财了。我们在学校下班之后就赶到公司，每天都忙到凌晨两三点，美国时间收市了，才能回家。记得那个时候，晚上很冷，每天凌晨顶着寒风，骑一个多小时的自行车才能到家，回到家倒头就睡。那时候公司给的工资也才70块，工作也确实很辛苦，但大家都觉得有挑战性，也就都干得热火朝天。

在我自己做交易的4个多月里，我一个人去开发业务、开发客户，虽然我在学校是做人事工作的，与人交往有点基础，但更多的还是陌生的。我拿着电话簿，一个个地找单位，找证券公司。后来找上了万国证券。当时万国证券最大嘛，我就去跟他们谈。我的投资方案也得到了他们的认可，万国证券就成了我最大的客户，那时候的几百万

美金可以说是很厉害的了。那会儿人民币和美元刚放开，人民币通货膨胀得厉害，市场都用美元来计价。当时炒股票、进口物资、引进技术什么的，都只能用美元。那时国家建设发展很快，很需要美元。所以我当时的方案，就是全部换成美元，等人民币贬值到一定程度再换回来。4个月以后，我做到了300人里销售的第一名，客户最多嘛，这也是我努力的结果。后面的客户我自己都来不及做，分给了其他同事。

虽说4个月时间很短，但我在经营中积累了很多经验，也发现了期货行业将发展很大，前景很广。虽说我在这个公司做了第一名，但是我觉得这个公司前景还是太小，而且存在很多行业不规范的东西，这样的平台不是我所需要的。后来又发生了一件事，广东省建行在广州投资成立了一个期货公司，叫中国中期，是当时期货界做到第一位的牌子，还是比较合规的。他们派了3个人来学习，结果把一两百万元输光了。后来听说我业绩做得不错，就委托我来帮忙。可能我运气比较好，最后把钱都赚了回来。这既体现了我看市场的能力，也增强了我再上新台阶的底气。

又是一个偶然的机会，我的一个客户投资筹建一个公司，要我负责交易。这么好一个锻炼的机会，我就和他们（立信出来的同事们）商量，"有这么一个挑战的机会，我们来试一下！"就这样，我们从一个普通的交易员，变成了一个管理者，进而成了职业经理人，替股东们管理资产，不管老板是谁，我们都会很用心地去管理，也在业界做出了名气。

现在，我创办了自己的杰询资产管理公司和杰询投资管理公司。从当初入行，到如今拥有自己的公司，开始我新一段的创业之路。我觉得一个公司要发展得好，管理层有两个很重要的作用，一是带领大家往哪里走，就像是领头羊，但不能是拖着每个人走；再一个就是，让后面每个人都很有动力，这样才跑得快。方向很重要，带领大家很重要，看清市场的脉搏，让大家有一种憧憬。我们要成功，只能不断往前，不能停在原地，要不断挑战，不断创新。我们公司的企业文化强调进取，就是要永远跟上市场的脚步，吸取市场上新的东西，一直保持着危机感，我们的事业才能发展壮大。

饮水思源

我虽然在一次偶然的机会和几位立信同事去了一家金融企业创业，我们几位到今天还在一起从事金融工作，团队也非常和谐。我们一起经历了 1992 年后中国证券市场、期货市场、股权、债券市场的所有风暴。虽然金融行业跌宕起伏，风险一直伴随我们成长，但我们也有了不小的收获。回顾我的职业生涯，我觉得喜欢自己的工作最重要。同时，立信的诚信为人、踏实做事，处处在我的工作中充分体现、受用无处不在。

经历了金融市场大风大浪而不倒，是我们处世一直秉承立信校训为基本准则，是立信让我们几个走到了一起，也是立信培养了我们，感恩、感谢立信！我们几个校友加同事一直也不忘母校的培养，有机会就积极为母校尽心尽力，促成了大陆期货与立信海集方的合作，促成了公司与学校产学研基地的建立，为学校教育发展基金会进行捐赠等。

在去年的那次潘序伦基金会理事会上，我们觉得学校现在叫上海立信会计金融学院了，金融也是学校一个重要发展的方向，特别是在上海金融中心建设过程中，可以发挥金融人才培养的积极作用。我们就建言学校凝聚校友力量，设立一个股权投资基金，用基金平台来培训锻炼学生的实务操作能力，也用基金平台为学校的教育发展基金提供支撑，为学校的事业添砖加瓦，形成一个自我造血的功能。

　　没想到现在的学校领导们还保有当年立信初创时期的雷厉风行、踏踏实实的工作作风，不到一个月万峰副校长就带队前来了解基金组建的要求、难点、运行的方式等，并马上进行可行性方案认证，几个月后获得学校办公会议通过。在立信"老教师"、现任校友会秘书长何佩莉的组织下，我们冒着高温酷暑走访国内相关高校和政府有关部门，积极沟通与方案研究，我们很快联络了一批志同道合的校友与学校共同出资2000万元，申请设立"上海立信序伦股权投资基金"。我和校友们将为上海立信序伦股权投资基金的设立、运行、管理提供全方位的服务，努力培养一批立信毕业的优秀金融人才。我们由衷期盼，将来能全面接管和运行该基金。将立信产业基金逐渐成为国内高校基金管理公司名列前茅的企业，使基金成为反哺立信教育事业，增强人才培养与竞争的资金保障。纵有千言万语，也无法表达我们作为立信老校友报效母校的真情。

　　我为立信永远有这样的高效而感到欣慰，我为立信不断进取而感到自豪，为立信这些年取得的成就而感动，祝贺母校90华诞！祝福立信！

林华标

上海市保险同业公会法务部主任。1985 届校友。

跳出保险看保险

口述：林华标

采访：张慧芳　纪清扬

整理：张慧芳

时间：2017 年 4 月 19 日

地点：上海保险同业公会

坚持和坚守超过所谓智商

说起我的求学经历，或许与大部分人相比有所不同。那时我还未参加高考，就已经步入社会参加工作。我曾细细想过，是否我的未来就已经固定了呢？有机会得以参加高考是我万万没有想到的，也是我一直以来十分庆幸和感恩的。

参加工作了又重新下定决心重返校园，不得不说是一个十分艰难的选择。20 世纪 80 年代，恢复高考的政策给每一个想读书的年轻人提供了一个大好机会。在我所处的环境中，只要是认字的，几乎人人都在努力读书，希望为自己谋一个美好的将来。图书馆永远都是人满为患，排不上号的大有人在。在这样富有动力和斗志的环境渲染下，我重新立志学习可以说是顺应了时代潮流。由于恢复了高考，再加上当时人们知识、理性的缺乏，社会上"尊重知识，尊重人才"的气氛愈加浓厚，人们对知识、理性则是愈加渴求，这样的氛围对我产生了深刻的影响。当时我的家庭条件比较清苦，父母都是工人，为了改变自己和家庭的命运，读书是不二选择。个人的努力、合适的时机，以及学习大潮的推动，最终使我摆脱了成为一位普通工人的命运，突破了原本身处的格局。"坚持和坚守超过所谓智商",这是我由此悟到并一直信奉的人生信条。

学贵得师

在我上学时,正好是学校开始将财政金融分开教学的年代,正所谓术业有专攻,这使得从我这一代的学生起可以更好地专注于本专业的学习。我坚信勤能补拙,就我外语较差这方面,除了一贯的背单词之外,一有时间就几遍几遍地抄记双语的海上保险法。

老师们的教导也起到了至关重要的作用。师者,传道授业解惑也。如果没有老师们的悉心教导,则没有现在的我。当时学校教学的老师来自实务一线,而我则可以说是师从大家,老师的老师更是学界精英,包括潘序伦先生等一批人。学贵得师,亦贵得友。老师们不仅在学业上倾囊相授,也弥补了我在心灵方面的迷茫无助,无私给予体贴的、正确的引导。他们树立的榜样作用和人格的引导作用是我这辈子历久弥新的宝贵财富。如果要我仅用一句话来对老师做出形容,"真君子、大善人"是再合适,再恰当不过的了。

毕业至今,我仍然对母校的老师们充满了感恩和依恋不是毫无理由的。在我毕业10年后,当需要帮助之际,母校的老师仍是以不变的温暖对我生活上的困难给予帮助,甚至为我的爱人找工作。世间向来是锦上添花的恭维居多,而雪中送炭的真情为少,老师向我伸出温暖可靠的双手,弥足珍贵。

时代对人才的迫切需求和自身的努力,以及老师的帮助,再加上周围人发奋读书的氛围,这三者正好可以说得上是集齐了天时、地利、人和,才造就了如今的林华标。少了以上任何一个因素都不能成就现在的我。

既要做专家,又要做杂家

说起我的工作经历,不得不感叹一句时势造就人才。由于当时保险行业人才紧缺,毕业后,我很顺利地进入保险行业。作为职场新人,一开始就承担重要的工作,是我

不曾预料到的。不管怎样，我只得硬着头皮往前走。例如，测算养老金，在工作现场我直接接受辅导，边学边应用。有一个这样的平台，让我不断去挑战自我，汲取新知识，最终才锻炼出如今纯熟的业务能力。在实践和理论结合度非常高的情况下，我相信有上进心、肯吃苦的员工，在 3 ～ 5 年内是可以独立负责一个部门的。1996 年之后，在宝山大场寿险营业所做组长的这段时间，对我政治品质的完全培育和作为一个保险工作人员各方面底线要求的建立起到了莫大的作用。在时代的要求和个人机遇的相互作用下，2006 年 9 月，我由保险公司进入了上海保险同业公会，由服务保险公司转为维护人民群众、保险公司和政府三方利益。

"跳出保险看保险"是我 30 年服务保险行业得出的结论。对于我们保险专业的学生具有指导和借鉴意义。1929 年，一位当事人由于参加地下党而在友邦保险公司买了一份保险，到 1949 年为止，共交了 6000 银元的一笔不小的保费。几十年过去，当事人弟弟的孩子意外发现了当事人的付款收据。经保险公司的核查，确实存在这样一份保单。由于时间过去太久，不同时间对保险赔偿的计算口径也不一致。在理赔方面，保险公司和当事人后代存在分歧和纠纷。要解决好这个纠纷，保险人员不仅要精通本

行的保险知识，也要了解继承法、诉讼时效等法律知识，最重要的是秉持一颗善良的心，真心地为人民服务。从这个案例中可以得出，作为一个专业的保险从业人员，要想解决好手上的每一件事，既要做专家，又要做杂家。不是精通一门知识，而是在精通一门知识的基础上，了解多门知识。

保持初心，搏击长空

作为从事服务保险行业 30 年的职场老将，一方面，对于未来保险行业发展前景，我可以说像是迎风起航的帆船一样载满了坚定和自信。当前我们的社会对保险的需求是很大的，然而大的需求与保险的社会评价却存在不小的差距。一切行业都有谣言，造成这种情况有主观和客观上的原因。经过正面的宣传，这种情况会得到扭转。一个行业是否吸引人，不是看社会评价，而是看社会最优秀的人是否投身于这个行业。正如天青色在等烟雨一般，保险行业一直在等着卓越的人才来带领其走向顶峰。所幸近年来，我看到了不少人才进入保险这个行业，为保险行业的发展做出了贡献。另一方面，我坚信随着我国经济的进一步发展，人民生活水平持续改善和提高，保险这个"奢侈品"必将更多地受到大众的考虑和关注。保险行业在经历多年的发展之后，已经是蓄势待发，时机一到，便要展翅翱翔、搏击长空。

我想用我的亲身所学和经历，对在校学弟学妹们提一些建议。如果这些小小的建议能对学弟学妹们的成长起到一点点的积极作用，我便十分开心和荣幸了。比起爱一个行业，我们更要做的是去了解这个行业。首先我们要对从事的行业有了一定的了解，我们才能从中发现自己感兴趣的方面，最后爱上这个行业。保险是个很有意思的行业，如果你不甘于安逸，保险则是个可以让你得到锻炼的平台。

另外，在信息化、数字化的时代，每个人很容易被网络、手机、各种各样的物质追求迷惑分心。我们必须抵制过度的物质追求，既不自卑，也不自负，专心自己的学业追求，实实在在地提高自己。许多成功人士成功的背后都有一种超强的忍耐力在支撑着。所幸的是现在年轻人的机会很多，也有时间去给自己充电。希望大家可以尽自己所能去提高完善自己，做一个阳光、自信的人。相信努力过的人结果都不会太差。

姚 蔚

英国皇家特许测量师。上海邦恩德资本投资有限公司董事长／创始合伙人。毕业于华东政法大学。1991 年获伦敦大学房地产估价与法律硕士学位，是第一个获得英国皇家测量师资质的中国人；1996 年加入卓德测量师行任中国区总经理；历任麦格里银行中国首席投资官，花旗集团投资基金亚太董事和中国首席投资官，欧洲财富控股集团首席投资官和新加坡上市公司董事。1986 年进入上海立信高等专科学校人事处工作。

追梦，成就不一样的人生

口述：姚　蔚
采访：陆欣怡　顾宁宁
整理：杨　昭
时间：2017 年 10 月 30 日
地点：邦恩德资本投资有限公司

梦想的力量：500 英镑只身闯荡英伦

我觉得自己对立信没什么贡献，入职时很年轻，离开得又很早，但立信绝对是我人生中留下最深刻记忆的地方之一。立信是我毕业后踏上社会的第一站，当年一起共事的老师和同事们有许多都成为自己一生的挚友／合作伙伴。当年我选择去立信工作的初衷是因为一年有两个假期，有时间旅游、看书和做梦。但学校按部就班的节奏，让我想象到自己一辈子将走的路会是如何的波澜不惊。我是白羊座，天生就喜欢不可预测而又具挑战的人生，所以心心念念想着该如何活得更精彩些。当时，出国是很多年轻人的梦想，我也不例外，并幸运地获得了去英国求学的签证。匆忙地挤出国门，踏上了实现梦想，但又不知终点在哪儿的毫无计划的旅程。

我们算是改革开放后较早出国的留学生，常常调侃自己是"洋插队"，现实比"插队"更让人忐忑不安、前途未卜。我怀揣着自己和亲朋好友们拼凑起来的所有资本——500 英镑（1991 年相当于 5000 元人民币），离开故乡上海，途径香港转机，远渡重洋，到达了一个完全陌生的国外城市——伦敦。第一次坐飞机就飞得那么远，从一个闭塞的国家，来到一个语言、文化、穿着、生活等都完全不同的国际大都市，感觉就像到了外星球。500英镑就是我投资自己人生的资本金了，不过只够我在伦敦生活一个月，我必须尽快自立，包括读书、打工、养活自己……现在回想起来觉得自己实在太胆大了，或许是初生牛犊不怕虎吧。如果不能按时找到工作解决生存问题，连回家的机票也没钱买了。当时的我没想那么多，每一步都能想得那么仔细就不是梦了。幸运的是，我活下来了，完成了学业，最后拥有了一份自己喜欢的事业。

一个人年轻的时候需要织几个梦，你才会马不停蹄地去追梦。当然能完全实现梦想的毕竟是少数，否则又何为梦呢，梦本身就是一种几乎不可能实现的美好愿望。但如果连想的勇气都没有，你的人生缺少了色彩。梦想的东西哪怕实现了一小部分也是很有成就感的。我们的付出和所得一定是平衡的，追梦的代价一般都会超出常人的想象，得到的回报也一定是超乎寻常的。大多数人看到的是成功者得到的鲜花、掌声、舞台等光鲜亮丽的场景，但眼泪、孤独、奋斗、磨难……练就的一颗强大的心一定是内在的，是内功修炼必不可少的过程。

眼界决定价值观，价值观决定高度

出国前夕，立信一个刚从海外归来的副校长跟我说："国外留学很苦，也很孤独。女孩子读啥学位，打点工挣点钱，学好英语，回国够你用一辈子了。"这样的叮嘱没错，但我的梦想远远超越了"够"这个字。我坚信只有读书才能改变命运，才会在国际社会出人头地。在国外求学的前两年，我每天最忙的3件事就是打工—上学—打工—睡觉，为了生存我打两份工，每晚只睡五六个小时，考试的时候更是只能睡四五个小时。当我坐在图书馆的时候，我竟然觉得这里像天堂，读书原来是何等的奢侈和享受呀。两年后我拿到学位的时候银行里只有50英镑的存款，不过我马上成为Surveyor(测量师)，我开始有了Salary（英国白领阶层的月工资），而不是以前打工的Wages(蓝领阶层的周工资)。毕业工作后不到两年就将自己读学位阶段投入的努力、付出都给翻倍地挣回来了。这种变化没法简单地用金钱来计算，因为每个人自身就是最有价值的资产，将自己培养好了，未来事业发展的潜力将不可估量，梦想过的所有遥不可及的好运都会随之而来。

在伦敦的工作让我大开眼界，学到的房产和投资的知识得以运用到现实生活和工作中去，我出国前中国还没这样的行业，所有专业术语都是学的英语。2 年后我被派往香港工作，中国的改革开放吸引了外商投资，外商需要懂得本土文化的国际人才，我是当时唯一有测量师资质的中国人，使得我能够在 1995 年主导对外滩海关大厦和汇丰银行大厦的评估。作为一个为英国公司工作的中国人，我们在海外留学和工作的经验成了当时中国政府招商引资的桥梁。2000 年初，澳洲最大的投资银行——麦格理银行进入中国，邀请我出任中国区首席投资官，这是当时市场上唯一房产界的投行，我从一个测量师转战进入了投资银行。之后又出任了花旗集团亚太董事／中国首席投资官，欧洲财富控股集团中国首席投资官。2013 年底我决定离开国际投行平台，创立自己的基金投资管理公司——邦恩德资本。

回顾自己一路走来的历程，看似轻风细雨，一帆风顺，有惊无险，一路攀升。其中的酸甜苦辣，眼泪欢笑自己最明白。比如，在伦敦 4 年搬了 8 次家，有一次新租房的业主毁约，在冬季的雨天提着两个大箱子，站在路边无家可归，口袋里只有 10 英镑，那个凄惨呀只有经历过了才会刻骨铭心。又比如，一次在服装厂打工，钉扣子机器的针从中指穿过，自己扯一块布包住手指继续工作，担心被老板看见不但得不到同情，还有被解雇的可能。上帝对每个人都是公平的，付出和努力，梦想和眼界，磨难和强大，当你都经历过了，自会成就一个与众不同的自己。

我觉得梦想和眼界尤其重要，不能只看眼前。如果当年我在伦敦不好好读书只顾打工的话，我不会有今天的眼界和高度。在自己年轻的时候，如果温饱不成问题，金钱应该是最后需要被考虑的因素。我们这一代留学生没有有钱的父母来补贴我们，花光了钱要自己挣回来。当时我没有像今天那么清晰地看到和有能力解读自己 20 多年来走过的路，在此希望将自己的感受分享给年轻人。眼界决定了价值观，价值观决定了你可以走多远。尽管每个人有不同的经历，但精英们有着相似的价值观和朋友圈。

自律、自信与快乐

我创立公司之初，就决定用 5 个词来阐述公司文化：自律、眼界、价值观、自信、快乐。我希望这 5 个词能影响和引导我们的员工走向成功，并让他们受用一辈子。在此我就不展开解释了，这些词浅显易懂，但要完全做到需要时间、耐力和功力。最后一个词是"快乐"，快乐很重要，它会给你动力和正能量，并带给大家好的氛围。顺便说一句，我业余时间除了看书就爱种花。鲜花盛开的时候真的会让人心情大好，所以我在家里和公司都种了很多鲜花，压力大的时候建议试试。

最后我想说，离开立信很久了，但我工作的每一天都离不开财务、税务，价值评估……所以，常常有机会和立信的校友们一起工作，很快乐。在此感谢立信带给我独特的回忆和一生的朋友们。

朱建弟

　　中国注册会计师。立信会计师事务所（特殊普通合伙）党委书记、董事长、首席合伙人；兼任中国注册会计师协会常务理事，上海市注册会计师协会会长，中国证券业协会财务会计委员会委员，中国会计博物馆理事会副理事长，上海现代服务业联合会副会长。第十二届全国政协委员，第十三届全国人大代表。1986 届校友。

与立信同行

口述：朱建弟
采访：王凤仙　解馥玮　王敏伊　郑　玉
整理：解馥玮　王敏伊　郑　玉　王凤仙
时间：2017 年 10 月 19 日
地点：立信会计师事务所

从业三十年，热爱铸就坚持

我们这批人进立信比较早，是 20 世纪 80 年代初的时候了。那时无论审计行业，还是整体大环境，都没现在这么好，还处在"初级阶段"，可谓一穷二白。邓小平同志南巡讲话发表后，改革开放进入新阶段，才开始有所变化。

最初，立信体制就是三位一体，事务所挂靠在学校名下，算是学校的一个部门。我也是毕业留校后，分配进事务所的，说白了也有点"大锅饭"的意思。但当时的我，本身就年轻，对工作还是抱有很大热情和积极性的。刚毕业，经验不足，那我就读书积累和学习，提高自己的硬实力；业务不多，就自己寻求业务，自己找项目，工作干劲真的是蛮高的。这些努力是为了养活自己，也为了不拖累培养我的学校。之后随着国家各种政策、制度的改革，我们所处的会计行业也经历了许多重大改革。最早的一次会计改革，出来了新准则、新体系，20 世纪 90 年代初也引进了外资，有了中外合资企业、三资企业，国家也出台了相关制度。像现在大家在校学习的"资产负债表"就是引进西方的那一套理论。当时我们学习的都叫"资金平衡表"，比较多用在老的国有

企业。这些新兴事物的出现，对当时的我来说，还是蛮有挑战性的，随之而来的各种会计考试、职称考试，都需要去准备。事务所业务量少的时候，我就和同事一起卖力学习，这样一种氛围也算是当时立信的特色。之后考证、考职称时，立信人的通过率也是很高的，我自己也为之感到自豪。

经历了一系列改革之后，国家也开始意识到审计行业的重要，规定公司定期需要审计抽查盘点，事务所的业务量开始增多，我们也逐渐忙碌起来了。从项目谈判、实地审计，到最后取得成果，会计师都需要参与整个过程。也因为是亲自参与，事必躬亲，才更能知道其中的辛苦和不易。所以每做好一个项目，给自己带来的成就感是很大的。对于我来说，从每个不同的项目，能学习到不一样的东西，这样的经验积累对我之后个人的发展和工作也很有用。后来，又经历了改制，股份制企业、上市公司出来之后，业务需求量更是上升到新的台阶，会计师事务所的地位在国内也慢慢起来了。

1998年，因改制要求，事务所要和学校脱钩。到底是回学校任教，还是留在事务所，这对我来说也是一大抉择。虽然对学校有很深的感情，但考虑到当时年纪比较轻，对新兴的审计行业更感兴趣一点，于是和当时其他同事商量后，一拍即合，最终选择留在事务所工作。我觉得，事务所虽然苦点累点，但年轻人嘛，还是应该往更有挑战性的地方走，有冲劲，敢打敢拼，在新的领域开辟自己的天地，才不枉为少年。

立信事务所后来的发展还是蛮不错的。从整个资本市场建立开始，我们就主动瞄准市场，积极打开市场。响应财政部号召，在其他国外会计师事务所进入国内市场后，为了提高竞争力，就探索往规模化、规范化、国际化的方向发展，立信走的就是这个路子。2000年，与上海长江会计师事务所合并，从此之后就一发不可收了。规模啊，制度建设啊，全方位开始步入正轨。2009年加入 BDO 国际，我也担任了全球的董事，这一步的跨出和后来立信国际化发展是有密不可分的关系的。

我觉得自己很有幸能经历和见证整个过程。国家经济形态的变革、立信事务所的发展，还有我自身的变化成长，从一个审计新手，到所长、董事长、合伙人。我常自嘲，这是"从奴隶到将军"的过程。但我一直觉得，使我坚持走下来的，是我对这个行业的热爱，还有对"立信"的一种情结。因为喜欢审计，喜欢会计，所以再苦再累也不怕。

以人为本，德与才兼备

以人为本，乃立业之基础。事务所这样的特殊环境，我认为尤其是这样。以前在山东出差期间，我特地去了孔庙。孔家的文化核心是"仁者爱人"，这是我非常喜欢的一种文化。因此，在工作中，我始终坚持的理念就是"以人为本"。

事务所不同于其他行业，大部分工作都要依靠团队合作，协作完成。同时，我们这个行业是靠脑力经营的，如果没有人才，很难立足。因此对事务所来说，要事和、人和，人事协和，有人就有一切。所以我很注重对人才的培养和团队的建设。所里每年都会邀请专门的老师，对 CPA 考试进行辅导；也有出国深造的项目，让大家时刻都在学习的路上，对新准则、新制度都能及时理解掌握。对那些表现特别突出的员工，在经济上也会有一些激励措施。其他日常的集体项目，外出活动的机会也蛮多的。旨在一个团队能交流感情，培养出默契。每年年末，我都去慰问员工，还设立了爱心基金，帮助需要帮助的人。在这方面，我一直觉得立信做得还是比较到位的。

我一直觉得员工和企业之间是双向的，你出一份力，员工会回馈十分力。也许有人说，事务所人员流动性这么大，你做这么多不值得。但我认为，人才工程是要从点滴做起的，细水长流更能证明我的用心。人才流动是合理的，但我更希望通过这样的方式，以实际行动感染激励大家，让大家留在立信，更能够逐渐凝聚起所有员工的心，做到劲往一处使。

每个立信人都应该知道，诚信是会计事业的生命线，而对于立信事务所来说尤其如此。我在工作和生活中都一直坚守诚信的原则，同时我也希望在立信工作的员工、同事也能有这样一种意识，互相影响，互相鞭策。

很多人曾问我，在立信工作最需要具备什么。我觉得两个字就够了："德"和"才"。德为先，德为本，"立信会计师事务所"之名本就取自《论语》中"民无信不立"。潘序伦先生的"信以立志，信以守身，信以处事，信以待人"的"立信"准则，一直是立信为人立业的准绳。所以，立信的员工最需要具备的德，就是潘老所说的诚信，对人、对事都要以诚为本。至于"才"，对于事务所来说肯定就是财务方面的知识了。软实力重要，硬实力也要跟上，学校的教育是获取基本专业知识的来源，自身主动去学习和提高，也是必不可少的。

我自己从立信来，我对立信是有深厚感情的。我也一直相信立信的学子们这两方面应当都没有问题。因此我也常说，只要足够优秀，立信会计师事务所的大门永远为立信学子敞开。立信事务所要发展，走得更远，需要更多德才兼备的年轻人一起努力。扬立信之名，扬潘老诚信之风，也是我们作为立信后人需要去身体力行做到的。

脚踏实地　未来无限大

对于每个人，对于任何一个行业，以及对于整个世界，未来都是无限大的。

20世纪90代初，全国第一次注册会计师考试，对我们来说是吃饭的本钱，当时是金饭碗，我们一边学习，一边工作，自己也非常努力，事务所也非常支持。那次整个上海22个人拿到证书，立信就有7个，合格率高，也展示了我们立信学生的水平。那时的考试，考4门，一下子出来，现在是6门。所以能考出注会，也是人生一大兴奋点。

大学生初入职场，绝对不可能一帆风顺。调整心态，踏踏实实，从最基本的事做起，做喜欢做的事情，才是通往成功的路径。如果你看周边的人，这个也好，那个也好，好像都好，但是要做自己喜欢做的事情，选择自己喜欢的职业，脚踏实地去做。我们当年也是，咬着牙一步一步坚持过来的。

大四的学生，学习不能放弃，考出注册会计师可以说是终身受益的，就是不做这个职业，对方方面面的事情也是有帮助的。做我们这个行业的，灵活性比较强，有忙季和淡季，要有机安排、合理把握。工作是忙，但不是瞎忙，要有重点，把握节奏和进度，在这中间，我觉得还是有余地的，还是可以拿来学习的。刚刚开始工作，你所遇到的一切不会像在学校里一样，会有方方面面的问题和压力，有学习上的，也有生活上的，要学会调整。说起来容易，做起来难，这其中的平衡要自己去找。

学校90年，我们事务所也是90年，双方目标是一样的，都是为了纪念潘老，纪念伟大的一代先驱。饮水思源，不能忘本。

最后，送给青年学子们一句话："立信于社会，立德于事业，立民于服务"。祝贺母校90华诞！

蔡爱明

　　高级职业经理人，高级经济师。上海人保直属支公司负责人。上海浦东企业家联合会副秘书长，上海自由贸易区企业家联盟副秘书长，上海立信会计金融学院客座教授、大学生职业生涯发展校外导师。1986届校友。

永远在路上

口述：蔡爱明
采访：杨东学　徐晓曼　涂小虎
整理：杨东学
时间：2017 年 10 月 10 日
地点：上海人保直属支公司

师恩似海，岁月如歌

　　我 1984 年考入上海银行学校，现在距离我大学毕业已经 31 年了。当时我读书成绩不算差，高中时期还做过学生会主席，所以就被分配在银行班。但是由于一些机缘巧合，最后被主管教学的老师分配到了保险公司委托银行学校组建的保险班。那时，是我们国家保险恢复后开设的第一届国内保险专业。十多年的寒窗苦读，最终走进了理想的大学，想学到更多的东西进而改变自己的人生轨迹。带着这份信念，开始了自己的校园生活，开始了我的第一堂课，那堂课的老师就是我人生中的恩师——姚学乾老师。

　　那堂课，姚老师拎着一把大锁来讲课，他把锁象征成保险。姚老师问我们生活中什么是保险？因为脑子里对保险的概念太过陌生，所以当初我们回答的都是：保险锁、保险箱之类的东西。之后姚老师在课上为我们生动形象地解释了什么是保险，也把通过一定的钱把风险转嫁出去的意识传达给了我们。也正是那堂课，他把正值十八九岁的我们带进保险这片全新的领域。因为对新鲜事物充满着好奇，就这样，慢慢地我入了门。

　　姚老师严谨的态度，我至今印象深刻。记得有一次，姚老师送我去南汇实习，做一个关于农业保险——奶牛保险的课题学习。那个时候，每天奔波于奶牛场，环境条件很是艰苦。但是姚老师严格制定了许多要求：一个星期至少要去走访多次，要和养牛的人进行交流访问，要和负责农业保险的人进行交流访问，等等。之后让我写课题研究报告。由于年纪小，怕辛苦，虽然制定了许多要求，但是我很简单地写了流水账，一些数据也没有经过大量精细的研究，拍拍脑子就编出来了。本想着奶牛场离学校这么远并且条件很艰苦，拿数据也不方便，姚老师应该也不会深究什么。可是，当姚老师看见了我的第一次报告后，一把把我揪在旁边，刨根问底说，你这个数据是怎么来的？又启发式地给我讲奶牛生病会对我们百姓生活的影响是如何的，从农业保险这一方面如何去促进我国畜牧业发展，还讲到通过保险，奶牛高效产奶如何促进全民族身体素质的发展，等等，将问题从几个角度作了深入阐述。后来我写好相关数据，姚老师还特意去找南汇那边分管农业保险的科长，了解我去了多少次，到那里怎么沟通，学了些什么，再核对相关数据。来来回回，反反复复，在老师的指导下，文章我改了七八稿。付出和收获是成正比的，最终我的那篇报告被刊登在学校第一批实习校报的首篇。

　　当我们在学习保险知识过程中遇到困难时，姚老师总是认认真真地为我们释疑解惑。当初我们上学时用的教材都是一张张油印纸的。姚老师把需要我们掌握的知识，亲自撰写下来，然后刻在一张油印纸上，一张一张用油墨印刷出来。很搞笑的事情是，一堂课下来，全班人两只手全是黑的。在遇到有些专业名词不懂的时候，去问老师，老师通常都会细心解释，但是偶尔遇到他也不清楚的时候，他会说："诶，这个让我回去好好想一想。"我记得当时图书馆里有一本叫做《保险字典》的书，还是我国台湾地区出版的。那个时候，关于保险的教材特别少，也就两三本，都是繁体字的。姚老师就认认真真地去查阅翻看。白天给我们上课，晚上就查资料，再撰写出来给我们刻成油印，再装订。记得我们学习了保险概论、财产保险、机动车辆保险、农业保险，等等，由于保险学的教材匮乏，有的教材没有，就找保险公司要与保险合同相关的保险条款，我们同老师一起学习，一起研究。现在想想那时候，是真的不容易。姚老师带我们的时候已近 60 岁，他夫妻两个都是学保险的，都对我们非常好。

　　饮水思源，不忘师恩。我虽已毕业多年，但师恩难忘，毕业后也一直与学校、与老师有交流，毕竟老师的教诲对于我之后的求职和人生之路都有着重大意义。如今在我从事的保险行业中，恩师教导的诚信也一直作为座右铭警醒自己，铭记保险之最初要点。

因为情谊，所以坚持

给我留下深刻印象的是，当我们都在社会上奋斗的时候，老师们也都退休了。原上海金融学院保险学院邀请我们举办了第一届保险峰会，那个时候姚老师已经87岁高龄了。他还是认认真真，所有的事情都一丝不苟地参与着、准备着。在我们大会召开的当天，姚老师不辞辛苦，专门赶过来作了深刻的讲话。所以说，他对行业发展是很关心的；对我们这批学生是很关心的；对我们保险学院是很关心的；他把自己毕生的精力都投在保险学院、保险事业上。他们就是我们所讲的匠人，而我们所要学习的就是他们身上的工匠精神。

老师认真带，我们认真学，从老师身上可以学到很多知识财富。正是因为有他们的教诲，我们才走到了现在。老师所讲到的"立诚明德，经世致用"的精神一直激励着我们认真做人，认真做事。我们工作的时候，经常会回学校走走。生活中，工作上，有些浮躁，有些不舒服的话，和老师沟通沟通；一些想法和老师讲讲，心里会很平静。老师一走，心里很空很空，我们30多年的情谊在里面，那之间的感情用言语是表达不了的，我们会将老师的精神理念永远传承下去。

我们和老师的感情很深，除了姚老师之外，还有一位德高望重的老师——金老师。我们每年都抽时间去和保险学院的老师一起去看他。虽然他年纪大了，但都能清晰地记得他的学生们，尤其记得我。打比方说，我们一般会在春节前，或者重阳节，去看望老师们，如果不去看他，他会掰着手指算的。直到我们到了的时候，老师会说："哦！阿蔡，你终于来了。"所以说老师也一直在想着我们的。每次老师都是念念不忘的，把他从十几岁开始到现在的经历讲给他的学生听，我们坐在老师身旁，认认真真听上两个小时，真的很有意思。后来，姚老师走了。不过，我们还会经常回去看望姚师母。

回首往昔，首先是老师把我们带进门，让我们喜欢这个专业；我们更把这个专业当成事业来做。因为记得老师当年的那份情谊，我们认认真真、扎扎实实一直做到现在，包括现在还在一线岗位工作的同学们。这么多年做下来，也一直都在坚持着，我可以很自豪地讲："入行 31 年，从来没有后悔过做保险，从来没有后悔过做这个行业。我一直感觉做得有滋有味。"

青春韶华，砥砺前行

1986 年毕业后，我被分到中国人保川沙支公司。记得那时，我国的保险业刚开始发展，川沙地区只有一家保险机构，为地区乡镇企业及个人办理保险业务，业务量微乎其微。那时每天最主要的工作就是陌生拜访，一家一户地上门，不厌其烦地宣传保险预防风险、抗击灾难的作用。每天辛苦地奔波，不辞辛劳地传播保险知识。由于当时大众保险意识极度匮乏，吃了不少"闭门羹"。实话实说，不是没有动摇过，但使我坚持下去的，除了恩师的教导，还有一件事儿……

说来也巧，刚工作时就遇上了台风。川沙当地很多房子是草屋和土屋，所以房屋损毁非常严重。而且农民嘛，土地就是生命，台风的摧毁，不仅辛苦的劳作没有收获，严重的洪涝灾害更使许多土地无法耕作。当时刚工作，每天没日没夜地登记，每家塌了几间房屋，塌陷面积如何……都做详细的记录，确保每一家可以精准获赔。让我永远忘不掉的是灾后给每户送去保险金时，他们感激得说不出话的样子，那真是全家跪在地上的感谢。我似乎瞬间感受到保险的重大意义——雪中送炭的一份保障，对自我的考量上升了一个层次，考量自己不仅仅是业绩多高，而是作为保险代理人，拥有了救人于危难的能力。

在浦东待了 18 年。2003 年，中国人保财险上海分公司对全市支公司的干部人事进行了调整。因为不俗的业绩，我出任虹口支公司副总经理（后接任总经理）。别看"官"不大，但"事"不少。当时的虹口支公司由于经营业绩不佳，员工有跳槽的，有正考虑辞职的，公司每年的业务量已下滑到 3000 万元，而当时其他支公司均在 7000 万～8000 万元左右，上级公司一度考虑对该机构进行撤并。可以说，我是临危受命。在浦东 18 年如一日的勤奋敬业已养成习惯，我到任后，率先垂范，提出了"树信心、聚人心、保生存、求发展"的管理思路。每天从川沙自驾至虹口，与员工们一起分析市场需求，组织力量研究符合客户需要的险种，并接保单做业务……每天几乎要工作十一二个小时，消瘦了 10 多斤。当时我只有 40 刚出头的年纪，却常常累得直接躺在沙发上。

功夫不负有心人，我和我的战友们经过 3 年多的拼搏，虹口支公司发生了脱胎换骨的变化，业务量从原来的 3000 万元左右猛增到 8000 万元以上。2006 年，凭借出色的业绩，我先后获得上海金融工委、中国人保总公司上海分公司授予的"优秀共产党员"和"优秀企业管理者"等荣誉称号。

"虹口之战"的完胜我并不满足，当今世界正处于科技迅猛发展的时代，如果不能与时俱进地更新自己的知识，拓宽自己的视野，将不能适应时代发展的需要。正是在这种危机感的驱使下，在繁忙的工作之余，我挤出时间去大学进修。经过几年的努力，取得了两个 MBA 学位，并在 2005 年，以全市第二的成绩获得了国家劳动和社会保障部授予的高级职业经理人任职资格证书。

回顾我的职业生涯，除了勤奋，品质、能力和机遇是相当重要的。不管从刚开始我以保险代理人的身份推销保险，还是现在做到高管层，踏实、诚信地做人，让我获得更多机会。说到机遇，可以说自己是一个幸运的人。恢复高考不久，自己就考上了大学，并在大学内结识自己的恩师；毕业后，中国改革开放正处于蓬勃发展的阶段，入职后也通过自己的努力受到领导赏识。诚然勤奋是重要的，但是机遇也是不可或缺的。

大学 4 年学习的不仅是知识，更是做人。我希望学弟学妹们能够在大学这个舞台树立正确的人生观、价值观，能够拥有独立思考的能力。对于自己的老师和同窗，切记要懂得感恩，懂得尊重。尊重他人，他人才会尊重你，欣赏你，重用你。当然，作为一个保院学子，请务必将诚信铭记于心，诚乃保险之根本。

王 燕

　　中国注册会计师。富邦华一银行第一副总裁，会计部主管，兼任上海富邦华一公益基金会秘书长。曾就职于上海爱建信托投资有限公司，任会计部副经理。1986 届校友。

我为是立信人而自豪

口述：王　燕
采访：瞿雯怡　施沁妍　钱心译
整理：瞿雯怡　钱心译
时间：2017 年 10 月 24 日
地点：王燕办公室

邂逅立信，知之爱之

在一个人的学习生涯中，最终进入的大学可能不是你的第一志愿，就读于哪所大学，与其说是一种选择，不如说是一种机缘，我就读立信就是缘分使然。入校之后，我了解到立信是中国现代会计之父潘序伦老先生创办的一所以诚信为本的会计专科学校，培养了很多优秀会计专业人才，遍布全世界。学子们毕业后，在不同领域创造了不凡业绩。知之爱之，我作为一名立信人感到自豪骄傲！

我们是属于幸运的一代，恢复高考不久便有机会进入高等学府。进入立信学习的时候正是立信复校的第四年。当时的班主任和专业老师有复校后第一届留校毕业生，如我们班主任徐蕴华老师，会计老师周琪、徐波；还有是大学毕业不久的年轻人，如徐家雨老师和卢超老师。我们年级共有 6 个班级，5 个会计专业，1 个物价专业。那个时候学校还没有自己的校舍，都是借用其他学校上课。

会计专业就业面广，可以涉及金融业、建筑业、房地产业、财政税务机关、教育局等，在任何一个行业领域，会计都占有一席之地。就读立信后，突然感觉心比以前更加宽广，使我对学习产生了动力。我们一开始学习会计感觉入门又难又枯燥，它不同于中学时代的基础理论知识体系，开始学感觉是抽象的。会计最基本的公式：资产等于负债加所有者权益；记账规则：有借必有贷，借贷必相等。会计是在这个规则范围里的平衡，有借有贷，就如阴阳、黑白、边际成本的平衡。可能在学习初期不会感觉到这种平衡，但在积累了一些工作经验以后就会有这种感觉。这就是你想要成为高层次会计人员必须具备的素质，从而可以为管理层提供可靠有效的财务数据信息作为其决策依据，以提高资产和资本收益率。

学生时代以学为主，我既然和会计这门学科结缘，就应该学好学精。然而，我们不能被专业学习所框死，最终我们要跨入社会，需要具备综合素质，要有奋斗目标。大学期间，除了学习之外，还有很多课外知识阅历在帮助我们成长。譬如，担任班级干部，使我们在学习的同时融入集体之中，培养自己的领导能力、统筹能力和思维能力，同时也加强执行力。这些能力在以后的工作中会潜移默化地帮助我们，使我们受益匪浅。

回想立信3年的学习生涯，许多老师都给我留下了难忘的印象。印象最深的应该就是二年级班主任卢超老师了。他的年纪虽然比我们大不了多少，但是遇事冷静沉稳，对我们耐心细致，善解人意，既是我们的老师，更像我们的一位兄长。当年我们没有校舍，都是走读生，要想搞一次班级集体活动很是困难。记得有一次，我们班干部为了组织一次大型班级活动而影响了上课，恰巧被学校有关领导知道了，为此要严厉处分我们。卢老师知道后，一方面，严肃地批评了我们这种"先斩后奏"的行为，又肯定了我们热爱班级集体，乐于为大家服务的品质；另一方面，为我们向学校解释："走读学生的班级凝聚力一般较低，我们应该看到1班班干部为班级集体尽心出力的积极方面，不要轻易处分从而打击了学生的积极性"。在卢老师的努力下，我们"躲过一劫"，但我们也切切实实知道了自己的欠缺之处。谁都年轻过！

毕业这么多年，我们同学之间仍保持联系，有班级微信群。同窗友谊很纯真，无论经过社会上多少年的洗礼，依旧如初。即便过了30多年，见面依然十分亲切，没有陌生感。无论过了多少年，你还是当初的你，只是多了一些生活的经验、历练、沉淀；当我们再聚首还是可以一起无忧无虑地疯，一如当年……

辛勤开拓，回馈社会

1986 年毕业后，我进入上海爱建信托投资有限公司，开始了自己的职业生涯。当初恰逢爱建筹建成立，我在筹建中学到了宝贵的经验，得到了历练。当初信托公司可以混业经营，业务面广，既可以经营银行业务，又可以经营信托业务。工作初期，很幸运我得到了银行界著名"老法师"的言传身教。那个时候信息化核算软件系统还没有普及，我们手工作业，虽然辛苦，但是可以接触第一手资料，学懂核算逻辑原理方法，比现在的电算化系统学到更多的知识。手工作业夯实了会计理论基础，培养了逻辑思维能力，给我日后在设计会计相关管理制度、核算方法、本外币转换、执行新会计准则等工作给予了很大帮助。第一份工作做了 10 年，时任会计部副经理。

1997 年，我进入上海浦东发展银行和我国台湾地区一家财团合资成立的华一银行，这是中国内地和中国台湾合资的第一家银行，经历次增资扩股和股权变更，现更名为富邦华一银行有限公司。华一银行筹备期间，在会计核算上可谓"一穷二白"。在没有母行支持的情况下，我凭借在立信学到的理论基础和 10 年的工作经验，白手起家建立

了华一银行会计管理核算体系。筹建银行，除了专业知识外，还需要具备管理能力、沟通能力、组织协调等能力。要想克服工作上的困难，取得一点成绩，首先要有责任心，在其位谋其职，要有激情和自信心。我们达到目的的途径有很多，学习知识、请教前辈、社会工作经验，还需要一个好的通力协作的团队。工作更多的是一种责任，这种责任驱使着你去做一些正确的选择。

我们要弘扬"饮水思源、回馈社会"的理念。我兼任上海富邦华一公益基金会秘书长，基金会秉承"关怀贫困女性，传递正能量"的宗旨，通过规范运作、科学管理，致力于扶助贫困女性教育、资助贫困女性医疗，以及重大灾害救助，将爱心及资源传递给最需要帮助的弱势女性群体。基金会主要公益项目：携同富邦财险为 70 岁以上的高龄纳保老年妇女购买个人意外伤害骨折保险、"阅读，让心更暖"公益建设乡村学校图书馆或阅览室、一对一帮困助学等。莎士比亚说"书籍是全世界的营养品，生活里没有书籍，就好像大地没有阳光；智慧里没有书籍，就好像鸟儿没有翅膀。"书籍是孩子们最亲密的朋友，是他们了解外界的窗口，也是伴随他们成长的良师益友。

不忘初心，不负韶华

当我再次踏入母校立信校园，面对新校舍、图书馆、校史馆等建筑时，亲切之感、感恩之情依旧从心中油然而生。若母校有召唤，我们一定会响应；学校有活动我们亦会参加。希望学校能多组织活动，创造机会让我们多回母校看看。感谢母校 2016 年末举办了毕业 30 周年校友校庆活动，让我们重温当时青春韶华。

立信秉承创新这一理念在这 30 年中不断前行，变化之大让我惊喜不已，不仅创立了除会计专业以外的金融、国贸、法律等相关专业，还建立了人文艺术学院，更注重学生综合素养的培养。我期待立信能够培养更多各个方面的专业人才，同时也秉承传统会计专业，不忘初心，方得始终。

最后，寄语 10 字共勉之：诚信、亲切、专业、创新、管理。诚信，为人之本；亲切，处世之器；专业，工物之基；创新，发展之源；管理，长久之计。潘序伦老校长提出以"信以立志，信以守身，信以处事，信以待人，毋忘'立信'，当必有成"的立信校训，我们应当永远铭记于心，常怀感恩之情。

陈庆平

　　香港新凌集团上海赞多多电子科技有限公司总经理，上海华依科技发展有限公司和上海环能新科节能科技有限公司独立董事。1986年进入上海金融高等专科学校，任讲师，处长。

时刻准备着　成为更好的自己

口述：陈庆平
采访：孟泽宇　林玉芝　陈晓晨　李晋蓉
整理：孟泽宇
时间：2017 年 9 月 11 日
地点：上海赞多多电子科技有限公司

不遗寸长　善学好思

我的大学生活，是一段朝气蓬勃，意气风发的青葱岁月。我们那个时候刚恢复高考，刚从"十年浩劫"中走出，非常珍惜得之不易的机会，学习风气浓厚。与现在校园里刻苦攻读有一点本质的不同，当时，大多数人的确是满怀理想，更多的是为百废待兴的祖国读书，对物质上追求不多。那个年代的生活，在物质上远比不上今天，学生的视野也比现在的学生窄，不过好多东西还是蛮让人怀念的。十一届三中全会召开是1978 年的下半年，大概是 1979 年开始实践检验真理标准大讨论，人们的思想开始解放。1980 年前后，开始流行交际舞，邓丽君、李谷一、郑绪岚、关牧村是那时大学生喜爱的歌手，那时流行的歌曲大部分是电影插曲，如，心中的玫瑰、三峡、小花……大多是李谷一唱的。当时的社会问题很多，学生们有质疑、有抨击，但更多是反思、希望、行动。在那个时候，我们对书本有一种饥渴感，看书对我们来说是一件很奢侈的事情。能在图书馆看书，每天徜徉在浩瀚的书海里，内心是非常满足的。

人想要达到自己的目标，实现自己的人生价值，首先要不断学习，努力提高自己在各个方面的能力，多学知识，多学做事，多学做人，顺应社会发展的潮流。在学校的时候，要多学一点，走上工作岗位更要不断给自己充电。因为社会整个层次都在提高，所以我们要往更高的方面去做。除了学到专业知识外，还要学会思考和观察。在我上大学的时候曾拜访过一位德高望重的老先生。老先生简单的举动深深地触动了我。记得刚进门的时候，老先生立刻起身，手心朝上，连连说请坐；离开的时候，双手合十，微笑说再见。老先生的虚怀若谷、和蔼可亲及对人的尊重，一直让我铭记在心，感触颇深。

我觉得一些微小之事，甚至是一些微不足道的细节，大有文章可言，大有可学之处。比如，人的言谈举止是可以给人留下第一印象的，这也是很重要的。思考不能只想自己的东西，别人好的东西我们要去思考它，要取其精华，去其糟粕。前人的一些优秀品质，比如艰苦奋斗，是我们需要学习的。但不要事事都向前人学习，那都已经是跨时代了，比较久远。其实现在的孩子身上，有很多优秀的品质值得学习。如果你们要学习我们的话，不要学习我们成功的地方，要学也应该学我们失败的地方。因为成功是不可以复制的，失败是可以吸取教训的。我们以前走过的路，现在不可能重复，时代和社会背景都不一样了。

脚踏实地　善于取舍

我们当时是计划分配，职业选择不由我们作主，我上大学的时候也没做过职业规划。我毕业后，就职于人民银行安徽省分行，在安徽银行学校当老师，后来调到学校团委、学生处，从事学生思政和管理工作。以前，我们学生思政和管理的模式就是统一安排，严格管理。因为那时候院系、班级人也没有现在这么多，一届四五百人，三届加在一起也就一千多人。

那个时候，学校浦西那个校区，面积小，一目了然。老师与学生课上课下交流很多，对我们学生思政和管理工作起到了非常好的作用。当时的学生单纯，社会没有现在复杂，网络各方面没那么先进，学生的思想工作、生活安排及其他事项的管理比较简单。当时高校中，我们学校虽然小，名气不大，但学生思政教育、生活安排及管理工作算是不错的。由于学校是行属院校，学生毕业分配基本上都去了人民银行，工、农、中、建、交5大行。那个时候，学生就业的难题是选行、选地区，基本上是哪来哪去的，学生

相对比较单纯一点。

"生活就像一盒巧克力，你永远不知道下一颗是什么味道。"由于多方面的原因，一是高校收入低，1993年一个月也就一两百块钱。学生出去工作第一年拿的薪水就是教师的好几倍，当时银行收入比较好。二是那个时候金融发展比较快。当时我们也属于行属院校，所以到人民银行或其他银行比较简单，机会好，银行企业对老师还是比较尊敬的。当时我觉得到外面去"海阔凭鱼跃，天高任鸟飞"，会有更大的空间和更多的可能。于是我从学校离职。此后，我一直从事金融工作。尽管后来的工作少了一丝学校的纯粹和悠闲，但回过头来发现自己走的每一步，都是靠努力和脚踏实地的工作换来的，内心的欣慰和成就感油然而生。所以说大学读的专业和你以后的工作关系不大，不要把自己的职业局限在几个有限的方向，因为职业的选择是双向的，具有偶然性和随机性，但一定要打下坚实的基础，要不断地学习，学习再学习。

做自己所爱的，爱自己所做的！自己的定位要明确，定位——我不是成功者，只有踏踏实实地干，扎扎实实地做，这样我才可能获得一点点的成就。心态一定要好，真正想要的，没有一样可以轻易得到，这就是努力的理由。千万不能眼高手低，要一步一个脚印地去做。念念不忘，必有回响；厚积薄发，这样才可以得到自己想要的东西。

世事洞明　做好自己

　　长时间的工作经验让我慢慢发现一个问题：在学校优秀的，走上工作岗位未必是优秀的。这是为什么呢？第一点，学校认同的标准和社会认可度不一样。在学校，好学生，往往是功课好、能力强，这种能力实际就是应试教育所体现出来的技能，它是一种套路的能力。在现实生活与工作中，其实最需要的是情商，非常重要。第二点，情商。学校和社会的标准又不一样。在学校里可能是当班委，进学生会，参加社团，等等，有号召力、有才华就是情商高。但在现实工作岗位上，没有人给你表现，没有人给你演讲，没有人给你弹钢琴，整天就是工作。在工作中的情商主要表现在平常的人与人沟通的能力，这非常重要。不要"两耳不闻窗外事，一心只读圣贤书"，不要自我封闭。大学生想要提高这个能力也并不困难，只要处处想到别人，凡事都为别人考虑，什么事情就好办了。遇到问题时，我们应该思考如何去解决这个问题，而不是一味地逃避，把自己置身事外。

　　人常说：当我们和别人比成功时，发现总有人比你更成功，于是你就闹心了；当我们和别人比不幸时，发现总有人比你还不幸，于是你就安心了。我们能做的就是做好自己，不断充实提高自己。下面总结一下我自己的为人处事之道。

　　生活原则：往高处走，朝平地坐，向阔处行。

　　态度：存上等心，结中等缘，享下等福。

　　目标：爱心中人，做眼前事，立身后名。

　　方法：时刻准备着。不仅要为自己准备，也要为别人准备，双向准备。

　　不要去追一匹马，用追马的时间种草，待到春暖花开时，就会有一批骏马任你挑选。与君共勉。机遇只属于做好准备迎接机遇的人！

　　时至今日，我已经离开高校，在社会上闯荡20余年。在平常的工作生活中，我始终密切关注金融学院的发展。也许，金融学院对我来说，是我心灵的一个栖息地，一幕幕，浮现在我的脑海，难以割舍。作为恢复高考后的第一批大学生，我希望为祖国的繁荣昌盛贡献自己的力量。所以从教师到经理，从学校到企业，我始终严格要求自己，脚踏实地，不忘初心，一如既往。

　　最后送给正在学校求学的学弟学妹一句话：看清面对的现实环境，及早订出人生目标。专注的人永远都会成功！

张荣芳

中国信托登记结算有限公司董事、总裁。1987
届校友。

一路护"苗" 从心出发

口述：张荣芳

采访：李　爽　褚红素　殷林森　赵倩雯

整理：赵倩雯

时间：2017 年 4 月 12 日

地点：中国信托登记结算有限公司

信托登记从此启航

2016 年 12 月 26 日，中国信登终于在信托业人士的千呼万唤中对外宣告成立。随着中国信登的正式揭牌，整个行业内外都在关注着我们的一举一动。在监管要求与行业期待面前，只有抓紧推进信托登记制度的制定和系统开发，及时上线运营履职服务，才能不辜负大家的期待。对于公司的现状，我一直将其比喻成一颗"小树苗"，现阶段的我们还很弱小，虽然名字很大。首先还是要从基本的登记业务起步，从最基础的东西做起，遵循业务发展的内在逻辑与规律，让这棵小树苗逐渐成长起来。目前，我们的公司先从信托产品登记做起，继而再推进信托受益权登记；随着制度的成熟、法律的完善，逐步走到信托财产登记这条路上。因此，信托产品登记只是信托财产登记的一个归属和分支。现阶段，只有做好信托登记这个服务平台，才能解决信托受益权流转、风险控制、增加信托财产的保障等问题。今后再通过信托财产登记解决其是否独立，确定财产的归属和性质，从而实现信托财产的破产隔离功能，让整个信托市场的交易流转变得透明化、公开化、市场化。

何为信托

我认为信托，是作为国民财富积累、家族传承到一定阶段的产物，其业务范围十分广泛，是我们国家唯一一个几乎能打通所有金融业务门类的特殊行业，因此极具发展潜力。结合供给侧结构性改革的需要，目前我国信托业转型发展主要沿着三个方向演进：即传统业务的优化升级，专业资产管理能力的持续提升，财富管理业务转型探索。因此，我认为中国信登的诞生其实是适应行业转型发展的必然需要。行业的快速发展，迫切需要建立一个统一的产品登记和信托受益权流转平台，从而规范产品登记、公示、信息披露、受益权转让、质押、兑付、清算，有效厘清信托产品的投资人、受益人和受托人的各方责任，从而进一步体现信托业在市场资源配置方面的作用，也利于监管部门对信托行业的精准监管。

中国信登的落沪，对上海国际金融中心建设也有特殊意义。主要是进一步丰富了上海金融要素市场的构成，并使得落户上海的全国性法人金融要素市场跃升为 10 家，在一个城市里集聚这么多金融要素市场，如证券交易所、期货交易所、上海清算所、黄金交易所、外汇交易中心等，不仅中国没有，就是在全世界也是开先河的。中国信登今后将在推动上海国际金融中心建设和自贸试验区联动发展的过程中，形成信托产品登记、发行、交易、转让、质押、清算、信息披露等的完整交易链，让市场按照卖者尽责、买者自负的原则高效运行，有助于逐步解决困扰信托业多年的"刚性兑付"问题；同时可以强化市场纪律，解除不应由政府承担的责任，切实发挥市场在资源配置中的决定性作用。

心系母校，分析金融行业变革

我虽然已毕业多年，却时刻关心着母校的变革和现状，更是十分关注母校学子们未来的就业趋势和走向。根据我在行业内多年的工作经验，我认为以银行为核心的传统金融业在未来发展中将面临巨大的问题与挑战，这对于财经类高校的人才培养也敲响了警钟。一方面，就现在的银行业务而言，一般柜面员工的电子替代率是极高的，有些行甚至已经高达百分之八九十；另一方面，现在很多高校都设置了金融专业，上海高校更是从 2005 年起便开始普及金融专业，但今后是不是还需要这么多千人一面的金融专业毕业生，毕业后能否适应市场的需要，这都是很大的问题。金融专业跟会计不一样，会计其实是社会需求，而且越是市场活跃企业价值越是多，它对会计的需求越大。而如今的金融行业面临的最大问题就是传统的商业网点逐步被电子金融科技渠道所取代，这对金融专业的学生确实是个问题，将来就业前景会很成问题。对学校来说，金融风险管理这些比较基础的东西是必不可少的，它其实涉及会计，涉及法律，还涉及一些财富管理。因此学校要充分挖掘上海已有和潜在市场的优势，如投资银行、私人银行、私募机构、信托公司、资金运营总部集聚给金融教育带来的实训资源，加强与它们的联系，设置工作站点，通过授课讲座的形式不断把市场前沿的实务知识带到学校里来，甚至可以直接与培养学生的专业课老师合作，实习代训。只有这样教出来的学生才更接地气，才可缩短学生由学校向职场过渡的时间。而信托行业因其接触行业的广泛性、严谨的法律特性、产品成立的跨市场性，所以更需要复合型人才。因此，学校还要根据市场需求提前预判，加强应用型和复合型人才的培养。我也期待中国信登今后能与学校在信托研究方面开展产学研合作。

我们金融学大类里面有三个方向，分别是银行、证券、信托，就是这三个方向分别对应了一些个人职业选择。所以，我说我们培养的学生只是对这个大致就业方向有个初步的入门，而不代表他之后必需从事某个特定的领域，这些职业上的经历还是要通过时间的磨砺和体验。其实，我们公司也有别于一般的信托，它是信托的一个服务平台，跟信托的实操又是不一样的概念，但行内人员需要了解一些特有的运作模式，例如，如何发现项目、发现资产，并且把它包装成产品，这样的能力使我们的实际操作人员有别于信托实操人员。所以从另一个层面来说，真正的实务人才还在信托公司里。而我们做的就是，在金融市场发现的所有产品都在我这里登记，登记后要建立架货管理保障体系，是体现基础平台与行业式作用的货架管理体系。

借着这次校友访谈的机会，让我分享了一些个人的经历和想法，我认为颇有意义，也希望后辈们可以不断汲取前辈的经验，不断向前，勇攀高峰。最后我想说，我们要抓住母校两校合并的契机，不断提升学生的专业素养和职业潜力。真挚地祝愿我们的母校蒸蒸日上、越来越好。

汤耀华

成都 WOWO 连锁便利店创始人。全国大学生创业导师。1987 届校友。

巴山蜀水立信人　敢闯敢拼终有成

口述：汤耀华
采访：胡怡雯　李庄明
整理：胡怡雯　李庄明
时间：2017 年 7 月 13 日
地点：上海汇银商业广场

年轻人不要怕吃苦

20 世纪 80 年代，我大学刚毕业时候，大学生数量比较少，社会对于大学生的认可度还是很高的。毕业之后，我的第一份工作是药材公司，公司要我先去药材仓库。我在仓库待了很长一段时间，从基层做起，熟悉药材、送货、扛货，完全是工人的状态，等这个基础打好之后才回到公司。当时大学生有一年实习工资，非常低，你要接受劳动的教育，这是 20 世纪 80 年代大学生都需要做的，要在群众的教育带领监督下认真工作，符合要求再回公司。我家庭是劳动人民出生，离群众距离不远。因为表现好，在药材公司，第一年就是先进员工。刚进公司，老前辈比较多，记忆中第一年没做什么事情，我印象比较深的是每天拎 4 个热水壶帮前辈泡茶，我就觉得也没什么，年轻，多做点多学点，身体好不吃亏，这是我觉得作为大学生的基本要求。那时候非常巧，我陪一个同学去上海万体馆，那是第一届上海人才交流会，必须有大专以上的学历才能参加，更巧的是同学没有被录取，我却被录取了。当时我也不懂东方商厦是什么，半年后接到录取电话，整个人都懵了，感觉很惊讶。东方商厦是整个中国第一外资百货，外资零售第一号。对于当时的年代，跳槽是一个不得了的事情，几乎受到全家人的反对。当时我年近 30，觉得在药材公司也做了 5 年，并且做得非常好，准备跳槽时还受到了原公司的很多条件限制。但东方商厦对我有吸引力，工资翻 5 倍。一方面，离家比较近；另一方面，还是主要的，当时比较年轻，想换一个活法，多做一些事情。心理就想着年轻人还是不能太安逸了，有机会就要去拼搏闯荡，这样以后才不会留有遗憾。也正是因为这个机会，我接触到百货大超市的工作环境，之后在协和量贩工作，后来被 Tesco 收购，这段经历让我对外资企业的管理方式和经营理念有了更多的了解。在一次成都举办的全国糖酒会上，我偶然发现成都人特别喜欢熬夜，但缺少一个 24 小时的店铺支撑这一习惯。"为什么不能把上海的 24 小时便利店模式引入成都呢？"有了这个想法，我就找合作对象，通过前期大量的调研和辛苦准备，终于在 2005 年将这个想法付诸实践，在成都成功开设第一家 24 小时便利店。成长的过程总是伴随着疼痛的裂变。"刚开始的半年多，我吃住都是在公司，一天 24 小时几乎都在工作，为了开好第一家店为以后铺好路"。十多年下来，我的眼圈都黑了，我经常会自嘲现在的自己跟"熊猫"一样，从意气风发的青年到刚劲沉稳的中年，这其中发生的一连串的艰难与故事，也对我产生了很大的影响，但是我觉得更多的是积极的一面，可以说这些改变了我的前半生。经过不断的发展，也才有了现在的些许成绩。现在回想起来，我觉得很大程度上得益于年轻时候的我敢于拼搏和尝试，肯努力，肯奋斗，我很感谢这些经历和所做的努力，所以年轻人不要怕吃苦，敢闯敢拼才是年轻人的宝贵品质。机会总是垂青于有准备的人，机会是拼出来的，不是等出来的。

"卧底" 7-11　练就 WOWO 速度

在我看来，细节决定成败。很多事情的成败往往体现在对细节的关注上。作为最贴近百姓的服务行业，这一点尤其重要。顾客对你的认可度来源于你的服务态度，店面整洁，商品多样性以及顾客体验感，等等。这些细节决定了是否能符合大众的要求。

为了更好地经营刚开的第一家店，我和我的员工曾经到北京 7-11 做"卧底"。从装修细节到商品陈列，从地面清洁到员工工作流程等，一点点切入。当时了解到 7-11 的装修细节，包括它的顶高 2.7m，做过许多类似的数据测量等，几乎把所有能够借鉴

的，都记在脑子里，或者拍下来。由于担心店员发现，就一个人打掩护，一个人拍照，一次下来就十余天。回想当初卧底，每天凌晨 2 点到 4 点定时去 7-11，一待就是好几个小时，有时甚至一天都没离开，通过与员工聊天，实质性地对 7-11 解剖。做第一家店时，发现我们的地面很容易脏，卧底时就特别留意，7-11 的地面为什么那么干净？对于这个简单的细节，我也是很重视。后来发现，他们采用的是 60cm 的瓷砖，而我们第一家店用的是 30cm，拼接处多，藏污纳垢的地方也就多。所以，做便利店，只有不断学习，然后再去创新，才能改变原来的基体。去 7-11 做卧底的时日，真真切切地改变了自己想法，也"让我们少走了许多弯路"，这段经历对于我分店的迅速开拓起到了很重要的作用。

便利店在我国台湾地区流传很久，男要找 7-11 工作过的，为什么要这样呢？他经过了训练，服务态度经过训练；第二个清洁卫生十分重要，如果店里很脏，就没有人进去；

第三个还会煮菜，关东煮啊，便当啊，茶叶蛋啊，不管是男孩子还是女孩子，对于一个人生来说，一个是扩大化的优点，一个是训练的优点。我建议，你们大学期间只要有兼职和实习的话，就应该进肯德基、麦当劳、7–11这样的商店。我们有一点非常吸引人的，就是我们有小时制，你有4个小时空闲时间就可以来打工，按小时计价。在中国台湾地区和日本，很多中层和年轻大学生都有在店里打工的经历，有利于对外接触，更好地适应社会，在便利店工作，如果做得好可以养活一家人。这是一个趋势。在日本，每2300人有一家便利店。我们中国刚刚起步，便利店在未来会越来越多，上海还在扩展，所以我们庆幸这个时代，也庆幸我们选择了一个好的行业。对于我们便利店来说，还有一个因素很重要，那就是时间。我们一直以来都是24小时服务制，晚上是便利店的服务高峰时间。我无时无刻在等待顾客的光临，不管刮风下雨。还记得2008年汶川地震，我们是唯一一个在"5·12地震"中没有关闭的便利店，所有WOWO人坚守岗位，平价销售，凸显了急便特点，赢得了成都市民的高度称赞，也得到了政府的首肯。

践行校训，诚信经营

作为一个商人，我一直坚守着诚信经营的原则。这也和我们立信的校训有很大关系，咱们立信建校也有90年了，这个校训一直影响着一届又一届学生。从会计记账的角度来看，会计其实也是社会的一个诚信体系，就是会计对商业信息行为的一个总结，如果没有会计，公司就稀里糊涂，就像杂货店。但是便利店不行，便利店是一定要记账的，经营就要做账。做生意的，一定要在社会上讲信用。我觉得有两点值得注意：对待员工，工资要按时定期足额发放，如果遇到节假日工资还要提前发，不能晚发，早发一天和晚发一天是不一样的。我们的员工拿了工资要付房租，要进行各方面的开支，甚至去还债。如果企业能用心为员工着想，坚持诚信待人，那么这个企业就会有活力，员工的工作热情就会提高，这一点很重要。第二点，你和合作伙伴要讲信用，说好几天付款就几天付款，一个月付款就一个月付款。对创业企业来说，WOWO便利店，作为创业企业，你更加要讲究信用。不讲信用，就没有人会给你供货送货，做生意就是要"信"字当头，这是根本的，特别像我们企业，我们有商号，在四川活起来了，WOWO便利店就是上海人民给四川人民的奉献，品牌价值得到了体现。

　　立信，立诚，不仅是生意场上要注重，无论是哪方面，都要达到这一要求，以诚待人，人必诚以应。正如我们立信校训所言："信以立志，信以守身，信以处事，信以待人，毋忘'立信'，当必有成"。

　　我个人觉得，作为创业导师，有一句话想和同学们分享："创业很艰难，不创业更艰难。"年轻人就要敢拼敢闯，多经历一些事情。不要整天描绘很大的理想，没什么用，要有实干精神和工匠精神，找到自己喜欢的事情，并专注其中，也是一件非常开心的事情。我希望立信的学生都能不仅有拼搏进取的精神，更要有工匠精神。希望学校能够出更多的工匠，在每行每业都有佼佼者。

仇一尘

中国银行股份有限公司上海市嘉定支行行长。

1987 届校友。

人生在勤　不索何获

口述：仇一尘
采访：侯玉月　肖　航
整理：侯玉月　肖　航
时间：2017 年 8 月 20 号
地点：上海立信会计金融学院

不忘初心，方得始终

我是上海金融高等专科学校金融秘书专业 1987 届毕业生，1990 年开始走上工作岗位的。现在的母校经历过好多次的变革，我在读那个时候是银行学校，然后从上海金融高等专科学校，到上海金融学院，现在又成了上海立信会计金融学院。

我从 1990 年到现在一直在中国银行工作，目前在一家支行担任行长职务。说到我的职业生涯，我觉得，我非常普通，我就是从一个基层的柜员一路走过来的。我个人非常感谢这个时代赋予了我们很多的机会，非常感恩，一路都碰到了很多好的领导、好的师傅。我脚踏实地，一步步从最基层做起，这样慢慢上来，可能经历相对比较简单。我一路还算顺利，没遇到大的挫折。回首这 27 年的工作往事，我觉得勤奋、努力和踏实是我一路走过来坚持的东西。还有一个很重要的就是要学会赶超和反思，赶超别人和反思自己。我觉得这两点对职业生涯的发展都是非常有帮助、有益的。

我也想谈谈我们行业的发展趋势。当今金融行业尤其银行业的发展，在互联网这个浪潮之中，确实面临很大的挑战，面临很大的转型。但我觉得银行业依然有它独特

305

的魅力，以及它特有的作用。我个人觉得作为银行业来说，虽然是面临挑战，但同时也是有很多机会的。最根本的，从银行的角度来说，还是要回归本源。因为银行最根本的是存贷汇，如果回归本源的话，从银行的服务角度来说，还是要服务于实体经济，服务于普通消费者。我觉得银行这样去做，往这个方面发展，也一定是会有空间的。利用现在的互联网技术，可以让我们的消费者得到更好的企业服务，体验更好的企业服务产品。我觉得，银行金融服务的手段比以前要多得多。

路途遥远，学无止境

我当初学的是金融秘书专业，这个专业可能现在很多学校已经没有了。我觉得不管学什么都要认真地学，学习应该永远在路上，不能停止学习，它是终身的事情。而且，不是说大学三年或四年学的东西就必须产生一点什么作用，也不一定是要一直用下去的。

我当年的学生生活是在 1987 年开始的，我进校距今已经整整 30 年了，与你们是完全不一样的经历。对于我来说，在学生时代，好像没有为哪门学科要挂科而发过愁。个人感觉学习也不是非常紧张。那个时候我是校团委副书记，还担任了很多社会工作，重要的是要学会平衡学业、工作与生活。

我认为人生重要的一个信念是永远在路上，永远要去学习，永远需要去不断探索。在这个过程中，知识是需要不断更新，业务也需要通过学习、通过实践不断地完善，让自己变得更饱满。大学所学的知识不可能一劳永逸，知识需要更新，学习永远不会辜负自己。还有就是要感恩和反思，感恩周边所给予自己的好，反思自己存在的不足。

以我的经验来说，如果要给学弟学妹一些建议，我觉得老老实实做人，踏踏实实做事，这个永远不会错的。尤其是现在的"90 后"都是非常有想法，我相信他们的能力，和当年的我们相比，他们一定是更强的，比我们更行。他们有独到的见解，又有自己的想法。这都挺好的，这能够激发更大的创新力，"90 后"的能力也是不容小觑的。但是我个人认为，现在的年轻人在专注度上，以及对工作的敬业精神上可能有所欠缺。很多东西是要去坚持的，需要一直坚持。坚持不是一件很难的事，但肯定不是一件很容易的事。所以当有人和我说你今天做行长了，我觉得不一定是我的能力达到了什么样的高度，更多的是在我的工作岗位中，我一直在勤勤恳恳，努力地坚持做事。跟我

同期毕业一起进中国银行的同学，有好多都跳槽了。所以可能就是因为我坚持了，我才到了今天这样一个高度，到了这样的职位。但是呢，人的成功并不取决于职位的高低，而在于你在这项工作中所付出的，以及所给予这家单位或者说给这个社会带来的价值，带来的价值越高，我觉得，可能更能说明这个人更成功。

刚好的你，刚好的我

至于学生谈恋爱的事情，我当时是有谈恋爱的。我现在的太太就是我当年在学校的恋爱对象。我觉得谈恋爱和学习，并不是相互矛盾的。如果方向正确，可以相互鼓励，相互支持，相互取长补短。更何况30年后的今天，大学生都可以结婚生子啦。所以情况发生很大的变化了，这个也是与时俱进的。恋爱本身与学习没有必然联系，恋爱是

缘分，学习是必须，在恋爱中取长补短，不断完善彼此，那是最美妙的。

正如莎士比亚所说：爱情不是树荫下的甜言，不是桃花源中的蜜语，不是轻绵的眼泪，更不是死硬的强迫，而是建立在共同基础上的心灵沟通。大学生要正确处理爱情与学业之间的关系，爱情是美好的，它是人生内容的重要组成部分，但不是人生的全部，它应该服从于学业，促进学业的发展。真正的爱情是人生中的伟大因素，但它不是唯一因素，生活中还有许多其他的人生意义。大学生应该把学业放在首位，摆正爱情与学业的关系，不能把宝贵的时间都花在谈情说爱上而放松学习。彼此相互理解，有目标追求。不要把对方圈进自己的圈子，而是和对方一起走向更广阔的世界。

我觉得，恋爱其实也是对世界观、人生观的一种塑造。一个人爱情观最重要的成长期就在大学 4 年。但是需要我们把握正确的方向。到了大学这个最好的年龄，就应该在这最美好的年龄去谈一场轰轰烈烈的恋爱。爱是永恒的主题，只要用心，纯粹，过去、现在和将来没有不同。

寄语青年，祝愿母校

在母校 90 周年校庆的之机，祝愿母校桃李满天下，也祝愿从这个校园中走出去的学生，未来能够成为我们社会经济领域当中的顶梁柱。母校风风雨雨几十年，为祖国培养英才无数，为社会和人民造了福，今又到母校的校庆日，感谢母校的滴水之恩，我将涌泉相报。现在的母校经历过好几次的变革，我也见证了这一系列的变革。我衷心祝愿，母校在教书育人的过程中取得更加辉煌的成就，为国家培养更多优秀人才作出更大贡献。

方怀瑾

　　高级会计师,中国注册会计师。上海国际港务(集团)股份有限公司副总裁。曾任上海市审计局商粮贸处副处长,上海市审计局鉴证处副处长、处长,上海国际港务(集团)有限公司财务总监等职。上海市第十一届人大代表,上海市第十一、第十二、第十三届政协委员,民建中央第九、第十、第十一届委员。1988届校友。

我从"立信"起航

口述：方怀瑾

采访：史晓文　何雨蓓

整理：王玮祺

时间：2017 年 4 月 14 日

地点：上海港务大厦

难忘立信那些年的培养

我当年在立信读书的时候，学校的条件较为艰苦。记得那时学校是租借定西中学和长兴中学的校舍来办学的。在进校后的第三个月，我们全班同学组织了一次联谊，现场请了首届的立信校友回校与我们交流，与我们分享他们的大学时光，以及求学期间有趣的经历。感触最深的是，通过和他们互动，我感觉到他们这一批作为立信复校以后首批培养出来的人才，走上工作岗位以后，只用短短两三年的时间，就成了各自单位的业务骨干，这离不开立信的悉心培养与教育。当然这也有特定的历史原因，那就是财经人才在"文革"以后实际上有一个很长时间的断层，所以这批同学走上工作岗位正是社会需要财经人才的时候，时代给他们提供了施展才华的舞台。

我大学毕业以后的第一份工作在审计局。当年有很多毕业生选择去大公司的财务部门工作，但是我做了权衡后，最后选择去审计局工作。我觉得如果仅仅待在一个单位一辈子做财务工作的话，所接触的面太狭隘了，而在审计机关工作，就可以打开我的眼界，让我接触更多的业务，在这个过程中可以较快积累管理的学问、经验与技能。

本着这样的初衷，我选择去了审计机关。那时候当公务员不像如今这么吃香，机关工作的收入和当时年轻人所向往的一些公司相比差远了。

我在审计局工作了近15年。这期间，我真切感受到立信严谨、务实的教学理念与方法，夯实了学生专业理论与技能基础，使之极好地适应了实务实操的岗位要求。立信的教学实践性、针对性极强，重视学生的实务学习能力的培养。学生毕业走上工作岗位后，上手很快，而且注重对经济业务、经营管理、法律法规、国家政策等具体实务操作细节的了解和掌握，工作适应的效率自然也就高了。在审计局，我多次立功受奖，工作7年走上了副处领导岗位，2000年起，全面主持一个处室的工作。2003年上海港务局改制，组织上把我调过来任财务总监，再后来我成为负责分管工程建设和科技创新的副总裁。回想我自己这么多年所从事的工作，从国家审计到大型国企的财务管理再到企业科技管理，跨度很大，挑战也很大。在这个过程中，我感觉在立信的学习经历，给了我勇于迎接各种挑战、克服各种困难的知识与能力的底气。在工作中，我不断地学习和成熟，不断地为企业发展做了自己力所能及应该做的事情，努力地实现自己的价值。

如今的你们是很幸运的，现在的上海能够给你们提供的平台和机遇非常多。这座城市吸引着越来越多的海内外优秀人才扎根于此，这是当今这个时代所赋予上海独特的魅力。记得1994年，我第一次去美国，从夜晚的航班上往下看上海，一片漆黑，当飞机到日本首都东京上空，整个东京市一片灯火通明。抵达美国以后，虽然在那儿只逗留了两周时间，但我印象深刻。走在美国各大城市的街头，遍地的高楼与霓虹灯扑面而来，一切都繁华得不真实。后来驱车行驶在美国的高速公路上，一个方向大概5个车道，另一个方向5个车道，来回就是10个车道，十分的宽阔。我感慨，这就是所谓的发达国家啊！再回到上海，看见遍地都在烧秸秆，真的是反差巨大。20多年后的今天，再看如今的上海，这就是一个世界级的国际大都市。我觉得我们这代人真幸运，见证了上海的巨变，见证了我们国家在一步步变得更加强大。

望立信学子"诚信、勤奋、包容"

作为校友的我，希望各位学弟学妹们在今后的学习、工作中能够做到以下几点，当然这也是我自己一路走来的一些经验总结，希望能够给你们提供一些启示。

首先是诚信。我觉得诚信是一个人非常重要的品格，尤其是对于我们立信的毕业生，无论毕业以后你是搞研究、做学问，还是在单位从事管理工作，诚实坦荡，恪守诚信是很重要的品格。投机取巧你可能得一时之利，但你走不远的，哪怕你今后侥幸站在了一个比较高的位置，但"站得越高，摔得越痛"这句话一定会在你身上得到应验。我举个例子，比如项俊波，当年项俊波在审计系统是一个很优秀的干部，从一个审计业务干部、宣传干事，成长为一个特派办的特派员，然后又当了副审计长，后来又去了中国人民银行第二总部担任主任，随后又在农业银行当行长、董事长，直到成为保监会主席。他的仕途看似顺风顺水，让人羡慕。但是熟悉、了解他的人都知道，他最大的问题就是喜欢投机取巧，因此即使貌似他的人生很成功，实际上这背后存在巨大的隐患，时间会证明一切，而之后等待他的就是牢狱之灾。因此，诚实守信是一个人非常重要的品德，当然有时候老实人会吃一点亏，但是不要怕吃亏，同时要做一个聪明的老实人，这里所谓的聪明，就是以合适的方式，在适当的地方、适当的时候，把自己的意见提出来。你处处为别人着想，别人也可能会实时给予帮助。

其次是勤奋。大家设想一下，比如说在工作场合中，有些工作是你的工作岗位明确要求你做的，但也有些时候，你的领导、同事会临时性地交代你去做一些工作。有些时候，我们仅仅只是为了完成任务而去完成这些工作，但却很少去思考对于这些事情，我们做好的标准是什么？我讲这么个故事，有两个大学毕业生，同时进一个单位，从事的都是销售工作，一个大学毕业生学习成绩比另外一个好。可是过了一年多，公司提拔了另外一个学生，那这个成绩比较好的同学就心理不平衡了，不满意地跟领导说，"我平时的表现我觉得很好，我能够胜任这份工作。这一年下来，我觉得公司的领导也好同事也好，年终总结的时候没有说我没办成什么事，什么事都办得不错，业绩也挺好的。为什么他得到了提职，我却没有这样的待遇呢？"那个总经理就让他们两个人同时去做一件事，去市场上了解某一种产品的价格。结果呢，过了两天，两个人的回答分别是这样的：那个心态不太平衡的学生说："我去过了，比如说我到建材市场去跑过了，然后我发现价格呢，就是一百到一百二之间，就是这么一个情况。"另外一个同学回答说，"领导，我去看了一下红星建材市场，看了一下麦德龙建材市场，然后我在网上又查了一查，发现这种产品的价格从八十到一百五十不等。之所以有这样的差异呢，是因为它们用的材料不一样。"你说这两个人完成任务没有？哪一个完成得好？肯定是第二个。这就是勤奋。就是做一件事情，一定要思考我把它做好的标准是什么？把它做好的标准是和这件事情有联系的，其他的相关情况我了解了没有？我再举个例子。这是中国历史上，我们共产党历史上一个著名的军事将领，他也是中国解放军当中战功卓著的一位将领。他打仗的一个格言就是，你当连长，你必须了解我们这个团的任务是什么，你当团长你必须了解我们这个师甚至于这个军的任务是什么，你把师的任务，军的任务理解了，你才知道军长师长交给我的这个战斗任务意味着什么。我说的这种勤奋呢，不仅仅是老师或者是领导交给你一份作业，草草应付就算结束了。你更应该做一个勤奋的有心人，同样的一份工作，要完成得更加饱满，做工作要做得扎实、有深度。

最后是包容。每个人，都不是完人。但你不能对自己的错误缺点容忍，却对别人的错误、缺点难以容忍，尤其是对你的同事和领导。领导不是各个方面都出类拔萃的，很可能他只是某一个方面，或者某几个方面比较突出，有些方面可能有明显的缺点，甚至知识结构上也不完善。但千万不要天真地认为，我就比你强。网上有过这样一个故事，有个研究院，院长是本科毕业生，那个新来的科研人员呢是个博士生。平时工作交往过程中，这个博士生就觉得这个本科生领导不如他，尤其是专业学问方面不如他。后来两个人一起去钓鱼，钓到一半那位博士生想要上厕所，发现厕所在斜对面，但他必须绕一个很大的弯子过一个桥才能到那个厕所。博士生看着他们院长噌噌噌趟着水面就过去了，根本不用过桥。这博士生想这怎么回事啊？他能趟着这水过去说明这水不深，我也能趟得过去。他也照样下水趟，结果没想到一下水就掉进了河里。那个院长把他从水里拉起来，他说："小伙子啊，你不看看我是知道这个地方原来是有木桩的，昨天下雨河水涨了把木桩给淹在了水面下，但是我知道它在哪里，所以我是踩着木桩过去的。你怎么不问我就过去啦？"这个故事说明了一个道理，作为职场新人，你的同事、领导肯定在诸多领域，比如是在工作处理与协调、人际关系处理方面，肯定比你更有经验。也许他们在某些方面所掌握的知识水平不如你，但是他们却有丰富的阅历。因此，我建议各位立信学子，在面对你的领导或者老师对你进行的你所认为的不公的批评，要抱有一颗宽容之心，这种宽容不仅仅是宽容别人的缺点与失误，还要以平常心来对待别人对你可能不太公平的评价，这也是一个成熟的社会人应该有的心态。其实理解这个问题也不难，因为一个人被人认识是有过程的，可能这个过程还比较长的。这就意味着一开始别人对你的评价、认识比较片面，可能只看到了你的某一面，那么基于此就有可能对你做出不太公正的评价，遇到这样的情况，希望大家一定要心怀一颗包容之心。

吃得起亏，吃得起苦，受得起委屈。如果你具备了这三条，我想你的素质肯定是能够寻到施展自己才华的舞台的。

潘祖新

平安普惠上海分公司抵押风险管理部经理。历任中信银行上海分行漕河泾支行行长，宁波银行上海分行零售公司部总经理，浙江泰隆商业银行上海分行业务二部总经理，上海璞银财富资产管理有限公司总经理，平安普惠 SME 事业部上海分公司总经理。1999年被授予"百佳中信人"称号。1990 届校友。

忆昔携手处　月满窗前路

口述：潘祖新
采访：黎 莉 蔡丹瑜 周 洁 高 颜
整理：蔡丹瑜
时间：2017 年 7 月 18 日
地点：葵音咖啡馆

忆往昔峥嵘岁月稠

读不读大学，哪怕是大专，我觉得都是不一样的，尤其是在我们的那个年代。母校不但引导我走上了一条令人羡慕的职业道路，也让我在校园里认识了不少良师益友。我对母校的感情是很深的，因为在母校里有很多难忘的回忆。

当时我们的学校很小，大概是一个 7 人制的足球场那么大，两旁是煤屑跑道，就几幢楼，宿舍楼就两幢，男生女生各一幢，还有一个小卖部。但是小卖部晚上是关门不营业的，所以有时候晚上想吃东西也只能画饼充饥。于是，一批比较有经济头脑的同学就会到外面去组织一些货源，买一些面包和水果之类的小零食，骑个黄鱼车，在晚上的时候卖。一方面，给同学们改善一下生活饮食；另一方面，还可以赚点钱。后来学校里流行音乐茶座，他们还开了个小咖啡馆，放些当时流行的音乐。那批人当中也有我相熟的同学，毕业后很有缘分，成了我的客户，到现在还保持着很好的联系。

比较可惜的是我当时是走读，并没有很多时间参与到他们的活动中，而且我比较热衷于写作、编辑这类的东西，有个要成为一名记者的梦想。我从小担任宣传委员，因为这样的经历，所以后来在学校里做校报《金专天地》的编辑。这个报纸是团委办的，也因为做校报认识了很多人，对我还是蛮有帮助的。不论是锻炼能力还是拓宽人脉。我们当时没有互联网，也没有自媒体，都是看报纸。在那个年龄那个时代，我们年轻人难免会有一些对政治的见解，也渴望去表达抒发自己的想法。自然而然，我们的报纸也存在着一些竞争对手，比如《太阳雨》《中心人》等报纸，这些报纸汇集了当时校园的"才子佳人"，我们良性竞争互相进步。当时我们学校的地理位置也为我们提供了一个很好的机遇。学校靠近五角场，距复旦、同济、财大等知名高校都很近。我们经常会去串门，也会去和那里的同学们交流一些想法心得。我在《金专天地》注入了很多心血，它的每一份印发都会让我很有成就感，现在想来也依然有些激动。

说起母校，最难忘的还是同学的情谊，我们的情谊从1990年毕业一直延续至今。无论是以前的老同学，还是老"竞争对手"——如今他们已是行长、律师、老总、上市公司股东、职业炒股高手，等等，毕业多年以后，我们还是朋友，甚至是在工作中相互支持的伙伴。我在中信银行工作时，曾帮助同学所在企业成功融资贷款，也得到同学在关键时刻大额同业存款相助；更有客户在得知我是当初团委老师（后下海担任银行高管）的爱徒，欣然同意开户合作。还有一位同学帮助我的同事成功跳槽，连朋友孩子的实习也选的是同学的银行。

回首在母校的几年校园生活，我觉得除了学到专业的知识，更重要的是学到了学习的方法和做人的态度。为人处世，和人打交道也是一门学问。是母校教会我这些，让我在走向社会时有个良好的开端。

感一生相伴母校情

从母校毕业到工作，算一算我在金融界已经有27个年头了。27年中，我23年都从事银行工作，还有两年到了一家基金和别人一起创业，现在在平安普惠。

刚开始工作时立了一个5年规划，虽然只是个银行小柜员，但也是满怀壮志想干一番大事业，所以平时无论脏活累活，还是别人不愿意干的活，我都是抢来干。期间也有过迷茫的时候，但在老同学和领导的鼓励下挺了过来，一年半后，由于自己平时的表现和较好的业务水平被提拔为信贷员，等于现在的客户经理。但是人生不是一帆

风顺的，因为一些人事的变动，我又回到了柜台。

　　幸而我的恩师看中了我，让我做信贷内勤。领导给了我没人要的账户让我去试试，我便挨家挨户敲门，很幸运地挖出了一些比较大的客户。1995年8月正好工作满5年，我被选中去做银行的副科长。在这段时期中也有幸得到了老同学们的鼓励和帮助，30岁以后我成为最年轻的支行行长。

　　之后，我先后去了宁波银行和泰隆银行，也和老领导一起创过业。当时正好平安普惠缺少一个中小企业事业部的老总，让我去重操旧业，我觉得是一个很好的机会。很巧的是我与共同担任校友会理事的学弟的第二次见面竟是在我加入平安普惠的面试环节，后来他成了我的顶头上司。之后平安发展得很快，又发生了些变化，于是我就转到后台，这也是我自己喜欢从事的事业。对我来说，我就是做一个自己喜欢和熟悉的行业，把它做精做好，培养出一些人才来，我觉得这就是对我自己最大的肯定和认可。

　　在20多年的工作中，一方面，我在母校的教育下为这个金融行业或者说我之前服务过的各"东家"，奉献了我的一部分青春和在母校学到的知识技能等；另一方面，我也培养出了一些后起之秀，他们中有做得比我更好的，让我觉得能够帮助别人实现自

我价值同样是一种幸福。

在泰隆银行工作期间，部门内两度招入金院校友，皆工作努力，业绩优良。校庆重返母校，偶遇当年中信同事，已是国金学院资深教授。毕业后，班级的聚会是最多的，20周年的钱柜卡拉OK、25周年中粮海景聚餐，参加人数最多。当初矜持少语的女生竟成为今天当仁不让的"群主"，而班长、团支书一律只得俯首称臣。与老领导一起创业时，校园招聘一定首选母校，虽然只招到一位同学，也尽了自己的一份心意，很感谢母校在我这一路上的支持和陪伴。

看今朝旖旎风光秀

两校合并这个事情，使得我与太太在结婚20年后成了校友，我们的女儿竟也成为其中一员，所以追溯过去我与立信也是很有渊源的。

当时考进中信的那一批同事中，立信毕业的就有3人，其中一个便是我的结婚介绍人，也是我太太的同班同学。还有在1992年参加总行"北外"业务培训班时，1999年作为"百佳中信人"代表上海分行参加中信公司20周年庆典，同行的两位竟然也都是立信校友，都属于分行选拔的杰出青年。

当年我在中信漕河泾支行工作时，与立信中山西路校区距离很近，好几次我去拜访立信学院，但不认识人。我直接到财务处，说："我是中信银行的，我知道你们在中信还没有业务，我觉得是不是能够开展业务合作？"经多次努力虽未说服学校开户，但是财务处长被我感动，破例将校培训中心专户开到我行。当时很巧的是我正好有段时间去考中级职称，在去上会计师培训班的时候也遇到了立信的财务处处长，缘分这种东西真是妙不可言。所以我和立信也发生过业务关系，这件事让我觉得和立信还是很有缘分的。

在我看来，我觉得两校合并应该是好的，无论是教委还是市领导都很重视。原金融和立信都是培养应用型人才的，大家都觉得我们学校出来的人很好用，无论是在金融系统还是在财务系统。母校培养出来的很多学生都会选择从事财务会计这个领域。在这一方面应用型人才是非常优秀的，基本功底非常扎实，而且我们还可以继续进步，去读研究生或者去读第二个本科以更好地完善自己。两校同为财经院校，可以共享的资源很多，组合可以让学校变得更好，提供更好的教育。

两校合并已有一年了，但是校区地理位置比较远，所以原来两校的学生并没有深入交流。虽然有些学生社团可能在合并，有些活动也在开展，但我希望还是要创造更多的机会让同学们交流，多搞一些活动。从学生做起让两校合并更加深入。我也愿意多参加一些这样的校友活动，甚至可以出资出力来组织老校友们多聚聚。我希望同窗情、母校情可以一直延续下去。

在母校90周年校庆之际，作为老校友，我们都希望学校合并能起到一加一大于二的效果，也希望学弟学妹和我的女儿都能在母校的培养下更全面地发展。

黄兴国

沪港机场管理有限公司财务部部长。曾任沪港机

场管理有限公司人力资源部部长。1990 届校友。

光阴荏苒忆当年　珠联璧合展新姿

口述：黄兴国
采访：何楠桢　张璞纯
整理：张璞纯
时间：2017 年 7 月 28 日
地点：沪港机场管理有限公司

对两校合并的看法

　　毕业后我一直和学校保持着密切的联系，时刻关注学校动态，2017 年正值女儿高考，所以我对上海各大高校的动态也就更为关注。两校合并的消息，之前我就有所耳闻，但是具体进程也不是特别清楚。这次得知两校合并后，我对学校的前景十分看好。两校的整体实力和定位其实是差不多的，但在金融和会计领域各有所强，这次合并恰好能取长补短，必定会发挥 1+1>2 的效果。当然，合并之后更好地提升教学，专注培养学生永远是学校的首要任务，为社会输出更优秀的人才是学校的责任。在上海这个全球金融中心，对于财会人才的需求是巨大的。所以，此次合并可谓是天时地利人和，一定能够在教学上相互取长补短，培养出更加优秀的人才，打造学校品牌。在招生方面，两校的合并也能更好地提高知名度，在招生时能招揽到更多的优秀人才。通过生源和教学上双管齐下，一定能使立信迈上一个更高的台阶。这段时间，通过对上海地区各个高校的分析，我认为，尽管我们现在和上海财经大学存在一定的差距，而且在未来也很难实现与上财并驾齐驱。但是，我们可以努力缩小差距，或者寻找不同的发展方向。

我们要学习破竹精神，即使竞争很激烈，但是我们不能停止努力，要敢于探索，争取在另一领域做到极致，打造自身品牌，更上一层楼。

我还记得最近一次回母校，发现目前学校规模较当年有数倍扩大，学生人数也是当年的几倍之多。所以，我认为学校在发展规模上已经取得了不错的成绩。接下来应该着眼于教学，比如可以尝试一些新的教学模式，为社会培养更多优秀的人才，提升学校在社会上的知名度和认可度才是重中之重。总而言之，母校发展越来越好，我们这些学生打心眼里高兴。

坚持做一件事很重要

对于大学时光，我还是有很多感触的。当年学校地处五角场，学生不多，校园面积也没有现在这么大，社会环境比较单纯，各种社团和课余活动远没有现在的大学生活丰富多彩。最平常的放松方式便是打篮球。此外，我印象最深的一件事是帮助一位朋友追求女生，现在回想起来，那时候的感情着实纯粹，也支持各位学弟学妹们遇见怦然的人就大胆去爱。我认为，在大学时光找到能和自己携手一生的人是十分幸运的一件事，对今后的工作和家庭，都能带来很积极的影响。

回想短短 3 年的大学生活，我认为"坚持做一件事"是很重要的。无论是什么事情，只要坚持，日积月累总是会收获颇丰。而这件事不局限于学习方面，也可以是一项兴趣爱好，比如，打球，唱歌，没有人可以一步登天，所有的伟大都是滴水石穿。我还记得，当时有个同学，尽管入学时成绩不好，但三年如一日地坚持学习英语，毕业时英语已经十分出众，应聘去了一个外资银行工作，现在在摩根担任重要职位。现在想想就会发现，如今取得卓越成就的同学，大多是学生时期就可以做到持之以恒的人。我认为自己当年没有坚持做一件事，这是我大学最大的遗憾。因此，希望大家一定要不负大学美好时光，沉下心来选择自己喜欢的一件事，不一定非要与日后工作相关，只要是积极向上的，那么最后就一定会有意想不到的收获。

当时的室友来自五湖四海，如今分隔四地，各自都有了很好的发展，由于距离，彼此的联系也不比以前，但是感情却不减当年。几年室友似亲人，一个良好的寝室环境对我们的大学生涯是很重要的，希望大家与室友们好好相处。

早做未来的发展规划

我上学时课程不是很繁重，但自己并没有好好规划未来的发展，想来也是一件憾事。我建议大家从大二开始规划自己的未来，着手准备实习或进一步升学。我曾担任过人力资源部部长，关于应聘面试也可以给大家几点建议。

应聘时，大多考量的是临场应变能力和团队协同能力。一些开放性的问题，也没有固定的答案，只要能灵活应对即可。现在的大学生思维都很活跃，知识面也都很广，比我们当年的条件要好很多。但是，我发现现在的大学生普遍缺乏吃苦精神，天马行空的想象每天都有，但是脚踏实地的工作却做不了几天。所以大家进入单位后一定要调整心态，从小事做起，把一件件小事做好，做到位。只要肯吃苦，就一定能有收获。

我当年是金融专业，所以毕业时财会知识掌握得不多。为了更好地工作，在刚工作时，每天下班就自己恶补财会知识，下了不少功夫。值得注意的是，现在一些公司的财务部在招聘时不一定非要招收会计学院的学生。因为刚工作时做的事情都是一些比较基础的，所以在招收人员时，只要是财经类专业的都不会拒之门外。这样一来，会计学院学生在就业时面临的环境将会更加严峻。因此，同学们在课余时间一定要注意培养自己的综合能力，提高沟通能力。只有这样，才能在应聘时更胜一筹。

翁国雷

经济师，高级审计师，中国注册会计师。上海市徐汇区财政局党组书记、局长，兼任上海立信会计金融学院硕士研究生校外导师。曾任上海市徐汇区审计局副局长，上海市徐汇区国资委副主任、纪委书记，上海市徐汇区审计局党组书记、局长，上海市高级审计师职称评审委员会委员。1991届校友。

审计情　立信缘

口述：翁国雷
采访：方　爽　刘希尧　郁慧珺
　　　张子凌　俞　越　胡雯婷
整理：刘希尧　郁慧珺　张子凌
　　　俞　越
时间：2017 年 8 月 25 日
地点：上海市徐汇区财政局

幸遇立信　固本培基

我是 1988 年进入上海立信会计专科学校学习的，学生时代给我留下深刻印象的有 3 个方面：首先，是我们焕然一新的新校舍。新校舍落成不久，我们是第二批进入新校舍的学生。其次，是我们的校园文化。虽然社团活动不多，但是当时整个学校的学习氛围十分好，现在感到当时的学习生活是非常充实的，那段学习时光及在学校养成的习惯，对在毕业后走上工作岗位有很大的帮助。最后，融洽的、亦师亦友的师生关系也让我的校园生活更加温暖。老师们不仅指导学业，更指导人生，至今我与许多立信的老师仍保持着经常的联系。

毕业之后，我非常关注母校的发展，也曾受邀参加一些学校的活动，发现学校在不断地变化，不断地发展，不断地由小变大。首先，从学校校名的变化，从上海立信会计专科学校到上海立信会计金融学院，这种变化不仅意味着我们学校的办学规模在不断扩大、教学质量不断提高，也意味着学校的社会影响力、认同度不断提升。其次，我们学校更加重视实务操作能力的培养，注重实用性人才的培养。学校也在不断和政

327

府企业合作，为学生提供实习基地，增强学生的实务操作能力，在专业教育上更加成熟有效。

虽然我离校多年，但是我始终没有忘记母校的校训"信以立志，信以守身，信以处事，信以待人，毋忘'立信'，当必有成"，它不仅对我成长有了潜移默化的影响，也成为我人生处事之道。诚信是立人之本，在为人处事上诚信理念会发生至关重要的作用，现在的求职者也应当着重培养这方面的品质。

深入审计　爱岗敬业

这么多年从事审计工作的经历，我体会审计工作有 3 种不同的阶段。第一个阶段，发现不了任何审计问题。在刚刚毕业工作时，我发现实际操作的和当时在学校中学的有很多不同。在这个阶段就需要不断去学习，积累经验。第二个阶段，在审计的时候会发现许许多多具体的问题。这是能力提升的一个表现，也是审计工作进入一个新阶段的开始。在最后一个阶段，审计人员眼中又"没有了"问题。这时不是没有发现问题，而是此时审计人眼中不再是一个个单一的问题，看到的是整个制度上的缺陷、内控的漏洞。这种循环往复的进步，也是支持我们继续前进的动力。

选择了一种职业，就要对这份职业有着强烈的责任感，不要半途而废或者急功近利，要耐得住寂寞，遇到问题时要有良好的心态去适应和解决问题，戒骄戒躁方得始终。

在工作中遇到的困难，首先，应当意识到，无论处于任何岗位都不可能一帆风顺，最后肯定也是要坚持下来的，要去解决这个问题，我觉得这就要有一个良好的心态，我们在工作当中遇到一些困难需要以平和的心态来面对。其次，我觉得我们工作当中还是要耐得住寂寞。当下有一些年轻同志可能会过于功利。有职业规划是好的，但是实际工作中不一定马上就实现。如果几年当中没有达到他的期望，往往会产生两种极端情况：一种是他会自暴自弃；另外一种是，他会很焦躁、焦虑。这两种极端，如果真的出现了，都不是一种正能量。所以我觉得碰到这个问题的时候要有一个充分的思想准备，在任何工作当中，这都是很正常的，关键是如何看待它、如何解决它。

我也努力学习，立信毕业后又取得了上海交通大学硕士学位。

从事一种职业就要学会去享受这个职业，去寻找职业带给自己的乐趣和成就感。

我多次荣获上海市会计学会潘序伦中青年优秀论文奖。先后发表论文"经济责任审计在廉政建设中的职能定位和风险防范""领导干部任期经济责任审计制度研究"等，担任"预算执行审计中财政资金绩效监督、评价的研究"等课题负责人。曾任上海市审计学会理事、上海市审计科研所特邀研究员、上海市高级审计师职称评审委员会委员，现任上海立信会计金融学院校外硕士研究生导师。

寄语学生 未来可期

我认为学校教的知识和社会需要的能力有点脱节是不用太焦虑的，自我学习能力更加重要。到了一个新的岗位，哪怕学的东西学得再好，开始的时候都是两眼一抹黑的，

如果有较强自我学习能力的话，肯定会有一定优势。因为我们开始肯定不会跟前辈去竞争，肯定是跟同龄人竞争，只要比他们跑得快，就会占有优势。有个笑话说，有两个人遇见一只熊，甲说我们跑不过熊，丙说我只要跑过你就行。所以我们竞争一开始主要还是在于同龄人，能在同龄人中拔尖，这时候才能有资本去跟前辈同台竞争。

现在的学校社团活动也增加了很多。我认为只要对学习不造成很大的冲击，参加社团活动还是很好的，可以缓解学习压力，更重要的是可以让我们的同学提前体验社会人与人之间相互的交往，这对以后的职业生涯会是一个很大的优势。

除此之外，学生在校期间可以多做一些积累、准备，比如有关财会方面的证书。要有更好的发展的话，不管是做企业、政府，还是投行，这些都是职业上的保障，对职业能力的证明是很有帮助的。

对于大学生的求职问题，社会竞争愈加激烈。面对越来越大的就业压力，这对于大学生既是挑战也是机遇。在校生很多时候，面临选择会无所适从，关键我觉得大家还是选择适合自己的工作、部门，只有适合的才是最好的。

"立信"两个字最精炼地概括了我们学校办学的宗旨，也是对学生最大的给予。我参加过立信研究生的面试，感觉我们同学的知识面还不是很广，特别是对边缘学科知识的掌握不是很好。如果有可能的话，多进行横向拓展的学习，也不一定是课堂上的，可以拓展一些课外的阅读学习。除了培养为人处事的基本原则和判断标准，以诚信为立人之本之外，我感到还要注重培养逻辑思维能力和不断学习能力，因为在以后与财经相关的工作中，各种知识，比如会计制度都是会不断变化的，良好的学习能力和逻辑思维能力能够事半功倍。

值此母校 90 周年华诞之际，我衷心地希望立信学子努力学习，奋发有为，有创新精神，牢记校训"毋忘'立信'，当必有成"。也希望母校越办越好，人才辈出，桃李满天下。让我们一起努力，共创辉煌！

孙 伟

　　中国建设银行黄浦支行风险管理部经理。毕业后进入中国建设银行工作至今。1996 年成为中国首例非血缘关系成功捐献骨髓者，被称为"中华骨髓捐献第一人"。1991 届校友。

但行好事　莫问前程

口述：孙　伟
采访：韩　婷　谢　杨　邓自浩
整理：韩　婷　黄　嵘
时间：2017 年 8 月 23 日
地点：中国建设银行上海市黄浦支行

踏实敬业　坚守底线

我自 1991 年从学校毕业之后一直在银行系统工作，差不多快 30 年了。刚开始被分配到南市支行工作，工作了一段时间后就转到卢湾支行了。2000 年，南市区和黄浦区合并之后，我被调到黄浦支行工作，直到现在。

在我毕业的那个年代，大家找工作会比较注重收入。所以当时一起毕业的同学大多都选择去企业工作，很少有选择到银行金融系统的，也有一部分人选择去财政局和税务局。不同的单位之间收入差距很大，外资企业收入最高，银行是国企，属于"铁饭碗"，收入相对也可以。而且当时自己学的是会计专业，是专科出身，所以选择了银行。

我刚进银行是从柜员一步一步做起的，工作时间久了之后，也积累了一些经验，我的岗位也开始进行轮转，前前后后做过储蓄、会计、信贷、信托、风管。在刚工作的那段时间，真正接触到实际业务时，很感谢学校的教育。因为当时学校的教学较贴合实际，实际操作性很强，尤其在毕业后进入单位和其他学校的毕业生相比，我们具有一定优势，工作上手很快。

我工作不久，上海的银行系统开始进入大发展时期。之前的建设银行与现在独立的个体并设有对外窗口不同，它当时隶属于财政局下属的基建科。虽然建行的名称在20世纪50年代就有了，但是并没有处理银行业务，20世纪80年代只有中国人民银行及其网点办理所有的银行业务。随着国家的改革发展，一些网点开始逐渐变成工商银行。改革开放初期流传着"建行破墙，农行进城，中行下海"的说法，各个国有银行开始改变、拓展自己的业务，兴建网点。当时的网点称为分理处，就是现在的支行。那个时候很多行业活动都和建行有些联系，而且又属于国有企业，所以有很多人跳槽到建行。在此期间，自己也遇到了职业选择的问题。之前，和我一起工作的同事做到中途跳槽到了另一个单位，而其他单位工作的同学也都有不同的升职。在当时，建行正处于重要的转折发展期，自己所处的职位很重要，也一直在此工作，有很多的经验。加上人到中年，可能到其他单位上升空间就会逐渐变小。这个选择很难，最后自己权衡考虑，还是决定留下来继续在银行工作。

　　从另一个角度来说，我有幸是见证了建设银行的发展过程。现在银行的发展变化是巨大的。信息化的不断发展，银行逐渐开始使用机器代替人工。2015年，各大银行共裁员近3万人，其中建设银行有近7000人，居各大银行之首。之后，单位开始进行内部的整合，将一些部门进行撤销合并。我所在的部门被合并组成了一个新的风险管理部门，相应地我的工作要求和强度也都发生了很大变化，现在我主要负责风险管理内部运转流程的审核。合并的另一个原因是部门内部监督控制出现了问题。合并之前我在信贷科工作，主要工作就是发放信贷。发放信贷业务员自己拥有一定的自主权，所以在这个过程中很容易出现问题。当时部门有几个同事发放信贷时立场不稳，为了自己的利益，出现收受贿赂、挪用公款的问题，给单位造成了损失，行长被撤职，信贷科的工作也移交到风险管理部负责，加强了这个流程的控制。信贷工作对于我来说有个原则性的问题，轻一点是给单位造成损失，往大说是给国家造成了一定的损失。不管是哪个，这样的事情不能做。如果做了这些事情，别人会说你这个人不靠谱，对你不信任。所以不管做什么工作都要认真靠谱，能守得住底线，就像潘序伦老校长当年定下的"信以立志，信以守身，信以处事，信以待人，毋忘'立信'，当必有成。"的校训一样。

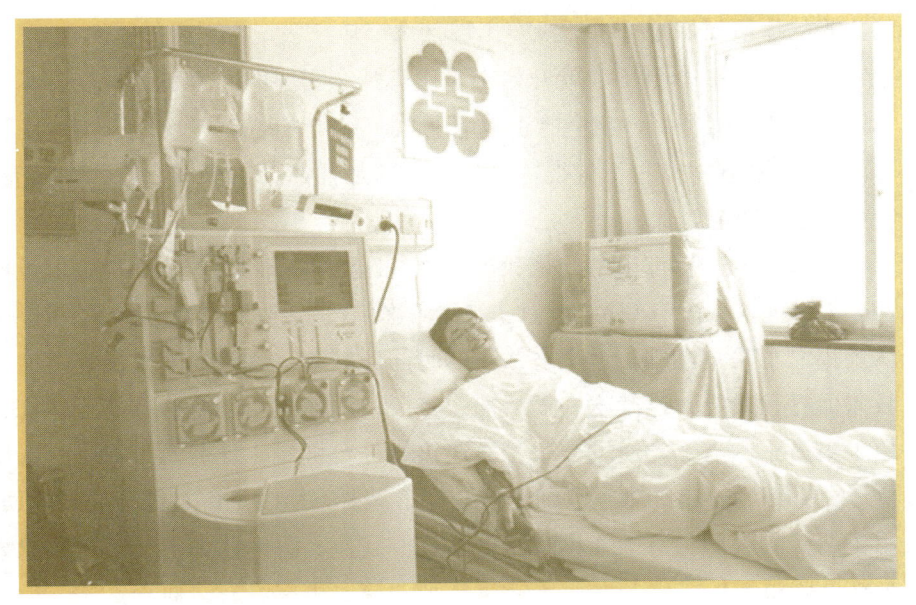

爱让生命延续

　　1995 年，上海有一个孩子患了白血病，当时电视、报纸都在号召大家报名捐献骨髓。我平时不怎么看电视，也还真是缘分，刚好是周末，就看到新闻里在播那个小男孩的视频，他说："我得了白血病，哪位叔叔阿姨能救救我。"孩子那么小，他还不知道白血病是什么。我的心被深深刺痛了。抱着试试的心态，我去报名了，想着去的人多了，这个孩子的生存机会就大一点。当时电视上也没有留下什么联系方式，我打电话找到上海红十字会，他们让我去做了血检。之后就没有任何消息。很久之后才知道，原来新闻里那个小男孩已经过世了。因为当时骨髓库的基数太小，完成配型的可能性非常小。这是我最早了解和接触到的骨髓捐献。

　　1996 年，红十字会的工作人员才联系我，说我的血型正好跟一个白血病患者匹配成功，问我愿不愿意去捐骨髓。当时没有顾虑其他问题，我就直接答应下来。杭州有一个 11 岁的孩子得了白血病，求助于上海，当时在库中查询的结果是我的血型恰好可以配上，红十字会就通知我去做了进一步的体检。手术是在华山医院进行的，可能因为我的体质很好吧，术后没有出现什么反应。我记得手术做了两次，一共 9 个小时，手术后休息了一个星期我就开始上班了。那个男孩的手术也很成功，术后我还去杭州看过，他恢复得很好，完全能正常地上学，高高大大的一个孩子，看着就让人高兴。

那时我 26 岁，我不觉得这个捐献骨髓是什么大的事情，就跟献血有略微的不同，我在学校里也献过血。

之前我们一直都采用的是我国台湾地区的治疗方法。从扁骨抽取骨髓液，输到另一个人体内，这个可以马上就做。当时考虑到技术的推广，医院就采用了另一种新方法，从外周血里采集细胞，这个方法花的时间比较长。因为血液里没有造血干细胞，所以我需要打动员针，连续吃一周的药，每天检测血液内细胞含量是否达标，达标后才开始采集。手术前，先通过一根管子连接好一台机器，把造血干细胞分离出来。因为只要造血干细胞，白细胞、红细胞这些都不需要，所以全部过滤掉，再输回自己身体内。用了两天的时间，每天 4 小时，采集了一袋血，医生认为够了。其实只要一滴血，一个细胞就够了的，但是医生不能确定那一滴血里有没有造血干细胞，后来就把那一袋血通过静脉滴到患者体内。我在吃一周药的同时，患者也在吃药，他要通过吃药把身体里的白细胞全杀死，这样才能接受外来的造血干细胞。

有的人手术做到一半就反悔了，就是"悔捐"。患者身体里白细胞此时已经全部被杀死，等待新的细胞进入。反悔就等于给患者判了死刑。如果你当时不答应做手术，这样还可以想其他办法，但是你一开始说做后来又反悔不做，这不只是给别人希望又让别人失望，而是致命的，无异于杀人。可能有的人没意识到会这么严重。因为大剂量的化疗，不像针对某个癌细胞，杀癌细胞只会杀死专门的癌细胞，而这种大剂量的化疗要摧毁全部的白细胞，不然外面的细胞进入身体是会受排异的。

我这是第一例非血缘关系捐髓。一个人没有那么多亲戚，近亲也不一定能保证血型能完全匹配！现在的家庭最多生两胎，以前就算生 4 个，也就只有 1/4 的概率！当时手术用的是新方法，我一点都不担心、不紧张，因为这是科学的方法。科学不会救一个病人而牺牲一个活人！但很多人还是有这样的顾虑。所以在那之后，红十字会组织我到很多学校去做相关宣传。当时有红十字会的高校也比较少，我们跑了将近半个上海去做宣传。

这件事后，很多人也了解了骨髓捐献的意义，同事中也有很多人去报了名。当时领导决定在整个上海的建设银行系统发动职工捐款，来支持中华上海骨髓库的建设，大家二三百元地捐，一共捐了130多万元。据当时上海红十字会说，这是建库以来他们收到的最大一笔捐款，以前累计也就十来万元。这可以提供大约7000个供者做血检用。

认真做事，低调做人

我捐献骨髓这件事，当时对医学来说可能是一个大的突破。但对于我个人来说，就是一件很普通的事情。

这件事发生之后，身边一些朋友调侃说，你家里是不是收藏了很多当时报道这件事情的报纸。我说："这不是一件多伟大的事情，没有必要。如果要找报纸，在上海市图书馆里就可以找得到。"我也不会对自己的孩子讲这件事，后来他自己知道的。在红十字会或者基金会需要捐款时，我都会带他参加，这都是很平常的事情。尽管金额不多，但是可以让孩子懂得尽自己一份力去帮助别人。

这件事情很受大家关注，也为建设银行赢得了一些荣誉。于是，单位推荐我参加优秀表彰活动。当时和我一同获得表彰的其他同仁已经升到了很高的职位，有的做了行长、副行长，有的做了总经理。而自己是一名银行的科级干部，还负责着贷款的工作。所以从我个人角度而言，我就觉得要低调一些，和那些优秀的同仁保持适当的距离。我不想让别人以为我很高调，想利用这些资源去获得某些成就。我一直记得班主任沈老师毕业时对我们说的话：认真做事，低调做人。当我参加工作后，人力资源部的领导也说过同样的话。现在的年轻人更要体会这句话，尤其是在毕业工作后，会接触到不同的人和事，遇到各种不同的情况，可以充分地利用自己手中的人脉资源，以积极主动的心态对待工作，并要以一种恰当的方式，通过自己的努力完成好，这在职场上很重要。真正要做到这些的路还很长，有些东西只有通过实践才会深有体会。认真做事容易，但是低调做人很难，这需要在工作中慢慢地学习和历练。

柳　明

　　研究生，硕士。交通银行安徽省分行大客户部副总经理。任职于交通银行安徽省分行国际业务部、信贷部，曾任支行行长，安徽省阜阳市经济开发区管理委员会副主任。1991 届校友。

乐观积极走好每一步

口述：柳　明
采访：沈思彬　李　涵　薛倩男
整理：沈思彬　李　涵　薛倩男
时间：2017 年 8 月 4 日
地点：安徽名人馆

求学路上的点点滴滴

我出生在合肥，在那成长、求学。1987 年，我的高三和所有人一样，付出了努力与汗水，为自己的大学梦而奋斗。20 世纪 80 年代的时候，什么都不大懂，只知道政治中心在北京，经济中心在上海，社会的进步离不开经济的发展，又恰逢母校全国第一届招生，安徽招 12 人，兄弟姐妹们一商量，我通过努力就来到上海求学。

在母校求学的那几年，是我最难忘的日子。除了上课学习之余，积极感受体验生活，和同学出去玩，参与集体劳动，等等。期末考试结束后的假期前夕，几个男生女生一起，去浦江夜游。用今天的话来说，便是来一场说走就走的旅行。我们在十六铺码头坐轮船，轮船上有各种各样的表演，魔术啊，唱歌啊，应有尽有，晚上十点半左右，游船开到了吴淞口后返回，浦江夜游也就结束了。那时候我们还不尽兴，又去五角场，一起看通宵电影，直到第二天早上才回学校。我很怀念那时候的集体生活，相约去嘉定野营，去金山游泳，哪怕在宿舍里几个人比赛吃辣椒，都是美好的。很高兴大学同学的感情一直延续到了现在，现在也经常聚在一起，回忆我们的大学时代，不断加深着我们之间的感情。

1989 年，学校组织了一次全校同学分年级去崇明岛为期一个月的劳动。东平林场，也就是现在的东平国家森林公园，特别的美丽，我被大自然的美景深深折服。在那里，我们体验生活，和当地群众一起劳动、开会、聊天。我和几个同学一起去帮厨，择菜洗菜。那里的小水沟，两头堵住，把水舀出去，就可以在里面捕鱼，为同学们加餐。一个月的劳动生活，既锻炼了身体，又统一了思想，给我们留下了美好的回忆。

学校有个校办工厂，由仇老师负责。我跟着老师，在校办工厂里卖点钞机，维修点钞机，卖叫号器，等等。那时候没有任何背景的我，拿着仇老师的名片，闯到交通银行推销叫号器。也不知道该找谁，一路误打误撞过去，最后竟卖掉了，一赚便是好几千。那时候，每个月的生活费是 100 元。现在想起来，要是当年我继续向各个银行推销，推销到全国各地，现在一定是另一番作为了。这也是我遗憾的地方，在卖叫号器上，没有做一个突破，扩大自己的战果。虽然遗憾，但是我不后悔。生活没有后悔药，要乐观、积极地走好每一步。

工作生涯的"翻山越岭"

在正式就业前，我曾到工商银行上海控江路支行实习，从柜台做起。后来，我们实习生开始由银行信贷员带领，专门到各家企业去，与企业高管谈话，从谈话中了解其团队及专业能力，了解其未来发展规划，实地了解现场经营状况，并查阅企业近年度及近季度财务的审计报告，等等。短短的实习生活，为之后的就业积累了不少的经验。

在我毕业的时候，国家实行毕业生工作包分配的制度。于是我被分配到了交通银行，与其说是被分配，不如说是我选择了交通银行。交通银行是全国第一家股份制商业银行，在上大学的时候，我就与交行结下了不解之缘，加上当初对交行的办公环境和工作人员的友好印象深刻，于是我毫不犹豫地在毕业时选择了交行。

1991 年毕业后，我到交通银行工作。从柜台做起，最基本的出纳、储蓄、会计，到后来进入国际业务部、国际贸易科和非国际贸易科，做信贷员，一直到现在成为支行行长。有人会问我说，一直在交行工作会不会厌烦？我的答案是：当然不会。

毕业后虽然一直在交通银行工作，但做的工作岗位却有很多。每项工作、每个业

务都会带来新的东西和新的挑战。比如说，你做信贷员，你要天天跑单位啊，今天研究食品，明天是化肥，后天就是钢铁，每天都是不一样的，尤其是看着我们国家不断取得的巨大进步和发展，不管是制造业、物流，还是民营经济，都发生了翻天覆地的变化，我们参与其中。隔行如隔山，天天从这个山到那个山，每天看到的都是新的，接触的都是新的，挑战也各有千秋。对一份工作的坚持，是因为爱。你只有喜欢它，才不嫌弃它。

　　银行工作很有意思，我很喜欢这份工作。不过，在从事工作后不久，我曾经也想过去别的行业试试。选择跳槽要基于三个因素：第一是正好得到他人的欣赏；第二是自己的能力能承担新的工作，并被他人认可；第三是自己对新的工作单位的认可。如果三方面条件成熟，可以选择跳槽。不得不承认很多东西是全新的，跳槽之后你将会成为一个新人，很多知识要仔细研究。所以不要轻易换工作，有这个想法的时候要不断地作比较，考虑机会成本，以及自己的工作能力能不能接受挑战，做事情不能过于盲目，要想清楚，并且能取得家人的支持，至少要找出五点理由说服自己。当我们决

定一件事后，永远不要后悔，不吃后悔药。生活在后悔里，没有药吃。不后悔，不发牢骚，不埋怨，人生就会开心很多。

2014 年我受省委组织部任命，成为阜阳市经济开发区管理委员会副主任，任期为两年。在政府部门工作，便是父母官，要管理拆迁啊，治安啊，工业经济啊，各类指标啊，环保植树造林啊，班子成员啊，等等。当你坐在这个位子的时候，做事情时更多地要考虑他人，要有为他人着想的善良。有的时候滥用权力便是违规违法，但是在合理规定下帮助他人的初心是不能够改变的。

不惑之年的人生感慨

我非常感谢母校，3 年的时间，我学到的东西却是一辈子受用的。

那个时候我们每天早上都要晨跑。每天要跑4千米，路线是绕着学校跑，跑一次给一块牌子，每个月要交几块牌子我已经记不太清了。但是，不管是酷暑还是寒冬，晨跑的制度不曾改变。我觉得这是一种很好的锻炼方法。如果没有晨跑，我们早上是起不来的。年轻人的通病是懒惰，没有坚持下去的毅力，需要被督促。学校这样做很好，学生的身体得到了锻炼，身体是革命的本钱，也让我们养成了早睡早起的习惯。

我在大学是学审计的，快毕业的时候老师说的话，让我受益终身。老师告诉我们，学审计研究的是痕迹，是研究过去发生的事情，做任何事情一定会留下痕迹。我也希望大家能记住这句话，你所做的每一件事情都会留下痕迹。也许今天没有看到，明天没有看到，如果他人想看你的时候，一定能看到这个痕迹。所以，未来的路要怎么走，一定要想明白。一直到现在，我都记得这位老师说过的话，并把这句话作为我工作的原则，什么事该做，什么事不该做，自己心里要有数，要时刻提醒自己。

今年是母校90周年校庆。母校刚刚经历了合并，褒贬不一。在我看来，合并未必是一件坏事，毕竟学校的规模更大了，未来可以有更好的发展。立信在中国是很有名的金字招牌，金融学院原来隶属于人民银行，在上海也很有名，录取的分数也不低。这两所学校合并，我相信一定可以让学校更上一层楼。

在母校90周年之际，我希望学校能越来越好。同时建议学校能更多地让学生进行一些国际化的交流，不仅仅是交换生。在暑期，学校也可以组织国内和国际层面的学术交流和社会实践。同学们进了大学，就相当于是进入了准社会，要提升同学们社交能力、沟通能力，以及面对困难时的不气馁，找到解决问题的办法和能力。我建议学校可以把每学期的工作量尽量往前压缩一下，一个学期可以组织一周，让同学们去调研。我认为，年轻人是越来越需要这方面的锻炼，可以成长得更快一些。

对于学弟学妹们，我想说，未来是你们的！首先，做任何事情胸怀要宽广。胸怀有多大，天就会有多高。其次，希望各位在今后进入社会后，仍旧还要不断学习，除了工作上面的技能，在学术和学历上也要不断进步，再提升。这一点是我们学校的弱项，可以考虑继续深造，这样的话对找工作和提升自身修养会有帮助。第三，要丰富自己的生活。在我上学的时候，学校占地面积非常小，只有几百个人，但是我们做了很多有意义的事。大学的生活不应该只是教室、寝室两点一线，还可以做很多别的事，要不断增长见识，留下一些美好的回忆，组织一些活动，加深同学之间的情谊。等你们到了我这个年纪，就会知道同窗之谊的可贵了。

赵 蕾

　　研究生，硕士。威立雅环境服务有限公司风险控
制经理兼财务总监。曾在中国建设银行上海分行长宁
支行工作。1991 届校友。

志存高远　脚踏实地

口述：赵　蕾
采访：胡怡雯　杨　裕　闻浩菲
整理：胡怡雯
时间：2017 年 7 月 16 日
地点：上海来福士广场

细腻上海　严谨校风

　　1988 年我考进上海金融专科学校，开始了我的大学生活。选择上海金融专科学校，一方面，是因为那时候我们专业选择面不是很广，根据当时的成绩我选择了上海金融专科学校，并且上海金融专科学校的前身是银行学校，学生毕业后大多可以直接进入银行工作。从女孩子的角度来说，我觉得学习财会专业也是比较适合的。另一方面，在上海市，金融行业其实是发展比较有潜力的行业之一。直到现在，金融行业也是国家大力扶持和发展的行业。能够进入到上海金融专科学校学习金融、银行学或会计审计等学科，对以后就业还是比较有优势的。在我心目中，上海是一个很细腻的城市，很符合金融行业的气质，也是一个适合女性发展的金融城市。

　　进入大学后，我的第一感受就是自由。学校是第一届全国招生，我认识了来自五湖四海的同学，开阔了眼界。进入大学，换了环境，大家有了比较，相互学习，对将来职业有了一定的规划，会为未来打算了。会计学是比较严谨和传统的一个专业。当时我们主要学习的是工业会计基础、会计学原理等，这些都是基础性的课程，没有银

行会计的概念。在大学时学的很多学科知识，在后来我工作时用到的不多，知识理论更新变化得很快，但这些学科知识让我了解了一个行业，并持有一种职业态度，特别是在会计领域，我学习到我该遵守的职业道德及坚守的底线，这对我后来从事工作是很重要的。我觉得一个工作者，不管能力怎么样，做人谦虚勤奋且有职业道德是很重要的。在大学学习的各门学科，不能说哪一科是必要的，哪一科是没有用的。其中有一门选修课程《西方经济学》，是我觉得比较好的一门课。我国有一段时间走的经济体制是凯恩斯主义体系，现在实行供给侧改革，体现了中国特色，其目的也是为了提高就业率，所以这是给我很大启发的一门课。做一名会计人，我认为课堂上，不论是专业必修还是选修，我们学习的不仅仅是知识，更应该是学习一种方法和思维。

在大学的学习和生活中，充实了自己，收获颇多。得过几次奖学金，也是对自己的一种肯定。我记忆最深刻的是在击剑队的点点滴滴。我是学校击剑队的第一任队长，荣誉与责任共存。认识的很多校友、同学，大都是在击剑队结缘的。大家兴趣爱好、想法等比较相似，有着共同的奋斗目标。虽然只是短短几年的相处，但这份情谊是最深厚的，也就更加珍惜彼此。当然我有一些遗憾，应该再多读一点书。我成绩虽然不是很差，但是比我学习用功的同学还有很多。那时候，我对职业规划并没有很高的要求。一方面，大家家庭都差不多，只是觉得应该尽快工作，自食其力，不要再靠父母；另一方面，那时候信息了解也不是很方便，虽然也有学长推荐最好去信贷科等，但自己并没有想太多，觉得也没有太大区别，也不知道自己行不行，就想先工作吧。当时，中国还没有完全开放，能够有一份工作就很好了，各个工作岗位待遇也差不多。我们毕业进工作单位还是要看成绩的，优秀的自然进入核心岗位。功课不落下，成绩好这是硬本事。在平等条件下，抛开家庭等因素，专业性强是很重要的。虽然在上海很多名牌大学也有开设会计学专业，但是金融和立信会计的会计专业在专业性方面是强项。大学对我来说是自由的，同时也给了我一种严谨细致的感受，一种认真踏实的态度，这种认真激励着我。我选择了入党，是因为坚定相信中国共产党的领导，对国家和党要有一颗忠诚的心，并在工作中体现责任和担当。

虚心好学　把握机遇

工作到一定的年龄之后，我就知道了自己的长处在哪里，短板在哪里，也就自然而然地想要去增加自己的知识。我希望尽早考出 ACCA、CPA，去更多增加职业优势。

大学毕业时，你不要期望值太高，要谦虚。不管你是什么学校毕业，不管你以前在学校有多么厉害，但毕业开始就是一个新人，一定要尊重自己的老前辈、领导，要和他们处好关系。我现在工作时，对待那些年轻人就是看他们是否可教，能不能听我的话，学东西。保持谦虚的同时，机会是一定要抓住的。

从专业知识方面来说，我们也要与时俱进。学习是最重要的。哪怕以后出来工作了，也要多读书、多看书。刚进大学的时候，也不要像鸟儿自由了就开始玩。在大学，就是要好好地沉下心来把事情做好，同时不要放弃任何一个可以展示自己的机会。

工作上，遇见困难是肯定的。我有一次被领导安排了一个我自己明明知道是很难完成的任务。按照一般的思维，我觉得非常难，我做不了。同时，我也告诉自己，不要轻易放弃，可能我解决不了，但我一定要想办法去试一下。领导之所以能做你的领导，一定是有他的过人之处。我要做的就是想办法去够着他的目标，尽管可能达不到，但是我努力过了，等到下一个项目，我就能在工作中有更大的发展空间。

充足的实习经验，毫无疑问是大公司关注的重点。我高中的时候就开始参加社会实践，进入大学后更加有针对性。我们那时候实习是学校安排的，都是在工商银行。从信贷科、会计科、储蓄科，一个个轮下来。但你们现在就是自由的，你们要找的话，也要找有针对性的，能不能让自己毕业后到想去的行业，实习是很关键的。

我工作到现在最大的收获，一个是获得了人生经验；另一个就是通过自己的努力获得了一定的价值和认可。刚毕业时生活自立，过了那之后，每个人都有要求，要达到怎么样的生活标准，通过怎么样的努力来实现。不需要完全去靠家庭的影响，或者是他人的帮助。

我们是跟数字打交道，数字中有很多逻辑，我们要能够从数字看到背后。这是有区别的，会计就是做会计，我不管公司做什么，我只看到数字记的那个账，月底报表出来，盈多少、亏多少。但是策略是更重要的方面，真正的好财务应该能够为公司的领导层做一些策略性的建议，而不仅仅是履行记账功能。我相信将来的记账功能会被淘汰，甚至于会有智能机器人做账。所以记账不是财务的趋势，更多的优势应在财务管理和管理会计这些方面。

发挥优势 立信明德

立信和金融的合并增加了学生就业的机会，但是按现在行情来说，就业率不容乐观，而且整个金融行业形势也不大乐观。不像我们那个时候，银行遍地开花，现在并不是。将来等你们就业时，金融行业的种种调整、整改，会导致本身就业的机会减少。你们可以利用实习的机会，多接触市场情况。这可以增加自己进入想要的企业的几率。企业招聘员工，一般都希望要有经验的人，有丰富的实习经验肯定是可以加分的。除了经验以外，与之相适应的职业素质也肯定要有。要勤快，会做人也是很关键的。

现在很多年轻人有点坐不住，他们会以个人的要求或感觉，来判断企业；看老板说话合不合适，是站在自己的角度去考虑，这就是个问题。现在就是要沉下心来做事，是金子总会发光。我知道你们现在的压力比我们当初更大。以前我们没有来自外地的学生竞争，基本上都是本地的同学。但你们不同，你们还要和外地的大学生竞争。无论什么情况，最基本的东西是肯定要做到并做好的。

我毕业以后回到学校的感觉，就是当初我们大家都很青涩。那个时候的大学生活很美好，大家也单纯，想法很美好，和现在不一样。对母校的印象，也就是对民星路校区的印象比较深，现在上川路校区偶尔也会去。

其实，我们学校校名的变迁也反映了社会的变迁，立信和金融合并，也是一种新的变化。原来两个学校都是各做各的，我们金融是在银行，立信在商业，大家都各有优势。立信毕业生出去，社会很认可；立信的会计蛮强的，人家就认立信的牌子。而我们金融的优势是在银行，银行就认金融的。合并以后，双方的优点也就叠加在一起。我们学校培养出来的学生在综合素质方面、知识的连贯性方面是有竞争力的。这是我们学校的优势。除此以外，我们学校严谨的校风值得发扬光大，从事财务、会计或金融行业的人，一定要让别人感觉你是非常可靠的。

我对于学弟学妹的期望是，在校4年，不管经历怎样的变迁，还是要理解我们学校的核心精神，诚信乃立身之本。

黄绘峰

  工商管理硕士（MBA），经济师，中国金融理财师（AFP）。浦发银行杭州清泰支行行长；浙江科技学院、浙江金融职业学院特聘教授。1991届校友。

岁月是一场无法回头的旅行

口述：黄绘峰
采访：王　萃
整理：王　萃
时间：2017 年 8 月 15 日
地点：上海立信会计金融学院

九层之台，始于垒土

1991 年我从上海金融高等专科学校毕业后，分配到建设银行浙江省丽水地区分行工作。先在分行营业部从事储蓄、出纳、会计等岗位工作，接触掌握了银行最基础的业务工作。一年多后，调到分行办公室当秘书，这是我职业成长很受益的阶段。我有幸遇到了几位亦师亦友的领导，他们勤奋踏实的工作作风、严谨宽容的处事风格、严格自律的为人标准，都是我仰望学习的榜样。在他们的言传身教下，我像一棵小树逐步成长。在这几年里，我先后在国家级、省级、地区级各类报纸、杂志发表论文 100多篇，多次被建行省分行、地区分行评为优秀员工。1997 年，我被省建行选送到建设银行总行挂职锻炼一年，期间先后在建设银行总行办公室宣传处和《建设银行报》工作，独立完成了两篇有深度的调查报告，参与总行一些重大题材工作报告的策划和撰写。1998 年总行挂职结束后，我调到省建行办公室工作。

2000 年初，我从省建行跳槽到浦发银行杭州分行。先在支行当办公室主任，后又兼任支行个人金融部经理。2002 年 3 月，调到分行个人金融部担任总经理助理。历任

副总经理、总经理，期间协助分行主管行长、协同分行各部门指导全辖 30 多家分支机构开展个人银行业务，全辖的存款、贷款、信用卡、理财产品销售及优质客户数等指标持续攀升，业务规模、盈利水平实现翻番。杭州分行连续 4 年被总行评为个人银行业务十佳分行，并荣获信用卡、理财产品销售杰出贡献等奖项，业务发展在总行系统和当地银行业中名列前茅；本人也因市场营销、品牌推广、经营管理业绩突出，多次被总行、分行授予优秀经营管理者和优秀员工称号。2011 年 3 月，分行党委任命我担任求是支行行长。在担任支行行长的 6 年多时间里，我带领全行上下整章建制，理顺关系，以客户拓展为中心，以提高员工队伍素质为抓手，支行绩效明显提升。2015 年、2016 年度所在支行连续两年在省分行年度经营机构绩效综合考评名列全辖第二，城区机构第一。2017 年初，我调到清泰支行任行长至今。

行业发展，独具慧眼

金融是经济的核心，银行业在一个国家的经济中起着至关重要的金融中介作用。随着经济的进一步发展，银行业将顺应时代发展的步伐，自我改革完善，形成新的体制机制，进一步增强为经济发展服务的能力和地位。个人认为以下几个方面是银行业今后发展的方向：

1. 经营混业化。随着资本实力和风险管理能力的增强，我国银行业综合化经营的条件趋于成熟，未来银行业将开始混业化经营、混业监管的模式。在这种模式下，商业银行可以同时经营银行、证券、保险、信托，形成一种能向客户提供多方面金融服务的"金融超级市场"。混业经营有利于银行积极拓展业务领域，降低成本，适应客户多元化的金融服务需求。全能银行统一、专业化的风险和资产负债管理，有利于提高抗风险能力，增强经营稳定性。

2. 利率市场化。利率市场化是指通过市场和价值规律机制，在某一时点上由供求关系决定利率价格的运行机制。当前银行业以存贷利差作为主要盈利来源。在利率市场化、存贷利差大幅收窄的大趋势下，银行业传统业务将面临巨大挑战，商业银行必须在认清业务的同时，对发展模式进行调整，金融创新大大加强，找到替代存贷利差盈利模式的新的业务和运营体系。

3. 业务国际化。我国银行也将顺应国际经济、金融一体化趋势，积极向国外寻找发展空间，形成国际化经营战略。未来银行将采用商品输出和资本输出两个层次的战略，通过大规模在海外开设分支机构或建立代理关系，形成全球性的服务网络。国际化银行的业务活动主要在国际市场，服务网络覆盖世界主要地区，主要服务对象是进出口公司及跨国公司。金融产品将实现高度的标准化和市场化，按照国际通行的规则进行金融合作与竞争。

4. 服务网络化。信息科技的发展给银行业带来新的挑战和机遇。商业银行通过互联网技术开展金融服务，不仅打破了传统银行服务时间和空间的局限性，同时大幅降低了业务成本，改善了银行内部的运行效率。将来银行将更加注重信息技术的运用，加强非结构性数据的分析挖掘，开展具有客户黏性的金融服务，进一步提高客户体验，打造线上线下一体化的服务平台，进一步提高银行的服务水平。

得失感悟，与君共勉

走上社会参加工作已有 20 多年，期间也在不断回顾总结所走之路，反省思考得失感悟。一些心得与各位共勉。

1. 要有信仰和目标。信仰和目标是一个人安身立命的"压舱石"，人无信仰就没有追求，人无目标就没有动力。对自己心中的信仰和目标要虔诚执着，成为人生追求。要有坚强的意志力，咬紧牙关，始终不分心、不走神，排除万难去拼，争取去赢。

2. 要识大体，顾大局。滴水融入大海，个人融入团队。努力提高自己，不做团队的短板，服从总体安排，个人利益服从集团利益和团队目标，遵守纪律才能保证战斗力。

3. 要有责任感和担当。把每一件小事做好，言必信，行必果，主动分担一些"分外事"，错就是错，绝对不要找借口，这样的人对企业有着重要的意义。相反，凡事推三阻四、把困难推给别人，出错找客观原因，而不反思自己，成绩都是自己的，抢着出风头，爱在人前表现自己，这样的人一定会失去上级和同事的信任。

4. 要学会换位思考。如果你是单位的领导，你应该想想你是一名普通员工，你应当怎么做，己所不欲，勿施于人。如果你是一名普通员工，那你要想如果你是领导，你应该怎么办，你希望员工做什么。学会换位思考问题的人，那么他的心态总是正面积极的，他能善待身边的人，能集思广益，有感召力，久而久之也就跨上成功的阶梯。

5. 要懂得感恩回报。再有才华的人，也需要别人给你做事的机会，也需要他人对你或大或小的帮助。老板给了你饭碗，工作不仅给了你报酬，还有学习成长的机会；同事给了你工作中的配合，客户帮你创造了业绩，对手让你看到距离和发展空间，批评者让你不断完善自己。职业素养的高低，品格的优劣，对人的一生成就有重大的影响。

诚挚心愿，祝福母校

尽管大学只是我们人生旅途中的一个驿站，许多校友我们都未曾谋面。但我们知道，有着母校这个精神家园，有着校友这个共同的称谓，我们就是同一个大家庭里的兄弟姐妹。在这个大家庭里，我们不是旁观者，更不是匆匆过客，我们都应该是坚定的支持者和永不懈怠的建设者，我们要把对母校深深的眷恋与感恩，化为工作的动力和奋斗的目标，以我们每个人的实际行动为母校的发展壮大添砖加瓦、增光添彩！

风雨 90 年，桃李满天下。值此母校 90 周年校庆之际，衷心祝愿各位老师和校友们身体健康、生活美满、事业进步！衷心祝愿母校青春常驻，不断谱写新篇章，创造新辉煌！

李 毅

　　厦门拉隆股权投资基金管理有限公司董事长，厦门大学学生创业导师；云南前望浩然股权投资基金管理有限公司创始合伙人。1992 届校友。

心怀热情　方能远行

口述：李　毅
采访：闵译葶　赵艳芝
整理：闵译葶　赵艳芝
时间：2017 年 7 月 29 日
地点：上海立信会计金融学院

纯真年代，热血挥洒

1992 年怀着对大都市的向往和好奇之情，我背着行囊只身从新疆来到上海，开始了我的大学生活。每每回忆起我的大学时光，就有无数欢声笑语和温暖的画面涌入脑海。不论是担任体育部部长期间，主持操办很多大型体育活动；还是课余时间去肯德基兼职；抑或和老师同学们朝夕相处的小事，一幕幕都很清晰，就像过去没多久。直到现在，我和老师、同学们还保持着很好的关系，我现在也担任了福建省同学会的秘书长，联络同学聚会，加深同窗情谊。非常幸运的是，在大学这段真挚、热血的时光里，我遇见了我一生的伴侣——我的太太，这也让我开启了人生新的征程。

求职艰难，坚持、认真、热爱

毕业时我获得了上海市优秀毕业学生干部奖，是有资格留在上海的，但是我太太不想留在上海，所以我就跟着她到了福州。当时我也和数万大学生一样，扎入了求职浪潮中，投递简历，四处碰壁。最终，我到了华福证券公司就职。

刚入职，从柜台小职员做起，我每天都是第一个到公司，充分做好所有准备工作。为了有所进步和提升，我把基本技能和培训放在第一位，所有的考试都拿到第一名。我热爱自己的工作，把学习和工作摆到最核心的位置，工作也做得比较出色，逐渐在同事中脱颖而出。当时，我在公司也创造了一个记录，连续5年获得"先进工作者"称号，这个纪录至今没人打破。9年半的时间里，我靠勤奋、靠努力、靠学习和十年如一日的坚持，从小职员一步步走到高管的位置。

创业是个意外，雨后终见彩虹

2003年，华福证券被广发证券收购。新公司不够重视我们这些老管理层，我就辞职了。出来后，我先到福州市商业银行做了1年的支行行长。但自己不喜欢这个方向，就决定辞职创业。虽然我已经在金融行业摸爬滚打了十余年，但创业这件事，不管是老炮儿还是新人都得从零开始。创业初期最大的问题就是资金，我也曾想尽各种办法筹集资金，到处求人、到处借钱，很多时候由于压力太大，都想过要放弃甚至产生一些极端的想法，还好有家人的支持，我才有坚持下去的动力。终于，功夫不负有心人，经历了3年多的时间，公司渐渐发展起来，取得了一些成就。随着公司知名度的上升和市场的逐渐打开，有越来越多的伙伴主动加入，我们的业务也逐渐扩大。

2009年，国家政策发生了一些变化，加上全球金融危机，国内情况不太好，所以公司就慢慢转向做风投。我们主要关心新兴产业的发展、"90后"和"00后"的喜好及消费方向，比如IPO原创、二次元文化、影视动漫娱乐、半娱乐，等等。

我们公司主要从事三方面的业务：一是，股权投资（基金管理）。主要是风险投资（或创业投资）和私募股权投资。二是，融资顾问。为项目公司介绍投资人，协助企业完成相关融资活动。三是上市辅导。全面协调项目公司上市活动，并根据上市地规则，协助公司完善内部管理控制制度及相关财务制度等，确保企业顺利通过上市审核。我曾在福建丰泉环保集团有限公司，负责集团海外上市工作。该公司是在法兰克福证交所主板上市的第一家中国企业。在当时的情况下，国内的企业到境外上市还是比较困

难的。我们重点研究了香港市场、美国市场，还有欧洲、英国市场，之后我们把重心放到了德国市场。那个时候没有中国企业在德国上市，而德国法兰克福交易所是全球三大金融交易所，这对中国企业来讲是一个很大的空白。我们仔细研究了德国法兰克福交易所的制度、法律结构、会计准则，做了很多调研、准备后，就把福建的企业带到了德国法兰克福交易所上市，也创造了法兰克福交易所的一个记录。这件事在全球的金融市场都引起了很大的轰动，基本上欧洲的各大新闻媒体都在头条报道了我们中国的第一家企业在德国上市的盛况。

我们现在是福建省非常有名的风险投资机构，专门做企业的规划。我们的专业团队在过去的两年中，考察和评估了上百个创业项目，并累计完成40多个创业项目的投资。

创业有风险，大学生需量力而行

2016年9月13日，由拉隆基金、3W空间主办，之宝创投、愿景资本、翰鼎资本协办，益创客媒体支持的"3W未来捕手"项目路演会成功举行。此次路演会有多个精品项目，路演还邀请了几位神秘资本大咖莅临现场，对项目进行多维度点评，给创业者们带来他们深耕行业领域的宝贵经验及建议。我也与现场参会的创业者们进行了长达1个多小时的分享交流，为现场的年轻创业者们分享拉隆团队在创投领域深耕多年的行业经验，以及从资本的角度展开对未来经济形势的预估及研判，并根据我从事金融行业20余年的资本运作经验，对于未来几年的投资形势，进行判断和展望。

其间有来宾提到关于目前大学生创业的问题。我也给出了自己的建议：首先，作为资方，如果从资本的角度来说，我并不看好大学生创业，中国大学生创业成功率大家可以去查查看，低得吓人，为什么呢？因为大学生作为创业者，他们整体的素质还不达标。无论是在专业领域的知识储备，还是在所处行业的行业经验，都是不足的。他们很多的创业想法是没办法进行商业化的，他们所认为的用户需求很多是他们臆想的，是伪需求，并没有得到市场的验证。所以，从投资的角度来说，我不看好。但是，从另一个角度来说，我是支持大学生创业的；我支持的是他们所萌发的创业种子，培养的创业思维，因为这对于未来他们真正的创业积累和沉淀是有很大帮助的。

去年，当我受邀成为厦门大学的创业导师的时候，就对那些怀着创业梦想的年轻人说过："大学生创业不要想得太大，保留一个创业的种子就好，将创业思维、创业精神常驻心中比创业本身更为重要；在校努力学习相关的行业知识，毕业后接触市场并沉淀3～5年时间，如果那时候你心中的创业火种没有被浇灭，反而越烧越旺，那么你准备足够了，就可以去创业了！创业是需要做准备的，古人云："兵马未动，粮草先行"，就是这个道理，凭借一股子劲儿，去创业是瞎折腾，打鸡血式的精神氛围固然重要，但最终落地还是需要理性对待的！

在我看来，要想创业，首先得想明白自己要干什么，愿不愿意为之付出极大的代价，如果只是抱着出来忽悠骗人的想法就不要出来创业。对大多数大学生来说，创业不是一个太好的选择，这个得有自己的"基因"，如果本身的成长经历和"基因"里没有这个创业因素，不要轻易去尝试，创业99%都是要承担失败的风险的。大学生应该要对自己有一个清醒的认识和定位，再去创业才比较靠谱。我比较反对盲目鼓励创业的潮流，有能力的学生可以去尝试，否则就不要去冒险，不然会付出惨重的代价。如果连自己的人生规划和职业规划都想不明白，只是单纯地为了创业而创业是没有什么价值和未来的。

想对同学们说

作为校友的我，希望各位学弟学妹在今后的学习工作中能够做到以下几点，当然这也是我一路走来的一些经验总结，希望能够给你们提供一些启示。

首先是要热爱。我当时就读的金融文秘专业，虽然不是我的第一志愿，但是通过学习我爱上了这个专业。金融文秘偏向工商管理方面，主要是培养金融机构办公室工作这个方向的人才，这个专业面虽然挺窄，却很能训练人，所以大部分从事秘书专业或者办公室专业的人，往往综合能力比较强。我们公司招人不太看重学历，看重的是他热不热爱这份工作，有没有兴趣和爱好，因为从事每一个行业，如果没有兴趣和爱好的话就没有动力也不会认真做事。兴趣与爱好是工作的基础，努力是成长的台阶。热爱自己的工作，想要在一个领域做出成就，用心去投入，那么所有的工作都能做得好。

其次要认真学习，用心做事。多读书，基础知识一定要扎实，现在的学生普遍基础教育都很好，但是基本功都不够扎实。基本功扎实，以后出来做事情可能成功概率会高一点。专业知识非常重要而且一定要过硬，不要想着很多东西学了没有用，其实所学知识终归都会用到的。如果有条件读研，进行更深入、系统的学习，那当然再好不过了。

另外，同学们要涉猎广泛一点。现在对人才的要求，不光是掌握专业上的技能，相关延伸的东西也很重要，包括各种工具的运用，待人接物，等等。随着复合型人才需求的增加，大学生需要提高自己的综合能力，培养自己的情商。刚开始工作时，不要好高骛远，不要怀抱着大学生是天之骄子的思想。从最基础的东西做起，我也是从柜台一步步做起来的，在其位谋其职，在柜台时就要把柜员的工作做好。

最后是诚信做人。在任何时候任何行业，都要秉持诚信，这是做人最基本的原则。我们公司一直以来都本着"客户第一，诚信至上"的原则。诚实守信是做人、做事非常重要的品德，靠投机取巧只能得一时之利，而靠诚实做人、踏实做事才能走得更高、更远、更好！

好好学习，广交朋友，用心做事。

傅祥兴

申万宏源证券公司资产管理事业部总经理。曾任职华夏证券。1993 届校友。

得风气之先 守不贪之诚

口述：傅祥兴
采访：宋宇欣 钱志鑫
整理：宋宇欣 方 晨
时间：2017 年 9 月 26 日
地点：申万宏源证券有限公司

忆往昔青葱岁月

我看着学弟学妹们稚气未脱的脸，不由地回忆起自己的那段青葱岁月。虽然我们当时的老师现在都年事已高，如今大部分已经退休。但想起那时在学校的故事，我还是满怀着激动和感激之情。当时校区还在浦西，学校面积也相对小，所以我的大部分时间还是放在功课学习上，也许正是那时的专心学习才铸就了如今扎实的知识基础。当时，我在校园活动上，主要参与了"未来金融家协会"的组织活动。

那时的学校给了我们非常好的机会，让我很早就接触到一个新兴行业——证券行业。接触到金融改革开放；接触到一些前沿的业务和市场。1990 年进入校园的时候，也正是证券交易所开业的时候。我有幸参观过证券交易所，在外白渡桥那里。对于学生来说，特别是对于金融财会的同学，能够接触到当时比较新的东西，这对整个职业生涯都影响很大。因此，之后也会义无反顾地投入前沿的领域。可以说，前后三届毕业学生，有相当一部分都进入了证券公司。

在学习生涯中，我的一项重要社会活动，是第一届模拟股市活动，这是一项应时代而生的活动。交易所于 1990 年底才开业，股市是社会经济的新行业。1992 年活动举办时，还没有现在的互联网，当时的操作全由手工完成的。在黑板上进行行情报价，然后用纸质的单子进行手工填写委托单，再找几个挂牌的股票进行模拟交易。这个活动的专业性和有趣性，至今让我印象深刻。

与此同时，除了接触到新兴市场外，学校还举办了三届的证券专门化班，是金融高等专科和交易所联办的，旨在培养交易员。每届毕业生大概有 30 人能拿到交易员资格证书，可以进场交易，担任红马甲。这个在 20 世纪 90 年代早期，可以说是国内行业里最好的工作岗位之一吧。

我们学校从最早的银行学校到现在，在培养金融应用型人才特别是操作层面的人才上，是很有优势的。最早没有普及计算机的时候，是用算盘的，都要求有证书，包括点钞等基础技能。当时的毕业生几个证书是必须的，一个珠算三级以上，一般来说每年有十几个达到珠算二级一级的。二级一级是什么概念呢，就等于一个高级技工。计算机是非专业应用的二级，基本上能基础编程。

谈今日证券实务

因为学校浓厚的金融背景优势，以及机遇，许多同学都进入了时代的洪流，投身于金融发展，可以说目前我们的校友遍布金融市场，这也是一件值得骄傲的事情。与同届同学不同的是，我在 1993 年毕业以后并没有到证券公司，而是选择留校，在高教研究室做了 1 年的老师。1994 年 10 月份才到当时华夏证券公司，进入了这个行业，在证券行业做过交易员，大概 4 年的时间。后来到了上海国企（上海工投）做了资本市场业务，之后是在汽车金融，做了 1 年左右，最后返回证券行业。

关于证券公司的基本业务，第一类，是经纪代理服务，就是为普通投资者投资证券市场提供流程操作上的一些服务；还有第二类，就是投资银行服务，对于企业到资本市场进行融资提供策划和服务的。而资产管理就是把两者结合起来，接受投资人的委托替他进行资产管理，使他的资产保值增值。其实换句话说，资金端这块我们是接受委托的，投资者不管是个人投资者还是机构投资者，使他们觉得我们资产管理机构有适应于他风险偏好的资产管理能力。接受委托后，我们要选择投资标的，就是投什

么样的品种，投哪个市场，怎么投，怎么管，怎么样将这个资产的风险和收益匹配好，满足客户的需要。资产管理最早国内起源是基金公司，就是成为一个独立业务的起点。现在大部分的券商都有独立的资产管理公司了，贴合市场的需求。毕竟现在的人们自有财富在不断地上升，因此对于这方面的需求也在不断提高。

　　资产管理行业比较适合于有一定从业经验的人士，因为现在的实务操作流程会比较复杂。从资产管理产品开始的方案设计，到修改，到定稿，以及到最后的法务合同的确认，产品推荐，整个时间都会很长，需要一步一步，逐步地学习。基本上，要达到一个独立产品经理，需要5年的时间。对于资本市场的投资，不仅需要书本知识，还需要丰富的从业经验。新人的经验会比较缺乏。另外一方面，在与投资人沟通中，若是缺乏经验，是很难获得投资人信任的。所以，一般毕业生进来的话，会从实务操作流程做起，每个环节都是十分复杂的，没有足够的操作经验，是无法胜任的，需要由从业经验比较长的人去带领。

望同学脚踏实地

对于学校的近况，我十分关注并与学校联系密切，目前任学校教育基金会的理事，并将继续关注学弟学妹们的成长。

对于大学生的实习经历，我认为，一方面，是要丰富自己本身的专业技能，除了书本上的知识之外，还需到实际企业中体验实务工作；另外一方面，就是跟自己的未来就业意愿、计划相关，如果有相关实习经历的话，那么未来不管是应聘还是入职，基本上都会具有一定的比较优势。需要强调的是，实习所在的机构部门至关重要，行政部门杂事居多，况且实习期间比较短暂，对于信息、流程掌握不是很充分，因此会交给实习生一些简单的事务；若是业务部门，时间足够的话，能够参与一个项目；时间短的话，也能学会实际的业务操作。所以，尽量去业务部门做一些实习工作。

尽管大家的目标不同，但是我很希望我们同学利用大学学习这段时间，考偏理论、专业相关性强的证书，并且能为之后考 CPA、CFA 做准备。

工作岗位可以粗略分为销售和运营操作两个大类，建议同学们根据自己的性格来选择自己的职业方向。若是擅长沟通，那么可以做销售；而财会属于运营操作，需要仔细有耐心等特质。总而言之，最好能将自己的兴趣和工作的选择挂钩，能够热爱自己的工作。而专业对口分两种情况，一种的话，像我们学金融的，金融机构可能是最专业对口的，但是实际上每个企业都有其他一些不同部门，比如说券商机构，有中后台的 IT 部门，后台的党政部门，等等，其实并不要求金融专业有多深，一个公司也有学计算机、文秘等专业的人；还有一种就是非金融企业的，但是有相对应的部门比如投资、资产管理的，此类岗位就会对金融专业要求很高。基本上应该这么看，专业对口这件事要细化到每个岗位上，其实是岗位本身对求职者的金融会计知识有没有特定要求。

除了在专业方面的追求之外，我希望同学们也应该保持自己的职业操守。"不贪"——这个座右铭是来自当时的老校长。我从离开学校到证券公司的时候，他就说了一句话：到金融行业去做实务的第一个是要不贪。不贪有两层含义：一个就是作为投资者面对市场投资操作不要过于贪婪；第二个就是作为从业人员的行为也不能触犯这个"贪"字。这句话是我铭记于心的。

最后，我对学弟学妹的寄语就是：你们能进入这个学校，你们还是很优秀的。书本上能学的并不是全部，更重要的是对于你们能力的培养。通过学校这个平台，多关注与你们以后职业选择和就业相关的资讯。在就业伊始，没有必要将自己的目标定得很高，一步一步、脚踏实地走好自己的职业道路。

宋根建

高级会计师，注册税务师。中国石油上海销售公司总会计师。曾在新疆外经贸厅和新疆石油公司工作，后调入中国石油华东销售公司审计监察处，任浙江销售副总会计师、总会计师。先后荣获新疆外经贸厅优秀公务员和先进个人，中国石油集团公司财务工作先进个人，中国石油集团"十一五"期间内控与风险管理工作先进个人，中国石油华东销售分公司"十大杰出青年"，中国石油上海销售公司"优秀共产党员"等称号。1993届校友。

百舸争流　奋楫者先

口述：宋根建
采访：孙文静　邱榆珊
整理：李祯晨　孙文静　邱榆珊
时间：2017 年 7 月 21 日
地点：宋根建办公室

摆正自己的位置

　　1989 年我从新疆考到上海，那时，母校在全省就招不超过 13 个学生。我揣着兴奋和紧张的心情，背着行囊，只身一人，踏上远没有如今高铁舒适快捷的绿皮车，经过 70 多个小时的长途跋涉，开始了求学之路。4 年后，一个留校的机会摆在我面前，全年级也就两个名额。深思熟虑后，我最终放弃了这个机会，但这并不意味着我永远无缘上海了。

　　1999 年，我重返上海，一点一点地打拼，不断地学习。又就读于上海财经大学会计专业，先后获得经济学学士、会计专业硕士。从本科生读到财大的研究生，从底层做财务到做审计，再到公司管理层，最终成为中石油的总会计师，始终摆正自己的位置，勿好高骛远，勿妄自菲薄。不要一直沉浸在自己过去多么优秀、得到过多么好的机会的回忆里，也不要觉得自己非名校毕业生而全盘否定自己。

　　在企业的前几年，是会计人职业发展的基础，不管做小会计有多么难熬，都需要坚守，自我定位，把工作重点放在实务工作上，从财务基础知识、数据报表，到团队的沟通和管理，都需要提升自己的专业和技能，为以后职场的晋升做足功夫。在人生的十字路口要给自己定好位，定位准确了，就往前冲。21 世纪最激烈的竞争当属人才的竞争，只要把自己定位准了，才能慢慢地、慢慢地过上自己想要的生活。

实习不要浮躁

　　大学生在校期间实习已是普遍现象，很多学弟学妹对实习的期望值很高，希望在这过程中学到更深奥的专业知识，甚至能将理论与实践相结合，最终却发现其实不然。大部分情况下，实习生就是端茶送水，做一些简单的文件处理，不禁让人觉得，非专业的同学也能胜任这份工作，于是觉得实习没意思，每天都是简单的事情重复做，认为是对自己能力的轻视，对时间的浪费。迷茫，然后便是放弃。

　　独特的心智与宽阔的视野决定你的前途。我认为，大学生对实习过程中能学到的专业知识期望值不应过高，也应站在全局的角度看待实习，学会观人，学会知事。大学是个小型社会，但并不是个全面的社会。在校园里，接触的大部分是同龄人，刚刚从懵懂的孩子变为涉世未深的成年人。而实习部门里，同事的年龄跨度也许会极大，有已经在职场上摸爬滚打几十年的老干部，也有刚毕业几年对社会有些许见解的小白领；有接受过不同教育体制的海归或外国人，也有来自祖国大江南北的他乡人。每个人都是一本书，我们能从中学到些什么呢？

　　寒窗苦读 12 年，一心想考到大城市，领略魔都的风骚。然而学校有好几个校区，大部分的学弟学妹就读在比较偏僻的松江和曹路镇，是不是有些失望？扪心自问，4 年的大学生活，我们是否对上海有了深刻的了解，是否知道这座城市的历史与未来的规划，是否融入当地人的生活圈，亦即是否成为一个新上海人？借实习平台，一方面，走出自己熟悉的生活圈，更多地去了解上海。另一方面，在实习过程中，我们的眼光不能只专注在本部门，要站在全局的角度上观人知事。比如，很多同学在立信会计师事务所实习，为什么立信好？公司的优势是什么？背后支撑它的是什么？它的核心部门是什么？领导者又是如何为人处事、规划公司未来战略的？带着这些问题去实习，每天就会过得很充实，写出的实习报告也会不一样。

　　德鲁克说："心智决定视野，视野决定格局，格局决定命运，命运决定未来。"不

要浮躁，把心静下来，多多充实自己，将理想细化为各种大小目标，并按照 PDCA 循环（计划、执行、检查和纠正）实施。

勤学善思敏于行

我这一路走过来的工作历程也不是一直从事财务工作。从最开始的财务，到中间出去干审计，然后转行从事企业管理，最后才又回到财务上来。在我看来，财务本身就是一个综合的管理类的角色。数字化技术的普及，智能软件的开发与运用，实现了多方面程序自动化，比如德勤财务机器人上线。科技的发展、信息越来越透明，虽然可以快速及时地提供财务数据和信息，但也需要与企业其他部门人员和企业外部人员合作并建立良好的伙伴关系，理解并解释数字背后的意义、提供洞见和信息，帮助企业实现短期和长期目标，采取更具战略性的思维和行为模式，并越来越多地参与企业决策。这就对财务人员提出了更高的要求，不再扮演"账房先生"这么简单的角色，

要求不断促进自身的业务水平提高及技能发展，同时能更快地整合信息反馈结果，并通过全面分析企业内部和外部的经营发展情况和趋势，向企业经营者充分展露有关未来发展前景、盈利预测、现金流量等信息，帮助企业经营者进行决策。

站在全局进行公司决策与管理的基础上，深化专业知识也非常的重要，至少应该掌握财务的分析方法，财务上清晰的逻辑，等等。同时，非财务信息也是一个不可或缺的部分，比如经营成果背后所反映的问题和市场的情况，比如我们向加油站销售成品油，在此之前我们需要知道行业的动态、上海汽车的保有量（存量）、现在成品油的销售趋势，还需要了解城市规划，对加油站站点的建立有的时候还会涉及拆迁的问题等，这些我们都需要非常细致与周到地考虑。

现在的财务信息都是海量数据，凭证自动合成报表，在这些海量数据中如何获得有效的信息需要我们不断思考。结合财务数据和业务，发现问题并为他们提出更好的建议。在团队里，比其他人快一拍就会切身体会到信息的重要性。如果说永远都比其他人慢半拍只能感觉是跟着走，无法体现自己的真正价值。因此，财务人员需具备必要的素质、技能和视野，来满足企业日益增加的前瞻性综合信息需求，同时满足更多相关方对日益频繁的特别报告的需求。

中国有句古话："勤于学，敏于思，勤于业，践于行。"我们平时多加强学习，提高自身的专业素质和技能，为了实现中国梦，为了适应经济全球化大背景下的国家发展需要，作为应用型财经院校的立信学子需要经世致用，向高层次、高素质的复合型人才转型。

张美灵

　　高级经济师，教授，资产评估师。上海立信资产评估有限公司监事长。毕业于上海财经大学，曾任上海立信会计师事务所副所长，上海立信资产评估有限公司董事长。荣获第一、第二届资深评估师，全国"十佳女评估师"称号。1994年进入上海立信会计高等专科学校工作。

敢为行业先　爱拼才会赢

口述：张美灵
采访：郭　昱　韩　婷　邓自浩　张琦雨
整理：韩　婷　张琦雨　邓自浩　黄　嵘
时间：2017 年 10 月 27 日
地点：上海立信资产评估有限公司

人一定要有梦想 而且要去实现

我有过三段工作经历。

第一阶段是在上海食品公司财务部门工作，工作了 20 年，从会计员做到助理会计师再到会计主管。这 20 年是很不平静的 20 年，中间经历了"文化大革命"。大家都知道，当时教育和学习的环境很恶劣，我只能学习很多生活技能，如理发、烹饪、做衣服，当高考恢复时又圆了自己的大学梦，考上了上海财经学院。

第二阶段是在商业学校工作。在商业学校里，我从教员做起，先做了班主任，然后又到学生科工作，最后到教务处担任处长。在这期间，我努力学习英语并且评上了副教授，被学校提升为教务校长。那时还处于计划分配的年代，为保证学生就业率及就业质量，我就和商业局、旅游局、各大银行协商，了解他们的实习生需求量，然后把学生安排过去，确保了学生的就业率。当时还有很多外地学生和知青的孩子，他们在上海落户很困难，于是我就和各方联系，帮他们把户口落到糖厂、肉类厂这些有集体户口还可以住宿的大厂里，现在这些学生都已经在上海成家立业了。我还组织班级和学校为一个患癌症学生募款。这些都是小事，但只要有爱心，这就是我的分内之事。后来我从商业学校调到立信会计高等专科学校任教，我内心非常高兴，因为我热爱教育事业。

第三阶段是 1996 年，在学校的支持下，我创业成立了上海立信资产评估有限公司。成立之初，公司只有 10 个人，半年的业绩是 55 万元。现在公司规模发展到了 150 个人，每年的营业额 1 亿多元。在这期间，我被大家推选当上了上海资产评估协会的副会长，同时还负责上海评协准则委员会的工作。

在 70 多岁时，回首我的三段工作历程，我的总结就是：人一定要有梦想，而且要努力去实现。比如你们要参加资产评估师的考试，那就要全心全意扑在上面准备，争取一次性成功。关于这一点，我还有一个有趣的故事。评副教授职称要加考 1 门外语。为了能够通过英语考试，我就在半年内读了许国璋英语 1 ~ 3 册。最后考了 61 分，刚好过了及格线。

成功＝学习＋思考＋行动

我一边努力工作，一边对教学做出了很多的改革，创建了很多新的专业，不久，我就成为上海市优秀教师；一边考试评职称，用一系列的资格证书来证明自己有足够的能力，使自己认可自己，也使大家认可自己。因此我认为，一个人要想取得成功，有三点是不可少的：学习、思考和行动。

现在很多人只是学习书本知识，这是不完整的，是借鉴来的知识，必须要通过实践才能检验出自己掌握了哪些知识，因为书本上的知识终究只是理论层面的。尽管自己学得很努力，感觉懂得很多，但还是较肤浅的。公司刚进来的新同事对评估工作不太熟练，我带他们做了几个项目后他们就对评估有了新的认识。所以，不只是在学校里学习，工作后更需要学习。一方面实践，同时学习最新准则、前沿理论知识；另一方面要进修和提高学历。我们公司现任副总裁赵仕坤先生是复旦本科毕业的，但他来到我们公司工作后，依旧坚持学习，考取了研究生，现在博士也已毕业。形势在不断发展，不学习就无法紧跟形势，会被时代淘汰。活到老学到老，知识是永远也学不完的，所以要学习学习再学习。学习是人的第一需要，它就像空气、水和温度一样。

　　学而不思则罔，学习之后就要思考。要把学到的知识消化吸收，转化成自己的知识和能力，必须要经过自己的思考。我举一个自己的例子，有一次我们公司设备评估的老师找我签署一份报告：一家企业要将一条流水线作价出资，需要我们对固定资产进行评估，他们采用了收益法，但是我觉得收益法不太合适，至于原因我一时想不起来。那时我每天在公司看报告到晚上十点多钟才回家，回家洗漱后也已深夜了。我实在想不出原因，只好去睡觉。但思考仍停不下来，睡觉的时候还在想这个问题，结果到第二天早晨 5 点钟的时候，在梦中突然想到了，不能采用收益法，因为当时收益法刚开始起步，将收益法评估用于作价投资是很不妥当的，收益法结果实际上包含了以后至少 5 年的利润，但是这 5 年的利润并未实现。如果采用收益法，就多加了一块未实现的利润，会把价值高估，这样投资就不到位了。就是因为这个案例，我公司在评估固定资产作价投资时就只能用成本法或市场法而不用收益法。所以要思考思考再思考，只有这样，思考出来的东西才是真正有价值的，才是活学活用的知识。

　　学习和思考之后那就要行动，就像习近平总书记说的：撸起袖子加油干。我们不能盲目地干，而是要实干、巧干。要经过自己的思索、有自己的安排和计划，我宁可花几天时间把事情想透彻了再去做，也不愿盲目地去干。我们公司从成立到现在做了30多个课题，都是我们巧干出来的。我们的团队集中精力，日日夜夜扑在上面，我们的研究成果被财政部作为官方正式文件发出来，成为行业的评估准则、评估指南。现在的PPP项目、绩效评价、资产评估工作底稿准则和知识产权评估指南等行业准则，都是我们公司核心成员一起研究出来的，没有课题组付出的努力，是做不出来这么多成就的。

多年来，我受财政部、中评协委托，主持工作底稿评估准则及工作底稿参考格式的起草工作，参与评估报告准则、无形资产评估准则、国有资产评估报告指南等规范性文件的起草工作。此外，还参与了知识产权质押评估、文化无形资产评估及国有资本参与创业投资评估等多项课题研究，组织和参编了《资产评估操作规范实施细则》《收益法评估理论与实践》等专业著作，参与了业内首批资产评估软件、专利评估软件及合同信用评估体系的软件开发。

我还担任中国资产评估协会惩戒委员会主任委员、中国资产评估协会资产评估准则技术委员会委员，上海市资产评估协会副会长，并被聘为国家知识产权局特邀专家、上海市重大项目资产评估专家评审委员会委员、上海市仲裁委员会仲裁员、上海市上市辅导委员会委员、第一届至第五届中国资产评估协会常务理事。

我还被中央财经大学、上海财经大学、中南财经政法大学、厦门大学、复旦大学、上海立信会计金融学院、上海对外经贸大学等高校聘任为兼职教授，硕士生导师。

要与员工分享成果

公司在创立之初，也遇到了一些困难和挑战。

首先，是找业务。一家公司没有业务，很难维持经营，所以找业务是一个难题。因为自己做过老师，学生多数也做了财务科的负责人，所以我去找他们帮忙，克服了困难。百年品牌——立信，给了我无穷的力量，我为做一名立信人而自豪，愿为立信事业鞠躬尽职。

其次，是制定操作规范。新成立的公司必须要有操作规范，没有规矩不成方圆，所以我自己花了近两年的时间制定完整的操作规范、评估报告和说明模版，还开发了评估软件。如果没有操作规范、报告和说明模版（公司自用），我们就不可能在短时间内提高公司的管理水准。因为每个评估师对评估要求不一样，有了报告模版和说明模版，评估师就可以很快地提高评估水平。在开发评估软件后，公司的业务水平有了极大的提升，业绩也做到了上千多万元，而且我们的评估质量很好，得到了客户的极大认可。

最后，是组织大家学习。这些规范和软件在行业都是首次制定和出现的，于是我就在上海评估协会的组织和领导下给各位评估师讲课，把这些操作规范、评估软件教给他们。直到今天，上海地区几乎所有的评估机构都在使用该软件。推广学习是一个越来越受欢迎的过程，因为这些内容很实用。

公司是由每一个员工组成的，我一直认为人要具备四种品质：首先是坚持。要坚韧不拔，勇往直前。其次是不计名利，不计较个人得失。不能把自己看得很重、想得很多，否则什么事都办不好。现在获得的很多荣誉我都没想过，我参与其他机构的项目评价，我从不去考虑可以获得什么奖项。再就是睿智。一个人要聪明，要考虑怎样做才能达到我预想的效果。我们工作不仅要有计划地完成，还要用智慧去完成。最后是能团结一切可以团结的人，要团结一切有能量的、有见地的、睿智的人，这样才能做好每一件事情。因为评估是一件很复杂的工作，不管是课题还是项目，都需要一个团队的力量来完成，所以要团结大家做实实在在的事情。

做了多年的企业，最大的心得就是：要与员工分享成果。如果不和员工分享成果，那就没有人愿意和你一起工作。作为领导首先要为全体员工谋前程，为他们设计好发展路线和途径，他们在发展的同时公司也会得到发展。其次要为全体员工谋福利。国家要建设小康社会，我们员工要努力达到小康水平。根据党的十九大报告，在 2020 年全部人要脱贫。在这个过程中，我们企业也要有所作为，我们的目标是让全体员工致富。

总之，一个人的一生不能用金钱来衡量，而要用自己的贡献来衡量。不要太在意社会和他人评价自己的眼光，最重要的应该是对社会、对行业、对单位有更多的付出和贡献，这样才有丰硕的成果和有价值的一生。

黄建锋

　　硕士，高级经济师。中国建设银行福建省分行党委委员、副行长。曾任建设银行福建省分行计划财务部总经理，莆田分行行长，泉州分行行长等职务。曾获福建省金融五一奖状，建设银行福建省分行突出贡献一等奖，全省建行优秀工作者，全省建行优秀管理者，建设银行"213"人才工程领军人才。1994届校友。

博学匡时　逐梦"金"生

口述：黄建锋
采访：褚红素
整理：褚红素
时间：2017 年 7 月 20 日
地点：中国建设银行福建省分行

一颗改变的心：这是我的事业

我一直任职于中国建设银行，历练过总行、省分行、地市行和城区支行等四级金融机构，履职过资金管理、信息系统运行、财务购建、利率管理、综合管理等工作岗位。

现供职的中国建设银行福建省分行，是当地最大的国有商业银行，存款、贷款、中间业务收入、对公对私客户群体等主要指标在当地均占先占优。这种优势依赖于几十年的积累，在机构的发展和成长中找到自己的足迹和身影、空间和位置。可以参与这个过程、见证这个过程是幸福的。当然这种成功也是集体和团队的成功。人生需要独秀，更要为别人喝彩，为团队喝彩。

在机构的成长中，也体味着个人职业生涯的变化，感受着个人职业生涯的成长。职业生涯有过切换，职业内容也在切换，重要的是，要勇于接受变化，勇于接受挑战，保持拥抱变化的心，努力做到最好。回味过往的职业经历，不同层次有不同的要求，不同岗位有不同的体验。比如，在总行需要学会规划和统筹，在网点支行则必须善于点滴的服务。个人体验最深刻的则是，省分行与二级分行的轮流切换。

最初的职业生涯起步于城区支行。虽然时间不长，但这是我职业生涯的第一步，培养了我对建设银行的认识和感情，也培养了良好的职业习惯。

我在城区支行工作一年多之后，调动到了省分行。这是我职业生涯的第二阶段，一步一步地由科员、业务副经理、业务经理、总经理助理、副总经理，成长为总经理。这个时期，我由一个职业新人逐步成长为部门专业人士。在此期间，参与了综合经营计划编制、主要考核体系设计、财务资源配置方案制定、中间业务和创新推动、利率和服务价格改革等专业工作。在主持计划财务部工作的时期，福建建行 KPI 和等级行评定一直稳居全国建行前六，是综合考评最好的时期。

职业生涯的第三阶段，由省分行到二级分行任职，由省分行部门负责人转型为地市分行经营管理者。在莆田分行，在全行努力下，当年实现超越发展，主要业务指标在当地四季实现了第一。在主要考核体系中，等级行考评进入一类行，KPI 考核历史上首次获全省第一名，市政府银行支持经济考评第一名，莆田市文明行业服务指数测评第一名，等等。这段时期让我学会，在一个二级分行，在经营与发展遇到暂时性困难时，如何依靠团队与员工，借势上级行与地方政府，实现反超与超越。在泉州分行，这是福建建行系统规模最大的分行，我在更大的平台锻炼。到任当年实现了存款新增、贷款新增和中间业务收入等同业第一，稳定和巩固了在当地的竞争力。在 2015 年，存款日均新增四行第一，份额超 70%；贷款日均新增第一，份额超 50%；中间业务收入第一，份额超 40%；不良贷款率四行最低；对公对私客户指标新增和总量四行第一。

2016 年至今，是职业生涯的第四个阶段，担任省分行副行长和党委委员。分管财务会计、零售、渠道和电子银行，等等。

一条执着的路：这是我的学术

学术追求与理论研究是一种兴趣和经历。我是福建省金融学会理事、福建省银监局特约专家，主要研究方向为：利率政策、货币市场、商业银行管理体制等。作为主要参与人之一，《利息理论的深度比较与我国应用研究》和《利率市场化后我国央行基准利率问题研究》等两项课题获国家社会科学基金资助。

我坚持系统地学习，又就读于福建师范大学经济学院政治经济专业，获经济学硕

士学位。

　　长时间的学习、实践与研究，渐渐沉淀为文字。我已在国内出版社正式出版发行的专著有：《利率市场化后中国商业银行利率管理》《商业银行利率定价与价格策略》《利率投资——中国金融业 21 世纪的现实抉择》《利率市场化与商业银行利率管理》《利率管理》5 部；在《财经问题研究》《金融会计》《现代商业银行导刊》等经济类期刊和《中国证券报》《金融时报》《中国经济导报》《经济学消息报》等报纸发表各类经济金融论文、市场评论等 150 多篇，获得省级以上论文奖 20 多次；我也是《建设银行》杂志的优秀撰稿人。

　　在这些研究中，利率无疑是长期关注和持续研究的。在市场经济条件下，利率无论在理论还是实践上都极为重要，这是因为利率既是连接货币经济与实体经济的纽带，同时又是联系宏观经济与微观经济的中介。它影响着一国的储蓄、投资、货币供给和需求，以及产出和国民收入的变动。通过利率与汇率的联动，它不仅对一国经济具有极为重要的影响，还会对其他国家产生广泛的影响。这种基础性和关联性影响决定了利率问题的重要性。因此，长期持续的研究，连续出版的 5 部专著均与利率相关，涉及利率定价、利率投资、利率市场化、基准利率建设等诸多方面。在 2016 年，我担任"中国现代市场利率通论系列丛书"副主编，这是既独立成书又连成套的丛书，每一册书名均含有"中国""市场"和"利率" 3 个关键词语，尽显书中宏旨。作为诠释我国市场利率管理和体制改革实践的学术著述，这套丛书广涉诸家，旁求博考，并自成机杼，为金融决策提供有益的和贴近现实的理论参考。

理论研究是一项必须忍得住寂寞的事业。坚持理论研究，一则是因为兴趣与热爱；二则理论研究是金融职业生涯的"厚土"，可以让人走得更扎实更深远。在此，我对有兴趣从事研究的同学们提两点建议：一是持续研究，研究是一个不断学习和积累的过程，也是不断出新和创新的过程；二是专题化，术有专攻，研究有专题，不求全求大，可以在某个领域某个课题上成为专家。

一份成长的美丽：这是我的大学

大学生涯是美丽的，每一个片断都刻印下成长的足迹。即使伤过的心，流过的泪，错过的人，多年以后想起都是那么美丽。所以建议同学们，珍惜大学的时光，努力去燃烧自己，去绽放自己，积极去尝试你心中的梦想，去远足、去疾行、去淋一场雨，去谈一场恋爱……只要无伤伦理、无伤道德、无伤法纪。

我一直怀念着大学的美好时光：记得大一的军训，划一的步伐、雄壮的口号，青春染红黎明中的朝阳，这大学第一抹青春靓丽的风景；记得大二的学农，秋阳暖熙，风吹稻田，稻穗在身后一片一片倒下，一起品味着春华秋实的喜悦；记得大三的实习，带着即将迈入社会的些许不安和莫名喜悦，每日往返于学校和外滩，渐渐蜕去学生的气息，换上上班族的行装。

对于学校教育，我一直充满着感恩的心情，大学的学习让我的职业生涯和学术生涯有了坚实起点。母校在金融业界拥有权威和感召力，老师严谨的学风和专业的素养，同学们的勤奋努力与执着专业，一直感染着我，让我受益匪浅。母校的一些气质，比如严谨、善学、自律、谦和、积极、创新、稳健，等等，也融入我们的言行。对同学们的建议是，学会专心、专业和专注；学会感恩，学会学习；在校期间，努力学习基础知识，建立思维的逻辑与框架，有独立的思考和判断等。

一种平衡的生活：这是我的角色

生活有多种角色，有多种可能，有多份精彩，我提倡生活的区块化和平衡性。

可以是职业经理人。金融业是一个有激情有创新的行业，在这个行业中有挑战更有创造。坚持一份职业的精彩，做一个专业的人，保持随时出发与随时离开的自信与力量。

可以是理论研究者。金融业是一个急剧变化和快速创新的行业，这为我们提供了鲜活的案例和无数实践的可能，这更显出基础理论的重要。行稳至远，学会用理论来指导和思考实践，用实践来印证和丰富理论，这个反复的过程可以让人不再简单停留表面，而是透过现象看到本质，从本质中更好地把握趋势和可能。理论研究的简单和单纯，可以让我们少一些困惑，多一些清醒。

可以是周末，那个送女儿去上家教课，在门口安静等候的父亲；是异地深夜返家，在屋门口轻身一探的父亲。长期在异地工作，与家人分居两城，这更让我享受和珍惜着周末家庭的生活。

一个全新的视角：这是我的银行

当前，宏观经济趋稳、金融监管趋严、同业竞争加剧、跨界竞争演变、金融科技迅速发展、金融消费习惯急剧变化，等等，我国金融业已经进入一个全新的时代。商业银行不仅与银行同业竞争，也与非同业金融机构竞争，更与更多第三方竞争。这是一个全维全景的竞争，在这个过程有更多的不确定性，也有更多的可能性。因此，可以做的就是，以开放的心态接受变化，以竞合的心态参与竞争。

分管零售业务，更是深刻感受到这种变化，在金融科技的迅速发展与跨界竞争的深入格局下，客户金融习惯也在发生深刻变化，一些客户在迅速离开银行。我认为，不是客户离开银行，而是现在一些客户还没有真正走进银行，这正是银行的挑战，也是机会。要深刻认识客户需要的不是银行，而是金融服务；客户需要的不是更多的金融服务，而是更好的金融服务。必须从客户角度思考和反思银行服务，必须由"这是我的客户"变为"这是我的银行"，把金融服务定制成客户的解决方案，打造成为客户心中"我的银行"。这种探索和努力是一个方向也是必然，在当地5大国有控股银行中，建设银行具备储蓄存款规模最大、定价成本最优、客户群体数量最大等综合竞争优势，更愿意进行这种探索和实践。

感恩母校，祝福母校。会始终关心和关注学校的未来。

刘　飞

研究生，硕士。平安惠普上海分公司总经理。
1994 届校友。

不忘初心　不负光阴

口述：刘　飞
采访：赵倩雯　谭　璐　毛怡雯
整理：赵倩雯　谭　璐　毛怡雯
时间：2017 年 7 月 7 日
地点：平安惠普上海分公司

重回校园时光：不忘初心、方得始终

说起我对金院的记忆，首先，不得不说的就是这所小而精致的学校在我脑海中留下的图景。学校的老校区只有 37 亩地，与现在不断扩充的大学校园相比，确实可以说是不值得一提。但回想起当时，我们似乎从未抱怨过我们学校的规模，相反，现在回忆起总觉得它精致而可爱。这片小小的天地，就像我们人生路途的见证者，也见证着当时英姿勃发的我们日后各自精彩的人生道路。

其次，就是我们学校在教学上的特色。之前也有和老同学一起探讨过我们学校在专业上胜于其他财经类高校的优势。当时我们一致认为，我们学校最大的学科优势就是注重学生的实操性能力培养。学校的很多课程都是采用金融行业现职的业务骨干和中层干部作为讲师，这从某种程度上使得学校的学术实用性更强，能为学生提供更多与时俱进的资源。因此，也正是因为这个，使得我本人在进入职场后可以比同届其他的毕业生能更快更好地适应工作环境。

除去这些，其实最想和大家分享的还是当时的大学日常生活。记得有次我们宿舍

4位关系最好的朋友一起出游，当时每人骑辆自行车从上海到苏州往返游玩。去时，我们骑了6个多小时，回来则时间更长。到苏州后，每人买了一张地图，浏览了苏州大大小小的各式园林，晚上4个人还兴奋地聚在一起打扑克；第二天吃完早饭就骑车穿行在苏州的大街小巷。回来的路上，尽管我们都已筋疲力尽，但由于身边同学的互相勉励，我们坚持下来了。这次经历对我们来说，可以算是一次前所未有的挑战和壮举。对我自身而言，它不仅仅是和朋友出游如此简单。现在回忆起来，更像是承载着我们年轻时不断拼搏和前进的那股劲。所以，无论何时想起那些年的这些经历，都会感触良多。

离开母校后，我没有停止学习的脚步。2003年毕业后获得了对外贸易大学的经济学学士学位，2009年在南京师范大学的市场营销研究生课程班毕业。不过，对于我自身来说，之后继续深造的求学经历，哪段都不及上海金融学院（原上海金融高等专科学校）给予我的丰富和宝贵，那段岁月在教会了我必备专业知识的同时，更让我收获了数不清的精神财富。

回顾职场生涯：直面机遇、无惧挑战

毕业后，我幸运地被分配到了自己投报的第一志愿——中国银行南通分行。在中国银行的15年里，我经历了很多不同的部门、不同的岗位，那段职业经历是我职业生涯的起点，也是未来不断发展的基石。由于当时我们学校的学生无论是在专业知识的把握程度上，还是实操性方面，确实具有很强的竞争力，并且在金融圈内，一些公司和银行对于我们上海金融学院的学生也还是十分认可的，尤其是在银行领域。所以即使是刚入职场，我对于各类业务操作和银行运营模式都还是可以较快适应并且比较出色地完成。2009年，出于对自己未来职业生涯规划的原因，我离开了中国银行，进入了国内一家新加坡淡马锡背景的外资金融公司。而在这家纯外资金融企业近6年的工作经历，给我最大的感触和收获，就是能从另一个角度去看待我的专业和工作，并从更高层面体会和理解外资企业不同于国有企业的运营管理模式，即以人为本、制度流程为上、完善制衡下的高度授权等不同的管理体验。与此同时，外资公司独到的企业文化也让我收获了区别于过去15年在国有银行不同的职业生涯体验。2014年我们公司

被中国平安集团全资收购，整合进了现在的平安普惠，一家互联网消费金融公司。我在平安普惠又快乐地进入了第四个年头。说起我的整个职业生涯，不论是在中行的15年，还是外资金融公司的6年，我最喜欢的工作就是经常拜访新的客户，了解新的事物。因为我享受拜访客户时轻松的工作氛围，老板们自身与我谈述的创业史和一些未来的工作规划，使我感受到他们作为客户对于我的重要性，从而体会到自己的责任。对我自己来说，以资金支持那些在创业过程中需要帮助的企业，解决现实问题，无论最后成功与否，总觉得我这是做了一件好事。

　　工作之余，我最大的爱好就是做一些投资。我在1994年工作的第二个月就开始涉足证券市场，虽然做的也不算特别成功，但很享受这个过程。所以说，24年的工作和工作之余，都在自己喜爱的金融这个领域。

　　首先想谈的是现在同学都关注的毕业生就业或考研深造的问题。我个人认为，坚持考研并非就是唯一的出路，毕竟研究型人才只占人才市场的很小一部分，绝大多数企业还是需要有实践和实操经验的工作者。学生无论是选择考研或是就业，一定要具备清晰的自我定位，按照自己的想法和合理的规划决定自己的人生大方向。若坚持走学术道路，那就要具备高于常人的毅力和勇气，用百倍的精神去征服专业道路上的每一座高峰；若选择直接就业，我给同学们的建议，就是在认清时代发展大背景的情况下再确定自我定位，明白工作只是一种简单的谋生手段，只有在足够了解和认清自己所需所求的情况下，才能够更好地寻求职业发展、实现自我价值。

　　说到就业问题，不得不提的就是如今的金融市场正面临的重大革新。相对于以往，以实体货币为驱动力的金融行业，如今金融领域的就业环境在信息时代不断蓬勃发展的趋势下，已经发生了颠覆性的变化。电商的兴起见证着互联网金融时代的到来。以蚂蚁金服、京东金融等互联网金融为例，它们虽没有实体银行众多密集的网点，却可以在短时间内高效地达到巨大的交易量和客户群体数。对于一笔业务只需要几秒钟，通过手机和网络就可以完成。这种对于体验者来说，省时省力；对于运营者来说，少去太多成本和中间环节的金融运行手段，正飞速大范围蔓延，它们在无形中改变着这个时代。我们的毕业生们也就更应当顺势而上，把握住这一新时代的机遇。

　　当然，一味盲求是不对的。我们在看清趋势的条件下，要明确网上银行的理念和手段，以及与民营银行的巨大差异性，这也正是如今的民营银行不断面临挑战和打击的根源。习近平总书记在国家金融工作会议上说，国有银行正在面临着战略转型，而这也是中国金融的临界点。正所谓适应环境的人永远是时代的胜利者，我也希望现在的年轻一代能认清趋势，明确定位，在这样的市场环境下找到适合自己的方向。

　　最后我想结合自己多年的从业经验和人生阅历，告诉同学们何种品质和态度才能使你跻身金字塔顶端的人群中，从而变得夺目。对于初入职场或还在求学的同学们，我想送给你们 3 个词，帮助你们更好地适应和成长。

　　首先是"忠诚"。所谓的忠诚是忠诚于你的公司，也忠诚于你的领导。忠诚不仅仅只是服从命令、不违背职业操守，更多的是教人学会如何尊重别人和识大体。任何时候都应以谦逊的姿态面对工作和生活，选择"既来之、则安之"，请相信每个人身上总有无数的闪光点。第二个是"执行"。作为一名职场上的基层实践者，对于新诞生的方案或新出台的政策，以做代替想，以行代替纠。强大的执行力来源于积极的心态，出自于不断积累的经验。要积极地对待工作和生活，不要被自己的顾虑和杂念所束缚。这样才可以出众地展示自己，从而为自己提供能进一步摸索和成长的空间。最后一个词是"坚持"。古人言："锲而舍之，朽木不折；锲而不舍，金石可镂"，说的就是这个道理。从我自身的从业经历来看，我只经历过一次工作环境的变更，而每次都在不断地坚持下实现了自己事业图景的发展和扩大，我从来没有预期过明天的我是否可以达到某个高度，而只是选择了定定心心，老老实实地工作。我在金融行业打拼的这段岁月里，坚持着自己的理想，也坚定着自己的脚步，心无旁骛地在这条以初心为名的路上，不断追逐与前行。

我的分享到这里就要进入尾声了，作为老金院人，希望我们的同学们在追梦的路途上越走越远、越走越勇，记得人生路上只要与"忠诚、执行、坚持"相伴，明日就能到达成功的彼岸。

明年正值校庆 90 周年，作为老校友，我欣然接受了我们学校百名校友寻访团的采访邀请。采访的时间虽然只有短短的一个小时，但和同学们聊聊自己大学的校园回忆和职业生涯的点点滴滴，也颇令我感到欣慰和满足。希望自己简单的经验和阅历分享，可以给母校的同学们带来些许收获与体验。

杨　桦

　　教育管理硕士,主任编辑;小姐姐文化发展(上海)有限公司董事长,上海益扬青少年社会组织促进中心常务副理事长,上海市青年文化与艺术联合会理事,上海市信息化青年人才协会理事。历任青年报社党委委员、副社长,《生活周刊》主编、《浦东时报》副主编、《浦东开发》杂志主编。曾获1997年全国五四新闻奖一等奖,上海首届五四新闻一等奖,第11届(2001年度)上海新闻奖二等奖,全国政协、上海政协好新闻奖,全国综合治理好新闻奖,上海市政府新闻办颁发的上海网络工作先进个人等荣誉。1994届校友。

人生是一场寻找使命的旅程

口述：杨　桦
采访：资心怡　陈翊萌　施译景　龚雅雯
整理：资心怡
时间：2017 年 9 月 12 日
地点：静安区天目西路社区文化中心

在学校到底学会了什么

我从小就喜欢写写弄弄，对写作非常感兴趣。学生时代陆续发表了一些习作，获得不少比赛的奖项，就愈发乐在其中了。1991 年我考进了立信，虽然我们是一所财经类院校，但是校园文化兼收并蓄，丰富多彩，这一点让我获益良多。

进入大学，开始面对新的人生思考，比如兴趣所在、职业选择，等等。入校时间不长，我就发现自己似乎不太喜欢那些专业课程，反倒是那些文科的选修课更对自己"胃口"。经过面试，我进入了学校的广播台，课余时间都"宅"在那里撰写稿子、播报校园新闻、编辑节目，我很喜欢广播台的工作。当时我们制作的节目在上海高校联赛中屡屡斩获奖项，广播台成了我发挥特长的小天地，一个可以让我在专业课屡受打击之后，重拾自信的空间。

结合自身发展，现如今回望当年，这些经历似乎预示了我后来的职业选择是一种必然。但是反思当时的大学生活，那些偶尔度日如年的时光，却是最让自己成长的人生经历。那些因为痛苦而引发的思考，却成为直视内心、自己对自己最真实的拷问。

平心而论，刚刚入校的时候，自己也有过"鸵鸟心态"，对自己不感兴趣的课程，不听、不问、不努力，假装什么都没发生。但是有一次与老师的对话，让我有种豁然开朗的感觉。老师说："一个人做自己拿手的事情，做得比别人好，那是本色出演；要是把自己不拿手的事情搞得漂亮，那才叫本事"。

在我们当时的校园，也就是学校现在的徐汇校区，有创始人潘序伦先生的铜像，铜像上刻有我们的校训："信以立志，信以守身，信以处事，信以待人，毋忘'立信'，当必有成"。有一天放学的黄昏，我在铜像边的长廊下独自一人坐了很久，我想通一个道理：我没有办法把不喜欢变成喜欢，但是我首先得让自己成为合格的大学生，成绩就是能力的一种证明。

当时面临期末考试，有一门"珠算"课程令我"深恶痛绝"，我已经完全放弃，准备挂科，随它去了。从那天之后，我真的就变了。回去闷头练习，疯狂练习。一周之后，神奇的事情发生了。本来用算盘做加减法都搞不利索的我，顺利通过考试。经历过这件事情，我发现困扰自己的其实是那种不理性。自律才能换来自由，这不是句空话。只有学业没有问题，我才能在课余时间发展自己的爱好。

离开学校已经20多年了，如果说当时所学的知识大多已经遗忘，但是我们的校训一直伴随我成长，成为我人生的座右铭。立信，并不只是不做假账；立信，说的是做人的根本。

职业选择遵从内心

1994年的夏天，临近毕业，因为我在校期间的表现，学校希望我留校，我几乎没有一丝犹豫。与我同学们选择的财政局、税务局、银行、证券公司等金融机构相比，大学工作的收入是微乎其微的。但是，当时的我认定一点：既然不喜欢财务工作，就不要单纯为了收入去就业。现在回想，我是极其幸运的。家庭没有给我任何经济上的压力，让我可以不问"钱途"而是遵从内心。父母也没有给我任何所谓功成名就的压力，只希望我能踏踏实实走好每一步。在乎内心丰盈超越身外之物，这种纯粹是会给人带来好运的。

毕业实习，我被分配到黄浦区税务局靠近人民广场的一个基层税务所。虽然已经

明确留校，但是我觉得这是人生唯一一次以工作人员身份走进税务所的机会。于是，我变成了一个天天主动找事儿干、一刻也不肯停歇、搞得带教老师哭笑不得的实习生。手写发票、统计纳税户信息、誊写名册……这些琐碎又没有什么技术含量的工作，大家都谈不上喜欢，但是我要求自己认真、主动地去做。本是例行实习，但是快结束的时候，带教老师带来了所领导的肯定和询问："想留下来工作吗？"彼时，这种肯定让人意外，也让人愉悦。从某种程度讲，实习印证了一个道理，职场新人能证明自己的首先是态度，态度决定一切。

　　1995 年的夏天，团市委举办了一个大学基层团干部的培训班，意在遴选团市委各部门短期挂职的人选。幸运的是，我被选中去青年报社。虽然只是暑假中的一个多月，但是当时的我依然兴奋得像个孩子。做记者是我儿时的一个梦想，本以为此生无缘，幸福却喜从天降。那个暑假，是繁忙而幸福的。在距离梦想最近的时刻，我拼尽全力去采访、写稿、发稿，仿佛一个狂热的票友终于得到上台表演的机会，珍惜着台上的每一分每一秒，仿佛所有的付出都不是苦累，而是上天绝佳的恩赐。在那个暑假，我采写的稿件全部都被采用、刊发，这在当时不是件容易的事情，毕竟版面有限，稿件都是择优而用。

挂职结束，我继续着自己在学校的工作。当时我也身兼数职：校长办公室行政人员、班级辅导员、货币银行学任课教师。但是不曾想，鉴于我在挂职期间的出色表现，青年报社向我这个非新闻专业的毕业生抛来了橄榄枝。

当初留校的选择不曾让家人纠结，但是去媒体工作的机会却让家人和学校的领导都生出不少顾虑：不是新闻专业出身、学历没人家高、女孩奔波那么辛苦干嘛、万一不行怎么办……但是，对媒体的向往点燃了我那颗不安分的心。用现在流行的话讲"世界那么大，我想去看看"，我义无反顾地做了决定——去报社。也就是这个选择，让自己走上了一条不那么确定却时时有意外、常常有惊喜的人生。

做媒体，首当其冲受到挑战的就是体力。进入报社的第三个月，因为饮食不规律，我突发急性胃溃疡被送往医院急诊；当时交通不便，冒着酷暑跑现场采访，我在公交车上突然喷鼻血；不论是大年初一还是其他节假日，我都是在工作中度过，几乎全年无休……身体的透支只是一方面，希望写出高质量的稿件是更高的考验。媒体工作也打开了我的眼界，让我看到更广阔的天空。全国两会、国庆阅兵……我承担了越来越多的重要采访。努力、进步、新困惑、再努力、再进步，我就这样痛并快乐着。

在青年报社工作了将近20年，我完成了从一线采编人员到媒体管理者的蜕变，在一切驾轻就熟之时，我又不按常理出牌了。2014年，我转去了《浦东时报》社。浦东，中国改革开放的最前沿，我来了！

我也不断地学习提高自己，1999年获得上海交通大学本科学历，2013年获得香港教育大学教育管理硕士学位。

创业就是找到使命

随着时代的发展，媒体的迭代也在对传统媒体从业者产生着深刻的影响。内容上，传统媒体要跟全国甚至全世界的写作者竞争，传播手段上要跟天天升级的新技术竞争，经营模式上要跟一个正在被颠覆的行业抗争。但是，这一切困难都不能阻止我们的探索和进步。

2014年末，《浦东开发》杂志想策划一期新年特刊。如果是传统的制作方法，一期杂志的组稿、排版到印刷、派送，至少要用上1个月，时效性很差。我创意、发动了一次改变。杂志携手浦东发布公众号，联合机关摄影协会，利用新媒体发动、平面媒体呈现的方法，进行24小时跨年的拍摄接力。活动一经发布，就在朋友圈刷屏。24小时里我们众筹到50多位摄影师从浦东的各个角落发来的600多张照片。照片里有上海最南端的日出、凌晨的超市、最后一班地铁"回家"后的维保现场、在新年里第一个出生的婴儿……每一张照片里都有人、有故事、有感动。这次活动，得到了极好的社会反响，大家感慨：杂志还可以这么玩！

感谢这个时代，让很多不可能变成了可能。集合社会资源改变生产方式、提升效能，对未来产生影响的尝试，也让我无法按捺内心的激情。创业，成为我最渴望的一种生活方式。逼迫自己用更快速度去学习、去寻求自身更多可能性、谋求连接未来的生存状态，让我萌生出青春一般的冲动。

2015年，我开始了人生的"归零重启"。在一年的"gap year"之中，我在思索，也在寻觅自己的使命，寻找自己多种社会身份的统合发展。对于我的文化传播板块，我是这么定义的：致力于传播城市优质文化生活，通过平台化运作整合优质资源，集聚和培育城市白领的社群类文化品牌，并打造独立文创IP体系，推动城市文化服务创新。现在，我们正在研发系列的文化模块，通过我们自主运营的楼宇服务空间，为职场白领送去精神氧吧。同时，作为上海益扬青少年社会组织促进中心的常务副理事长，我所服务的是这家枢纽型、支持型的社会组织，在通过为沪上服务青少年的社会组织增能，来提升上海青少年社会工作服务的能级。

从未来看，我不知道还有多少新的社会身分想去挑战和尝试，但是在成就别人成功的过程中成就自己、在服务社会进步中实现组织价值，将会是不变的精神内核。

如果要让我与在校同学分享心得，我最想说的是：成长就是"打怪升级"，每当困难出现，就是进步的机会。遇到困惑不要逃避，不要怕犯错误，通过尝试去寻求答案。不管自己多么普通，都不要放弃追求卓越，早日寻找到自己的使命，会让自己的内心产生无法想象的巨大能量。

朱立萌

工商管理硕士，高级会计师；拉夏贝尔公司审计总监。曾就职于外资银行，光明乳业，春和集团等公司；CIA、CPA、CISA、CSERN、IPA 等协会会员。1994 届校友。

人生每一步　都在为下一步铺路

口述：朱立萌
采访：张　凯　胡佳倩　邓　景
整理：胡佳倩　邓　景
时间：2017 年 7 月 26 日
地点：上海闵行区虹梅路 3188 号

职场历练，不变赤子之心

我的第一份工作在会计师事务所，工作了 4 年，在事务所工作的一个好处是见的世面多，能见到各行各业的客户，了解不同行业，寻找自己的兴趣点，借此契机我进入了外资银行。

这家外资银行是我的客户，所以一开始就很认可我，我也尽力地去学习，特别是他们的先进管理理念，这些理念到现在对我工作都有很大影响。另外，我也没有放弃继续深造。先是下狠功夫学了英语，后来因为觉得自己的学历不高，又去读了 MBA，读完 MBA 之后就到了光明乳业，这也是我的第三份工作。

在光明乳业工作时，空余时间比较多。我给自己定了很多小目标，比如高级会计师，就是在光明乳业任职的时候拿下来的。另外，我还利用空余时间去了解其生产工艺和工厂各个部门。时间是浪费还是利用，完全取决于自己，我很清楚自己走每一步的目的。我下工厂去慰问或者去超市视察，都会问自己今天究竟学到了什么，而不是去浪费时间。我始终相信，正在走的每一步都是在为将来做铺垫。

从光明乳业离职后，我去了春和集团。刚就职时，我遇到了两个很大的挑战：一是以前我们审计是不参与业务的，是事后审计，是滞后的。但公司要求事中审计，不能等到出了事儿才找审计部门。所以当时只能逼着自己去学习。但也正因为有这种巨大的压力，迫使我不断学习，我的业务能力提高也非常快。二是缺乏造船业实践经验和工程审计经验。春和需要我管理工程设计，我也就硬着头皮上。看到不懂的，马上去查资料。今天到了拉夏贝尔，会遇到很多门店装修和物流的工程项目，正因为我在春和的不断积累，就能应付自如了。

刚进春和的时候，集团的高管团队对我的工作能力还不是很放心。但到我离开的时候，我已经成为他们最得力的干将之一了。第一年，我的绩效考核是倒数第二；第二年，我变成了正数第二。第二年老板来找我谈话，提及第一年的倒数。我说，我还是我，我没变过。第一年我手下没团队，我创建一个团队，这是要时间的。我带领的审计部在年度考核中也打破了财务部常年第一的历史。之后，审计部一直稳坐第一，这就是改变。遇到挑战，应该想怎么去克服，退缩是没有用的。有句话说得好，亲爱的，外面没有别人，只有你自己。我认为说的就是自己。现在所做出的一切，其实都是自己内心世界的投射。如果内心认为这个世界黑暗，那是因为自己本身就那么黑暗。所以，我一直保持着阳光平和的心态，我不在乎绩效考核。但我自己心里有杆秤，知道自己在市场上是什么水平。

所以，我觉得人生的每一步都是会有帮助的，可能是今天，也可能是明天，保持求知欲和赤子之心，珍惜走过的每一步，相信今天付出的每一分钟都不会浪费，每一分钟都是有价值的。

学海无涯，时间是最公平的

我的奋斗历程其实并非不同凡响。刚进立信的时候，我是憋着一股气的，因为我当时的高考分数是 418 分，是重点大学本科分数线。但是志愿没填好，落了档。我还赌气说不读大学了。最后阴差阳错地进了立信。我们那时候也没有太多课余活动，只有学习，我几乎每年都拿奖学金。学校当时最好的奖学金是潘序伦奖学金，评选要求是包括选修课在内的所有课程都要在"良"以上，才有资格申请。我是一个凡事先看

游戏规则的人，我立志要拿潘序伦奖学金，所以每门课都很努力，目标和过程都很清楚，到最后班级就我一个有资格拿潘序伦奖学金。即便到现在，我接到老板的任务之后，第一件事也是充分理解他的意思，先了解规则，然后再去想完成方法。上学期间，我已明确将来要走专业的道路。所以，很早我就进行了规划，决心毕业就要考出助理会计师和高级会计师。我给自己定的目标就是每年参加一个考试。

在这里，我一定要感谢当时教我们审计的张老师。当时她自己在考注册会计师，所以她给我们的课本就是注册会计师的审计课本，她的考试出题远比注会考试题难。所以，最后我考注会就很轻松，真的是十分感谢张老师。她没有让我们浪费时间去学一些没有实用价值的东西。还有一位是张维宾老师，她是我的偶像。因为我觉得，没有一个人能够把会计讲得那么清楚。我备考注册会计师的时候，白天要去上自己的课，但只要张老师有课，我都会去再听一遍。有这么好的老师，当然是要拼命地跟着学。参加注会考试，我瘦了5斤。但是一下子就考出来了。所以有的时候要对自己狠一点。

这是打在自己身上的基础，扎实的专业基础是实实在在的。

　　我快毕业那会儿正赶上全国第二届注册会计师考试。当时也没意识到会有多难，只不过觉得这是一个很好的机会。当时去报名的时候还没有毕业，所以还被老师批评，说心已经不在学校了。报名的老师也吓唬我说，你必须要拿毕业证来换准考证。当时觉得好委屈，结果 10 月份成绩出来，我通过了。接着那一年我马上又考了助理会计师。所以进了大学，千万不要懈怠，以为考上了一个好大学就到此为止了，还要为将来的就业考虑。很多学生间的差异就在于进了大学之后是否能做好目标规划。从大学到工作会有很大的转变，所以千万不能虚度那 4 年，时间是最公平的。

　　CIA 国际注册内部审计师在中国第一年，上海还没有考点，我就跑到南京审计学院去考。考高级会计师是在光明乳业的时候，同事推辞说他年纪大了，我说我陪你一起考，连同另一个财务经理。结果我们 3 个人都通过了。在我们考出之前，光明乳业还没有高级职称的员工。所以，公司还对我们进行奖励。

　　后来又出了 CSERM，亚洲风险协会的注册高级企业风险管理师，需要到北京去考。我当时在春和集团做一个非洲的项目，同事劝我考中级。我说要考就考高级的，中级的课一起学掉。当时实在是时间紧、内容多，连在机场的时候也一直捧着书看。我清楚地记得，到北京的时候还下着雪，那是那年的第一场雪。然后，就上了 3 天课，紧接着就考试，考完试又立马飞回来工作。后来他们告诉我，我的论文是当时两千名考生里的第一名。我也不知道这个成绩是怎么考出来的，反正就是抓紧一分一秒地看书。

　　CISA 是国际信息系统审计师，我前后共考了 4 次。最后陷入了两难的境地，想过放弃，但觉得自己都花了那么多时间，很可惜；不放弃，我以前的考试都是一次过的，这次真是十分煎熬。为什么难考呢？CISA 七章里面只有一章是审计专业的，其他全是关于 IT 信息系统方面的知识，挑战很大。而且国外的考试和国内考试内容很不一样，国外重视的是实务能力，教材是打乱的，并不是把书看好了就能考出来的，考试会出很多实务题，对掌握度要求很高。所以 CISA 考试，是我考试生涯里面比较糗的，前后总共考了 4 次，最后终于拿下了。我去考试的时候，发现考生几乎全部是四大 IT 部门的人。但我认为这是一个趋势，所以逼着自己去考。虽然不是专业 IT 人，但是至少可以跟 IT 的人对上话，或者做一些比较浅显的审计，可以指导团队去做一些系统权限的设置、查询。现在行业的发展也证明了这个趋势。所以，凡事就看你是不是个有心人。

　　除了 CIA、CPA、CISA、CSERN、高级会计师，我还考了澳洲的 IPA，我每年

402

都会有很多培训。鲁迅说："哪里有天才，我是把别人喝咖啡的时间都用在写作上了。"我是都用在了考证上。

换位思考，做事先做人

工作永远要学会换位思考，要站在别人的角度去想他人要什么，而不是想着自己。给别人方便，也是给自己方便，工作中一定要多一点关心别人，做到换位思考。我觉得除了换位思考，工作上还要学会"上位思考"。什么叫上位思考，就是说我会想这件事情如果换成我是老板，我会怎么处理？今天我的老板是怎么处理的？要往上面去想，相应的也会进步更快，而不是只知道埋头做事。如果每天做事都想着老板会怎么做，老板想要什么？有这个心态，那你一定就是他想要的。

我有一个职场的铁律，我会经常反思自己是不是有什么做得不对的地方。我有时也会碰到老板在某一件事情上要求很过分，当然我会生气。但第二天早上起来，我还是会想我是不是有什么做得不好的地方。事情过去了之后要去改进自己，如果一直抱怨就不会有进展。以后再碰到这样的事，我就会做得更好。总之一定要有"工作虐我千百遍，我待工作如初恋"那种感觉。

我还有一个规则，就是如果我一天没有离开公司，我就认认真真地把工作做好。我不抱怨，因为抱怨解决不了问题。我今天在这里，我就遵守你的游戏规则，但是如果我觉得你对我不公平，我可以选择离开，去找更好的那个地方；只要我今天还在这里，我就认认真真地做好，没有什么好抱怨的。

原来在学校的时候，觉得我们的校训很空洞。但是，现在参加工作越久，我越发觉得做事先做人，做人一定要诚信。现在我都会这么说，我答应你的事我做到了，只有以这个标准来衡量自己，才会在行动和工作当中去履行。言必行，行必果，只要是答应的事，我一定会做到，这就是诚信。更何况我们是做审计工作的，一定要靠谱，这直接影响我们工作的质量。我们是不能出错的，这些好的品质都是立信教给我的。

胡 平

　　研究生，MBA 学位。定豪投资咨询有限公司执行董事，铭杉投资管理有限公司总经理。毕业后就读法国巴黎第九大学可持续发展与组织管理专业；曾任兴业证券，财富里昂证券营业部副总经理。1994 届校友。

"金艺求金" 不断选择挑战

口述：胡　平
采访：褚红素
整理：褚红素
时间：2018 年 6 月 24 日
地点：上海市徐汇区桃江路 7 号

成为新中国第一批"红马甲"

　　1993 年是我在母校学习的最后一年，除了原来的国际金融专业，我还选修了证券专业。其实 1992 年上海证券交易所才设立，所以当时全国都非常稀缺证券人才。我印象中母校是第一家开设证券专业的高等院校，在中国也是首创，由此可见母校在金融领域有着"先知先觉"的特色，让人敬佩。1993 年学校开设证券专业的课程时，我对证券是一窍不通的，为此还特意跑到五角场的证券公司大厅去看了几天，但除了感受到喧哗的人群，一点感觉也没有。但我觉得证券是新兴的行业，非常有前途，所以毕业时我毅然决然选择去了兴业银行下属的证券营业部（现在的兴业证券）。当时我们学习国际金融专业的学生去国有银行是必然的选择，最差也是去上海城市合作银行，所以我是学校 1994 届唯一进入证券公司工作的学生。我天生不喜欢按部就班的性格，决定了我喜欢选择不断挑战。

　　进入兴业证券后，我立即被公司选派进入上海证券交易所第 28 期交易员培训班学习，成为新中国第一批"红马甲"。当 1995 年上海的月平均工资只有 800 多元的时候，每天经我手输入的股票买卖金额已经几千万甚至上亿元了。做了3年交易员后，我回到了营业部负责大客户的服务和营销，并在3年时间内从一个普通员工，成长为全公司最年轻的营业部副总经理。

没想客户营销这个工作我一做就是20年，直到后来我自己创业开办私募基金销售和管理公司，大客户营销始终是我最主要的工作和特色。我所在的兴业证券在业内一直是以创新、鼓励员工发挥最大的工作潜力著称，在这个优胜劣汰的竞争体制下，我获得了很大的锻炼和提高，并在2006年时有幸成为兴业证券经纪业务系统第一批年收入过百万元的员工之一。2007年大牛市，我一年缴纳的工薪收入所得税就达到了64万元，成为我在券商工作时收入的顶峰。

在兴业证券，我不仅进一步掌握了扎实的证券业务知识，更重要的是我积累了大量优质的客户资源，这些客户资源成为我至今为止最大的财富和资源。目前我公司近100名核心客户中，80%已经跟随我超过10年以上，我们之间的关系可以毫不夸张地说，有时候比亲人还亲。很多客户可能对于家里人还隐瞒一些资产情况，但却会告诉我详细资产状况和投资想法，听取我的建议，这在当下缺乏信任感的社会里，绝对代表了朋友之间最大的信任。

其实我做客户服务和营销之所以成功，主要还得益于在母校学习时受到的良好熏陶和教育。在母校学习时，我的班主任孙素莲老师反复强调金融行业最重要的理念：做金融的人一定要对客户诚信。这成为我一直以来做人的准则和待客的标准，养成了我待人接物的风格，一生受用不尽。时至今日，我对公司所有合作伙伴和员工最大的要求也是"诚信"，母校对我的谆谆教导，已经深深印入我的脑海和基因。

加盟中国"入世"后的第一家合资券商

因为非常感激兴业证券对我的培养，我在兴业证券一直服务了15年，直到2009年才考虑是不是可以换一个环境，在外资券商那里学习一些新的知识和经验。正巧那时候财富证券上海营业部被法国里昂证券收购，他们需要经营营业部有经验的业内人士，于是找到了我。因为我有喜欢挑战的性格，我接受了邀请，加入了中国加入世贸组织后的第一家合资券商：财富里昂证券（前身是"华欧证券"）。

　　一到财富里昂证券，我再次涌现出很大的创新热情。2009 年中国证监会第一次正式发文，允许基金公司发行"专户产品"。证监会发文后几个月内，我联手国海富兰克林基金，成功设计、发行了中国大陆第一只结构化的公募基金专户产品，取得了业内第一的荣誉。2013 年我又联合国海富兰克林基金创新设计并发行了中国大陆第一款 QDII 连接基金，投资于美国著名的邓普顿环球债券基金(Templeton Global Bond Fund)，又开创了中国 QDII 基金的先例。

　　现在回想起来，我在财富里昂证券 5 年间，最大的收获就是开阔了眼界，认识了很多合资基金公司里的投资高手，并成了好朋友。从这些外资背景的金融人才身上，我学会了国际化的投资视野和更加宏观全面的思考框架，这对于我后来创办自己的私募基金销售和管理公司，起到了非常重要的作用。

　　2014 年我在券商工作已经超过 20 年，对于证券投资的理解也不断加深，我越来越不满意券商下任务式的基金销售方式，很多时候我觉得这是为了销售而销售，不是从客户利益出发的，我越来越感到不安，因为这违背了我一直以来关于"诚信"的从业操守。经过深思熟虑，我决定离开券商自己创业，这是我又一次的自我挑战。

创办公司：从"定豪"到"铭杉"

其实我创业的想法很简单很清晰，就是我要创办一家私募基金销售公司，我只为我认可的基金经理，策划、发行、销售私募基金，我的公司不代销任何第三方机构的金融产品。应该说这又是一次创新。因为我不准备依靠任何银行渠道去销售，我只做一对一的客户销售，我一定要当面跟每一个客户交流过，了解了他们的需求后，再推荐适合他们的基金产品。我认为这样才可以做到"把合适的产品推荐给合适的合格投资者"。

2014年4月我辞职，创办了"上海定豪投资咨询有限公司"，6月份我就联合国联安基金管理公司为一个我认可的台湾投资团队"天隼投资咨询（上海）有限公司"发行了我公司的第一个产品"国联安——太极"基金。7月底轰轰烈烈的大行情就展开了，指数从2000多点一直涨到5000多点。应该说我作为专业人士，为我的客户精准选择了最合适的时机发行产品。

随后我又与前东方资产管理公司专户投资总监林树财先生的笃道资产合作，发行了笃道系列基金，包括在香港也发行了美元计价的离岸基金。在定豪投资成立2年间，应该说是我最快乐的时期，我真正可以按照自己的想法去设计、销售我认可的基金产品，这一直是我梦寐以求的工作状态。

但是随着中国证券市场跌宕起伏的行情，我销售的基金业绩也有不尽如人意的时候。很多时候我也对与我合作的私募基金投资团队的业绩表示担忧。不安于现状的我又一次陷入了沉思，我是不是需要从"幕后走到前台"，创立我自己的私募基金管理公司，直接管理客户的资金，真正实现我对客户的承诺。

这一次还是我的性格决定了我的命运。既然有了想法，我就一定会实施。我在2017年10月正式成立了"上海铭杉投资管理有限公司"。这家公司是我与一个我认可的投资团队合资设立的私募基金管理公司，我担任总经理的职务。这家公司的营销方式还是直销，即一对一的客户销售模式，这跟定豪投资是一样。

目前，铭杉投资已经发行了 2 个基金，5 个专户产品，管理的资产规模接近 5 亿元人民币。这对一家成立只有半年的小型私募基金公司而言，已经是很不错的成绩了。我们的目标是：5 年后我们管理的资产规模能够达到 50 亿人民币。我想这一次可能是我职业生涯最后一次的自我挑战。不管成功或失败，我都不会后悔当初我选择金融这个职业。过去 20 多年我一直工作着，享受着，快乐着，我今天所有的一切都来自于当初的选择，再次感谢母校对我的教诲和培育。

创设"上海老房子俱乐部"

说到人生感悟，我只能说我一直认为人来到这个世界需要用开放的心态去热爱这个世界一切美好的事物，需要有爱好、有追求。我一直对我的客户说：在我看来赚钱一定不是人生的终极目标，赚钱的目的只是为了让生活更美好。

现实生活中，我喜欢旅游，也喜欢研究上海的老房子和她背后的故事，收藏老上海的西式家具也是我最大的爱好。所以，我创办了"定豪旅行俱乐部"，为朋友们定制旅行提供服务；我讲述上海老房子故事的微信公众号"Art Deco 上海"也有 1 万粉丝的关注；2018 年 6 月 17 日我作为发起人之一的"上海老房子俱乐部"正式成立，初期会员人数已经超过 250 人了，俱乐部专注于上海老房子保护的公益事业，因为是上海第一家民间老房子俱乐部，上海各大媒体也竞相刊登了俱乐部成立的消息，在社会上引起了不小的反响。

如果说我现在有了一些小小的成就，值得跟大家交流交流的话，我更要感谢母校对我的精心培育，让我能够在过去 20 多年中国社会纷纷扰扰的巨大变迁中始终不忘初心，坚守作为一个"金融人"的基本底线，再次感谢母校！

张建中

　　中国银联重庆分公司银行服务部总经理。曾获中国人民银行、国家外汇管理局和中国银联等"先进工作者""优秀共产党员""青年岗位能手""优秀工会工作者"等荣誉称号。1994 届校友。

往事悠悠容细数

口述：张建中
采访：褚红素
整理：褚红素
时间：2018 年 6 月 25 日
地点：重庆市渝中区青年路 38 号

外汇检查的事

1994 年毕业后，我专业对口地进入到外汇管理局工作。那年初，我国实施了外汇管理体制改革，人民币官方汇率与外汇调剂价格正式并轨，实行以市场供求为基础的、单一的、有管理的浮动汇率制。工作没多久，全国范围开展了外汇额度的专项检查，我从最基础的常识、外汇政策法规、检查流程、查阅凭证、手工复制凭证等做起，一切从零开始，边干边学，一步一步成长。

2002 年，一个偶然机会，国家外汇管理局在全国抽调检查人员对广东发展银行开展外汇业务全面检查，重庆抽调 1 人，我主动请缨获得批准。在汕头分行检查组，我主动承担起主查人的工作，讨论方案、分工协作、梳理问题、撰写报告。在检查清远分行期间，管检司领导打来电话，指名要我去广发总行检查组，竟是因为从我撰写的汕头分行检查报告看出了专业和精干。正是这段 3 个多月的专职检查，我被纳入首批全国外汇检查人才库，获外汇管理局通报表扬。

2004 年，外汇管理局安排全国保险外汇业务检查，对我这个从未买过任何保险的

人来讲又迎来一次挑战，而我又一次担任了主查人。北京金融街的一个多月时间里，我和组里的同事克服着保险业务、流程、管控什么都不熟悉的诸多困难，一点一点地啃下来。那一仗，推动了外汇管理局半个月发布了一项针对性政策文件，撰写的《保险外汇币种不匹配问题研究》发表于《中国外汇》。

2006年，全国外资银行外汇头寸专项检查，我成为渣打银行、日本瑞穗银行的检查组现场负责人。过程中，首次尝试大数据分析和应用，第一次了解欧美银行垂直管理模式；第一次和外籍高管对垒；第一次将检查领域延伸到非外汇业务；第一次感受到国家之间的博弈。

在外汇检查战线上，我逐渐成长为一名全国骨干，参加过各层级包括银、证、保、企不同机构数十次现场检查，也制订了重庆外汇管理部首个《外汇业务检查操作规程》。检查的那些事让我明白，相信自己，每个人都有无穷的潜质，只要你肯努力进取。

央行调研的事

在央行工作15年间，我先后在中心支行、营业管理部、外汇管理局、总行从事过外资管理、外汇检查、国际收支、汇兑监管、银行业务监管、高管人员管理、外汇反洗钱、外汇黑市，以及换汇成本监测、经济监测、金融研究、金融学会管理等工作。

作为核心的宏观调控部门，央行非常注重调研。从广泛视角的选题、全面深入的调查、深挖问题的原因、可操作的政策建议，要求执笔人有敏锐的观察、广阔的视野、缜密的思维、创新的观点、精炼的文字等。无论在什么岗位，每个人都有施展的空间。

为掌握第一手情况，经常需要到企业、乡镇、农户、行业管理部门实地调研，也需要设计各类调查问卷，收集汇总数据，查阅各类文献资料，等等。印象特别深刻的是一次卧底经历。2006年，"网络炒汇"蔓延，我在领导支持下，以客户身份进入一家"炒汇"公司蹲了差不多半个月，拟写的《高度关注"网络炒汇"快速蔓延之势》引起有关外汇管理局和市公安局重视，为专项打击行动奠定了坚实基础。

我在中国人民银行调查统计部门工作期间，还兼任金融学会常务秘书长。每年要组织辖内会员单位开展课题招标，还要参加上一级金融学会的课题研究，研究领域包括投融资、农村金融、城乡统筹、产业转移等。后来进入中国银联工作后，也间歇开展过 3 次课题研究，其中一项重庆市"两江金融基金项目课题"获得一等奖。

工作这些年来，撰写各类调研或课题研究文章近 30 篇，被央行、外汇管理局，以及《金融研究》《金融参考》《金融时报》《中国外汇》《重庆金融》采用 20 余篇。调研的那些事告诉我，做人做事要立足高远，凡事没那么难，只要你尊崇内心，言行必达。

银联市场的事

2009 年 8 月底，机缘巧合地加入了中国银联重庆分公司，于是我从央行的管理工作转换到公司化的银联。朋友都说，跨度不小，挑战也大。面对又一个陌生领域，我也很快融入进来。

那一年，银联成立 7 年，重庆分公司成立 3 年，各项业务迅猛发展，但新机构也面临内外不少问题。银联的工作对象主要是各家银行、政府管理部门、大型商户、行业协会等，从银联卡发卡和受理市场建设两个维度，统筹、组织、协调、激励产业各方更有成效。

银联人人皆市场。在做分公司办公室负责人期间，面对文秘、财务、人事、法律、外联、党、团、工会、基建等眉毛胡子一把抓的"大管家"角色，事事处处都围绕着银联市场着力。2014 年，在多次向市领导汇报基础上，作为主要牵头人，我推动开展了为期两个月的"2014 重庆美食·金秋刷卡消费节"，市政府办公厅、市商委、市金融办、市财政局、有关行业协会（商会），以及全市 24 家发卡银行共同投入 1680 万元，活动得到市领导高度认可。

为提升银联卡市场份额，我带着银行服务团队，一家家拜访银行相关负责人，"安排"领导与各行领导会见，多种形式、多个场合、正式的非正式的，约各类友谊赛搞团建，搭建各类交流沟通平台，打造银联卡特色权益，用有限的资源撬动合作的深入。辖内银联卡市场份额快速提升，高端信用卡市场份额稳居全国第一。

我常对自己和团队说，要跳出业务推业务。2017 年开始，中国人民银行在全国范围内打造移动支付便民示范工程。顺应支付移动化趋势，我也更加着力从政府层面推动场景打造和应用。以促成银联旗下子公司与市政府旗下物流金融公司合作为契机，推动市政府与中国银联全面战略合作，经过多轮次对接，双方现已成立各自工作组，拟在产业聚集、民生服务、消费增长、结算高地、普惠金融五大领域二十余个项目深化合作，合力打造政企合作创新发展典范。

在银联的这些年，从有卡到无卡到移动支付，从国内到国外到技术标准输出，我国银行卡支付快速迭代，但我们为全球伙伴和持卡人服务的初心始终如一。加班加点的常态，尽心尽力的付出，伴随的是满满的获得感，还有职场路上拼打的豪迈感。银联市场的那些事提示我，积极拥抱瞬息变化，敢于打破陈规创新思维，能拼咱就能赢。

立诚明德，经世致用。母校的教诲，铭刻于心，付诸行动。

赵　潋

　　上海戏剧学院戏文系艺术硕士。上海话剧艺术中心编剧、制作人。上海市作家协会会员，上海市戏剧家协会会员。在进入戏剧圈前曾是一名职业会计。主要编剧作品：话剧《再·见之时》《起飞在即》《再见徽因》《第二性》《共和国掌柜》《风声》《中国式婚礼》等；大型系列广播剧《刑警 803》等；电视连续剧《蓝蝶之谜》。话剧《第二性》获上海市作家协会 2013 年度优秀作品奖。广播剧作品曾获第七届中国广播剧研究会专家评析连续剧金奖，第九届公安部"金盾文化工程"奖一等奖。曾担任话剧《禁闭》《女性生活》《12个人》制作人。1995 届校友。

千磨万击还坚劲

口述：赵　潋
采访：李同焱　王思敏　宗晓乾
整理：李同焱
时间：2017 年 9 月 30 日
地点：徐汇区木及咖啡馆

"我要走自己想走的那条路"

我从小就喜欢演戏。

但是那个时候才高中毕业，还小，家里也不知道该往哪个方向去引导，因为爸妈不是很主张我往这个方向走，当时没有任何的渠道关系来辅导我，而且本来就是个业余的门外汉，虽然参加过文化馆的话剧队，但这些都不是很专业的，高中毕业后我很想去考上海戏剧学院，结果失利了，那个时候我就步入社会，参加工作了。

铁一样的事实就是，高中毕业是找不到什么好工作的。当时我什么工作都做过，餐厅服务员、日资企业的计算机输入员，都是非正式的工作，那个时候开始就是觉得大概这就是人生的第一个挫折。有时候突然觉得，我一个蛮心高气傲的女孩子，到社会上找不到好工作，只能做普通的工人，然后我父母把他们的计划提出来说：去学会计吧，我们可以给你找个单位做会计员这样的工作。于是我就报了立信的高复班。

上了立信后，我对艺术的情感也一直没有断过，毕业后进入徐汇区一个事业单位工作，我做会计，但即使做会计，我还是有很大的欲望去写，去拍，去演。上班的同时，我还经常请个假出去，拍个戏，参加个演出，有一年我演的小品还拿了华东六省一市的一个集体表演奖。20 世纪 90 年代，那时候好开心呐，我们几个到福建去演出，年轻，朝气蓬勃，有机会能跑那么远！后来因为请假逾期回来还被领导痛骂。所以我当时虽然做着会计，但是我觉得我心里还是有那种蠢蠢欲动的感觉——我想变化，我能感觉到那种吸引力：如果我做不一样的职业，生活可能会有一些变化，但是爸爸妈妈一直对我要求很明确——做好本分工作。

后来在工作中，我遇到了一位中国美院的教授，他在和我交流工作的时候说，你是非常适合搞艺术的，你将来一定是要搞这个领域的。这句话对我的影响太大了，因为从来没有人给我讲过，一个毕了业，刚 20 多岁的女孩子，艺术对我来说就是个实现不了的梦想。然后我就激动地说，我怎么做呢，我没有学过相关专业啊！他说，考我们学校的研究生。我的那些学生们，有学医的、有学外贸的、有学数学的，他们都想去改变一下人生，你如果不会画画，没关系，你可以简单去找人辅导一些基础的绘画，去考我们学校的史论专业。那个时候我就觉得那个话真的是醍醐灌顶，因为在这之前我不知道该怎么打破既成的人生，我的人生就是爸爸妈妈给自己框画好了，就是在这个框子里，只能做这些事情。回去之后，我纠结了好几个月，我要不要考研？我要不要考研？我要不要考研！最后我决定，我要考研！

我回家就跟爸爸妈妈说，我要有一个重大决定，爸爸妈妈当时还以为我要结婚了。我说我要考研，我要决定去读书，我需要你们的经济支持。我爸当时挺生气的，说："你为什么要这样？你已经读了会计专业，你马上就可以考注册会计师了"。我当时对着我爸说："我的人生走到 28 岁，所有的路都是你们给我设计好的，我从来不知道我自己能走什么样的一条路，我特别想证明一下，我靠我自己能走一条什么样的路。"我爸愤怒地对我说：你这样会头破血流的！我说："那就让我头破血流！"

"虽然是个苦行僧，但我乐在其中"

决定要考研后我就改行，把事业单位的编制扔掉了。当时这还是一件蛮冒险的事，其实现在也是，你要扔掉一个事业单位的铁饭碗，对父母来说也是很难接受的。在我还不知道能不能考上研究生之前，辞职后我就去找工作。后来我考研也没有考上，然

后要各处应聘找工作，我在画廊做过，在广告公司做过，一年换两个工作是很正常的事情。当时这么两三年下来，我又开始自尊心受挫了，我想这条路走得可能真的不太对。然后父母在家里给你另外一种压力，我一个 30 岁的人，还有的时候一两个月没工作，压力特别大。当我处于迷茫中的时候，有一天我在网上看到上海话剧艺术中心在招聘总经理秘书的岗位，然后我就觉得好吧，去试试吧，毕竟这个岗位离我喜欢的行业近一点，又相对稳定一些。我就去应聘了，应聘很顺利，一两个星期后我就去上班了。这样，我又重新进入这个领域了，难熬的日子总算过去了。

很有意思的是，当时我们中心有一个编剧，他是上海体育学院保健推拿专业的一个毕业生，他毕业之后，找到工作，在去单位报到之前，去上海人艺看了一出莎士比亚的戏剧。他就被震撼到了：哇！还有这样伟大的一个事业。然后他给上海人艺的院长写了封信，他说我想来剧院工作，然后把他原来的工作辞掉。进去工作后做了几年市场，因为他喜欢写剧本，他就把剧本一个个送到领导的桌子上。我去上海话剧中心工作的时候，正好是这个编剧刚刚开始写了两个剧本，并且公演成功的时候。现在他已经是全国知名的剧作家了。所以话剧中心的领导就觉得：原来非专业的年轻人去当编剧，这样的事情是可能的。

我是去戏剧学院旁听过的，我也做过一些公司的传媒编导去拍各种片子，做过很多这样的工作，所以领导就告诉我，你要是喜欢写剧本，我们也可以给你机会，近水楼台先得月，这里已经有一个成功的例子了。这句话我听进去了。在我做秘书的第二年，我就开始把我的习作写成了一个像样的剧本，放到了领导的桌子上。2004年这部剧就成了我的话剧处女作。演出还取得了成功，就这样我成了专业的编剧。

作为一个专业的编剧其实并不容易，我不是科班出身，而且改行很晚，我是在30岁的时候刚刚做人家二十四五岁在做的事情。有时候，我会觉得我的时间不够用，因为人生无法倒退。我古典文学的底子和艺术理论基础都比较差，但这么多年我还能立足创作，是因为我自己感性的感知能力比较好，悟性比较好，女性的特质会帮到我。我是个很细腻的人，我往往可以抓到别人抓不到的点，然后去放大，这样创作的剧本就会很真实。

我们做艺术，所有艺术都不能放弃对于人性的观察。所以每一个人，不管是什么身份的人，你一定要知道他的人性在哪里。有时候我的逻辑能力比较差，如果写一些节奏比较快的东西，脑子会比较累，所以对于细节的捕捉我会更精准，但是对于整个剧本的结构而言要花一些力气。我的问题就是我起点不够高，但是相对于非专业的同龄人而言我又比他们高一些，这是因为我有一定的生活阅历。这一行还是蛮辛苦的，当然你不能否认一些人是天才，他轻轻松松就能写几十个剧本。对我来说，我的基础还是不够，我需要付出比别人多一点的心血，而且我常年要闭门写作，这跟做学问是一样的，我写每个话剧，都是把它当作一个学术课题一样在做，看很多书，找很多资料。

所以，这种职业还蛮孤独，是一个苦行僧的状态，但是，我愿意，我喜欢，我乐在其中！

"你能留到最后，你就能得到更多东西"

到现在兜兜转转这么多年来，我发现，从小我想做的艺术上的事到现在都慢慢实现了。我觉得有很多事情有时候就是这样的。我这一生，有很多事情是被命运推着走的。从事创作之后，自己那些潜在的艺术直觉被激发出来了：早些年我去学戏，演戏的一些基础在那儿，加上我从小喜欢看戏，包括对台词的感受力，对戏剧的理解力等，这些本来都是封印在我血脉里的。突然一天有个人，有个机会点到了我的穴位，就血脉贲张了。现在再想起那个教授的话，仍然记忆犹新：你是非常适合搞艺术的，你将来一定是要搞这个领域的。我所有的经历，欲望，挫折，痛苦，到了最后，都化作了戏剧创作的灵感，既然已经选择了走艺术创作这条路，那么它就是一个我要做到死的职业。

你们将来是要做这个社会的推动者的。我想说，关于你们的青春和未来的道路，只要你想做的事情，你认定要拼到底的事情，你的家庭、你的朋友、你的爸爸妈妈、别人，不管他们说什么，在你年轻的时候，一定要做下去！哪怕你碰得头破血流，因为它是你命运中的一部分。这个时代里，太多的聪明人很容易转身回头，所以把机会留给了不愿意回头的傻子。所以在做一件事的时候，很多人转身做别的事情了，你能留到最后，你就会得到更多的东西。其实成功与否并不是唯一重要的，你喜欢一件事情，就去做它，它就是你做这件事的意义。

陈 刚

研究生，硕士。兴业证券股份有限公司债券与衍生产品业务部总经理。1995 届校友。

思考　感恩　梦想

口述：陈　刚
采访：孙乙丹　李钰祺　唐飞翔
整理：李钰祺
时间：2017 年 7 月 10 日
地点：上海市浦东新区长柳路 36 号

平淡之中静思考

　　1992 年，正值邓小平南方讲话发表，中国摆脱了姓资姓社的争论。同年，我进入上海金融高等专科学校就读。

　　这一年对中国而言，是不平凡的一年；但对于我来说，却是极为平淡的一年。不同于其他的学生，当时由于家住得比较近，我选择了走读。这似乎，就成了我平淡大学生活的开始。

　　在学生组织和社团繁多、学生活动十分丰富的大学，我并没有选择参与其中，更多的则是选择了思考与学习。而因为走读的关系，我也没有体验过与室友共同生活的日子，这在我看来是一件挺遗憾的事儿，就是在这样平淡无奇的学习中，我度过了大学时光。

　　其实这种大学生活，在我看来，也有着一种别样的平淡之美，可以有足够的时间冷静地思考自己未来职业规划和人生的哲理。还记得，在崇明的一次学农体验，犹如当今你们的社会实践。正值芳华的同学聚在东平林场体验着农活。周末前往东平森林公园，那天，空气中弥漫着一种平静而安详的气息，蓝天、草坪、树、羊，还有河边错落的别墅，阳光房、落地窗，在日光的晕染之下，静谧安详，一切显得十分美好。这个画面和感觉永存心中！

心怀感恩拥世界

我的大学生涯虽然很平淡，但在这平淡之中，也给了我更多时间去思考职业生涯与人生规划，同时，也有很多位老师带给我深远的影响。

其中对我最有帮助的一位，便是现任保险学院党总支书记、当时讲授公共关系学的张敏健老师。在上大学期间，我曾是个很内向的人。张老师和蔼可亲，善于激励人。由于张老师的教导，在演讲考试中，我获得了这门课程的最高成绩。这时我才发现，内外向都是可以改变的，没有人只能是一个内向的人。在这之后，我逐渐变成一个开朗外向的人，变成一个更加自信的人。

原来一个好的老师的一句话能够改变学子的一生；当然，还有很多其他的老师，也在各个方面都帮助到了我，甚至对我这么多年的职业生涯都起到了非常深远的影响。不止老师，我的父母，自我幼时，便十分尊重我自己的决定，人生每一个重要决定都是自己选择，这得以让我去选择我自己喜欢的道路，并且能够一直坚持下去。同样在工作岗位上，也有对我帮助良多的公司前辈；在遭遇挫折时，也有家人和朋友的关爱……

我曾经在 2009 年因故摔伤了腿，医生说两年之内，有 30% 的可能性会骨头坏死，有可能会从此受尽磨难。在那时，我想了很多，也领悟了很多。人就是赚得全世界，赔上自己的生命，又有什么用呢？大概是从那时开始吧，在恢复健康之后，我对于身边的人或事，就都以一种更加珍惜的态度去对待。对工作更加认真，对家人更加负责，对员工除了教业务，更教大家如何做一个正直感恩的人。

至今，我经历了许多挫折和磨难，我也曾经忧虑过、担心过。但是，我获得了很多的帮助，收获了众多的恩情。而这些恩情和帮助，足以让我的人生获得巨大的收益，足以让我现在依旧在这里努力着，充满感恩地工作与生活。在我的人生路途上，给我带来了巨大的力量。

未敢懈怠逐梦想

20 世纪八九十年代，是一个武侠小说风靡的年代，那个年代的学生们都很喜欢阅读，甚至连学校的图书馆都会有很多的武侠小说陈列着。我初中上学期间，曾有一位同学问道："你们的梦想是什么？"有回答当科学家的，有回答当医生的，也有回答当老师的。我也不例外，同很多学生一样，我也有一个做大侠的梦，梦想着有一天自己能化身成为金庸古龙笔下的主人公，飒踏流星，好不疯狂。

自 1995 年由社会招聘进入兴业，22 年时间内，我从未有过懈怠，一直热爱工作。从刚进公司的小白到如今的岗位，大学到现在的 20 多年来，一直贯穿在我的人生中的是，做人做事努力认真、善于思考、怀有梦想。我并没有在求学期间超越很多人，但在我求职之后，却成就了很多其他人都没有做到的事情。通过我对工作的热爱专注与努力执着，把事情做到极致。如今，终于在我的投资交易领域取得了一定的成绩。我不禁感叹，人也未曾知道自己的将来，惟有以谦卑谨慎，恪守一颗诚实正直感恩的心，把握住眼前的机会，才有光明的前程和骄人的业绩。

如今的上海立信会计金融学院的同学们，一定也有着像我一样的梦想。我建议同学们有机会在大学期间多找自己感兴趣的不同行业来实习，以确认自己就业的兴趣点。因为只有自己热爱的工作，才有激情、有毅力去做好。相信必定有许多人，在他们所热爱的领域当中，成就不一样的大侠梦。

在这里，我祝福母校百尺竿头更上一层楼。

刘丽军

　　研究生。徐工集团财务公司总经理。毕业后进入中国人民银行徐州分行工作；参与筹备所在城市商业银行，在合并重组的江苏银行担任支行行长；曾在浦发银行担任部门领导。1995 届校友。

惜时笃志勤于行

口述：刘丽军
采访：叶洵良　石青竹
整理：梁秋洁　王雨婷
时间：2017 年 8 月 28 日
地点：徐工集团财务有限公司总经理办公室

大学光阴未虚度

转眼间离开母校 22 年了。回想在母校的学习生活，往事历历在目，那里的校风学风优良，教师认真负责爱岗敬业，学子们拼搏奋进，让我倍感亲切和怀念，那是一段朝气蓬勃、放飞自我、追逐梦想、终生难忘的宝贵时光。

当年我怀着对大学的憧憬和期待，心情激动地走进了大学校园。考上理想大学是对寒窗苦读十多年最好的交代，在这里，我有实现梦想的轻松愉悦感。但是在大学的新征程里，在新的学习生活环境中，我也曾迷茫，我非常困惑，不知如何确定目标和方向。经过一段时间的磨合，我调整了生活节奏，适应了新的环境。我担任班长，全心全意为同学服务，锻炼自己，提升自己的综合素质；在班主任李卫东老师、辅导员陶莹老师的关心指导下，我明确了大学的努力方向和人生的大致目标，那便是——绝不辜负和浪费大学的宝贵时间，充分合理利用学校提供的条件，方方面面竭尽全力充实自己，提升自己。当我回首往事时，不会因为虚度光阴而悔恨，也不会因为碌碌无为而羞愧，真正做到不枉此行。

在大学里，我身心并重，内外兼修，静下心学，俯下身做。工欲善其事，必先利其器。健康的体魄是成功的保障。首先，我加强锻炼身体，重拾因高考放下的游泳、足球、篮球和乒乓球，生命不息，运动不止。正因为那些年坚持锻炼，我在工作中精力充沛，心态乐观，思维敏捷，抗压能力超强，精神高度集中，保证了我工作的质量和效率。其次，读书好，多读书，读好书，高尔基曾说"书是人类进步的阶梯"，读书可以开阔视野，陶冶情操，提高个人修养和能力。一方面，我读专业书，有针对性地到图书馆找金融财经类的书籍看，加深我对专业的理解，提升我的专业素养、专业能力，即使看不懂，我也刻苦钻研继续往下读，这既是对所学专业的尊重，也是对自身的负责。正因为如此，我养成了潜精研思的习惯，在工作中不畏困难，勇于挑战超越自我，受益匪浅。另一方面，我也注重培养个人的兴趣爱好，读自己感兴趣的小说和地理杂志、科学画报等，丰富我的大学生活。热爱读书的习惯一直影响着我，读书开阔了我的视野，使我增长了见识，提升了格局；对于我底蕴的打造、工作的引领、前瞻性的思路、战略目标的确定有着重要作用。

在日益国际化的形势之下，学好英语很重要。当年我的英语水平太低，如何纠正自己的发音，提升自己的听力和写作水平，一直是我努力的重点，由于没有正确的方法，我到毕业也没解决好英语的问题，终成遗憾。毕业后，我一直在"补课"，直到现在，仍没放弃，依旧孜孜以求。大学期间，是一个丰富自己的好时机，我们经常结伴外出旅游，感受各地不同的文化，发现生活的美，读万卷书不如行万里路。我每周去青年会看原版奥斯卡大片，大片的内容至今仍记忆犹新；我积极参加学校社团，提升工作能力，当时我参加了未来金融家协会，最终成为常务理事，在服务他人的同时也锻炼自己；我经常去听校内外感兴趣的讲座，曾与同学多次去复旦和同济"蹭"讲座，至今想来，受益匪浅。

理想是人生的"压舱石"

毕业后，我回到家乡进入当地人民银行工作，每天充满热情，斗志昂扬，任劳任怨，兢兢业业；后又参与筹备市商业银行，由于我在工作中表现突出，被任命为合并重组的江苏银行支行行长；之后又在浦发银行担任部门领导，直至筹备徐工集团财务公司

并担任总经理。

从校园进入社会，是人生的一个断层，一个跨度，一个新的起点。细细回味，那段时光在平凡中见真情，感慨万千。

工作伊始，我对安排的岗位和工作毫无怨言，没有急于求成，好高骛远，而是静下心来，认真琢磨学习，每日三省，总结提升；平时虚心向前辈请教经验，与同事交流工作技巧；业余时间修炼工作技能，把学到的知识技能合理应用于解决实际问题中；我注重团队合作精神的培养，积极主动配合领导同事的工作，妥善处理人际关系；我专注于打牢业务基础，静静牢固扎根。由于工作勤奋、认真、谦虚和努力，在未转正之前，我被组织上选任为单位团委书记。

工作之后到成家生子期间，我称之为"黄金"时光。这个阶段没有家庭负担，身体健康，精力充沛，思维活跃。在这段时间，我刻苦工作，不计较、不埋怨，多干、多学、多做。空余时间去提升学历学习和英语学习。期间我完成了本科学习和研究生学习，并获得中级职称。我珍惜黄金时光，风雨兼程，获得认可。在此期间，我被破格提拔为重要业务部门副职，而后通过公开竞聘，在29岁时再次被破格任用为大型业务支行行长，成为当时最年轻的支行领导。

在我看来，理想是生命的坐标，是人生的"压舱石"，一个人任何时候都不能放弃理想。否则，工作生活就会变得颓废，人就缺乏前进的动力。我对理想始终抱有真诚的期待，并为之努力。为此，我毅然放弃行长平稳的岗位，转战浦发银行，学习先进股份制银行的理念和文化，以归零的心态投入新的工作，在此期间，个人屡获总行表彰，所带团队也成为总行级的"明星团队"。

伟大首先是管理自己，而不在于领导别人。对这句话，我深有体会。这在实践中很难，他律易，自律难，长期自律更为不易。在徐工财务公司工作期间，我始终严格要求自己，以身作则，率先垂范，廉洁奉公，坚定自己的远大目标，并坚持不懈地努力，而后再去影响和要求其他人。在我带领下，徐工财务公司连续 3 年被中国银监会和中国财务公司协会评为创新性"A 类"（最高级）财务公司，各项指标在全国行业中名列前茅；在 2016 年行业评比中，徐工集团财务公司在 236 家财务公司（其中央企 77 家）位列第一名。

读书是事业成功的"催化剂"

读书是我事业成功的催化剂。你读过的书终将化为你的气质修养和能力，读书提升人生格局，增加生命的厚度，让人生更加从容。读书使人进步，业余时间应该多充电，避免"书到用时方恨少"的悔恨。我们已进入知识大爆炸的时代，知识的保鲜期越来越短，思想的折旧速度也越来越快，如果不读书，就会陷入少知而迷、不知而盲、无知而乱的困境。腹有诗书气自华，读书作为我在大学里养成的习惯，已成为我生命中不可或缺的重要部分了。

书籍就像一位老朋友，一直陪伴在我身边，每当我遇到困难，迷茫彷徨时，我从书中寻找办法和思路，从书中寻找信仰和思想，从书中看清目标和方向，从书中寻得安宁和平静……我每年至少阅读 25 本书，这使我"底气"十足，动力非凡。近期读的《非理性繁荣》《创新与企业家精神》《最好的风险》《一切行业都是创意业》《苦难辉煌》让我的精神更加饱满，受益良多。

母校的学习生活难以忘怀，教室、图书馆、食堂、操场，还有那些可爱的同学和亲爱的老师，仍然历历在目，恍如昨日。我十分感激母校，给了我自我发展的宽松环境，自我实现的良好条件，自我提升的良好平台。

欣闻母校已合并壮大，我的心里十分激动。作为国际金融中心，上海高校林立，高手如林。母校合并壮大后，规模扩大，实力增强，将会为国家培养出更多更优秀的会计专家和金融翘楚。我们这些母校的学子倍感骄傲和自豪！

祝愿母校青春常驻、再创辉煌！愿母校的老师工作顺利、幸福安康！愿母校的同学们淬炼智慧、快乐成长！

岑　珺

　　大华银行风险部主管、高级副总监。毕业后先在
交通银行任职，之后进入渣打银行工作。1995 届校友。

人无忠信　不可立于世

口述：岑　珺
采访：赵倩雯　谭　璐　潘方灏
　　　李带娣　徐嘉玥
整理：潘方灏　李带娣　徐嘉玥
时间：2017 年 7 月 21 日
地点：大华银行上海分行会议室

自强者久

　　对于大学生活，这两个方面我的印象最为深刻，一是机遇，一是锻炼。在老师的推荐及自己的努力下，大学期间我有幸参与中日交流和各种形式、规模的演讲比赛中，同时我也在各种活动中不断汲取养分，通过各种活动主动地对自己进行锤炼。在我看来，大学为我们每一位学生平等地提供了舞台，而能不能抓住这个机会，在这个舞台上成功地展示自己、锻炼自己，则是能否让自己去接触更大的舞台，得到更好的自我成长的关键。机遇始终是为已经准备好了的人准备的，而在机遇未来到的这段时间里，则需要我们不断地去学习、成长、进步，以便机遇到来时，我们有能力也有信心去把握住它。

　　因为参加了各式的项目，工作与学习也难免会出现时间上的冲突，同时也会经历各式的挫折。但面对这个问题时，我的恩师曾这样教诲我，"生活中没有一蹴而就的事情，这个世上不只有彩虹，亦有风雨……而当时遇到的任何问题在日后都会成为个人的积累。"

记得有一次为市级演讲比赛备赛时，我的指导老师为了进一步锻炼我的演讲临场能力，让我每天早晨都要对着潘序伦校长像练习朗诵并配合上肢体语言进行赛前的演讲模拟训练。记得那时候，每天早起上学的学生都能看到一位女生在潘校长雕像前声情并茂地在说些什么。那会儿，没多久整个学校都知道了这事儿。在这样一个特殊的训练中，我也由最初的略有些羞涩慢慢成长到了后来无比的自信，渐渐对指导老师提出的这种训练，也由最初的不解慢慢变成了后来的感激。

通过这件事，我意识到大学期间最重要的便是基础能力的培养。而这所谓的基础能力又大致可分为三个类别：学习能力，沟通及抗压能力。以这特殊的训练来说，最初面对众人探究的目光，心中总是难免会有些许的不适，而日复一日枯燥地锻炼，也日日都在打磨着自身的心灵，不被这些困难所击倒，积极乐观地去面对每一次训练，这无疑是抗压能力最直观的体现。同时，每次训练后与指导老师及时交流，并对自己训练过程中出现的问题进行解决，则是沟通与学习能力的体现。尼采曾说，"凡是不能杀死我的只能使我变得更强。"生活中，无时无刻不充满着挫折，那如何将这些不能杀死我们的事物转化成我们的积累与底蕴，是需要不断学习领悟的。

守信者彰

大学毕业后，我被分配到了交通银行，之后又通过打拼进入到了渣打银行，最后来到了大华银行担任风险管理部主管。在这无数的工作经历中，"信"始终是我的立身之本，工作之本。"信以立志，信以守身，信以处事，信以待人，毋忘'立信'，当必有成"24个字是立信的校训。在毕业24年后，我也希望这24个字能够由现在的学生们继续传承下去。不得不说这真是一种巧合。通过24年的工作生涯传递并践行了这24字的校训，这对我无疑也是一种磨炼。北宋理学大儒程颐曾说，"人无忠信，不可立于世。"通论今古，"信"无疑占据着人生中一个非常重要的位置。

之所以着重提到了"信"，这正是学校，以及我个人对于后辈们的一种期望。毕业生初进社会有着太多的茫然，面对众多的选择，面对美资银行与非美资银行的选择，面对传统与新兴的抉择，很多人有时会迷失方向。但提及这些选择时，"信"反倒是应时时提醒我们的，每一行都有每一行的特点，将自己的工作做好，不辜负同事，不欺

瞒客户，有时这简简单单的信正是人工作中真正的立身之本。不是每个人都可以成为伟人，但我们可以选择成为一个幸福的人，成为一个对社会有价值的人。在回馈社会的过程中，我们会有获得感，也会有幸福感、满足感，同时我们自然而然地也会对社会有属于自己的归属感。而这种归属感、满足感，正是人生观与价值观的具体体现。毕业后人生的第一步一定是要明确自己对于社会的认知与归属，要成为一个什么样的人，同时明确自己的姿态和状态，这才是最为关键的一步。

自知者明

面对大学生这个话题，很多人很赞同出国深造。我其实也是很认同出国考研的。去经历一些国外文化总归是好的。出国孤身闯荡，我们面临的第一个问题就是沟通交流的问题，在一步一步学会沟通的过程中，我们也自然会学习并了解很多国外的文化与信息。很多时候能力的本身别人是不会直接教导你的。那么如何主动地与人交流沟通，如何积极地去学习就显得至关重要了。完整人格的形成需要更宽的眼界，如何在孤身闯荡的过程中去锤炼自己的独立性，如何去融入陌生的文化，如何独自去解决自身的困惑就显得尤为关键了。视野不要局限于国内，去游历、去闯荡、去印证，这是属于年轻人的话题。孩子们最大的优点就是还年轻，他们还有很多可以去尝试的机会，这些挑战都会促成个人的成长。但无论远航何方，不要忘记总有一日是要回来的。年轻人的这一代，需要用他们这一代人的青春与能力去回馈这个养育了培育了我们的国度。

既然谈到了出国这个话题，不妨再谈谈我对中资银行和外资银行的看法。在我看来，外资银行比起中资银行来讲，麻雀虽小，五脏俱全。一人多功能的要求在外资银行是较常见的，在中资银行则是一人的专业深度和量度更为重要，这也是由其规模所决定的。在外资银行，可以感受文化碰撞的火花，拥有国际视野；而在中资银行，可以经历文化大熔炉的锤炼，感受专业的严谨。当今的时代，中外资企业的选择固然重要，但更重要的是对物质和精神的辩证看待。随着国人物质水平的不断提升，精神的相对匮乏已逐渐成为普遍趋势。相较于国外对孩子的散养教育，国内父母则习惯了包办我们的一切。诚然这是亚洲地区普遍的现象，我们对于教育还处在摸索的阶段，那如何在相对温和的环境中去提炼去沉淀，去认知这个社会就显得尤为重要。有了第一步才会有第二步，在提升了自己能力之后一定要找准自己的定位。事实上，务实型的人才现今社会普遍是稀缺的。明确自己社会定位，切忌迷失自己，好高骛远，这是一个人能否稳步前行、脱颖而出的关键所在。

在国内，岗位很多，机会很多，但竞争的人更多，在潜伏等待机遇的期间，我们更多的是在固定的岗位上将本已熟练的工作去打磨的愈发完美，这样才能在机会到来的那天去把握住它。所以说，能力始终是第一位的，切忌急功近利，只有摆正自己的态度，积累自己的能力素养，才能真正脱颖而出。曾经看到过一句话对我的触动很深，今天借此机会也同大家一块分享：人生的道路很长，每一站都是风景。在每一站时都能活出自己的精彩，做当时最好的自己，这就够了。

王俊文

　　闻泰医疗、b-ONE（宽岳医疗）董事长。1995
年进入安永会计师事务所；1999 年进入 tarmos；
2004 年，就读于美国密歇根州立大学 MBA。后就职
于美国强生、康辉医疗。1996 届校友。

仰望星空逐梦　脚踏实地创业

口述：王俊文
采访：龚祎雯　袁哲蕴
整理：唐婉怡　袁哲蕴　龚祎雯
时间：2018 年 1 月 8 日
地点：上海立信会计金融学院

学习是场马拉松

常言道：活到老，学到老。没有一本万利的知识，如果想有所前进，有所成功，就要不断汲取知识。

1999 年，大学刚毕业，我进入安永会计师事务所，成了一名审计师。我是如何得到安永会计师事务所高级审计师的工作的，那也许就是老生常谈了。当时本身成绩好，年年都会拿奖学金，擅长英语。在面试前我做了充足的准备，在面试过程中态度诚恳、认真回答面试官问题。我想这些事情也是毕业生在找工作时都会做的。所以你们将来在面试之前，一定要做好充分的准备，平时也要注意英语的积累，特别是当今年代，英语是非常重要的。此外，我觉得比较重要的一点就是要知道自己想要的是什么。我个人认为知道自己想要什么，就已经成功了一半；如果你愿意为此付出努力，将它变为现实，那就是完整的成功。　有人曾评价罗永浩说："老罗是一个天真的人。他的成功让人羡慕，许多人可能觉得他运气好，却不知道正是他不世故，所以没有被世故毒害，当他猜想某物滋味不错时，他有勇气去尝一尝，而不是尊重他人的饮食习惯。"明确自己的目标，勇于尝试，敢于奋斗，我们才有机会去实现自己。

1999 年我离开安永会计师事务所进入泰玛仕中国公司一直做到 financial controller。2004 年，我来到美国，就读于密歇根州立大学，学习 MBA 课程。有人奇怪我为什么会突然离开职场再回到学校。当时的情况是这样，职位越高，期望越高，当所学应对不了自己的工作的时候，就有意识要去提升自己，去充充电了。所以我让自己稍作调整，重新出发。很感谢当时自己做的这个决定。在美国密歇根州立大学就读期间，最难忘的经历有：一是，留学期间我能够接触到很多在国内无法学到的有关公司管理的先进知识，这让我格外激动与欣喜；二是，当时我是独自一人前往美国的，没有家人的陪伴，特别是当时我的女儿还很小，这对我和家人来说都是一段很令人难忘的经历。更难忘在与外国友人的亲切交流中，当时同学很友好、学习很有趣、生活很丰富，是我单人行的有趣回忆。你们也能够发现，在大学可以收获到很多的友情，同学中的很多人会在毕业后依旧跟你保持往来。不过，想要获得什么，就要付出一定的代价。我很遗憾当时没能陪伴在女儿左右，但是我仍旧很感激当时的选择，让我开阔了视野，有所学，有所得。我觉得我在国外的那段时光学到的知识，让自己付出的代价还是有价值的。

所以，学习就像马拉松一样，是一个长久的事业，年轻时，学是为了理想，为了安定；中年时，学是为了补充空洞的心灵；老年时，学则是一种意境，慢慢品味，自乐其中。当你觉得自己的精神追赶不上自己前进的脚步的时候，你就得去充电了。我现在也还在不断地保持学习。你们是正当学习的年纪，几乎每一位同学都觉得学习是一种必然吧。希望你们毕业以后，仍旧保持学习的热情，不断汲取知识，让知识充实自己的大脑，丰富自己的内心。

星野与原野

如果就业是原野，那创业便是星野。同样宽广，同样辽阔，但是星野在天上，需要付出更多的努力才能接近。

在选择职工的时候，就我个人而言，我更青睐有优秀成绩的人（当然不光是指学习成绩，成绩更是一种能力的体现）。此外，态度认真也是我着重考虑的范畴。我觉得

　　一个优秀的职员需要有很强的表达力，有明确的目标性，以及高度的责任感。这和我们公司的文化有一定的联系。闻泰医疗是一个注重团队协作的公司，是一个注重通过学习不断提高自己，不固步自封，对客户、投资人、员工负责的公司。以前高端的医疗器械一般都由外国生产，但我认为中国人不比外国人差，我对我们国人的智慧有着绝对的自信。所以，我在美国创立了 Be One，在中国也设立了分公司——宽岳医疗。我想通过我在国外的学习与见识，将国外的先进器械与技术引进国内。相较于闻泰医疗而言，宽岳技术含量较大，研发难度更高。我对于这两个公司的期望很明确——我期望一个成为中国一流的脊柱创伤公司；一个成为全球一流的关节公司。

　　都说现在是一个"全民创业，万众创新"的时代。我也来讲讲我对于创业的看法。"万事开头难"，做任何事情，无论是大事还是小事，只要是新的东西，肯定都是难的。所以我们一定要有信心，不能因为困难就轻易退缩，一旦建立了目标，就要坚持下去。

在创业的过程中，我深刻地意识到 21 世纪人才最难得。当初我刚大学毕业正年轻那会儿，总觉得自己是个人才，能够找到伯乐。但是现在自己创业成为老板，才意识到其实人才是真的很难得。有时候，与其自己等待伯乐，不如先把自己修炼好，做一个专业知识扎实、负责任、做事考虑周到的更有能力的人。只要真的是一个很有能力、很能干的人，在哪里都是可以遇到自己的伯乐的，能做老板的人都能够看出自己的员工是不是有前途。能够做到态度端正、愿意去学习，诚恳对待自己的同事和老板的人才会有前途。创业的人要勇于倾听、善于思考与自己完全不同的观点；从客观角度接触、处理新鲜的事物；在学习的过程中，能够不断想到并提出自己新的想法，在 comfort zone 以外去想问题；敢于质疑，不要认为过去是对的，现在就是对的。

有些话，我想对你们说

　　任何一个职能部门的人都有可能做到一个自己认为很有成就的位置，但在此过程中需要付出很大的努力——世界上没有不劳而获的事情，凡事都要依靠自己的努力。世上无难事，只怕有心人。只要敢想、去做，就有成功的可能。不要给自己的不努力找过多的借口，不要局限于诸多的外因，比如自己的家庭情况。现在不是有个词叫"拼爹"吗？有些同学可能家庭条件比较好，也没有什么感觉，但也许你们之中有些同学现在家庭存在一些不如意的情况，但你们完全不用怨天尤人，不要灰心丧气，更不必过早地跟生活做妥协，只要自己不放弃，坚定地付出努力，同样可以取得成绩，甚至能够比别人都做得更好。

　　因为我是一名女性，而且据我了解，和我们当年差不多，我们立信同学的男女比例差不多仍是 3：7 左右。我有私心想对母校的女同学表达出另外的一些我的期望。这个世界已经不同了，女性在社会中的地位已经越来越高，特别是我们生活在中国，是很幸运的。女性拥有着和男性平等的地位，有着越来越多的机会。所以女孩子们完全可以多些闯劲和骨气，不要认为只要找一个好丈夫或者依靠家庭背景就行了，世界上唯一可靠的是自己。这样说不是教你不去信任，而是教你怎么去相信自己。我今年已经 40 岁了，我意识到很多东西都会离自己而去。孩子会长大，父母会老去。我逐渐地坚信：每个人都是独立的个体，都有自己的生活和喜好，没有人能永远地依靠谁，这也就要求我们女生要做到自强、自信和自尊。女性有时候或许会有弱势，但是绝对不要妄自菲薄。比如拿我现在所接触到的行业来说吧，虽然骨科行业是男性主导的行业，但这并不是说女性不能在这个领域有所成就，不是说只有男性才能事业成功，女生们不要轻视自己——女性其实有自己更多的优势，在某种程度上，你付出和男性一样的努力，或者是多付出一些努力，完全可以获得更大的成就。作为一个母亲，我就希望我的孩子能够学会独立，我也希望你们女生同样能够做到如此。将来你可能也会生一个女儿，你也一定会希望她将来独立、自信，在工作中有光彩，我希望你们能够学会对自己、对未来的孩子负责，也希望他们能为有你这样的母亲骄傲。同样，这也许就是你的母亲对你作为一个女性的希望。

程　皓

　　中国注册会计师，司法会计鉴定人。上海华皓会计师事务所主任会计师，上海立信会计金融学院客座教授。多年来投身于企业文化建设与社会公益事业，所在事务所曾获"上海市五星级诚信创立企业""上海市文明单位"等称号，并被上海注册会计师协会评为A类管理的事务所。1997届校友。

把握人生真功夫 投身公益有作为

口述：程　皓
采访：陈　婷　张雯婷　刘宇健
整理：张雯婷
时间：2017 年 7 月 18 日
地点：华皓会计师事务所

一路向前　憧憬中奋力勇进

1994 年，我进入立信高专就读，开启了我在会计职业生涯的求学之路。当时在那个港台剧风靡大陆的时代，每日在电视机里播放的，是俊男美女扮演的律师法官之间的职场争夺。曾梦想着进入华东政法学院学习法律的我，对于会计专业仅有"做账"与"职业以年长女性居多"的印象，这使我在刚开始读会计课程的一段时间里，职业规划、憧憬对我来说，是一个模糊的概念，我不知道自己以后除了会计还有什么选择，对于未来职业发展也没有更深入的展望。在这个时候帮助了我、给予我启发与力量的，是一位好老师。

那是教我们经济法的老师——樊颢，樊老师授课中与我们谈到社会责任问题时说，女生有两次"投胎"的机会，而男生却没有，压力则更大，我们不能只止步于立信，要向着上面一根线走。而这段话中有一句，彻彻底底改变了我当时的状态——他说，如果有机会的话，应该去尝试一下学习自己喜欢的、感兴趣的课程，成为一个复合型的人才更好。

　　当时，我与弟弟同时在上大学，家里负担很重，有些学习费用还是靠姑父资助的。家庭压力与日益增长，对会计专业的了解使我感受到，对未来的正确规划必定能影响我的一生，一定要改变自己现在的状态。现实生活与樊颛老师的话使我最终决定去推开这扇门，尽力去做尝试。抱着这样的心态，我又报考了华东政法学院的专升本。我白天在立信上课，晚上就骑车去华政，一方面对原有的会计知识更为上心、不敢懈怠，同时又任由自己在法律知识的海洋中畅游，在学习的过程中逐渐将会计与法律的知识融会贯通，互相补充，使我对于两者的理解都更为深刻，成为我求职的"撒手锏"。这样忙碌又充实的学习状态，在日夜变换中持续了两年，直到我1997年从立信毕业，隔年又从华政毕业。

　　作为学生，我们的起点与终点应该是怎样的？在我往来立信与华政的学习期间，自己找到了答案。在我看来，自己职业生涯的起点与职业生涯的终点目标应该向着美好的方向越走越好，因为大学是一个让学生下定决心规划未来的时期。如今无论是尚未毕业的学生，还是步入职场的新人都具有一种同样的憧憬，那就是拥有"去做点什么"的意识，但同时又"不知道应该怎么去做"。其实除了遵从学校的规定，听从老师按部就班地讲学以外，还应该阅读更多的书籍，去开拓自己的视野，积极融入新的文化环境，都能够为自己的最佳选择做好充分的准备。同时，升华自己的学习，不断提高适应能力、执行能力、协调能力和应变能力，成为一位优秀的职场新人。

现在，当我为如今立信的学生们进行就业指导的时候，鼓励他们能够在就业之前的选择中寻找自我——"做好长远规划，为自己职业发展作出正确选择"成为我教学的重中之重。正如原来的我，作为学生时也难免会有缺乏目标、盲目跟随的时候，但当我们面临严峻就业压力时，这样的状态就会扼杀我们的活力，使我们失去更好的机会，也难以走上更高的人生平台。所以我一直倡导学生要相信自己，也要敢于"压迫"自己，无论是选择继续深造、成为复合型人才，还是其他深思熟虑后的选择，都要相信在自己努力之下，最终能够获得属于自己的独特优势。

取"安"与"信" 培育特色企业文化

毕业后，开启会计职业生涯的我，正好遇到了上海经济高速发展的十年。在这十年中要成立一家会计师事务所的想法，一直萦绕在我的脑海里。然而因为事务所改制、资质要求等问题，直到2006年才正式决定，并着手创建会计师事务所。那时候我非常明确创办会计师事务所的目标，就是要做好的会计师，要做好的事务所，要做中国人自己的会计师事务所。我们为事务所取名为"华皓"，就是希望给更多的人展现出中国会计师事务所的独有风采与良好状态，因而我们将中华民族从古至今所倡导的"安"与"信"的理念置于企业之中，使之发挥独特作用，以凝聚全员的合力来创造企业的价值，更好地服务社会、奉献社会。

然而运营一家事务所，并不是一件容易的事情。当我的身份逐渐向管理者转换的时候，我发现作为一名负责、优秀的管理者，不仅要作出最高决策，更要对企业进行有效的管理，培育企业文化氛围，创造良好工作环境，力争成为行业中的榜样与佼佼者。在职场之中，不光是人与人性格之间的磨合，也是不同地域文化的融合，要能达到这种"容"的状态，就要以"安"来稳定人心、建立信誉，以"信"来联结情谊、把握未来。

　　工作中，在与新入职学生们的相处中，我就深切体会"礼仪"与"必备技能"对职场新人的重要性。许多学生会注意的是实习的过程中要做什么工作，怎么去做工作，却忽视了应有的职场礼仪，人际关系处理。现在的学生，有多少会注意哪些场合应该穿什么衣服，又有多少知道怎么使用传真机、复印机、打印机。这些"职场小细节"，其实在很多时候能起到重要作用。比如，职场礼仪中，一个人的着装能够体现他对这个事件的重视程度；而对办公器械设备的了解更可体现你的"基本功"。为此，我们与学校合作，通过老师推荐与自愿报名，为学生提供学习职业道德与办公自动化的机会。我们请了职业会计师、非物质文化遗产传人亨生西服的奉帮裁缝肖文浩老师，以及东方航空的礼仪培训老师来给学生上人文课，同时也教他们如何使用办公器械设备，这在未来职场中都是必要的技能。我们希望通过这种提前介入的方式，给学生们一个能够学习、认识职场的平台，这个平台是能够学习，并且相互尊重的，因而这也能够帮助我们做好员工的稳定性工作。

当年我在单位担任过团支部书记，在开展青年工作、凝聚合力向上时，我发现年轻人对于工作的热爱，来源于归属感。如果能够让年轻人感受到工作单位对他们真诚的关心，感受到积极向上并且有平和的工作氛围，他们就会愿意为这个企业而共同奋斗。近年来，华皓为了让员工能够在这个平台感受到理解与尊重，在不断改善并提高经济收益之外，还得到更多的人文关怀。我们在这方面做了很多努力——制定了新员工的入职家访与走访；结合每年"世界读书日"开展青年人的读书交流活动；对退休的员工实行了"五个一工程"，即：开一次欢送会，献一束鲜花，送一张交通卡，寄一封慰问信，赠一盒重阳糕。不光如此，我们组织事务所中的员工参加各类公益活动，像是注册会计师的"四十个公益小时"、定期前往儿童福利院为残障儿童提供帮扶、为贵州贫困山区捐赠必需医疗设备等，为社会尽己所能。到今年为止，华皓已经连续8年（四届）都是行业中唯一的一家市级文明单位。

"浇头"变"配方"搭建大学生公益平台

作为上海市文明单位，华皓在开展大学生思想道德教育实践中，也是以创新思维引领，聚焦社会现状，引导与推动大学生投身公益事业。事务所会同团市委"上海青年家园民间组织服务中心"对全市近百家青年民间草根组织进行财务、税务辅导，着重从创建诚信、确立道德和行为规范等问题，引导青年志愿者走上正轨，凸显公益事业的正能量。在实践中，学生们告诉我，他们能够做的公益大多是各类志愿者。在我看来，这其实是对大学生的才能发挥有所局限，而对于整个公益事业来说也没有那么大帮助的。如果能把它作为一个事业去对待，不仅能够让他们变得更有爱心、在看待事物的方面有所改变，也能提高他们的职业技能，让他们在未来拥有更大的就业发展空间。而如果能够做到创立专业公益平台，让专业对口的学生加入不同项目，发挥他们的专业技能，这样无论对于公益本身还是社会氛围，都是一场促进社会发展的"双赢"。

在进入公益事业后，首要目标就是能够落到实处，做出效果。我逐渐感受到，如果我们能够引入可行、优秀的模式，把"一碗面上的一点浇头"变成"配方"，那么它

为社会带来的作用会更大。因而，我有一个正在讨论的想法，就是把立信的学生乃至其他的大学生们组织起来，让他们投入到公益平台上去，让学生成为公益事业中的新鲜血液，以至主心骨。

时下，很多大学生参与支教公益活动，但是在这个支教的过程中，很多学生抱着以玩的旅游心态去当地，不认真备课。这样的支教方法有可能带来的负面作用更多些。这种支教项目没有办法真正改变当地整体的教育环境，不能真正改变当地学生的学习状态。于大学生自己而言，也只是一次假期实践或是一次游玩之旅，不能从中感觉到被需要的感动和做实事之后的满足感。这样的"公益"，虽然有其一定作用，但是没有真正体现出"公益"的价值。

组织大学生进入公益平台工作，我希望能够发挥大学生独有的"专业特长"，就像我们会计专业的学生能够做账，为公益项目"背书"一样。参与公益平台能够给予学生的，不仅是一份工资不低的工作，解决一定数额的就业难题，更能让人能够每天像"雷锋"一样地工作。在我看来，这份工作是让人感觉体面的、被需要的、对社会有贡献的，这是现在年轻人在工作中很少能得到的一种满足。当这样的年轻公益事业工作者的人数变多之后，这种付出的感觉会改变、影响周围年轻人们的心态，让他们喜于、乐于为社会作出贡献，使整个社会的风气也变得更好。

　　于社会来说，做公益组织、社会服务更是需要大量的专业人才、新鲜血液。鉴于以往独生子女政策的实施，如今社会上需要被服务的人群中出现了"失独老人"这个群体。大学生的年龄作为社区服务者、公益者是最适宜、最能够与他们交流，帮助他们走出精神上的困惑或阴影的。同时，在"失独老人"群体中，子女因病离世只占非常小的比例，其中大多数是因意外——交通、溺水、触电，等等，这就引入了现在政府很重视的一个部分——青少年的安全防护，这也是大学生可以去宣传、倡导的部分。

　　"把你最好的时间用在最有益的事情上。"不仅仅是对自己有益，也是对公众、对社会有益，当你获得这样的满足感的时候，心态也会有所改变。我觉得如果能够建立、持续推进这样的大学生公益平台，是一件非常有意义，并且能够起到重大作用的事情。

蒋敏炜

英国 AIA 国际会计师，ACCA 特许公认会计师资深会员，CPAA 澳大利亚注册会计师会员。美国海宝公司中国区财务总监。毕业后，赴英国牛津布鲁克斯大学会计专业深造。曾在花旗银行集团和韦莱保险集团担任财务高管。1997 届校友。

天道酬勤

口述：蒋敏炜
采访：黄　嵘
整理：黄　嵘
时间：2018 年 7 月 11 日
地点：上海立信会计金融学院徐汇校区

　　弹指一挥间，离开母校，踏上社会工作已经 21 年了。在这期间，听到了不少母校的好消息，比如松江新校区，国际化办学，与上海金融学院合并，等等。真心为母校的不断发展感到高兴！

　　作为立信培养的学生，我踏上社会后，一直以做个诚实正直的会计人为目标，努力提高自己的专业水平和职场竞争力。21 年的外企职场生涯，从出纳到会计；从财务经理到财务总监。我服务过的公司有世界 500 强，也有外资银行和外资保险公司，目前在一家处于行业领先地位的全美最受敬仰的 100 强公司担任中国区财务总监。对于过去 21 年的外企职场经历，感悟良多。

不断学习专业知识

　　我的职场生涯，从当初刚毕业的小菜鸟到现在的经理人，可以分为 4 个阶段。第一阶段，从 1997 年毕业到 2003 年，在外资制造企业从事财务会计工作；第二阶段，

2000—2008 年，在外资银行集团工作，从会计到财务经理到财务副总监；第三阶段，2008—2013 年，跨行业在外资保险集团工作，从财务高级经理做到财务副总监；第四阶段，2013 年至今，在美国公司担任中国区财务总监。职业生涯历程总的还比较平稳，每个阶段都有不同的经历，都带给我不同的人生体验和收获。

当代的财务都是企业管理的多面手，除了基本的会计报表知识外，还要掌握审计、信息技术、人事、公司战略、市场、领导力等知识技能。我对自己的要求是每隔 5 年或 10 年，就必须去更新专业知识。尽量把自己工作之余的时间安排在学习和考证上，为自己在职场拼搏增加几把刷子。我是 AIA 国际会计师和 ACCA 特许公认会计师的资深会员，并且也是 CPAA 澳大利亚注册会计师。我是在毕业工作 3 年后的 2000 年参加 AIA 的学习，花了 3 年时间通过所有科目考试，取得了 AIA 会员资格。2005 年参加了 ACCA 的学习，用了 3 年时间通过所有科目考试，取得了 ACCA 会员资格。2015 年开始澳洲 CPA 的自学，2 年内通过所有科目考试，并取得了澳大利亚 CPA 会员资格。这些成绩都是长期学习的结果，我没有特意去申请免试课程，都是一门一门考出来的。活到老，学到老。考出国际化的财务证书的好处很多。首先是掌握了最新的知识，具有了国际化视野；第二，结交到很多志同道合的考友，拥有了高级人才的朋友资源，可以鞭策自己不断努力；第三，有利于应聘或升职，国际化的公司都认可这些国际财务证书。考证要乘早，一门心思专注地去完成。有了证书，就可以多去看看招聘广告的职务要求，了解相关职位背景和要求，从而有的放矢地做好职业发展准备。

除了专业证书的学习外，还有一个很重要的学习方向，就是一定要学好英语。英语的学习是一个长期的过程，需要长时间的积累和实践应用，需要持久的自觉学习。我读大学时通过了英语六级和剑桥商务英语的考试。自以为英语还是不错的，当我在工作中实际使用时，才感到要提高的地方有很多。工作中，同事或老板要么是欧美人；要么是普通话讲不利索的香港或新加坡人。经常要进行英语会议，我发现有时候我讲的他们不明白，他们讲的我也听不懂，这种状况让我意识到英语差距的存在。所以，直到现在，我还保持每天学习英语的习惯。英语要敢讲，有条件的话可以聘请一对一口语外教，更直接地学习西方人思维。我曾经和一个外教合作了两年，每周有 8 个小时英语面对面交流，这对我英语口语的提高，以及对西方文化思维的了解、融入全英文的工作环境帮助非常大。我现在的工作单位总部在美国，每周都要用英语进行视频会议，每年都要去美国开几次会，英语交流对我来说，已经障碍不大了。

不要轻言放弃

　　不论中间过程中有多少困难，对于自己设立的目标就要一直坚持。比如在读书考证的征途上，上班族会遇到时间不够用、精力不够用的情况。要在百忙之中抽出时间，安排看书复习的确是件不容易的事情，尤其是有了小家庭之后更加没有自己的时间了。有时候也会有考试没通过的情况。比如，我考 ACCA 审计时，考了 3 次，前面 2 次都是距及格只差 3 分和 2 分，非常可惜；第三次时，自己心理压力很大，甚至想放弃了，但是想起自己花了这么多时间去看书复习，没有去陪伴家人，机会成本很大的，所以就鼓励自己，一定不能放弃，要坚持下去。调整好心态之后，参加了考试并且通过了。另外，在工作上，每个人都会遇到很多不顺利的事情，假如因为自己年轻气盛，觉得公司不公平或部门领导让自己很失望，就毅然跳槽，其实是不明智的做法。所以不要轻言放弃，因为谁也不知道跳槽后，下一个是机会还是火坑。

我个人的职场经历总的来说还是比较平稳的，像一条斜线，呈上升的趋势。但也曾遭遇过职业低潮。我遇到过两次公司被竞争对手兼并，从而自己被裁员。第一次自己只是一般财务人员，第二次自己是财务经理。公司所有的职能部门人员包括高管们都被裁员，不得不再次找工作。虽然面临困境，但是我把困难都看成挑战，平稳地度过了人生暂时的失落，从而拥抱美好的现在和将来。

职业化地处理工作关系

首先，不断加强风险内控管理和个人情商能力的培养。在职场上对事不对人，要做到不带任何个人情绪，按照公司流程和公司内控政策来操作。尤其作为财务人，就更加要坚持职业操守和合规底线。当公司领导有什么打打擦边球、踩踩法律底线的想法时，作为财务一定要遵守职业道德，职业化地处理各种工作关系。自己做的账，不是给自己看的，不是给公司领导看的，而是给外部审计和内部审计看的。我以前在外资银行和外资保险公司工作时，还要经常应对银监会和保监会监管部门的财务合规抽查。财务人员夹在公司业务部门和国家监管部门之间的工作不容易，一定要做到"常在河边走，就是不湿鞋"。

其次，在工作上要加强与其他部门的交流、融合和互相理解。要敢于表达，不要只是做默默无闻的财务人员。在与其他部门的人员沟通时，要能及时转换思维方式，把专业性比较强的东西，用通俗易懂的语言，让非专业人士能够快速理解，真正做到帮助企业把战略执行渗透到各个层面，在企业发展的战略实施中发挥作用，进一步提高财务人员在企业决策中的作用和地位。比如销售部门是公司产生业绩的核心部门，战略规划部门是公司制定方针的智囊部门，和他们多多交流，财务和业务的融合尤为重要。

再次，具有独立数据分析和专业判断能力。财务不仅仅是事后记账报销、会计核算、数据分析的部门。如果只是单方面看待问题、处理问题，会过于狭隘。财务人员要深入了解企业的业务流程，不断加强对信息数据的深度分析和利用。不能人云亦云，甘心做个快乐的传声筒。要多问几个为什么，主动分析各项财务数字背后的经济意义和因果关系，才能在企业内部重大经营决策中发挥支持作用。

换位思考做好每件小事

在公司里，不可能每个人都是做高规格的事情。公司雇佣你来工作，就是要帮助部门领导维持公司运营，解决各种问题的。有些财务人不愿意去做会计分录，觉得这是打字工作。高规格的工作应该是写写分析报告，做做 PPT 演讲，和老板开开会的。其实这种想法是不正确的。如果不去了解基层的情况，就不可能写出接地气的财务分析报告；如果不去了解公司运营的每个细节，就不可能发现问题，提出有价值的建议。财务的职业发展路线一般都是从会计到财务经理，再到 CFO；有人还可以再从 CFO 提升到 CEO。没有在基层的锻炼，怎么可能有此职业发展。另外，假如只是埋头做自己的一小块工作，满足于每天应付完成领导布置的工作，不去思考为何要这样做，领导为何要这么安排。不结合公司运作的整个背景去思考的话，将永远是个等待领导分派任务的井底之蛙，将来被替代的可能性非常高。就算熬资历走到领导的位置，也没办法照顾到部门里的小弟弟小妹妹们的职业发展。所以，要在百忙中整理好思路，多想想为什么这么做，假如我是领导，应该怎么处理问题。我看到领导写的英文邮件，都会保存下来，多多研读几遍，去琢磨领导解决问题的思路，顺便学下英文。

我离开母校进入职场的 21 年，是个普通财务人员成长的职业轨迹。大学时性格偏内向，不爱说话到后来变得会主动去交流。刚工作时血气方刚，容易给人贴标签，眼里看到的都是自私的人或笨的人；到现在变得更加宽容平和与人相处，会换位思考问题。另外，就我个人经历来看，因为人际关系或工资福利的原因，频繁跳槽换公司不是个好习惯。打个比方，在这家游泳池游不好的话，换家游泳池，肯定也游不好，关键是要提高自己游泳的本领。我的体会就是在年轻的时候，要把时间花在刀刃上，少玩手机，少参加无意义的聚会活动，主动保持长久的学习动力，比如考 CPA 证书，或者学习 EXCEL 电脑技能或外语。工作中热情积极主动，与其将来努力找工作，不如现在努力工作。我多年保持早晨第一个到办公室的习惯。财务人员要对数字敏感，主动了解数字背后的故事。站得高才能看得远，只有通过不断开阔眼界，才能扩大坐标范围，超越自身短板。职场软技能也很重要，提高情商，诚实正直，遇到困难不轻言放弃，换位思考，未来依旧灿然。

姜韵宜

    北京财贸职业学院副院长。主编的《潘序伦与立信会计文化知行教程》（经济科学出版社）、《财贸素养教育读本》（清华大学出版社）分别在 2007 年、2010 年获北京市高等教育精品教材；主编的《会计文化》是北京立信会计文化课程的创立者和第一个实施者。2012 年牵头的立信会计品牌引领下的高职会计人才培养实践和 2018 年牵头的财贸素养"五板块"育人模式的构建与实践，分别获北京市教学成果二等奖和一等奖。

做立信文化的传承者

口述：姜韵宜

采访：姜雅净　胡娅梅　朱　芹

整理：姜雅净　胡娅梅　朱　芹

时间：2018 年 6 月 15 日

地点：北京财贸职业学院

以信律己　以信育人

我是 1993 年调入北京市财政局工作的。2000 年，由于北京市财政局举办的北京中华会计函授学校与北京市立信会计职工大学实行一体化管理，我也成了立信人，成为了立信会计教育事业的后继者。特别是 2002 年，我成了北京市立信会计职工大学的副校长，2003 年开始招收高职学生，职业教育与会计教育的路径及办学经验是什么，其实我们有现成的老师——潘序伦。

潘序伦先生是以上海为中心的立信会计和会计教育事业的创始人。他是怎样的人，他为什么办学校，又为什么以"立信"冠名，他是怎样治学的，志在培养什么样的人，靠什么支撑长期办学，"立信"品牌又是怎样形成的，这一系列问题强烈地激发我思考，我的岗位职责也迫使我必须找到答案。

我没能目睹潘老的风采，聆听他的教诲，只能从可以找到的文献资料中寻求答案。在阅读《立信史话》《潘序伦的教育思想》等一些资料之后，我越来越感到，他的教育思想和教育实践，以及他在事业上之所以能取得辉煌成就，完全可以用"立信"两个字来概括。潘老说："从事会计工作的人，必须首先在立志、守身、处事、待人这些方面确立起信用来，坚定不移地守信重诺，严禁弄虚。"因此，最初选用了'立信'两字为我们合伙性质的会计师事务所的名称，后来创办学校和书社也是用这两个字命名。我们把这两个字定为学校校训，并提出了"信以立志，信以守身，信以处事，信以待人，毋忘'立信'，当必有成"的口号。"不仅经常对学生宣传，并且在同事中互勉互察。对于是否确实做到'建立信用'这一点，我们不敢肯定，但立信会计学校先后数以十万计的毕业生，在当时比较容易找到就业机会，同时，立信会计师查账、顾问等业务年年有所增加，都可以说明当时社会上对我们的信任。"

我以为"立信"两个字，贯穿于潘老光辉的思想和业绩之中，是潘老从事会计和会计教育事业之纲、之根、之魂。学习潘老的以信律己、以信律人——就是我作为会计教育事业的一名后继者，在学习了潘序伦教育思想和业绩之后，得出的结论。

立信文化 以信为首

潘老从事会计和会计教育事业长达 60 年，他以"立信"两个字既为校名、校训、做人准则，又与会计结合而为职业道德，表达简练准确，学生在校学习期间，常说、常看、常听，加上教师经常宣讲，身体力行，形成校风、学风。久而久之，成为立信人特有的立信文化，学校育人以德为首，自然就突出起来了，成为强大的精神力量，为我们后来的立信人积累了宝贵财富。

2002 年 7 月，学校和北京财贸管理干部学院合并，2003 年正式挂牌为北京财贸职业学院。校名改了，但立信的理念一直都在。我们高度重视学校文化教育和素养教育，吸收区域、行业、企业文化中的优秀成果，探索出职业特征突出、财贸特色鲜明的校园文化体系，获评教育部第七届全国高校校园文化建设优秀成果一等奖。

我们保留立信会计品牌，我们最大的学院是立信会计学院。我们将素养教育与学生思想政治教育有机融合，构建了以"爱心、诚信、责任、严谨、创新"为主题的财贸素养教育体系，开展大学生修身励志敬业教育；通过转化京商研究成果，开展商业文明传承教育；通过融合行业企业文化，开展商业服务职业道德教育，培养学生健康人格、职业素养和职业精神。

　　我们最早提出了"泡菜工程",现在叫立信文化教育,即新生入学第一学期上立信文化教育相关课程,告诉大家何为"立信","立信"两个字的含义、潘老的教育思想和职业教育思想是什么。2006年出版了《潘序伦立信文化教程》,希望通过文化浸润让学生牢记立信精神,以信处事,以信待人。

　　潘老说:"大学识、经验及才能,在会计师固无一项可却,然根本上究不若道德之重要。因会计环境千变万化,利诱威胁,无所不及。会计师苟无强固道德观点,则在执行职务之际,在在可以代人舞弊,在在可以为己舞弊。然会计师之为职业,实为工商业保障信用而设,苟有不道德行为,如同丧其信用,则此职业即失去其根本存在之理由,殊背国家社会之意愿,可不慎哉。"从潘老的话中,我们可以清楚看出,他把道德修养看得比业务能力、学识、经验更重要,道德的核心即为诚信。这就是他以"立信"冠名并定为校训的原因,而且他还确切地规定了"立信"的内涵,是要在"立志、守身、处事、待人"这些方面确立起信用来。这样一来,"诚信"既是以准则自律的核心,又是会计人员职业道德的核心,把一般的道德标准和特定职业的道德标准统一起来了。

毋忘立信 当必有成

　　2001年，安然事件后，财政部发文指出，诚信是会计行业的生存底线，诚信是会计人的生命。这起事件引发了全世界对会计职业道德教育的重视，诚信也是当前社会主义核心价值观的重要内容之一。此后，我讲了很长一段时间会计职业道德课程，办了职业教育后，也有很多学生在事务所实习。在走访事务所过程中，当问及用人单位，我们的学生有哪些需要加强的地方时，大多数用人单位都强调责任意识。

　　我从2008年开始分管学生工作，从财经、商贸的大概念出发开始实施财贸素养教育。大学立足于人才培养，一路走来，我认为，我们培养的人才必须要有爱心、讲诚信、负责任。会计属于服务行业，对你的服务对象有爱，你才能为他考虑；对你的服务对象诚信，他才会信任你；对你的服务对象有责任感，你的路才能走得更长远。

　　在做职业素养教育的过程中，要有功成不必在我的奉献精神，不能一蹴而就，也不会立竿见影，但在潜移默化下，一定会影响学生的人生。我们学校有一名女生，和姐姐相依为命，刚来的时候很自卑，经过素养教育和财贸艺术团的训练，充满了自信、阳光；金融学院的一名学生在电视节目《职来职往》中，当论及职业素养时，提到了

我们学校的"爱心、诚信、责任"的素养教育，后来恒大集团当场就录用了他。

2003 年，学校开始办高职教育，需要寻找独立办学点，在寻找校址的过程中，我深深感受到了立信品牌的强大，很多房地产商都是我们的校友。"立信会计"这一品牌很受社会的认可，在加拿大、北美和中国香港等地区都很有影响力，我也深受鼓舞，对立信会计有了更深刻的认识。社会上有的人羡慕国外大学几百年的品牌历史，其实我们中华文化几千年，需要传承的东西很多。至此，不禁令我想到潘老作为留洋博士，绝不是那种"月亮都是外国圆"的崇洋之人，他常常引用的是论语，但他一直走在会计改革的前沿，传承着中华优秀传统文化、又扣紧现实，成为古为今用的大师和典范。

"立信会计"教育品牌，是中国会计教育的骄傲，也是中国会计教育的老字号。在繁荣时期全国有 17 家立信教育机构，而现在只剩下几家了。我认为从专业角度和教育角度、从弘扬传统文化角度，我们要先传承，而后才能谈及创新。作为立信的后来人，我认为有责任、有使命，要保留立信会计的教育品牌，把这块牌子擦亮、做大、做强。作为校友，我很荣幸见证上海立信建校 90 周年校庆。两校合并后更有竞争力了，我衷心祝愿学校能取得更大更好的发展，希望立信人的明天会更美好。

第三篇　**青春无悔**

杨晓波

　　研究生,硕士。安信信托股份有限公司董事、总裁。曾任上海长信会计师事务所资产评估公司总经理助理,安信信托投资股份有限公司财务总监、董事会秘书、风控执行官、信托业务评审委员会召集人。1998届校友。

以信立业　当守其心

口述：杨晓波
采访：汪　阳　张钰婕　黄　炎
　　　朱欣怡　黄　嵘
整理：汪　阳　张钰婕　黄　炎
　　　朱欣怡　黄　嵘
时间：2017 年 9 月 20 日
地点：安信信托股份有限公司

青葱岁月　犹在眼前

1995 年的 7 月，我在复兴公园的上海立信会计专科学校招生处遇到了我后来的老师——张维宾老师。正是张老师让我成为立信第一届注册会计师方向班 1 班的一员，从此开始了我的大学生活。

恰逢当时朱镕基总理提出"中国经济要发展，需要 30 万注册会计师"的号召，于是，做一名注册会计师成为我当时的理想，也成了我大学里努力的最大动力。

大学里，我将所有的时间和精力都放在自己专业的学习上。在那个缺少各种娱乐方式的时代，我也更容易把自己的精力和时间投入到学习上。当时的大学生活相比于现在还是比较单纯的，每天除了上课，其他时间我基本都待在图书馆，勤勤恳恳地学习专业知识。

注册会计师本来就是一个相当有难度的专业，为了学好它，我在图书馆借阅了非常多会计学泰斗的专著，用自己的时间慢慢地深入到每个知识点中，真正做到将一本很厚很晦涩的书变薄，变成自己的理解，也为自己以后在实习和实务操作中把这些知

识运用起来、把知识变成自己的技能、把变薄的书再次变厚打下了坚实的基础。

现在回想起来，我还是会庆幸自己大学时代的专注和努力。当然，老师给我的指导也是非常重要的一方面。对我影响最大的当属张维宾老师，当时她还是我的辅导员兼会计学专业课老师。张老师从会计基础开始为我们授课，她讲课深入浅出，能让我们真正从源头上理解会计的体系。为我们日后的学习打下了坚实的基础。在教学的同时，张老师还从大一开始就为我们推荐一些实习工作，真正让我们做到了学以致用，把所学的知识吃透。开始实习后，发现在学校学的很多专业术语和企业中常用的有很大差异。比方说，我们有会计凭证，当时的传统企业里还称为传票；在实际操作中，一开始也会很迷惑，之后才渐渐地觉得原来课本上的知识都是有它的道理的。事务所审计中遇到的一些问题，我们也会和专业老师讨论，大家觉得这个时候不分师生，每个人都能表达自己的观点和看法，每个人也有自己的心得和体会分享，很受用，是一种谈笑有鸿儒的感觉。事务所的实习是知识和实务的一种融合，从社会实践中理解书本知识是时间淬炼后保留下来的精华，而不仅仅是一页纸。

这就是我的大学生活，有些人可能会觉得枯燥，只有上课、图书馆、实习和从事务所回来的讨论。其实不然，当我们真正专注地投入到一件事之中的时候，收获的往往是快乐和满足感，如今再回想当时的大学生活，我为自己当时的专注感到欣慰。

注重沟通 走得更远

大学毕业，我自然就开始了会计师事务所的工作，真正地以一个工作者的身份投身于社会之中。这是每个大学生都要经历的角色转变过程，可以说是一个至关重要的挑战，每个人都必须经历，只是看这一过程是长还是短。我自认为这个挑战我通过得还算顺利。在学校里，我们都习惯了老师安排学习，我们认真完成就好。但工作不是这样，我们面对的是很多不同身份的人，有上司、客户、合作伙伴，甚至是下属，这时候沟通就显得格外重要。如何来面对这种角色的转换和不同人之间的沟通？当时我也是一筹莫展，工作了多年之后才逐渐清晰。

从我的第一份工作说起。当时以我为主负责审计的第一家企业就是上海青年文化活动中心。由于该企业是团市委下属的国有企业，账目复杂，难度又大，其中的关系

更是错综复杂。审计内容覆盖前后近十年的报表，但最难的工作还不是审阅报表，而是去和当时的各个部门核实报表上存疑的问题。十年间一家企业会更换大量的财务负责人，困难可想而知。那段时间，我白天和各类负责人沟通，晚上才有时间审阅报表。幸好功夫不负有心人，这个项目得到了所有人的肯定，真正让我由一个学生思维向一个职业会计师开始转变。这个项目让我铭记至今。

　　我在沟通方面面临的第二次大的考验是在我来到安信信托之后。当时是2004年，我29岁，会计师出身的我，在这家公司从事财务总监的工作。从上海人的角度讲，要我到北方工作，我是不情愿的，但是公司搬到上海，工商和税务跟到了上海，而大量的资产和负债却还在东北，我必须去东北一段时间。此后，我一直忙到2005年底，所有节假日全都在东北。这时我的观念就需要与不同地域之间的文化进行磨合与交融。这其中必不可少的就是有效地沟通，如果沟通不善，协调不到位，那么这个磨合期可能会更长，甚至为日后的工作交接和实际操作埋下隐患。

总之，在沟通方面我们要面对源源不断甚至是意料之外的困难，直到现在我还在学习如何与不同的人沟通。沟通可以说是任何职业的必修课，而这门课的成绩直接决定了你能否走得更远。

坚持原则　不忘初心

从立信毕业到现在，我已经工作了19个年头。一路走来，从最初的会计师事务所，到现在的信托公司，我只做过两份工作，其中安信信托的这份工作我已经坚持了13年。我认为自己能一直在一家企业做到现在的职位，除了付出了大量的努力之外，能一直坚持自己的原则也是我能一路走来，直到现在的很大原因。所谓原则就是：一是真实反映；二是客观表达。我想这也是所谓的职业操守吧。相信立信的同学们会有很大一部分在毕业后像我一样走上与财务相关的工作岗位。财务相关的工作就少不了和钱接触，既然如此，就难免会遇到很多的诱惑和考验。各个方面的诱惑和考验，其实无时无刻不在考验着每个财务工作者，它像一条准绳，衡量你是否可以称得上一位合格的财务人。而事实证明，任何一个不能顶得住诱惑和考验的人都不可能走得太远。我想，这也是我们的母校命名为立信的原因。

记得当年我还在会计师事务所工作时，接到了一家叫鞍山信托公司的审计项目，当时鞍山信托正处在一个从东北向上海搬迁的关键时期，急需一份积极的财务报表来稳定人心。但是，我在审计的过程中发现这家公司的内部管理存在严重的问题。出于对自己职业操守的坚持，我给这家公司出具了一份保留意见的审计报告。要知道，在当时的环境背景下，一份保留意见审计报告足以掀起一阵不小的风波。但是我还是坚持我认为正确的做法。首先，我要为自己的工作负责，我得通过自己出具的报告客观地反映这家公司的真实情况；其次，我也要将自己所看到的问题客观地表达出来。当然，作为财务工作者，我为这家公司提出了一些建议，最终这些建议也帮助这家公司渡过了难关。虽然我在他们最需要一份乐观报告的时候，出具了一份并不乐观的报告，但是出于职业操守，我对他们提出建议的意义是远超过这份报告的。所以，这家公司还是愿意由我来做它的审计工作。当时的这家鞍山信托公司，就是现在的安信信托。

我想我能在安信信托工作，也和当时坚持自己的原则有很大的关系。

善心善行 舍中有得

工作至今 19 年，尤其是担任安信信托总裁的 9 年来，我一直有一个回报母校、回报社会的念头。因为我本身从事金融行业，并且金融行业的利润率还是可观的，而获得这较高的利润率除了我们自身的不断努力，也离不开社会对我们的信任。所以，我积极地致力于将想法转化为实际行动。

2016 年 3 月 14 日，上海新开了一家上海自然博物馆，而我本人也是上海市教育基金会理事，我们当天捐款 150 万元，用于制作一部中国自己的 4D 熊猫纪录片《熊猫滚滚》。该片在四川卧龙实地取景，为的是还原真实可爱的国宝，想通过我们自己的努力把我们的国宝搬上荧屏。除了科教方面，我们也致力于为上海的孤寡老人提供敬老爱老的贴心服务，如送餐车服务，还有当年的汶川大地震的物资资金捐款，等等。我们自己也有不接受任何社会捐款的"至美公益"，并在国内各大高校举办多次"至美公益校园行"活动。

想要做反哺社会是一方面；另一方面，其实也是自我精神层面的提升和满足自我需求的过程。

我们也经常带领和鼓励自己的员工参与公益事业。我们曾组织自己的员工亲自到云南去做志愿服务。在这个过程中，发现同样是上学，山区的小朋友为了上学需要翻山越水，而生活在城市中的小朋友却有着十分便捷的交通和优质的教育条件。这让我们对生活多了一种见解，懂得珍惜眼前的一切。

比起挥霍无度的生活，将爱分享给他人，不断向身边的人传递自身的正能量是我更愿意经营的生活。在做公益过程中，会发现公益并不是单向给予的概念。有时候，付出了自己的财富和精力，得到则是内心的满足与愉悦。我认为多做善事，帮助他人传播更多的正能量总是没错的。而我们恰恰没有想到，当社会看到我们的举动时，反而更加信任我们。他们认为我们完全可以像其他人一样不致力于慈善活动，但我们做了，他们在我们身上看到对社会的责任感和对道德的坚守，所以有更多的人愿意信任我们，愿意将他们的资金交与我们管理。这正印证了中国的"舍得"两字，先愿意奉献自己，日积月累，渐渐地取得人心才会得到更多。在做公益这方面，虽然从未停歇，但还是觉得远远不够。

离开立信校园后忙于工作，忙着在适应不同的岗位，忙着在不同的角色间切换，

回想起来，最美好的还是在立信的 3 年时光，立信至今仍然是我最怀念的地方。因为我现在的知识都是在立信所学，现在的待人处事都是立信老师教导的结果。我希望同学们真正走到老师身边去，不光学习老师传授的专业知识，更要学习他们身上耐心、谦逊、涵养，把立信的优良品质传承下去，这样同学离开学校后才能走得更远、飞得更高。只有同学们优秀了，咱们的母校立信才会更好！

董之益

上海市静安区城市管理行政执法局曹家渡中队干部。曾是一名击剑运动员，获全国击剑冠军。曾荣获全国"人民满意的公务员"，上海市城管执法系统"第一届十佳文明规范执法标兵"，全国住房城乡建设系统先进工作者荣誉称号，全国先进工作者，上海市优秀共产党员等称号。1998 届校友。

头顶国徽　执法为民

口述：董之益

采访：姚晓慧　张文菁

整理：姚晓慧　冯　程

时间：2017 年 11 月 7 日

地点：上海立信会计金融学院学生活动中心 3 楼

孜孜不倦，传承立信精神

作为国家击剑队的一员，我虽有不错的运动成绩，收获了不少的鲜花与掌声，但感觉在学习方面还是有所欠缺的，也意识到学习的重要性，同时感受到职业规划的迫切性，所以最终决定到大学去接受深造，培养自己的自由思想、独立精神，以及提高自己的职业能力和素养。积极培养独立思考能力不仅在课程学习上如鱼得水，课堂之外更是受益终生。同时，无论在校学习，还是踏足社会，素养决定了未来的走向，是立足于社会的根本。

在大学中，自己品行的培养、学习氛围的营造、学习习惯的培养，以及老师的积极引导，都有利于对将来有用知识的学习，不断接受新事物、新知识，努力形成所需的职业素养。老师们用学识和关切帮我推开了知识殿堂之门，也让我深切体会到了师者，传道、授业、解惑的职业精神。现在回想起来，母校给予我最大财富不是高精尖的专业知识，也不是多么熟练的职业技能，而是看待世界的方法，以及诚实做人、踏实为人、勤奋示人的品格要求和行为准则。作为上海立信会计金融学院的毕业生，从进校那天

起师长就告诫我们要诚信做人，不仅仅因为这是行业属性的要求，更因为这一点在任何行业，从事任何工作中都是不可或缺的。

同时，也要像我们学校的大学精神所说，"立诚明德，经世致用"，把远大理想抱负和锲而不舍努力结合起来，通过自身发展潜力的提高，才能让自己在从事城管这份职业的时候，不断提升自己，把工作做得更好。

扎根基层，发挥党员模范作用

2002 年，我通过考试进入上海市城管执法系统，在静安区城市管理行政执法局曹家渡中队工作。曹家渡地区虽然面积只有 1.5 平方千米，但常住居民近 8 万人，人口密度非常高，沿街都是很小的店面，因此管理难度相对较大。走进基层、奉献基层、扎根基层，是我对城管队伍的理解。我在这里工作了 15 年，我熟悉曹家渡的每一条大街小巷，说得清每个沿街铺面的故事。作为执法者，让这片辖区保持文明、整洁，是我和我们团队的职责所在；作为城管执法队伍中的一员，塑造城管的阳光形象，是我和我们团队的奋斗目标。

作为一名退役运动员，内心有干一行爱一行和一股不服输的精神。在工作中严于律己、尽职尽责、追求完美，始终牢记组织的谆谆教诲，心中有党、心中有民、心中有责、心中有戒，希望自己凭着一颗对城管事业赤诚的心、一腔对人民群众深沉的爱，在城市管理执法这片热土上，在这份平凡的岗位上创造出不平凡的业绩。

作为一名党员，在基层工作中，我会切实做好党员的先锋模范带头作用，带领我的团队，从行政执法向管理服务延伸。作为城管队的一员，我最大的希望就是得到群众的理解。我很想让大家知道，我们城管队员检查渣土车辆的密闭措施，是为了保持道路干净整洁；我们城管队员查处餐厨垃圾、废弃油脂的收运，是为了防止市民吃到地沟油；我们城管队员与夜排档周旋，是为了楼上的孩子可以自由呼吸、专心学习。城管执法管理的都是些鸡毛蒜皮的小事，但就是这些小事，关乎居民的生活质量。

作为一名党员，能够急群众之所急，想群众之所想，是我所追求的目标。虽然自己受过伤，但这并不影响我扎根基层的决心。群众利益无小事，倾听每一个老百姓的诉求，在老百姓与政府之间架起沟通、信任的桥梁，这是需要我去做的，也是我应该去做的。工作数年来，辖区群众一直流传着这句话：有事就找小董，阿拉信任侬。辖区群众对我的点赞、一个微笑就是对我工作莫大的肯定和鼓励。小小辖区，大有可为天地。

不忘初心，不负重托敢担当

我从小练习击剑，在击剑比赛中，每个剑客在顶盔提剑前，会先凌空挥出礼仪性的三剑，向对手、裁判和观众致敬。比赛当然要追逐胜利，但更大的价值在于对规则和对手的尊重。虽然我退役多年，但我依然固守着一份"剑客精神"，遵循规则、尊重对手，以及永不放弃。

每次执法对我来说都好比一场修炼，执法现场的矛盾往往一触即发。2010 年 9 月16 日上午，我和班组人员在辖区内巡查，发现万航渡路弄堂口有人在占道设摊卖螃蟹，在多次教育无效的情况下，我们依法对其设摊经营工具进行暂扣，就在我拿起电子秤的一刹那，摊主抽刀向我砍来，顿时我的右手臂血流如注。后来经医生鉴定，为十级伤残，但我从来没想到过放弃城管这份职业，考虑到砍伤我的当事人家里生活确实困难，我主动提出放弃民事赔偿。当那位摊主 6 个月刑满释放出来后又在原地摆摊并放话"谁要再管我，我就和他同归于尽"时，其他队员劝我为了不激化矛盾，希望我能回避一下，但我觉得这是我的分内的工作，我不可能不管。作为执法者，必须保持理智、冷静、隐忍，不断修炼文明执法的内功，寓管理于服务。我和同事们帮他联系了菜场的水产摊位，还找街道为他免除了 3 个月的摊位费，看到他经营不善，又请来有经验的师傅给他指导，同时我们还积极为他向街道申请低保。就这样，历时 3 个多月，那位摊主的对抗情绪终于消失了。我坚信只要我们依法执法、文明执法，就一定能得到群众的理解和支持。我们头顶的是国徽，面对的是群众，我希望我们城管架起一座桥梁，连接市民群众的幸福期盼。

　　我觉得也正是有了运动员的这种坚韧不拔不服输的精神，才能支撑我把工作做得越来越好、越来越完善。现如今，社会上对城管负面的报道可能比较多，但是我依然热爱这份职业，不忘初心，铭记当初的选择。一方面，由于社会处于转型时期，社会矛盾复杂多变，社会形势瞬息万变，迫切需要我们城管执法人员提升我们的执法能力和治理能力；另一方面，党高度重视社会治理问题，党的十八届三中全会提出"理顺城管执法体制，提高执法和服务水平"，理顺城管执法体制是建设服务型政府和法治政府的前提。党的十八大提出"科学立法、严格执法、公正司法、全民守法"新法治方针，不仅为法治政府建设提出了要求，也为城管执法体制改革指明了方向。

求真务实，力求脚踏实地

　　时光静好，岁月青葱，怀念起母校的每一位老师，每一位同学，怀念母校的一草一木、一砖一瓦。在我们每一代的学生身上会有不同的特点，由于时代发展是迅速的，不同年代的学生身上都有着一些时代的标志，"70 后"的责任与义务，"80 后"的自信与坚

韧，"90后"的阳光与独立，"00后"的开放与自我。每一代学生都会一直秉持着我们学校的校训，"信以立志，信以守身，信以处事，信以待人，毋忘'立信'，当必有成"。我也始终秉持诚实敦厚的品格，严以律己、宽以待人，同时感谢母校能让我一直以积极乐观与勤奋努力的态度，不忘初心，不断思考，不断总结，不断收获，不断前行。

　　人永远在路上，尤其在学习的路上。砥砺前行，让思想汲取养分；不忘初心，让理想心之所向；创造机遇，让梦想照进现实。转眼间，你们也将走出校门迈入职场，一段新的人生征程就要启航，所以想要送给你们一段寄语，"凡事都要脚踏实地去做，不驰于空想，不骛于虚声，而唯以求真的态度作踏实的工夫。以此态度求学，则真理可明；以此态度做事，则功业可就"，这是李大钊的一句格言，也是自己最喜欢的一句格言，拿来与大家共勉。

林　玲

　　中国银行业监督管理委员会上海监管局办公室副
主任。1998 届校友。

愿石子都成为铸成通往彼岸桥梁的基石

口述：林　玲

采访：赵倩雯　谭　璐　潘方灏

整理：潘方灏

时间：2017 年 7 月 26 日

地点：上海市银监局

昔日象牙塔：博观约取，厚积薄发

回想起昔日的大学生活，难免有些时光匆匆之感。我那年高考第一志愿报的是财大，因相差了数分的缘故，来到了这里，来到了这个寄予了我 4 年回忆的地方。当时的学校规模并不大，所以刚入学时难免有一些心理上的落差。当熟悉了这里的草木；熟悉了这里的师生之后，我发现规模虽小，却加深了我们同学老师之间深厚的情谊。这里开放式的学习氛围，对我日后的学习和工作生涯起到了很大的指导作用。

与此同时，规律严谨的治学方式，帮助我养成了良好的作息与学习方式。这一点，对我的影响非常深远。一方面，在校学习时，我可以认真投入地汲取相关的专业知识；另一方面，大学晚上时间相对较为宽松，时间允许时，我们几个好朋友就相约骑着自行车，或者坐当时的 75 路，去周边的大学城，去听听其他大学的公开课。我觉得，有时候出去看看这个世界也很好。大学阶段是对这个世界进一步认识与探索的时期。有时候，我们的视野不应仅仅局限于书本，将理论与实际相结合，才真正能够在大学中有所收获。

我们学校有一个非常好的晨跑传统。之前，我也非常高兴地知道这个传统一直被传承了下来。我个人比较爱好运动，学校组织的晨跑活动，不仅给了我一个运动的机会与方式，同时也让我将这个爱好坚持了下来，并慢慢成为自己的一个习惯。我一直认为，健康的身体是一个人学习与工作的基础。当自己的作息有规律了，那么学习效率、工作效率自然也会随之提高。

当时在班级里，我担任的是团支书的职务。让我印象最深刻、影响最深的一位老师，便是团委的陆老师。当时刚选完团支部书记后，学校里组织了一个团支书破冰的活动。那时各班级各个年级的团支书都有参加，我们刚入学的团支书也跟学兄学姐们交流一些学习能力和学习方式的问题，他们也都非常热情地告诉我们一些私人的经验，这让我们之后少走了不少的弯路。当时，我对学校最大的感觉就是温馨。这是一个有人情味的学校；这也是我这些年来一直坚持也一直难以忘记的一点。

我们班级的同学们都非常优秀。刚入校时，大家都难免有些落差，但当熟悉了之后，发现大家都是非常优秀的，在学习上我们也一直互帮互助，相互扶持着一步一步稳健前行。班里让我记忆最为深刻的是范同学。他的知识面很广博，或许当时他的成绩不是最靠前的，但他绝对是有自己的学习模式的。毕业后，他回了老家，进了银行，工作1年就跳槽去了广州的四大行，后来又自己创业。能够做到这么大的跨度，他一定是在不断学习新的知识，他对自己的要求也一直没有放松。就在前两年，他带着妻儿举家移民去了美国。我就很佩服他，到了这个年纪，在不断学习的同时，也知道自己要的是什么。他在国内舍弃了很多，但他自己知道自身追求的是什么，这一点是我非常佩服的。

清浅生涯路：顺其自然，谦以待人

我个人还是比较幸运的，刚毕业就被分到中国人民银行上海分行的管理处。当时主要是负责市场转入方面的，可以说当时别人来找我，都是要带着笑脸来的。所以，我刚工作时，是一个比较宽松的氛围。同时，身边的人也都很优秀，那时的同事中有不少研究生。因此，我对自己的未来也是比较憧憬的。之后，不少当初的同事，有的去了国外，有的依然留在了国内，他们的发展也都很好。刚进入岗位，有时工作上会

与其他银行的管理层有交流。一开始时，对业务还没有那么熟悉，难免有一些落差和压力。也正是这种压力与交流，让我不断地磨砺自己，不断去提升自己；在交流的过程中，让我不断地了解到各个银行体系下的工作，我的知识储备丰富了，能力素养真正地成熟起来了。这也是我这个行业的一个附加值吧。同比当初我的其他同学，有去银行的，有去基层的，点钞一做就是好几年。所以，那时对他们，我在心理上是有些优越感的。当时间拉平后，他们也都逐渐成长起来了。所以我也想告诉现在的大学生们，工作的起始或许不太一样，但只要你真正有能力，随着时间的推移，你的闪光点是会被别人发现的。我当时的起点是比较高的，也非常感激我有这样一个好的起点。回顾这些年，我和其他同学的工作经历，相比他们的过五关斩六将，我的工作相对而言顺风顺水。但其他同学的那些经历也在不断地磨砺他们，不断提高他们的业务能力。所以说，不同的工作经历，也都是各有千秋的。

我在银行管理处工作了几年，又被调整到股份处工作了 3 年。后来跟着业务部，我被调到了银监局。这些年我并没有主动跳过槽，几次职业岗位的变动也都是被动的，但是，当自己做好了本职工作时，自己的提升也是自然而然的了。

刚到银监局时，我从当初的管理岗位到了一个身边都是领导的地方。不同于当初在管理处时自身处于领导岗位，银监处里是真正近距离接触领导的地方。摆正自己的位置，端正自己的态度。有责任心，谦和待人，这一点是非常重要的。所有的岗位基本都是从最基础开始做的，没有说一开始就从核心做起的。所以，有一颗谦和的心，尊重自己的工作，尊重自己身边的人，如果连自己的工作都干不好，那其他都是空谈。但如果自己工作能力很强，却处理不好身边同事的关系，那也是不合适的。所以，我一直坚持想要告诉现在的同学们的就是：一方面，要不断充实自己，不断武装自己；另一方面，要不卑不亢地对待身边的人，有你有我，这才是一个团队，这样才能做出最好的工作成绩。在银监局，我经历了很多，也学到了很多。所以，后来从银监局出去，与各个行长交流的时候，都是以一个平等的方式去交流的，我们相互之间的交流也都很融洽。

莘莘学子录：风华正茂，勤勤恳恳

年轻人总是意气风发的，这是很好的。但你才华横溢的同时一定要保持工作的稳健，一定要选对方向。我有一位新加坡的朋友，他是国家器械方面的设计师。由于当时的新加坡国家的经济状况不好，所以他做出来的东西没人要，当初的订单也都废了。他的专业技术绝对是顶尖的，但在这样一个大势下，他还是失业了。一个个行业就如同一座座金字塔，越往上走人数越少，但大环境下选对了发展方向，这座金字塔相对其他金字塔大的话，那么这个行业所能容纳的岗位就越多，你的发展机会也就会越多。

相对而言，年轻人有更多选择的机会和时间。最开始不妨多试一试，选择一个适合自己，适合发展大方向的岗位，那么相对而言也会走得顺利一点。当找到了适合自己的岗位后，则应珍惜这份岗位。一个人一生中的机遇可能只有那么几次，做好事前的准备，做好自己的工作，机会来时稳健地把握住，那就很不错了。工作时既要稳健，更要多看多学多做，多从自己所在的岗位上学习一点，尽可能多地把握住这个行业的体系，人要聪明一点，不是说在一个岗位就只做基本工作，那只是常规的工作人员。想要一步一步地走上去，那就需要一些与其他人不一样的地方。金字塔顶的人毕竟还是少数，那么你们怎样成为塔顶的那些人之一，就需要看你们自身的特点和努力了。

　　每一位青年人都有他的风骨，都有他意气风发的那些年。我始终相信，我们学校的学生都是非常优秀的，正如我始终相信我们学校会源源不断地培养出一批又一批越来越优秀的学生一样。

　　加里宁曾经说，青少年是一个美好而又一去不可再得的时期，是将来一切光明和幸福的开端。对每一位同学来说，现在他们成长路上所遇到的石子都会成为铸成通往彼岸桥梁的基石。谨以此祝愿我的母校人才辈出，桃李满天下。祝愿我的每一位校友不负此生，前途似锦。

　　立信已经历了90年风雨春秋，今天有缘参与这样一个校友寻访的活动，不得不说有一种莫名的神圣感与使命感。作为一个已经毕业的学姐，很幸运，能与现在的同学们通过这样一个桥梁联系到一起；也很荣幸，能与大家分享一些在校期间和工作之后的体验。希望同学们能够从中收获一些自己的体会，也希望母校能够越来越好，培养出更多优秀的学子。

平 安

　　中国流行歌手。2011 年获得"我最响亮"全国总冠军；2012 年参加浙江卫视歌唱类节目"中国好声音"而为广大观众所熟知，并成为迄今为止唯一一位获得满分的歌手，荣获"天籁的回响"奖项；同年参加 CCTV"直通春晚"，获得全国总冠军，并登上2013 年央视蛇年春晚的舞台，献唱"我爱你中国"。第十次全国文代会代表。2001 届校友。

不忘向善初心　追逐音乐梦想

口述：平　安

采访：张银爽　何　煜　李南洁
　　　秦梦瑶　黄钰珊

整理：李南洁　黄钰珊

时间：2017 年 9 月 1 日

地点：上海立信会计金融学院徐汇校区

音乐之路的彷徨与坚守

　　真正在许多人面前开始唱歌应该是在我的大学期间，也就是 2000 年的"五星奖合成大擂台"。当时我每周去参加他们自弹自唱的比赛，这算是第一次真正参加比赛。

　　那时候我把音乐作为爱好，因为我父亲曾经和我说过一句话"你唱歌人家听到以后是开心的，是愉悦的，这是老天爷给你的一份馈赠。""你的嗓音是别人没有的。你不应该完全放弃它，就算不能做成专业的，也能成为丰富自己生活的一种方式和兴趣。"就因为这个想法，白天我工作，晚上偶尔也会去酒吧唱歌。那时候感觉酒吧中的人们都挺喜欢我的，刚有了些小名气，2003 年非典就来了。工作也找不到，只能到处蹭饭吃。

　　真正艰苦的时期，是每当我觉得我要放弃音乐的时候它又回来了，那时我意外地遇到很多和我境况一样的人。几个乐手凑在一起，大家琢磨着可以以一个乐队的形式去酒吧唱歌。于是我们报名参加了 2004 年"ChannelV"组合大赛并得了冠军。那年的金山音乐节，我们以冠军的身份和徐若瑄、信乐团一起在音乐节的舞台上唱歌。那时的我非常兴奋，认为能与志同道合的兄弟一起做音乐，是件非常开心的事情。后来乐队解散了。其中原因有很多，我个人认为，当初每个人在坚持这件事的出发点都不一样。乐队解散之后，我觉得很无助，好不容易几个志同道合的兄弟在一起，因为各种原因分开了，我觉得我自己一个人的力量又不够，不敢去面对很多的演出，只敢躲在酒吧里，每天唱完就结束了。

在汪涵大哥的鼓励下，我参加了 2007 年的第一届"快乐男声"，那时我已经 29 岁了。快 30 岁了，再去参加比赛，觉得信心不足。我揣着 800 块钱来到比赛现场，一路晋级到全国总决赛，但没有进入十强。这之后大家都觉得我头上戴着一顶"快乐男声"的光环，但事实是我的生活并没有发生改变，音乐的境况也没有改变，这时候的我挺郁闷。后来的 2010 年、2011 年，我慢慢地让自己去看淡一些事情，慢慢去掉头上的光环，又回到一个酒吧歌手的生活方式。

到了 2012 年，那些和我同届不同校的编导，告诉我他们现在有一个比赛叫"中国好声音"，是只闻其声不见其人的形式，劝我去参加。我报了一张歌单，总导演看后，说："我们做这个比赛是第一次，我们也不知道是否能大红。但是我们会用百分之一百、甚至百分之两百的状态去做，所以我们就需要一些不一样的东西。平安你现在报来的歌单，从'快男'以来，甚至再早以前，你不断去证明给别人看你是多么会唱歌，但你没有证明给别人看是平安在唱歌，这两者意义是不一样的。"我十分感谢"好声音"这位总导演，他跟我说，我应该去寻找一些属于我自己的东西，要丰富我这个人，把我来参加节目的原因、为什么要唱这首歌都表现到节目中去。上海音乐学院的谭冰若教授曾让我做过他的旁听生，在他的教导下，我形成了一种美声与流行结合的唱法。总导演关注到这点后，说："这一点就很好啊！像美声又不是美声，像流行又不是流行，这种特质别人就没有。"根据这个特质又聊到我父母是知青的一些事，定来定去，最后就定了《我爱你中国》。他说，这就是把双刃剑，没想到后来结果还真好。

从那之后，我渐渐找到自己的一些表达方向和嗓音处理，通过录音也知道了自己能控制的音色范围，慢慢调整到现在的状态。

能量源于善良　助力儿童公益

有时并不一定要提到"正能量"3 个字，因为每个人的状态都会不一样，每个人都

会有开心不开心的时候，每个人不可能一直精神饱满地去面对所有事情。但从我来说，最基本的出发点就是善良。虽然现在的某些社会风气让大家不敢去帮人，还有各类不好的宣传、暴力事件，等等，但是，是你的心不够好吗？还是只是你不敢去做这件事？我就想通过唱歌去鼓舞大家，让大家想去也敢去做这些事。

我唱得更多的是那些能够温暖人或者鼓舞人心的、充满能量的歌曲，这也是我从2012年之后归纳出的一些想法，我也是想能够有些与众不同。大家都在唱爱情，但我们的生活中有很多情，有友情、有亲情，这些方面唱的人就很少。我就感觉有一部分的缺失，就算不上升到正能量的层面上，这些歌曲写出来也是能给人温暖，能够警示他人的。

我喜欢小孩子，正好中国文联有关于留守儿童的活动，每年都会到偏远的地方做慰问演出。我当时就提出，每次兴师动众搭建舞台，去做慰问演出。可是我们离开后他们的生活改变了吗？热闹过后，他们还是回到了原点。他们并没有能够因为你的这场演出多赚到钱，或有什么感悟让自己的生活好一点。我们这么多文艺工作者，看到

他们的生活需要帮助，我们为什么不尝试着去改善他们的生活。

　　留守儿童因为特殊的家庭环境，大多都会有一些自闭，所谓的校园暴力倾向就会存在，他们无法找到一个情感上的出口，而这正好是艺术教育所能提供的。有些孩子不愿讲话，但却愿意唱歌。通过学习音乐、画画、舞蹈，通过一种学习方式，能够让他去宣泄。后来我就和文联一起支教，为这些学校建立合唱团，通过我们的专业去帮助孩子们学会控制自己的嗓音，孩子学习后会开朗些，每天回去后都会很开心地说我今天学习到了什么。

　　我接触到的另一类孩子就是听障儿童，他们有着一定的遗传基因，从小就没有听力。我为上海市儿童基金会做了一首公益歌曲，去了一所聋哑学校为这些孩子上课。我发现，这些孩子与其他孩子没有不一样，只是听不见声音。我现在还没有能力成立自己的基金会，那我就根据自己兴趣参与和孩子相关的一些项目，去做一些相对应的工作。每张专辑也会出一首和孩子相关的歌，每当孩子们听到这些专门为他们做的歌也会十分开心。这才有了我新专辑中的一首歌《姐姐》，写的就是孩子们的乡村教师。我刚听到时很感动，连我的经纪人都说："平安，平时很少会看到你眼睛里有眼泪在打转。"很多乡村教师不仅仅关心孩子的学习，很多生活上的问题也会照顾到，渐渐地就会产生亲人的感觉。

以信为本，说到做到

现在的孩子从小开始学习钢琴、学习艺术，有艺术修养的人越来越多，这一点毋庸置疑。但前提是必须将自己的学业完成，顺利拿到毕业证书，否则就无法证明自己是一个受过高等教育的人。像我当时没有工作，又遇上"非典"，如果不是这样，我可能还会继续从事财会工作。说起"立信"这两个字，坚持以信为本，说到做到，应该是我一辈子都会铭记的事情，这影响了我未来的很多决定，而且从财会类学校毕业的学生都会有个特点，做事十分细致。不单单是工作上的细致，我对生活上的细节也会很在乎。我往往会注意到人们生活中的小细节，这往往也是最能抓住人心的地方，我觉得这就是能够感动人的事情，我会去关注，把它们放到我的作品中。

我当时做这个选择和我的父母斗争了好多年。我也曾想过给自己三年或五年的时间，如果不成功就放弃音乐，放弃唱歌，但最后自己还是咬着牙不死心坚持下来了。自己也可以选择别的道路，不过，一定要做好承担这个选择带来的所有后果的准备，既要能够享受它所赋予的荣耀，也要能够接受它所带来的失败。说实话，天时地利人和很重要，如果没有2012年的那个节目，我现在可能还继续在酒吧唱歌。每个人的机缘不同，有些人可能少年得志，有些人大器晚成。这一切只是看你够不够细心，能不能抓住这个机会。

高考志愿就是一个很好的方向感，它决定了你未来几年学习的专业，这只是人生中的一种选择。现在这个社会的竞争压力很大，工作不仅仅要满足我们一个人的需求，更是要能够满足全家人的生活需求。我认为大学课程是必须要完成的，无论是为了父母也好，还是为了自己能够有一技之长。

威震峰

　　AIA 英国国际会计师公会高级会员；耐世特汽
车系统有限公司亚太区财务经理。曾任德尔福汽车系
统有限公司柴油电子控制模块产品线全球财务总监。
2001 届校友。

稳重前行　忠于本心

口述：戚震峰
采访：唐　滢　杨　煜　高逸晨
整理：高永祥　唐　滢　段文晗
时间：2017 年 10 月 13 日
地点：上海龙之梦大厦

像海绵吸水一样地去学习

今天来的都是商务英语专业的学生，我在这里希望各位英语专业的同学能够认真学好自己的专业。英语作为世界通用语言，不管将来在国企还是外企工作，这门工具都非常重要。现在的大趋势是国企都要"走出去"，虽然现在汉语热在全球环境下持续发酵，但英语依旧占有世界语言的地位。

我也希望各位同学还要认清一个现实，英语只是一个语言工具，在立足本专业的同时，一定要扩大自己在其他专业领域的学习，尽量多地涉猎其他专业面，比方说，除了英语方面的其他课，会计、审计、财务管理、国际贸易这些，就像海绵吸水一样地学习，因为你不知道哪门学科会在将来帮到你，唯有足够的积累才能厚积薄发。自己学到的知识，装在自己的脑袋里，别人是偷不走的，自己积累得越多，将来就会发现自己会的越多。虽然在以后你可能会发现自己学到的东西有百分之九十是没有用的，但是那百分之十却可以帮助你攀登职场高峰，甚至其中千分之一的知识可以帮助你在职场上取得巨大的成功。这一点我有亲身的体验。

我当初在学校是学会计专业的，有一门考查课，叫国际贸易，别的同学基本不听讲，因为不考试，同学们都不重视。我却对此很感兴趣，学得也很认真。但没想到当时学到的东西，在后来公司的一个项目里得到了运用。当时，在合同当中发现了一个极小的错误，导致公司从年利润赚 10% 到亏损 5%。当我接手这笔订单时，焦头烂额。晚上突然想到了国际贸易所学的知识。通过改动合同上的一个字，扭亏为盈。这让当时刚毕业两年的我获得了领导的赏识。

　　说句自豪一点的话，我本人大学 4 年没有翘过一节课，每一节都是认真听讲，每个学期都是有奖学金，一次三等奖，两次二等奖，两次一等奖，两次特等奖，还有一次安盛企业奖学金的特等奖，同时在大学里考了 AIA 共 14 门课程。我觉得作为学生一定要认真对待学习。

　　对英语专业毕业准备进入社会的同学来说，你的短板首先会出现在自己的简历上。假如某公司要招一个会计，他肯定会先看简历上写着会计专业的同学。当然不是说看到学英语的就会跳过，但是你要有亮点能让他继续往下看。你的亮点就是除了你是英语专业之外的其他资质证书，用证书来弥补自己专业上的不足。不是说你的专业不足，关键是一毕业踏入社会你就被贴上了标签，就是学英语的，你的专业能力怎么样不知道。要是你能够再加一些自己的证书上去，比如 ACCA 考出 10 门了，这会让对方了解自己学习能力很强，会给你机会面试，然后，抓住这次面试的机会去展现自己。

接触社会　广交朋友

　　我在立信时，成立了一个英语俱乐部。由于同校外的接触比较多，因此有了一些英国领事馆的人脉。当时就邀请英国领事馆的人来学校办讲座，一方面，帮助他们推广英国的文化；另一方面，给我们学生一个接触英国文化的机会。

　　通常来说，作为一个大学生，人脉资源的来源可以有几个方面。第一是实习，在实习单位，不管职位是对内还是对外，都要尽可能多地和别人相处，要有意识地与别人交流，给对方留下比较深刻的印象，培养自己的人脉于无形之中。实习单位的实习是远远不够的，通过单位向外辐射才是更大的人脉资源。另一个渠道，就是通过报名参加社会上的学校，比如，去参加考证培训。我当时通过 AIA 认识了很多朋友，毕业后，

在职场上得到了很多同学的帮助。当然还有一些来自父母和亲戚的关系，这同样是人脉的一种形式。所以同学一定要扩大自己和社会的接触面，学习接触社会。

我也曾经经历过融入不到其他人圈子里的情况。舍友出去玩，但是我要看书复习，也有被孤立过。后来我想了想，我是可以匀一点时间出来，和同学搞好关系的。不要把自己孤立起来。

交朋友不要有功利心，千万不要在交朋友的时候就想好将来要怎么用他，带着一颗纯粹的心去和别人交往，不管对方是什么层次的，要对每个人报以微笑，要和各路朋友打交道。有时候处在比较上层社会中的人不一定能帮到你；但处在社会底层的人却会是你的贵人，关键是要待人以诚。要时刻保持微笑，给人很阳光，自带正能量的感觉。最近我考进了财大的研究生，同学们也因为我的阳光，信任我，让我当了班长，对于班委这一点，要记住，自己没有权利，只有服务的义务，一旦你心里想着有义务，别人自然会给你权力，权利和义务是对等的。

境外历练志在中华

　　我在境外工作 9 年，体验了不同国家的文化，以及不同国家对中国的看法，当然也学会了烧一手好菜。直到去年回国发展，深深地体会到中国经济的发展速度之快。在国外 9 年，我在收获工作经验的同时，可以说是错过了中国发展最快速的一段时间。

　　虽然我在国外，但是我清晰地看到了国内的发展得到了西方发达国家的认可，而且是非常倚仗我们的发展来促进他们国家经济的发展。2016 年，我从卢森堡回国的时候，国内的变化是非常清晰的，感觉到国内的工作节奏很快，国外的生活尤其是法国的生活特别慢。国内的敬业精神，可以说是世界上其他国家的人无法相比的，西欧那些认为自己很发达的国家，中国总有一天会都超过它们的。第二感觉到的是国外没有贫富差距，就像在法国，巴黎和南方的一些小城市之间是没有贫富差距的，人们都是一样的。这应该就是中国将来发展的方向，现如今面临着挑战。其实贫富差距不大，看起来对所有的人来说都很公平，但对于那些努力的人来说并不公平。付出多却得到的和其他人一样，那付出还有什么意义？有一个故事，爱斯基摩的雪橇犬之所以会拉得那么整齐，是因为他们在训练雪橇犬的时候，会有一个领头犬。领头犬得到的待遇，要比其他犬好很多，有更好的食物，有更多的休息时间。这样，别的犬就会很恨它，就会一直追着他。所以，领头犬往哪儿走，它们就往哪儿追。这说明了激励机制的重要性，它实现了工作团队乃至全社会对报酬和劳动付出的公平分配。第三就是中国对新事物新技术的吸收和应用的能力要比别的国家强很多，这种优势这几年凸显得更加明显。

　　我知道各位商务英语专业毕业的同学很多都有出国读书的想法，就国外读研方面来说，我太太就有过在英国读研的经历。通过我一年的观察，如果要在国外读研，首先这一年你不会有很多休息的时间，会有大量的阅读让你去完成，到了国外，人生地不熟，会逼着你自己去学习，自己的潜能会被激发。对自己的认识，对自己的生活能力，对不同文化的认知，都会有很大的提升，这些东西不是说去国外几周的旅游就会了解，只有去那里生活一段时间，真正融入那个社会才会了解。所以我建议，如果家里有条件一定要出去，年轻的时候出去闯一闯。

坚定目标，完善自我

我能够把校内的学习时间与考证学习的时间安排得很有条理，是因为我放弃了部分娱乐时间。但我不是书呆子，社会活动对我来说就是娱乐活动了。当然 AIA 也会搞一些 party，我也会去参加。其实可以说，校外的考证学习内容和校内学习的内容是互通的，并不冲突，而且课外的老师一般都是有企业背景的，他们可以给你非常多的案例，帮助你更大程度地超越其他同学，去理解知识在现实工作的运用。

能考入立信的同学都不会差。有一些本是优等生但进了大学之后因为松了一口气，结果变成了中等生，对于这些同学，我的建议就是好好努力吧！当然还有另外一些同学，即使再努力，成绩也只是在中游，千万不要放弃，你们需要在继续努力学习的同时去发掘自己在其他方面的优势和潜力，比如社交能力、锻炼身体、精通某项爱好，等等。

优秀这个词不是绝对的，而是相对的。可能在学习这方面达不到优秀，但是在其他方面自己是优秀的。找到自己的优势，扩大自己的优势，让它将来成为自己的亮点，才是我们每一位同学努力的方向。对于那些不努力的同学，趁自己年轻，要尽早地想清楚自己想要什么样的生活，要想过上怎样的生活，在事业上自己要达到什么样的高度，以及目前自己在学习上要达到什么样的高度。要知道自己现在的状态，不努力是达不到那样的高度，将来等到五六十岁再后悔都来不及了。所以先给自己定一个目标，自己想过什么样的生活，然后我要怎么达到这样的目标，把这条路规划出来，看自己是不是在这条路上，再就是继续走下去，不要想着如何逃回这条路。

当你们面对考研与工作的抉择时，只能说两种选择都各有优势吧。如果你选择考研，你个人的知识结构，学历都会比别人高，你的起点会比你的同龄人高。但是别忘了，比你早 3 年毕业的同学，他们已经在社会上积累了 3 年的经验，而且会有很多的职位他们都已经卡住了。所以这个时候可能会想，如果早 3 年的话，自己说不定也会达到这个高度，所以就要看自己想早早挤位，还是想后发制人了。

胡大庆

　　广州以美创新医疗科技有限公司董事长、总经理。2003 年完成上海立信会计学院 AIA（国际会计师）培训课程后，成为中国大陆地区第一位非财经专业获得 AIA 证书者。

兴趣和工作的意义是我前行的最大动力

口述：胡大庆
采访：丁　乙　周子琳　宋军仪
整理：宋军仪
时间：2018 年 3 月 21 日
地点：大上海时代广场办公楼

选择 AIA，选择先进理念和思维

我是 AIA 国际会计师公会与上海立信会计学院合作培训项目进入中国大陆后最早的一批学员。之前，我在澳大利亚攻读 MBA 学位时，恰好拿到国内一个不错的 offer，就提前回国，但 MBA 却没有完成。回国后，我对澳大利亚的 MBA 课程还意犹未尽，深知财务知识对一位总经理的重要性。

这时候有两个选择，一个是在 2001 年朋友聚会期间认识了一所中美合资的商学院的校长，他邀请我到他们学校继续攻读 MBA 学位，在澳大利亚 Macquarie 大学的学分也能承认，为此我特意去试听了一堂课，却感觉并不是我想要的，理论高于实战，但是这也是当时国内高校普遍的教学方式。后来又在机缘巧合下，试听了 AIA 的课程，发现 AIA 更适合我那时的需要。当时 AIA 刚进入中国大陆不久，它的教学方式、考试形式和教材都来自英国，与传统的财会课本不一样，将很多实战的内容融入课本中，包括企业的案例、企业的财务分析课程，告诉你怎么去解读、去思考、去发现。AIA 的教师也都具有不错的实战经验，上课的氛围相当开放，尤其是遇到一些有争议的知识点，或者有不同的观点，学生会和老师自由地讨论，课堂气氛非常好。在当时环境下，这种课堂学习氛围极其少见。

在 AIA 学了一年半，不仅仅是能通过财报读懂整个公司的 P&L 的情况，还养成了严谨的工作态度和理性的逻辑思维，习惯用数字去说话，这点在职场上尤为重要，比如向董事会汇报工作时候，知道如何用数字告诉他们企业的经营以及未来我们需要哪些方面的改进和投入，这在当时对公司的发展起到了很大帮助。

我想分享一段自己的职场经历。我刚入职场时候，担任部门经理。当时改革开放不久，国内的管理者并不成熟。在外企工作，外国老板就会把一些西方先进的管理理念带给我，教会我不同的思维。比如当时年轻，与女士讨论问题会凑过去一起看电脑，这时候老板会告诉你，两者间要保持半米的距离，这类失误较多，但是老板并不会因为这些小失误而看低你，他们更注重你的发展潜质，这点很宝贵。我想说的这段就是告诉你，很多时候老板的提醒，并不是否决你，而是希望培养你，指出错误同时，认识到自己是否能做得更好。那么，怎样的人才，会更能获得管理者的青睐？第一，勤奋和努力，对所做的工作有追求；第二，要有潜质，具有能短时间内掌握一门新技术的能力；第三，忠诚于你的行业，以一位职业经理人的身份看待工作。你在这家公司无论做多久，哪怕只做了一年，哪怕明天就要离开了，都要将工作做好，并顺利地交给继任者，这是一位职业经理人所应该具备的职业道德和精神。我比较反感的是即将离职，就消极怠工甚至给下一任使绊子。这种损人不利己的事情，会影响自己的格局和心态。

心存大爱，为理想去努力

当自己的职业生涯达到一定高度时，会认真地思考自己下一步的人生应该是怎样的。我一直不想做一个碌碌无为的人，也渴望自己的工作充满激情并富有意义。而真正触发我这个想法的，是两年前一次偶然的检查，我被诊断为肺癌。当时我没有晴天霹雳的感觉，我只是问医生，你能坦白告诉我，是几期？最好的治疗办法是什么？如是中晚期，还能活多久？我当时想的是，如果我还有两年，或者三年的生命，那么这段时间我该如何去规划，去做我喜欢的、对社会有意义的事情。我很幸运的是治疗很

成功，我有更多的时间去做我自己想做的事情。

　　目前我做医疗方面的工作，这份工作我非常喜欢。比如说我在做的早期肝癌诊断，引入了美国的专利技术，它的诊断的特异性，敏感性达到95%以上，比目前的检测方法整整提高了35%～50%，也就是说它能帮助筛查许多早期肝癌的患者。这样可以拯救许多人的生命，多么有意义！还有一个来自以色列的消化道幽门螺旋杆菌的检测仪器，特异性、敏感性达到了100%，能有效地防止胃癌的发生，用到国家的普查中，意义很大。我同时还在做移动医疗，希望帮助更多居住在边远地区的居民得到更好的生命体征监护。我有时出差去二三线城市和农村，那里的医疗条件很落后，就昨天，我出差的一个二线城市儿童医院，设备落后，医生对学习热情很低，护士连最基本的电脑操作都不行，所以我们真的有很多事情可做。

　　每次出差，看到落后的医疗条件，我的心情都很沉重，但是我也坚信通过自己的不懈努力，我在未来可以帮助到更多有需要的人。这也是我现在看上去神采奕奕的原因，心中有爱，有方向，有目标，认定了这份事业的意义所在，这是我前行的动力。

马云说过，做生意，医院是最难的。因为医院要求高，毕竟人命关天的事情，每一台仪器都要通过招标、审批，要求仪器性能的详细阐述，要和同类仪器对比，这样严格的制度是任何行业都不可相比的，在这过程中会遇到困难，遇到瓶颈，遇到一些自己无法控制的事情和挑战，但是这不仅仅是工作，而是理想，我希望把更多的先进医疗器械带到中国，尽管路漫漫，但这条路我依然会坚定地走下去。

寄语青年：把握住这个时代

我希望我的分享能给现在的大学生一些启迪。

首先，是对自己要有一个定位，找准学习的方向，别单纯为了学位学习。我从澳大利亚回来，当时是要学一些实战性的，对工作有帮助并提升自己思维能力的课程，因此选择 AIA 而不是学位。你们也要明白这一点，也许你大一并不知道自己的方向，但是大二大三就该去思考了，你今后究竟是要做财务还是做会计或金融。如果你擅长财务分析，是否要去学 CFA？如果你擅长会计这方面的，CPA 就是不错的考虑。我一般不建议你们跟风去读 MBA，更推荐读个财会领域的研究生，即使是 MBA 也要选择一流商学院去攻读。

其次，是尽早对自己职业做选择和规划。我大学毕业后就去当管培生，公司拿我当精英培养，投入最好资源。我培训结束后，一开始就做一个大部门的副经理。当我的能力得到验证后就提升为经理。大学毕业后，如果有机会去世界 500 强企业锻炼一段时间，你的眼界和思维会完全不同，会受益终生。

你们所处的时代，因为 Internet 的发达，在做职业规划和选择的时候，反而比我那个年代更有利，别把 Internet 提供的资源浪费在明星身上，多去花时间关注 Internet 展现的前沿技术和大佬们对前沿技术的预测，并试着考虑将这些技术应用到你的学习和工作中去。两星期前，公司开董事会，董事们问我如何把 AI 技术运用到我们的智能医疗手机壳上。我说我看到滴滴打车，就想到将 AI 引入做个"滴滴求医"。你生病的时候，能让离你最近的医生帮助你，但是这些需要好的移动医疗技术和设备，而刚才我也说了移动医疗也一直是我目前主攻的方向。再说算法，它是一种数学模型，但如果你想把你的算法运用到你的产品中去，能够得到很精确的结果，就需要非常大的样本量的支持。这个样本量，需要你通过大量的样本去积累，然后做大数据的分析。因此你们现在，好好使用手中的网络工具，去理解这些大佬们每天讨论的是什么，关注的是什么，这些都将对你们未来职业方向带来启发。

　　最后，你要找到自己的兴趣方向和特长所在。你们未来的职场，第一要去选择自己所喜欢的、有兴趣的。如果你对自己的工作没有任何兴趣，你就不会在这方面钻研，这样也无法做好这份工作。比如我的女儿，在她小时候，我太太要求她学习钢琴。当她钢琴达到六级的时候，她告诉我，如果她去做了另外一件事，自己可"免琴"。这时候我就知道她对钢琴缺少了兴趣，于是想着如何去偷懒。所以你们大学期间要找准自己的方向，这个方向是你有兴趣且擅长的，足以让你有毅力去为之努力的。若毕业后发现自己方向错了，也没问题，可以二次学习，比如去考大企业的管理培训生。虽然这是一座独木桥，可能几百个几千个才选一个，但是你可以试一下；另外若你真的要跨行业，就别在意职位，从最基层做起。第二就是要有自己的独立思考能力。你们的导师和父母会给你们很多职场的经验，但是你们必须有自己的思考，对自己的人生有所选择，并且努力去争取和尝试。再说我女儿大学毕业后在花旗银行工作，然后又去了另外一家美国世界 500 强的企业。有一天她对我说，自己想辞职，因为这个工作太枯燥，并不是她想做的。我问她你想好接下去你要做什么吗？她说没有，打算充个电再去考虑下一家。职场上迷茫很正常，你可以选择思考和充电，去逐渐厘清自己想要什么，要追寻怎样的工作，去完成怎样的理想。

　　我非常满足于当前的忙碌和充实，甚至是痴迷；过去所学的知识、经历的职场、汲取的经验、累积的人脉，是为了如今的事业而准备的，新兴科学技术的发展，会给越来越多的人带来便利，也会让我的很多想法和规划有望成为现实，这份期待和兴奋，就是我工作的意义所在。

俞雅敏

东吴证券研究所全国非公募销售总监。先后就职于中银基金管理有限公司、国投瑞银基金管理有限公司,任机构服务部董事。2010 年创办个人公益平台"雅泽公益",核心团队分布于广州、深圳、北京、上海,致力于帮助青海玉树"爱心家庭"的贫困地区的学生。2006 届校友。

小小机遇　成就未来

口述：俞雅敏
采访：李舒涵　江　韵　濮　文
整理：李舒涵　江　韵　濮　文
时间：2017 年 8 月 4 日
地点：上海世纪金融广场

小小机遇，成就开端

　　我现在的职业选择，源于当年在学校时无意中听到的一句话。当时，我在中丹学院担任学生会主席，并且兼任了学校学生会副主席。以学校历来的就业情况看，大多数毕业生都想进入条件优越的银行工作，我也不例外。直到临近毕业前的一天，我突然听到一位学生会的部长说，基金公司才是金融圈的弄潮儿，985、211 高校的毕业生都会尽己所能地找基金公司的工作。说者无意，听者有心，就是那么随口的一句分享，在我心里播下种子，基金公司成为我在找第一份工作时牢牢盯住的目标。在我的第一个东家——中银基金发布招聘的时候，我大胆投送了简历。虽然当时公司招的只是客服，但几轮面试后，我被机构服务部的领导看中，就这样幸运地加入了只招名校毕业生的机构部就职。

　　到如今，我工作已有 11 年了，在中银基金 4 年，在国投瑞银 6 年，现任职于东吴证券研究所。我认为，工作中最重要的是勤奋和真诚。你勤奋做事，在岗位上尽自己所能地做到最好，自然会有领导赏识你，给你机会。你真诚待人，每个人也愿意真诚待你，就能给自己营造最舒适的人际氛围，就能实现一个好汉三个帮。等到一定的时间，你会有一定的工作经验和待人接物的积累，自然就会形成今后对自己未来发展的规划，走一条真正适合自己的职业发展道路。

不忘初心，砥砺奋进

说一说我的职业生涯细节吧。我于 2006 年开始在中银基金的机构部实习，这是中银基金开始招应届生的第二年，我身边的同事们非北大、清华，便是海归名校，而且个个都是学校里面的佼佼者，这让我非常忐忑、紧张地度过实习生活的每一天，在实习中慢慢学着去了解这个行业的基础和各个层面，终于功夫不负有心人，经过自己的努力成了一名正式员工。

中银基金的 4 年是我学习、成长的 4 年，从最初了解基金是什么、陌生电话怎么打、Excel 除了简单制表外还有哪些强大的功能、PPT 做成什么样是最完美的，到后来与客户交流基金产品，协调基金经理与机构投资者的关系、亲自筹办大型机构投资者交流会，等等，我从一个初出茅庐的稚嫩学生，逐渐成长为一个能够独当一面的职业人。天道酬勤，慢慢地，我积累了工作经验和宝贵的资源。期间，我始终坚持真诚、谦逊待人的态度，得到身边领导、同事、客户的悉心指导，这让我受益匪浅。

诚如一句话说，天下没有不散的宴席。我依稀记得，离开中银基金的那年，我和一位交大博士毕业的部门主管一起主持了当年盛大的年会活动，这给我在中银基金的工作与生活，画上了一个完美而又难忘的句号。离开并不是一种结束，而是一个全新的开始。因为机缘巧合，让我遇见了国投瑞银基金。这份美好的遇见，让我一待就是 6 年。这不仅是时间上的 6 年，也是我飞跃的 6 年，是我辛苦但却异常珍贵的 6 年。

在这里，我再也不被视作一个新手，这里没有可以赖以指导的领导和同事，部门里的每一个人都是竞争对手。我被给予自由的时间、宽裕的费用，公司只要求我反馈绩效。于是，我开始学习独立思考、整合资源，每个时期结合市场特点和我覆盖的机构投资者的特点规划方案。天降大任于斯人也，必先苦其心志，劳其筋骨，饿其体肤，空乏其身，来到国投瑞银基金的第一年，我的秀发变得稀疏，有时甚至需要服用一定量的安眠药才能入睡。那段日子想来让人热泪盈眶，但付出终有回报，我逐渐摸清了门道，开始创造令人满意的成绩。正所谓不积跬步，无以至千里；不积小流，无以成江海，后来的每一步努力，都让我的资源积累越来越丰厚，考虑问题也变得非常全面，伴随着能力和技能的提升，我工作做得越来越好，职级和薪水稳步提升，自己的人生观、价值观也越来越成熟。

在这6年间，我的客户创办了股权投资公司，长久的相处产生的信任，加上对我工作能力的认可，客户邀请我加入并成了创始合伙人；

在这6年间，我创立了自己的葡萄酒进出口公司，取得了商务部的酒证，每年赴世界各大酒庄考察；

在这6年间，我赴世界各国进行琵琶演出，弘扬中国传统文化；

在这6年间，我考取了美国医学会认证私人教练执照，并在上海静安创立了精品健身工作室；

在这6年间，我创立了"雅泽公益"，定向资助玉树囊谦县香达镇"爱心家庭"的12名小孩，现在有6名小孩已经考出大山，在北京、沈阳、重庆、西宁等地求学。

为人周到、成事圆满是我的座右铭，我也一直本着真诚、谦逊的初心过好每一天。去年受朋友的邀请，我加入东吴证券研究所，组建非公募销售团队，每天学习一些新的知识、技能让我觉得很快乐。学海无涯，人生是永无止境的。接触与了解新鲜事物，能帮助我更好地提高自己，在未来工作中，给予自己更多的帮助。不忘初心，砥砺奋进。

多做是福，心系公益

雅泽公益的建立源于我身边一位好友曾去玉树的亲身经历。玉树物资匮乏，一个有12个小孩的家庭缺少冬季衣物，我的好友为了让他们能在冬日身着棉衣得到温暖，特地询问身边好友四处收集。我立马就加入了进去，并且为了把事情做得尽善尽美，使物资每一分一毫都用在孩子们身上的情况变得真实可见，我们创立了雅泽公益。当时未曾想过把公益组织做得有多大，只是希望我这一辈子能帮助这12个孩子去完成他们的学业，做一个对社会有帮助的人，这是我们的福气，也是雅泽公益创立的初衷。

2013年4月，"雅泽公益"与上海金融学院中丹学院正式签署合作协议，旨在通过多元化的活动，帮助母校的学生提高个人综合能力与素质，提供金融系统及其他各类

型单位的实习机会，让学生能够更加充分地适应社会的需求。

　　做公益到现在已有 5 年了，期间也难免遇到他人的质疑。事实上，这个公益组织的账目上，只有在每次去玉树前才能看得到资金，平时绝不会圈钱或者挪作他用。我从心底希望大家捐的每一分钱都实实在在用在孩子们的身上，不会因为金钱引起双方的不信任。我也会公示玉树那里的每一张床、每一套课桌需要多少钱，将清楚的账目统一反馈给大家。面对不熟悉的人的质疑，我会一遍遍耐心解释，只希望雅泽公益这样的纯公益组织能一直平稳地做下去，能尽己所能对社会有所帮助，就是我们最大的心愿。

　　2018 年我的母校上海立信会计金融学院将迎来建校 90 周年，我离开学校也快 10 年了。在这些年中，看到了学校的发展和成长，也看到了学弟学妹们创造出更多的成就，作为立信会计金融学院的一分子，心里由衷地高兴。在工作之后，你会发现母校永远和你息息相关，只有她好我们大家才会一块儿好。无论我们身在何方，无论我们经受了多少风吹雨打，母校永远是我们灵魂深处的圣地。母校的泥泞，还留有着我们的脚印；母校的操场上，还留着我们的身影；母校的教室里，蕴含着我们的气息；母校的每个角落，都珍藏着我们的欢声笑语。那里留下了数不清的回忆，那里留下了我成长的足迹，那里有我们最最宝贵的青春。滴水之恩，涌泉相报；插柳之恩，终生难忘！感谢母校温暖的怀抱，让我自由地成长，变成了现在的我……昨日的欢声明日的梦，再相见时我们又将要走过多少路程，唯愿我们都能不忘初心，勇往直前，实现自己的梦想。我祝愿母校越办越好！祝上海立信会计金融学院 90 周年生日快乐！

李斌鑫

    2011 年创立上海圣扬实业有限公司。毕业后进入用友软件股份有限公司上海分公司。2007 届校友。

母校是西南角苍劲不老的榕树

口述：李斌鑫

采访：顾锦春　关依敏　吴良杰
　　　王小丽　李昕健

整理：关依敏

时间：2017 年 7 月 15 日

地点：嘉定新城

喜欢并为之努力的，都是值得的

　　大学 4 年，对于我来说是精彩和充实的 4 年。大一的时候，因为刚进大学，没什么诱惑，宿舍也没电脑，下课后主要是去图书馆和做运动，所以顺利地拿到年级一等奖学金。到了大三，基本上已经开始去外面的企业实习了。当时我认为做销售是最磨炼人的，所以毅然选择了销售行业。那个时候没有智能手机，找工作不像现在这么便捷，查找企业也更多的是靠自己实地勘察。还记得刚刚大三的那个暑假，我就在浦东商业区一家一家实地调研。后来做销售的经历让我明白必须脚踏实地去做事和积累人脉的重要性，也让我明白了自己真正想要的是什么。所以我觉得大学 4 年，最重要的是要明白自己的方向是什么。

　　每个人都有形成能力的缓慢起步期、快速提升期、高原期。大多数人在缓步开始踏入社会的阶段就已经非常迷茫了，而专注于工作以后会无法忍受能力提升的放缓，而达不到更高的境界。我们在大学要做的，就是培养自己的能力，包括思维、人际处理、耐力、承受能力等，这些能力需要在校内校外的实践中锻炼。同时，为人处事的方式

511

是非常重要的，往往细节就能看出一个人的性格。

我很喜欢往外面的世界走走，还喜欢和我的导师一起讨论和学习。学子，不应只闷头于书中，更应该去社会闯荡。那时，周围有很多同学都很迷茫，不知该如何取舍专业与职业，总想着跨专业工作，并没有学以致用。而我认为，我们金融类专业的学生，其实出来就业有很多选择，并不是只能去银行，完全可以根据自己的爱好来确定自己的方向。我喜欢和人打交道，喜欢观察人的举动和细节，所以我选择了销售行业，并且在我认为发展成熟的时候，我选择了创业。选择职业也没什么好怕的，你喜欢的，你能为之努力的，都是值得的。

做时间的主人，通往真正的自由

职业生涯是一个人长期的发展过程，在不同的发展阶段，各人有着不同的职业需求和人生追求。

在我的思想中，职业生涯发展阶段的划分是职业生涯规划研究的一个重要内容。对于具体阶段的划分：在 14 ~ 25 岁的青年期，我们接受教育和培训，开发工作领域中所需要的基本习惯和技能。需要注意的是，在这个阶段，我们应该减少休闲活动的时间，将这些时间用来学习规划，把握住这些时间和条件。在这一阶段所充当的角色是学生、职业工作的候选人、申请者。在 25 ~ 45 岁，我们学习与他人建立关系、寻找心仪的工作机会、投入所选定的工作并且维持工作。在 45 岁之后我们要明白自身的限制，辨识新问题并设法解决它们，也可以发展新的技能。我们的脑海中要有这样一个对应的表格，可以时刻提醒自己哪个时间段该做什么事情。

有人经常会问，什么是真正的自由。我想，拥有自由支配自己时间的权力即是真正的自由。我有三大铁律，首先要将精力放在成长上面，包括生理和心理的成长。其次将精力放在真爱上面。如果我们仔细算算，我们每天陪伴家人的时间，一起交流的时间不超过 3 小时。所以我们这一生都是在为事业而努力奋斗，在自己力所能及的范围之内，多关心自己的家人是非常重要的。最后，我们要将精力放在对社会有价值的事情上。

"天地与我并生，万物与我为一"，庄子如此云。承认自己的生存、利益、价值、个性自由、人格尊严，必须以承认别人的生存、利益、价值、个性自由、人格尊严为先导。这些观念正是我们如今讲求人文关怀、建立和平世界最基本的起点。我觉得庄子的自由精神和超脱思想在社会利益竞争日益激烈的今天是调节人们压抑心理的一个绝好药方。它为生活在这个物欲横流的现实社会中的人们提供了一个宁静的心灵港湾，建造了一个心情的绿色花园，使人们能有一块自由精神的乐土。这种精神的自由超脱也给人提供了一条消解生活压力和苦闷、在逆境中保持平衡心理、获得平和心态的很好途径，让人们获得心灵的淡泊与宁静，增强了人们生活的信念和勇气，以完成对自我的超越。我们需要有拼搏的精神，有创业的精神，我们的肉体虽然活在当下，但是我们的思想是可以活在未来的。

讲到这里，我很怀念当时在工商管理学院的任课老师和我的导师，他们都给了我许多的支持和帮助。遇到贵人的机会是不多的。在必要的时候我们一定要学会求助，这不是卑微，而是深层次的价值交换。你可以把自己想象成是一张信用卡，有欠款，在期限内努力提升自己的价值，然后再回馈贵人，不是也很有趣么。

畅谈创业心得　难忘母校恩情

每个企业的本质都是持续提供有价值的产品或者服务。这样才能满足客户的需求，才有利润收入来维持公司的运营。我们处于社会中，人与人之间都有不同的关联，讲关系、讲交情都是因为我们有共同的利益，除了父母，似乎没有人有义务去帮助你，所以有永远的利益，就有永远的关系；有永远的关系才能有永远的生意。我从创业以来，一直认为公司能蓬勃发展，最重要的一点就是要发现和吸引人才。一个企业的团队都有他们的基础，包括团队学习和改善心智的模式。通过系统的思考之后，才有了向上的张力。而多数人只看到了基础，却看不到张力的提升。每个人、每个团队都努力超越自我，再加上大家有共同的愿景，才能让企业凝聚成一条心，从而达到更高的业务水平。

祝愿母校越办越好！

李　峰

　　经济师。宁波银行上海长宁支行公司银行部总经理。曾在交通银行上海宝山支行国际部营销部工作。2008 届校友。

自律自强　必有回馈

口述：李　峰
采访：丁晨皓　黄圆晴
整理：丁晨皓　黄圆晴
时间：2017 年 8 月 18 日
地点：星巴克（虹桥天都店）

一定要认真做学术

忆起在大学学习的生活，我感慨良多。各位老师的谆谆教诲——"一定要认真做学术"——深深地烙印我的心中。那时年轻的我们可能不知道老师的良苦用心，只觉得做一些对自己以后就业有帮助的事就够了。殊不知老师所要表达的并不仅仅是对学术的钻研能力，更重要的是认真对待学习生活的一种态度。毕业后的我们可能各自会选择不同的路，或是读博深造，继续做研究；或是走上工作岗位，从事金融实践。这种认真坚持钻研学术的态度和能力是必不可少的。想想曾经的同学，那些十年磨剑，坚持努力的同学现在都发展得特别好。这一切都印证了认真、严谨、坚持的人总能卓尔不群。人生是一段又一段里程碑似的奋斗路程，当自己愿意担起重担坚持下去时，相信总能收获"增益其所不能"的硕果。

说起大学的学习生活对现在工作的帮助，我觉得最幸运的就是自己能坚持认真地跟着老师做了两年的研究。虽然做研究的过程苦涩乏味，但是回头想想却是一段很珍贵的经历。正是那段研究经历，让我真正感悟到了经济学的真谛，也因此积累了丰富的金融学知识并拓展了视野。这像是培养了我一种'一览众山小'的信念，在工作上无论面对什么问题，我都会以一个更高的视野去看待它们，只有这样才能做到游刃有余。转念一想，其实无论是在工作中，还是在学习里，当你以一种更高的姿态去解决并成功解决问题时，相信那种征服后的自豪感会让自己更有斗志、更有信心。

忆起曾经的恩师，我最感恩的还是班主任周肇光老师。我对他的评价简明扼要只有两个字，那便是"双高"——学术水平特别高，讲课水平特别高。对于班主任的学术水平肯定是毋庸置疑的，谈起班主任的课程，我觉得可能现在大学中的许多教授在学术方面卓有建树，但是讲课时却略显枯燥。而周肇光老师授课时，严谨中带着些许风趣，无意中便学到了许多东西。

周肇光老师也让我受益匪浅。首先，周老师对学术很严谨。为发表一篇好文章，很多文章都不轻易发表，而是精益求精。其次，周老师是一个真性情的人。对于自己不赞同的事情和学术观点，总是一针见血地指出缺点和不足。可能生活会磨平了人的棱角，让许多人在做人做事的时候更加委婉，为了维持脆弱的人际关系，甘心将错就错，顺水推舟。但是其实忠言逆耳利于行，所有直白指点你的人都是良师益友。'他山之石，可以攻玉'，珍惜人生路上能对自己直言不讳的人，我们终将受益匪浅。

坚持数年，必有好处

在大学求学时，对我启发最大的一句话是张老师曾说过——"坚持数年，必有好处"。纵然坚持不易，不温不火的生活也会使人一次又一次想起放弃。但是，当努力说服自己坚持下来并突破瓶颈时，收获的将是功夫不负有心人的欣喜和柳暗花明又一村的雀跃。我刚毕业的时候，曾在一家国企银行工作。那段经历真的既"授之以鱼"；又"授之以渔"。不仅认识了很多金融圈内很有意思的朋友，而且形成了对金融敏感的习惯、对热点的捕捉、对知识的追索，这一切都为自己以后的发展打下了良好的基础。后来到了宁波银行上海长宁支行，一直做到现在，结识了国内金融圈的一些领导和著名学者，从他们身上学到了许多做人、做事的道理。进入金融相关的行业需要具备并坚持什么素质，我觉得，尽管没有具体从事过金融实务的相关工作，但是金融行业的相关工作都异曲同工。

516

首先，要重视自身的研究能力。不是单纯的学术研究，还有对问题认真思考的程度。一定要带着做研究的心情，想问题办事情深入细致，不能蜻蜓点水似的掌握皮毛，把握大体而忽视细节这种事情也要杜绝。一个优秀的工作者坚信"细节决定成败"。

　　其次，放眼未来，塑造自身。刚步入工作岗位时，不要在乎薪资，要把眼光放在丰富自身内涵上。很多工作可能收入很高，却没有发展空间；相反，有些被别人视为"鸡肋"的工作，可能带来的收益远非是可以用薪资来衡量的。因此，在求职过程中，不能因为眼前的小利而忽略了未来长远的利益，不要"捡了芝麻丢了西瓜"。

　　第三，要时刻关注自己感兴趣的工作的动态和其中的热点问题。很多工作都要求创新，如果不能时刻掌握好相关行业的发展动向，就不会有思路也不可能找到好的突破点。"竭泽而渔"不是智者所为，厚积薄发才是成功的基本点。

　　第四，要更多地注重合作，善于发挥合力。我热爱足球，经常参加各方举办的足球赛事，观看各大足球比赛是我业余生活中做得最多的事情。在多年的足球运动中，我也有一定的领悟：团队力量胜于个人英雄，启发我们工作，不但在公司内部，在整个多元社会也是如此，精诚团结，相助互惠，才能将个人的才智得以充分展现。因为我们所处的社会越来越成为一个有机整体，恰如一个球队，一损俱损，一荣俱荣。没有默契的配合与协作，没有形成规模效益和联合阵势就无法积极参与多领域的竞争，而沦落到赛局之外。信奉个人英雄主义的职场人要注意，虽然自己可能很有才华，但如果不能融入团队，很可能成为孤星一颗，无所建树。

　　第五，待人要诚恳。中国有句古话就是傻人有傻福，不要带着太多的心思去跟别人接触，世界上只有一种傻子，就是把别人当傻子的人。其实无论是身处社会还是置身校园，待人诚恳是很重要的，每个人都像是生活在透明鱼缸中的鱼，自己身处的环境、自己行为的目的别人都是可以看透的。自己认为骗过了所有人，其实不然，谎言最大的受害者永远都是自己。就像小时候讲的《放羊的孩子》似的，每天骗别人说狼来了、狼来了。一次两次的欺骗最终换来的肯定是人心的背离。所以诚心待人，自己受益，我们要做的就是"养浩然之气，成社会之才"。

郑乙冬

　　金融理财师。德邦证券南京西路营业部总经理助理。曾任上海市世博邮政支局局长助理，交通银行上海市分行高级沃德客户经理。2009 届校友。

忆峥嵘岁月　寄语后来人

口述：郑乙冬
采访：唐　滢　马丽丽　高逸晨
整理：高永祥　唐　滢　彭玲楠
时间：2017 年 10 月 13 日
地点：上海中信泰富广场

永生难忘那些年，刻骨铭心的师生同学情

　　大学就读期间，有很多老师对我的影响都很深，我至今都和母校很多老师保持密切的联系。在外国语学院的老师中，蒋小红老师对我的影响最深，她是一个乐于奉献的好老师。大学期间，她除了教授我们英语专业必备的理论基础与学习方法外，对于学习基础薄弱的同学，她更是投入了全部的心血与精力。大学期间，我的英语专四、专八考试，蒋老师帮我一对一免费辅导。也正是由于她的辅导，我顺利通过了专四、专八考试。在我的婚礼上，我还特意邀请了蒋老师做我的证婚人。参加我婚礼的还有孙苗飞老师，她是我大学入党时的介绍人。整个学习生涯里对我影响很大的老师有很多。

　　虽然已经毕业多年，但和同学之间的情谊并没有被时间冲淡，同学之间一直都有密切的联系，遗憾的是，我们 2009 年大学毕业到现在还没有过一次正式的同学聚会，所以我特别想在毕业十周年也就是 2019 年的时候办一次同学聚会。因为我觉得和大学同学的感情是最纯真，也是最珍贵的。我曾经参加过一个同学的婚礼，她父亲在婚礼上说了这样一句话："你们这些大学同学是在这一生里真正能说上心里话的人。"确实是这样的，在职场上很多人你并不能真正地交心，但是和大学同学之间不存在利益冲突和顾忌。所以这样的感情是最真挚的。因为现在大家工作都很忙，只是缺少一个牵头的人。我相信只要有人一呼，一定会有百应的效果。所以到毕业 10 周年的时候，我一定会牵头组织一次大学同学的聚会。

感恩学生干部的经历，让我成长

在大学里，我担任学习部部长一职。在任期间，我一直在创新我的工作方式，努力为同学提供服务。比如，我们部门每周都会定期组织英语原版电影的观摩活动，在电影的观摩中学习英文，感受英语的魅力。除此之外，我还组织了英语朗读比赛等活动，通过组织、举办这些活动，我慢慢地一步步学习怎么把一个活动组织策划好。其实在无形之中锻炼了自己的各项综合能力。我感觉自己也在慢慢地变得成熟与稳重。

我们读大学那会，主要有优秀学生奖学金和社会实践奖学金，基本上这两个奖学金我每学期都能拿到。同时我也是第一批入党的学生，我做过学生党支部书记，学习部部长，我觉得担任学生干部本身是一个特别正能量的事情，培养一颗正能量的心也是很重要的。现在社会上的风气有积极的，也有负面的，学生干部就要通过组织一些正能量的活动抵消这些负面的东西。

进入职场以后，无论是我之前任职的交通银行，还是目前任职的德邦证券，总会遇到积极或消极的工作环境。我自己的一个感触就是要做一个积极阳光的人，这样你才能去影响你周边的人与环境，这是我在大学期间担任学生干部工作中收获到的。在交通银行工作的时候，我的师父告诉我，进入社会以后要先学会把自己的棱角磨平，因为相对社会来说，学校是一座象牙塔，进入职场以后，纷繁复杂的事情就会变多，要学会让自己变得成熟稳重以应对这些事情。

尝试不同的新鲜事物，永葆一颗学习的心

由于做学生干部期间有过组织策划活动的经验，走上工作岗位以后，我也经常在

供职的单位组织策划活动。我现在也在负责包括公司周边的高端社区的活动。在策划活动的过程中，不仅能够锻炼一个人的组织与协调能力，也会发现潜在客户群。

在平时的工作之余，我觉得个人的知识积累也非常重要。平时我喜欢看书，我这里常备着几本书，在空闲的时候阅读一下给自己充充电。我在这里给大家推荐一下：《一年好景君须记：古典诗词中的季节之美》是讲诗词的，因为看了中央电视台的《朗读者》和《中国诗词大会》之后，很有感触；《之江新语》是习近平总书记写的一本书，因为我觉得作为一个共产党员，有必要读一些这种类型的书，平时也会在社区里做一些宣传。

还有关于健康、股市方面的书，我也会经常阅读。通过这类书籍，能够及时了解当前的形势。我觉得一个人重要的是文学素养、思想境界、身体健康和专业素养。所以这些书是我近期比较喜欢的，也是我想要不断学习的。

不断学习不仅是知识的学习，坚持运动和锻炼也是学习的一部分，我在大学的时候就开始坚持参加文体类的社团活动。在此希望各位同学能够在平时加强身体锻炼，身体才是革命的本钱。

当然，作为学生，学业是我们的使命。上次有一个英语专业的大三学生来面试，我只问他一个问题，你的专四通过了吗？他说没有通过。那我就不会录用他了。因为在我看来，学习成绩不好，说明你没有用心去对待你作为学生的本职工作，而且作为英语专业的学生，你英语都没有学好，就说明你并不是一个态度认真的人。当时我在学校的时候，在我印象里，几乎每一届的部长们都能拿到奖学金，他们在做学生活动这么忙的情况之下，都能够把学习和工作协调好。所以，在我看来学习和工作是不冲突的，关键是自己要合理分配自己的时间。在此希望每一个同学都能够认真对待自己的学业，因为这是我们的使命。

尽早培养职场素养 提早做好准备

据我了解，刚刚完成合并的上海立信会计金融学院正致力于建设成为一所特色鲜明的高水平应用型财经类大学。这个建设过程可能是漫长曲折的，学生的综合素质的培养与提升都需要较长的时间去过渡；而且目前非英语专业同学的英语水平也是比较好的。基于这三点前提，我觉得各位同学应该有意识地参与相关礼仪培训课程。我之前工作的交通银行，它对礼仪方面就很注重。礼仪不是说简单的走路姿态，而是语言、谈吐、文字等各方面能力的提升。我们拿的是文学学位，我们的专业素养并不是单单地把英语考试通过了那么简单，而是应当在大学期间通读一些外文原著。多读外文原著不仅能够提升个人的语言水平，而且个人的人文修养也会提高很多。英语毕业论文有 3 个方向：翻译、语言学、文学。我那时候毕业论文写的是《"傲慢与偏见"中的一种婚姻观》，其实书中主人公的婚姻观表现出的也就是一种文学修养。当时我在交通银行面试，面试官没有问我很多金融方面的专业知识，并且许多专业知识在面试的时候并不涉及。所以作为英语专业的学生不需要妄自菲薄。我感觉反而更注重个人的谈吐、沟通能力，以及你的人文素养。

礼仪之于职场发展的重要性无需多言，而职场礼仪涵盖的内容也很多，希望各位同学能够在平时的学习中，有意识地去选修一些礼仪方面的课程，提早了解一些职场礼仪知识是有益无害的，并且通过礼仪课程的培训，能让自己表现得更得体、更有修养。我觉得我们英语专业的学生本身在文学方面就有一定的优势，这在工作中的作用很大。当时我在虹桥支行工作的时候，我的本专业英语并没有用到很多，可能是我的客户绝大多数是中国人的缘故，所以我反倒觉得，在职场中最重要的是文字水平和计算机运用能力，平时比如写通知文件、写文案的时候，这些都需要我们的文字能力了。

　　我觉得，每个同学都应做好自己的简历，有条件的学院可以举办简历制作大赛。在简历制作上，我觉得一页通最好，教育背景、工作经历能让 HR 一目了然。每个栏目有分割线，思路清晰。定期举办模拟面试大赛，这些对学生将来进入职场是非常实用的。

曹敏琦

　　叁柒易保上海分公司总经理。历任平安健康险上海分公司团体业务部经理，友邦上海分公司团险业务部经理，上海易雍健康信息咨询有限公司创新事业部负责人。2010 届校友。

始于立信　成于拼搏

口述：曹敏琦

采访：夏心怡　徐晓曼　高　兴

整理：徐晓曼

时间：2017 年 7 月 26 日

地点：叁柒易保上海分公司

选择保险，基于判断

毕业那年，获得很多机会，无论是去学校举荐的政府挂职锻炼，还是去学校师长推荐的银行、证券等工作，实习期结束后我均获得认可，并收到录用的邀请。最终选择放弃以上机会，投递简历至保险行业。如今想来自己还是基于择业的初心。

一是希望选择一份成长空间大、周期快的工作。必须要客观地承认，以我们的本科学历，很难胜任证券公司、银行的那些高级岗位，一般起点为银行柜员、证券销售经理。以银行柜员为例，很受应届生青睐，但我们分析实际案例会发现，且不说在一家支行，从柜员到理财经理的转岗机会极其稀缺，仅分析银行柜员的岗位，连续工作 3 年再常见不过，但积累是有限的，除了工作经验外，客户资源、业务流程、视野眼界等相对滞后；而保险公司通常可以提供更多的基础岗位，既有内勤，也覆盖业务一线，这些岗位不仅需要更多专业知识，也能积累大量人脉资源，拓展眼界。

二是明确定位，分析优劣势。要深度理解自身的性格、特长、优劣势，并做出合理的判断。就个人而言，因为渴望找到一份收入与能力成长速度成正比增长的工作，所以首先排除了薪资结构只有底薪无绩效的工作；其次，个人希望能偏重业务线，因为机会更多、成长更快，但也很清楚自身的优势在于学习理解能力、勤奋努力程度，劣势在于资源缺乏，所以选择了渠道销售、销售支持的工作，而放弃了难度更大的直销陌拜工作。如今回首，这些选择有理有据，符合个人特点，取得一定成绩也就水到渠成。

平安四年，影响深远

毕业后，签约了平安健康险上海分公司，从一名产品经理开始做起，直至两年后成为业务部经理。这段工作经历对职业生涯意义深远！

两年产品经理，迅速弯道超车，靠的唯有勤奋。产品经理的工作定位是拓展对接的销售渠道，为渠道提供产品的专业培训及客户赔付，最终对业务指标负责。几乎整整两年，我的工作常态是朝九晚五的跑渠道、常驻渠道，与明星业务员沟通，激发自己的销售欲望，晚上 6 点后回到公司开始文案工作。由于产品线主要是企业高端医疗保险，涉及大量的中英文方案对比、询报价、竞标 PPT 制作等，很多时候，给客户或渠道业务员回复邮件通常都已半夜，时间久了，经常会听到这样的反馈：小伙子真拼，见过偶尔加班的，没见过连续坚持两年的。这样的反馈，意味着渠道的认可，意味着离产出不远。

除了勤奋努力外，学习理解能力、沟通交流能力、换位思考能力等均异常重要，平安是一家伟大的公司，某种程度是因为它物竞天择、适者生存的企业文化，同期、晚期入职的同事来了又走，走了又来，能长期留下的，后来大多发展得很好。这同样要感谢平安天道酬勤、能力为王的企业文化。两年后，当我成为行业最年轻的部门经理时，公司给予了最大力度的支持，组建的团队中甚至配置了英国籍的同事，总部、分公司职能部门的同事会因为业务和能力给予更大程度的支持和帮助，而相对忽略年龄和资历。感谢这段岁月没有荒度，用心做事；感谢公司认可付出，破格提拔，给予机会。感谢这 4 年遇到的所有人和事，无论悲喜，都是经历！

选择民营，再次起航

平安 4 年，又在外资保险公司看了 1 年，学习感受了外资的企业文化和制度。现在我选择加入一家民营企业，并以校友为班底，组建更庞大的团队。和校友合作沟通更高效更得心应手，所以，我也期待着有更多的学弟学妹加入我们。回顾进入公司的这段时间，我协助公司完成商业逻辑的梳理、融资、收购经纪公司并筹建等重要工作，成功解决各个问题、完成每个目标的同时，个人能力和专业素养得到进一步提升。目前我已担任分公司总经理。

这个过程，让我仿佛回到了毕业伊始，每天都面临着挑战，这些挑战不断激励着自己要把握形势、要努力工作、要不断成长。但现在与之前有所不同的是，现在的我在职业岗位上更有主动权，可以把更多个人的价值观、商业理念付诸实践，期间不仅实现自己的价值，而且站在行业前沿也可以更好地为整个保险行业做出一点贡献。我很感激现在公司的老板，易雍健康、叁柒易保的董事长郑勇先生。我们相识多年，共事仅两年，便给予充分的信任和支持，委以重任、充分授权！

这两年的工作机会，让我从管理部门、经营业务上升到理解商业逻辑、感受融投资魅力、制定制度管理公司，其中的提升不言而喻。随着时间的推移，我分别选择国企、民营、外资、中资，在适合的时间遇到适合的人，一起做适合的事情！

王　明

上海瓦耶实业有限公司创始人。2012 届校友。

为梦想不断前进

口述：王　明
采访：周月霖　徐金玉　杨　展
整理：陈洁如
时间：2017 年 7 月 12 日
地点：东方金融广场

把握机遇，迈出成长第一步

从高中进入大学，我觉得自己迈进了一个新阶段，我很希望能实现自己的财务自由。想了，我就去做。想做，就一定要做到。但我知道，创业不是说说而已，也不是一朝一夕的事情。可我觉得，无论什么事情，总要试一试才知道行不行。有一句话，"有人辞官归故里，有人星夜赶科考"。我觉得，人生路长，每个人都可以有自己的选择，人生各有各的活法，求仁得仁，是谓幸福。现在创业，不会让我后悔。虽然这句诗还有后半句："少年不知愁滋味，老来方知行路难。"言下之意，即使我踌躇满志，但若是落得竹篮打水一场空，所有的一切便会付之东流。我有我的执拗，对于认定的一件事，我从不会回头。苍穹之下，钢铁森林，与这些树立在城市之间的庞然建筑相比，我们这些年轻的学生渺小得像是一只蝼蚁，但也正是我们，才敢梦想遥远的成功。因为我们真的还很年轻！

于是在大二，我就开始实施我的创业计划。首先是寻找合伙人，通过平时积极参与部门社团工作，认识了不少志同道合的好友，组建了我的团队。接着发现学生寝室没有用来存放笔记本电脑等贵重物品的空间，卖保险箱可能有商机。于是从外地大量买入，在本校转卖，赚了一笔，得到了第一桶金。这给了我们很大鼓励，让我们有信心做更多更大胆的尝试。于是在学校到处挖掘投资渠道，比如当时学校新苑宿舍楼下面有一个书报亭，我们承包了它，按学生日常生活所需来进货，当作一个小卖部来经营，果然既受欢迎又挺赚钱。在积攒了充足的资金与经验之后，我们就创办了百米微。

我最初是在中丹学院学习，后来专升本，进入会计学院学习会计专业。在校的5年生活中，我发现，出于校园安全考虑，学校不允许快递入校派送。每天上午快件到校的高峰时刻，校门口就一片拥堵。我想，也许可以对快递公司的货物截流，代他们开展校内派送。对快递公司来说，可以节省人力和时间；对师生来说，取快递更便捷更放心；对我来说，通过收取一定的费用，有机会实现财务自由，这就是一个3方共赢的模式。2012年初，我们找到了创新创业学院的副院长张树义教授咨询。在他的支持下，我梦想中的公司取名"百米微快递"。名字有两层意思，一是代表着快递从校门到师生手中的最后一百米，二是要用百米冲刺的速度将快递送到大家手中，创新创业学院也把我的创意正式列为创业项目进行扶持。自2012年6月运营以来，百米微快递已经形成了一整套规范化的操作流程，每天的快递量稳定在四五百件左右，百米微也在与顺丰、申通、圆通、中通、汇通等大型物流公司的合作中变得更加方便完善。

前进路上 也曾摔倒痛哭

虽然现在，你们都觉得我是一个小有成绩的校友，而我也可以云淡风轻地把那几年的经历当故事一样地讲述。事实上，梦想从来不是一帆风顺。"前途似海，来日方长"，在达到璀璨光明的彼岸之前，惊涛骇浪总会与前行的旅人相遇。我当初也曾哭过、崩溃过。

在开始创业的时候，我和我的同伴把所有的学费、生活费都押在了保险箱生意上，但是想象与实际市场不一定相符。我们的货卖不出去，两万元的保险箱就这样在停车场放了一年，换来的是"三思而后行"这样一条深刻教训。人在七八岁的时候，总会向往成为一个超级英雄，幻想自己无所不能，靠一己之力拯救全人类；等到了十五六岁，有点年少轻狂，又觉得只要敢闯敢拼，总能在这颗星球上留下名声，我也不例外。等我长到 20 多岁，心里冒出一个坚定的梦想，并努力为之付诸实践的时候，我才知道什么叫"路漫漫其修远兮"，什么叫"理想很丰满，现实很骨感"。那时就是这样一个赤裸裸的现实摆在我眼前，再不情愿也必须面对的情况是，我所有的钱都没了。学费没交，学校财务处天天打电话催款；没有生活费，天天吃 5 块钱的饭，天天和室友蹭饭吃，也不敢和家里讲。为了节约钱，在民雪路的爱生小炒那里，餐餐吃蛋炒饭，连续吃了 3 个月，吃到最后变成今天加酱油，明天加醋，后天加辣椒，已经吃不出来别的味道了。基本上每天都是口腔溃疡的状态，严重营养不良，到最后，也全靠朋友们的接济，时不时地请我吃顿饭。我觉得自己就像是一个怀抱着梦想的旅人，在大海里抱着最后一根稻草，随波沉浮，呛了一口又一口的海水，却始终找不到可以依托的帆船或岛屿。希望好像在离我远去。想当年拿破仑远征时，壮志凌云、豪气满怀，滑铁卢战败后，落寞下台、死于孤岛。何等英雄人物，也不过惨淡落幕。

但同样，"前途似海，来日方长"这句话也可以理解为，人生跌宕起伏的同时也要心怀希望。积极正面的态度在人生的各个时刻都能起到关键性的作用。我觉得沉迷过去是解决不了事情的，必须想办法。于是，我去找校长帮忙。当时的副校长王宏舟了解到我们创业的热情和当下的处境，亲自给财务处打了电话，同意我们延迟一年交学费，然后我们尽力卖掉保险箱，赚钱做"百米微"。我们后来还把自主设计的软件卖给了学校另一家公司菜鸟驿站，就这样一步步转亏为盈、死里逃生。

擦干泪水 向着曙光砥砺前行

百米微的稳定让我有了喘息的机会。不经历风雨，怎能见彩虹？所谓"天道酬勤""皇天不负苦心人"，其中所蕴含的道理总会在时间的冲刷中被验证。时光并不会辜负每一个认真对待它的人，或早或晚，终有一天，会等来开花结果，草长莺飞；会等来梦想的曙光；会等来一个璀璨生辉的未来。从大二到大四，我不只是做了快递，还做了其他许多事情，我们的团队基本垄断了学校里学生能做的所有资源，完全没有竞争对手。在这一段时间里，所有学院的老师、学生，我不认识他们，但是他们都认识我。我还去给学生做讲座，在学弟学妹的眼中自带一圈光环。我也自我膨胀过，但不久我就反省了，因为我觉得自己没有膨胀的资本，出了校门，我什么都不是。社会是另外一所大学，我又要从头开始奋斗。

毕业后我并没有马上继续创业，而是选择在银行工作。为什么？你们可以看看这片金融广场。这里有太多的短暂创业成功和迅速创业破产，无数年轻人抱着满满的希望和雄心壮志，企图在这里开创自己的事业，但成功率微乎其微，大多像是一颗泡沫，绚烂一时，却一触就破。在学校创业有壁垒保护，是一件简单的事，在社会上的许多事并不是那么简单。有许多和我一样的创业者，他们觉得自己的项目很好，毕业后不去工作，选择去创业，许多人都失败了，为什么？因为你还是一个初出茅庐的学生，你想的许多事情都很幼稚，或者人家早就想到了。在实际社会中交流和实践的内容，远远胜过在学校里学到的书本知识。实习的时候我就发现，外面的世界很大很精彩，但同时，坑也很多。在这个社会，我还没有资源、没有团队、没有信息，也产生不了效益。我先去工作，通过公司的资源发展自己的资源，当我掌握真才实学后，再出来创业。

所以我毕业后先去了浙江泰隆商业银行工作。银行的工作流程、工作系统、人脉资源都在我上班的几年中得以吸收，期间我还兼职做过美国 EXTELL 投资移民上海办事处设计顾问，这些经历，为我如今的创业打下了坚实的基础。经过深思熟虑和多方调研考察后，我现在在做保险理赔行业，创建了尧都商务咨询有限公司，目前运行良好、业绩蒸蒸日上。这不仅是我与团队共同努力的结果，更是我之前岁月中经验累积而成的果实。

殷切寄语　分享人生经验

我在公司招聘人才的过程中也发现了一些问题，所以我希望能把这些问题告诉你们，让你们提早了解到这些信息。其实，我招人是很简单的，我对于员工的学历无所谓的，只要你在品质上努力肯学，有礼貌，能吃苦；在能力上能看得懂财务报表就可以了。但许多刚毕业的本科生，当我把报表放到他们眼前的时候，他们完全是两眼一黑，什么都不懂。为什么？因为他们在学校并没有去学习一些真正有用的东西。课本上有些精髓要自己去学精、去真正深入地理解。我现在很后悔没有在大学中多学一些东西。你要知道，在大学中也能学到社会上的东西。我们学校有的老师的课上得很好，现在我还经常回去蹭课，但我们学校许多学生课上都在睡觉，我觉得非常可惜。你如果在大学里真的认认真真地听 4 年有用的课，你大学毕业肯定是比一些普通人优秀的。我之前去哈佛大学参观，半夜 12 点，图书馆仍然灯火通明。当时我觉得他们学习得很辛苦，现在才明白这种心无旁骛地汲取知识的源泉是怎样一种莫大的幸福。

我上大学的时候，除了上课之外，图书馆、创业基地都是常去的地方，什么事都做，每天都是忙碌而充实的。我觉得，从大二开始，我们就已经不自觉地遵循着"二八"原则（即 20% 的人掌控 80% 的人的生活）。如果你在大学的时候，天天谈恋爱、打游戏地虚度光阴，你以后的人生很可能就被天天在图书馆里泡着的人掌控。因为在你年轻的时候都不去奋斗，慢慢地你的惰性就养成了，习惯了平庸安逸的生活，你就不要指望在你 30 岁、40 岁的时候还有资本再去拼搏、去和优秀的年轻人竞争。但是只要努力，你的付出就会有回报。你怎么规划自己一天的生活，就决定了你怎样规划自己一生的生活。积少成多，时间每分每秒，当你意识到时间珍贵的时候，就说明你开窍了。

除了珍惜时间之外，在大学的时候就要有敢闯敢担当的精神。我从大二开始，不需要家里出一分钱。西方国家孩子在 18 周岁之后父母就不给一分钱，我觉得我们中国人也可以做到的。最后，做人要有主动性。要自己主动学习。我刚进入社会的时候，也并没有谁带过我，全靠自己学习。看不懂的东西就自己百度，看不懂就再看，看 10 遍不行就看 20 遍，看到自己能理解、能掌握、能运用为止。

最后，我想说，我们都是渺小的尘埃，但当梦想的光辉照进现实，我们都会变成闪耀的金子。目前的我有两个目标。第一，是想把自己公司做大做强，最好能走出国门，做到资本市场；第二，是希望能在将来，更多地投身于教育事业，在我们学校成立一个单独的学院，一个可以给金融学子更多实践机会的学院。我相信，只要我在追梦的过程中，不害怕、不气馁，一步一脚印，踏踏实实地向前进，总能达到自己期望的彼岸！

董　力

　　中国击剑队运动员。2014 年，参加"全国击剑冠军赛"第一站的比赛，获得男子个人花剑季军；2015 年 1 月，开始参加国家队集训。入围"中国十佳劳伦斯冠军奖"最受欢迎男运动奖。2016 届校友。

击剑给我自信和力量

口述：董　力
采访：赵倩雯　谭　璐
整理：赵倩雯　谭　璐
时间：2017 年 7 月 7 日
地点：上海立信会计金融学院击剑中心

在母校，我为梦想拼搏

　　很多学弟学妹们，对我的印象可能是既熟悉又陌生，在公众的视野中，我被定义了很多标签。我在经历了一些事情后，更加了解自己。在我心中，运动员的身份跟了我近 20 年，这是最让我感到自豪和安心的标签。

　　对于母校，我的情感其实特别复杂。很多人只知道我毕业于上海立信会计金融学院，却很少了解，从高中至今，我与母校已经相伴近 10 年。从高中起一直在学校训练，到了读大学的年龄，顺利考上了我们学校。可以说母校见证了我的成长，我也目睹了母校的变化。感谢母校为我提供了一个这么好的练习击剑的平台，它是学校的特色运动项目之一，讲求的是脑力和体力的结合。在过去，国外只有贵族才能从事这项运动，近些年击剑运动才慢慢走进公众视野。其实练习击剑对人的形体、气质和自信心的提升有很大帮助，所以我也希望学弟学妹们身处这样的环境中，能更多地接触并且深入了解这项运动。对我而言，将推广击剑运动视为己任，也是我自身工作的动力之一。说到在大学阶段最难忘的经历，我觉得就是为学校争得荣誉，取得全国大学生专业组男子个人花剑冠军。

虽然平时的练习生活很充实，但是难免单一，作为一名大学生自己还是有一些遗憾的。由于平时训练紧张，只能在晚上上课，我也一直觉得能够学习的时间太少了，所以羡慕很多大学生能够享受充实的泡图书馆的时光。希望自己将来有继续进修的机会，通过更为丰富、科学的学习，从而提升自己的击剑水平。

击剑已融入我的骨髓

练习击剑是缘分所致。小时候因为身体比较弱，妈妈希望我能通过体育锻炼来提高身体素质。所以，很小的时候就让我学习游泳。但接触了一段时间才发现，其实游泳对身体素质的要求还是比较高的，为了能让我更好地将运动坚持下去，我当时的游泳教练也就是我现在击剑教练的夫人根据我的情况建议我试着练习击剑。随着对击剑的了解和练习的不断深入，感觉到自己在这方面还是挺有天分的。就这样，一步步从区队到市队再到国家队，一路走到了现在。我觉得自己是一个脚踏实地的人，会给自己设定一个个目标，不幻想着一蹴而就。

进入国家队是一个运动员的理想，每个运动员都会憧憬有一天能够来到这样高层次的地方。得知自己能够进入国家队集训，现在想想还是有点做梦的感觉。虽然是对自己努力的肯定，但处于一个这样高的平台，有时还是会感觉很不真实，也会有很多复杂的想法，比如说自己将来能达到什么程度？一想起这些就会不由自主产生危机感。说起刚到北京的生活，那时候的自己仿佛有一种"北漂"的感觉，毕竟自己从没独自离开家这么长时间，会有对新环境的恐惧，也有对家人的想念。幸运的是，生活的不习惯马上就被高强度训练所带来的兴奋感所取代，同时也在训练中体会到了一种国家荣誉感和使命感。虽然没能代表国家出征里约奥运会，但是在国家队一年多的训练经历却是我一生的财富，它带给我的不仅是技术上的提高，更是一种精神上的震撼。与一些优秀的国家队老队员一起训练，看着他们即使经历伤病也不曾放弃，使我切实明白了盛名背后饱含着磨砺的道理。

对于击剑，我一直感叹着，我把青春最美好的 9 年时光都奉献给了它，从 2008 年来到这里，感觉自己还没有体验过完整的青春就已经进入了 20 多岁的年纪了，想着再一晃眼，五六年的时间，自己就要三十而立。从第一次踏进这里到今天，总是觉得这

一切转眼而过，而这一切的经历也更让自己更加坚定地走好现在脚下的每一步，憧憬着未来的生活。

人生经历让我更加勇敢面对挫败

我曾经在书上读到这样一句话：对于一个人而言，最重要的不是智商也不是情商，而是他面对挫败时体现出的态度。我一直很欣赏这句话，我认为一个人如何面对挫败，这一点是最重要的。成功的机遇只占很小的一部分，生活很多时候给予我们的是不断挫败和失落的过程。作为一名击剑运动员，我想击剑也带给了我这样的体验。不管是胜利或是失败，心态往往占据着很重要的因素。每个人的能力是不同的，不可能所有人都有着非凡的天赋和机遇；也不可能永远都拿第一。有时候我们会收获成功的喜悦，更多的时候我们是无法把握赛场上的突发状况和自身的能力限制的。所以，我们能做到的只有问心无愧，成为自己心目中的英雄。体会到这个道理其实并不仅仅是源于学习击剑的经历，小时候学习过吹萨克斯，在那段时间中也不只学到了这门乐器的技巧，更多的也是对于自己心态的提升。

真人秀节目使我成长，让我更理解家庭的意义

2016 年夏天，我的生活发生了很大的变化，真人秀让更多人认识了我，而我的内心也被突如其来的变化弄得有些"不知所措"。"爸爸去哪儿"这档节目，让我设身处地体会到做父母的不容易，在我心里对家庭和亲情有了新的定义。在我过往的日子里，因为生活在学校，训练是我生活的全部，可以说是从来没下过厨房、从来没有接触过孩子，就像大部分现在的年轻人一样，对孩子十分陌生，之前就算是家里亲戚的小孩，自己也很少接触。通过这个节目，对于家庭的认识更加深刻，现在会想花更多的时间和家人相处。我会给爸妈做饭，帮忙做家务，切身体会父母的不容易。这些对于我自己的人生也是一种不一样的体验。参与一些真人秀节目，让我体验了很多不一样的生活，不仅是向公众展示自我的一个机会，更多的是一个自我认知的过程，从而让自己成长。

之后也会有一些拍戏的计划，这会对我自己的人生走向有一定的帮助，因为我在演绎一种角色，也在体会别人不一样的人生，而这一切都不是为了任何别的目的，而是为了自己的生活和目标去奋斗。

不要被束缚，勇于做自己

由于自己是独生子女，所以感觉自己的家人过度地保护自己，会帮自己把很多事情安排妥当。如今很多像我一样90年代出生的年轻人，也都因为这些人生安排过于格式化导致自身缺少主见。我觉得外面的世界其实很精彩，我们要多试着走出已经被划定的生活圈，跳出被安排好的生活节奏，这会让自身的想法改变很多。其实我很喜欢和别人交流，也善于观察别人的生活，从别人的视角看待问题从而不断地体会别人的想法。每个人的主见，没有对与错，只要是听从自己的内心，就是最明智的选择。我觉得独立想法的形成会和自身的经历密不可分吧，从小练习体育，到后来一步一步地蜕变和成长，这些过程让我学会了"知世故而不世故"这个道理，学会着做自己，而不要轻易地被他人固定思维、控制方向，要勇敢地把控自己的人生。有人说，一个人的眼界成就一个人的高度。我觉得一个人在为人善良的基础上要学着去帮助他人、体谅他人，就像很多明星做公益如"爱里的你""行走的力量"等项目，其实背后的目的不仅仅只是捐助，更多的是一种意义和精神。

不管如今公众如何定义我，击剑运动员的身份与我密不可分，它陪伴了我整个青春，也让我觉得安心和舒坦。同时我也在不断经历着人生的不同角色，希望有更多的经历去丰富自己今后的生活。不管是运动员或者是演员，每一种身份、每一次定位、每一个标签都能让我感受到自己对于生活的不断追求和前行，而在这条路上，自己唯一能坚持的就是经受挫折的同时也能做好自己。

学期临近结束，很荣幸接受了学校两位老师的采访，与她们分享了自己在市队训练的历程和关于学校、关于人生的一些感悟。虽然采访只有简短的一个小时，但能借此机会把自己的想法传递给校友，分享一些感悟，希望对学弟学妹们有所帮助。在母校90周年校庆之际，真切地感谢桃李满天下的老师们，感谢母校给予我们的机会与帮助，也希望我的母校能百尺竿头更进一步，越办越好。

访谈感言

走近校友，走到他们的身边，在对话与聆听中感受校友的人格魅力；在沟通与碰撞中联结同为立信人的学缘情感。校友没有大牌的架子，对话没有华丽的辞藻，交流实实在在，真真切切，句句肺腑。在他们身上，有着对目标的不懈追求；有着对未来的美好向往；有着对人生信仰的虔诚坚守；更有着对母校的深切眷恋。我们深深感受到在校友身上的同门情怀、立信情结、薪火相传。（黄嵘）

我们拜访前国家商业部副部长张世尧老先生，张老先生从商业部的一名普通科员干起，台阶似的，一步一步走到了副部长职位。这一次次的成功，靠的是他重视实践，勤勉努力的人生态度。这也正是需要我们学习的。唯有刻苦求真、静心求实，以实践求得真知。（宋嗥）

非常幸运有机会带领学生团队采访朱建弟、张维宾和徐海蕾 3 位校友。在这过程中，学习成长收获很多，感谢校友会提供这样难得的机会。最大的感悟是，采访校友，不是为了看一个人是如何成功或更成功的，而是透过阅读他人的人生，明白每个人的一生，无论是平淡，还是传奇，都是由那些"决定性瞬间"引导的。我们应该有意识地去捕捉它们、选择它们。（王凤仙）

面对面采访优秀校友，与有荣焉。

当你看和他们经历有关的文字时是一番滋味；

当你坐下来，聆听他们的故事，他们的感悟，这又是另一番滋味。

感谢，感恩。让我从中汲取力量，一路向前，不负韶华。（韩婷）

对吴玫老校友的采访，使我们得到了很多人生感悟。比照他们的人生轨迹，也使我们更清晰地把握自己的人生之路。同时，让我们惊喜的是，虽然已离校多年，校友对学校依然怀着炽热的感情，心怀对学校的感谢和祝福。立信的精神已深深地镌刻在他们身上。（杨晓萌）

很荣幸参加建校 90 周年的采访校友活动，收获颇丰。不仅能知道立信在过去的模样；还能了解优秀校友的生活、学习和工作经历；更能为现在和将来的自己指明前进的方向，找到努力的方法。（黄子育）

我觉得在前期准备采访问题的时候可以准备得更充分、全面些，问题最好有整体的逻辑性，能让校友跟随一个个问题更多地回忆校园生活的点点滴滴。从与校友会面，再进行采访，到最后结束。在整个采访过程中，具有较强的仪式感。采访者，以及校友都有很好的参与感，让采访时的气氛融洽与自然。（方爽）

对我来说，采访校友是目前大学经历中最有意义的一件事了。整个采访过程，就像已经步入社会的人给你传授入世的经验，也像关心你的大哥哥大姐姐给你提供发展的建议。你既会感觉到将来工作可能会面对的压力；又会感觉到现在学习一定要有动力。对校友的采访，不仅涵盖了学习与工作方面的事，平日里的大学生活与人际交往的处理；也有"过来人"的建议。采访结束，感触良多，收获颇丰！（杨煜）

此次访问之行，使我们感受颇深。当今社会环境瞬息万变，要想立足于社会，必须要切实提高自身综合素质。学长的一席话当真是醍醐灌顶，我们从中收获太多有价值的信息了。学校背景和自身能力都是我们的竞争力，两校合并后学校影响力肯定会变大，为此我们更应当奋发向上，汲取知识，努力为学校增光添彩。（何楠桢）

有幸采访程皓校友，作为一个企业人，他不忘感恩社会，热心公益；不忘反哺母校，心系师生；不忘传承立信精神，建立"安与信"的企业文化。从他个人到企业到社会，他都在做着有意义的事情。正如他所说的"把你最好的时间用在最有益的事情上"，这样才没有虚度年华。（陈婷）

2017年暑假，有幸走访两位校友，一位是见证中华人民共和国成长，历经岁月沉浮，与立信同龄的90岁耄耋老人，画家蒋菡莒老师；一位是亲切风趣，目标明确的新时代财经行业中坚，职场达人朱立萌女士。不同时代的校友，别样的人生经历，但却有着同样的拳拳学子心，殷殷立信情。时空变迁，立信文化始终能滋养心田，抵达灵魂。（张凯）

非常有幸能够参加"信好有你"百名校友寻访活动，更加有幸能够走访和结识优秀校友杨桦。仿佛置身于杨桦校友不断选择和超越自我的奋斗历程，发自内心地敬佩她面对成功毅然选择归零的淡定和洒脱，深深感动于她对人生使命的不断思考和探寻。寻访活动于我和学生们而言，不仅是一次暑期社会实践活动，更是一次学习榜样、重塑自我的灵魂之旅。（王亭）

我们采访对象是上海会计界的大咖张维宾教授。张教授在立信执教多年，桃李芬芳，业绩斐然，可谓是我校的中流砥柱。张教授给我的感受是谦逊亲和，待人热诚，在对话问答中我也是受益颇丰。了解了会计与审计的前景，职业发展方向的选择，待人接物的正确方式等。真不枉听君一席话，胜读十年书。深为有如此卓越而又谦和的校友而感到自豪，同时也鞭策自己应该继续努力，成为一名合格的立信人，为母校争光。（郭冠华）

有幸参与访谈活动，这是我大学生涯中难忘而有意义的经历，也为即将踏入社会的我上了生动的一课，使我对自己向往的职业有了更加具体而崭新的规划。要肯学习、肯钻研、精益求精。同时，要积极投身实践工作，去经历，去感受，去领会。在访谈的整个过程中，朱总始终面带着微笑，回忆职业生涯娓娓道来，以从容释然的态度述说过往经历中的坎坷、困境或成就。愿自己微笑着面对生活，当未来某一天回顾往昔岁月时，也能云淡风轻。（郑玉）

此次采访，让我接触到了学校优秀的校友，他们拥有拼搏奋斗的精神，无论是在什么样的困境下，他们都不服输，不认输。我希望有一天，我可以像他们一样，凭借自己的努力获得属于自己的成功。长风破浪会有时，直挂云帆济沧海，我相信终有一日，我也会获得属于自己的成功。（张铭奋）

在这次寻访校友活动中，我收获了很多。我学会了如何与不熟悉的人拉近距离，学会了如何鼓励自己更好地制定计划、完善计划，以及最终的计划实施。杨晓波校友那些宝贵的社会经验和人生阅历，也让我从中学到了很多。在与杨晓波学长的交流中，我越发感受到了校友间真挚的情谊，即使素昧平生，也因母校的关系连接了彼此，有一种油然而生的亲切感。从他朴实无华的心里话中更能感受到他对于母校浓浓的思念之情，对我们后辈坦诚相待、关怀备至的情怀。（朱欣怡）

我们怀着钦佩与敬仰，来到了前国家商业部副部长张世尧的家，继续着"信好有你"的访谈。在张世尧老先生的引导下，我们参观了他的书房，看到了20世纪50年代初学校的毕业校刊，捧在手中，感受到的是一份沉甸甸的文化与历史。校刊中各位校长教授的寄语、各位师生的照片，一位位前辈正是我们不断追随不断学习的榜样和目标。老先生向我们回忆起了他与立信的初识、相知和相伴。毕业之后依然深受立信的影响，迈步前行。用自己所学，奉献祖国，服务社会，造福人民，这是对母校最好的回报。（杨牧原）

这次的校友寻访之旅，更像是一场知识和思想的盛宴。在访谈时，柳明校友对当今时代，阐述了自己独到的见解；参观安徽名人馆时，对各个时期的历史人物如数家珍，真是听君一席话，胜读十年书。我们要以校友为榜样，继续前行。想要有所成就，除了在课堂上学习，课外的积累同样重要，更要养成终生学习的理念，点点滴滴汇成人生厚度。（沈思彬）

采访毕永亮校友之前，就已被他爱国爱校的精神所感动。访谈中，毕校友谈及自己在立信走读期间的艰辛与不易，在立信出版社任职期间潘老校长对他的指导与教诲，使得他不仅秉持了踏实勤勉、刻苦奋进、勇于拼搏的风格品性，更是将"立信"二字贯穿于为人处世的始终。"做一个对社会有用的人"除了专业过硬，品性和品行才是决定一个人事业高度的关键因素。感恩立信，让我们拥有了享用一生的精神财富。（王璐）

很荣幸能够参加此次"百名校友访谈活动"，得到与杨学长近距离接触的机会。对于我来说，采访也是一次尝试，事先需要了解被采访人的相关信息，其次要设计好采访的大致框架，当然还要学会把控采访的氛围，懂得灵活、随机应变。我想在这方面还需要更多地学习和实践，或许它会让我受益终生。（黄炎）

当知道可以去采访学校知名校友的时候，我是又紧张又兴奋，毕竟机会难得。可是又担心因为能力不足，没办法很好地完成此次采访。好在领队黄老师富有经验，早在采访之前就开始一遍一遍地让我们模拟场景模拟对话。采访中会出现几种可能，我们就准备几种方案。虽然事先准备都比较充分，但在采访当日，之前的信心就荡然无存了，取而代之的是忐忑和不安。学长的平易近人，让我们几个小记者一下发挥出了正常水平，最后的效果也令人满意。此次采访中，收获的不光是整个过程中得到的经验，更有学长推心置腹地为仍有些迷茫的我们传授经验和给予建议。（张钰婕）

采访给我最大的感受是：学生在学校应该保持专注，将精力放在自己所学的专业上，并且要积极拓展课外学习量，提高自己在本专业的竞争力；积极参与实习，争取在校期间获得较丰富的实务操作经验，并将所学知识和实务操作相结合，做到学以致用；在走向工作岗位时，要有明确的职业规划，并且将眼光放得长远一些，不必在工作开始时过分追求金钱回报，应以积累经验，提高自己工作能力为重心；待人接物要时刻牢记谦虚谨慎，抱着学习的心态投入工作中，这样会容易获得前辈的指导和关心，为自己的经验积累提供帮助。（汪阳）

从未想过自己会和明星近距离接触，更不会想到自己有机会去采访他们。平安校友可以算是上海人的"新骄傲"，在中国好声音一曲成名。其实每个人都是普通人，平安也曾是和我们一样坐在教室里接受老师的教导，平时也是与我们一样参与社团，发展兴趣。但他与我们不一样的地方在于，他在转变成为歌手的过程中将兴趣当作老师，将优秀的嗓音条件当作上天的馈赠，坚守自己的音乐梦想，所以他成功了。我们或许和成功校友的交集会很少，但每个成功人士的背后都隐藏着不为人知的艰辛，这是我们可以借鉴的。（秦蒙瑶）

访谈活动可以用"匆匆"来形容。准备资料和问题时绞尽脑汁，临去访谈时心中忐忑，到了校友门前时已经是紧张得忘了要说什么，却不料，真正坐在校友面前时才发现，访谈并没有想象中那么困难。结束后回想起来，感觉访谈时的时间过得真快，访谈时的情景像幻灯片一样在眼前闪过，美好又值得回忆。（黄连奇）

"踏踏实实地前进、永远持有真诚的学习态度、领悟诚信的真正价值并去行动，我们终究会有闪光的那一天。"这是我从杨学长身上获得的力量，一种能令人在社会发展的潮流中静下心去修炼自身的力量。这也是一种笃定、自信的人生观。（王怡璇）

我们拜访了单世充学长。他曾是一位政治人物，网上大多数资料因政治因素被限制查看，差点以为他是个高高在上的人物。接触后发现他很接地气，笑声爽朗，声音有力，会开小玩笑。神采飞扬的他，最独特的一面，不仅是追随共产党参加了几十年的革命，打了多少仗，杀了多少敌；还有，在炮火声中，能用最平凡却最动人的方式，传递情感，和爱人携手度过艰难岁月。（苏涵青）

忆鹤发赤心
——诗赠屠芹官老先生
夏时梦长，诗写云上。
秋令昼短，清冽南方。
寒来暑往，会计馆藏。

天津港务，一览无羞。

凭单记账，行业赞扬。

执笔从教，桃李流芳。

故事易写，年岁难唱。

后来奔忙，此刻不枉。（史进）

在本次 90 周年校庆校友采访活动中，作为学生记者的我，有幸采访了刘飞学长。这次采访，带给我的不仅仅是作为一名学生记者的工作体验，更多的是从前辈的访谈中，收获到的宝贵想法和人生经验；从他殷切的话语中，感受到了作为一名老金院人对于学校的深厚感情和殷切期望。（毛怡雯）

我所采访的是张岚校友，即使他毕业已有 30 余年，听其背诵起校训依然朗朗有声，娓娓道来的"立信"历史，感受到立信复校初期学子筚路蓝缕，以启山林的精神，艰苦求学的精神，竟不住地有些神往。我们新时代的年轻学子，更应砥砺前进！（栗彬超）

十分荣幸参加 90 周年校庆的校友访谈活动，也为 4 年学习生涯留下一些珍贵的记忆。拟定提纲，确认内容，当面采访，后期整理，最终成文。这一系列工作环环相扣，细致谨慎。令我印象最深的是去年夏天见到顾树桢老校长，他娓娓道来岁月里的往事，已是云淡风轻，无关曾经的艰难辉煌，只沉淀下长者的从容。感触颇深。（金子琪）

时间都去哪儿了？时间去向儿时艰苦的岁月中；时间去向青年奋斗的光阴中；时间去向生活的扶持与相伴中；时间去向生命的坚韧和无悔中！今日有幸聆听两位老师70多年的时间故事，敬仰！感动！备受鼓舞！希望两位老师生活幸福，身体健康！（黄子涵）

我认为，这次采访不仅是一次严肃庄重的访谈任务，还流露着一位长者对小辈们的爱和善。胡奋学长从青葱岁月的踌躇讲到水到渠成的成就，描述从一位实习打杂的小生到总裁的成长之路。天道酬勤，机会是难得的，追求和奋斗也是重要的。学长还给予即将踏上社会的我们一些建议，真诚又实际；他提到的"高素质人才"意味深远，引人深思。在学校的我们，很少有机会和高管人才面对面地交流学习。通过这次访谈，发现越是优秀的人，越随和与真实。榜样的力量对成长中的我们有万钧之力。（陈双）

此次采访我收获了许多。无论是前期准备、采访，后期撰写，每个部分我都竭尽全力。我不是团队中做得最多的，但我为此付出了自己的努力，学到了采访的技巧，从与校友的沟通中领悟到许多书本上学不到的知识和道理。感谢学校提供的这个平台，使我们得到了锻炼，丰富了阅历。（何一玮）

季羡林先生曾言："一个大学的历史存在于什么地方？在书面的记载里，在建筑的实物上，他同样也存在于人们的记忆中。"很荣幸采访到沈幼勤老师和邵党娣老师。两位老师非常亲切，倒回时光车轮，聆听他们的经历，感受他们的生活状态，着实让人受益匪浅，收获满满。（徐姝婧）

在这次寻访校友活动中，我学会了如何和陌生人拉近距离，学会了如何鼓励自己更好地完成计划。我一定要将这次学到的东西运用到实际的工作中去。同时，这次与周行长的交谈中，感受着学长朴实无华、坚韧顽强、无私奉献的"太阳石"精神，我也越发感受到校友间诚挚的情谊。（徐嘉玥）

人生就是一条不断试错的道路，总渴望着有人给你建议，去避开那些坎坷。很荣幸能够有机会作为一名学生，去聆听校友的学涯感悟；去聆听他对我们这一代学子的寄语；去聆听他的成功秘笈。收获颇多，感谢学校！（张妍雯）

写这篇小感的时候，宿舍区的栀子花已陆续开了，又是一个夏天呐。记得去年夏天，我们接到了采访校友的任务。采访准备，联系校友，见面访谈，撰写采访稿，审核，再到后续的排版、出版，整个过程倾注了许多人的心血。感谢一直付出的校友、指导老师，校友会，还有我们组的另外两个小伙伴。这本书也将成为我们共同的难忘记忆。（陈慧玲）

我和小伙伴有幸采访了张美灵校友。从她的故事中，我了解了老一辈会计人艰难的奋斗史，以及感受到了张老师和她的同事们为了中国资产评估事业发展所做出的不懈努力和贡献。作为资产评估专业的一名大学生，我定将谨记张老师的教诲，好好学习专业知识，拓展综合素养，为将来我们国家的资产评估行业发展贡献力量。（邓自浩）

2017年的暑假对我来说是与众不同的，那是我进入大学以后的第一个暑假。在校友采访活动中，从前期的采访提纲确定，到采访过程中和校友交流互动，再到最后的采访稿撰写和修改，使我受益良多，也收获了一段相隔12年的友情。非常感谢学校能给予我们与校友交流的机会，也感谢校友的分享收获。（丁晨皓）

我们采访小组一行有幸访谈了安信信托的杨学长。虽然我们交流的时间很短，却让我觉得收获颇丰。对自己的职业生涯规划有了一个很明确的方向；也懂得自己在大学里该怎么去充实自己；看清了现代高等教育给予我们的机遇及其存在的弊端。综合来看，我们需要做到这样几点：一是夯实基础、学以致用；二是学会沟通、把握机遇；三是认真负责、信用至上。希望在今后的生活和学习中能够继续向校友看齐，成就更好的自己。（朱欣怡）

我采访的是1983届学长。采访过程中，他与我们分享了自己的人生历程，讲述着那个时代即使艰辛困苦却仍努力奋进的精神。学长说"在立信接受的这份教育，能够在异国他乡适用，并有幸伴我从业至今，现在看来，原来是'立信'两字始终伴随着自己，未曾离开"。此刻，我的心灵在震颤，情感在积淀。90周年了，隔着几十年的立信人又汇聚在一起，"毋忘'立信'，当必有成"，这是立信人永远铭记的音符。（李带娣）

很荣幸，能有机会参加这样一个富有意义的校友访谈活动。在访谈实施过程中，我收获了许多。我变得更注重细节，更注重语言艺术；也从不同程度上锻炼了自己的沟通表达能力、文字撰写能力、团队协作能力、突发应急能力。更重要的是，我得以认

知老一代立信校友的人生轨迹和成功法典，对自己所处的专业领域倍感信心。（蔡婉仪）

通过这次校友采访，我们走出了学校这座象牙塔，和社会来了一次近距离接触。与程学长的交流中，我感到一个人只有持续地学习，才可以不断进步，不被社会淘汰。一个人只有讲信用，才能为社会所接纳。要怀着感恩社会的心，为社会贡献自己的绵薄之力。（刘宇健）

写给董之益校友

立信精神，受益终生；脚踏实地，牢记学习；

全民守法，和谐中华；爱党敬业，无私奉献；

勇于担当，迎难而上；心系百姓，情暖民心；

立足本职，提高修志；找准定位，敢于作为；

心之所向，披荆以往；不忘初心，砥砺前行。（姚晓慧）

暑期有幸参加了百名校友走访活动。我们采访的是杨桦校友。作为一个创业大牛和知名媒体人，我们一点也没有看出她的架子，和我们交流的时候，就像是学姐，在和我们分享人生的故事和经验。这次活动让我受益匪浅，特别对于我现在尝试的新媒体方面，我知道了要不忘初心，不随波逐流。（蒋雅雯）

我和队友有幸采访的学姐，她的人生经历丰富多彩，做过记者，当过主编，也能自己创业；同时不忘初心，坚持公益。在立信的学习，让她有了财经方面的专业素养；

广播站的经历，滋润了她的兴趣；学校的经历，成为她后来闯荡的地基。感谢这次采访，让我见识到了这样的人生，明白学校学习对未来的塑造性；也很感谢老师同学间的合作与友谊。（施泽景）

在一楼候客区的时候，心里悄悄在想，"总裁"学长会不会很冷酷很难接近，对那天的采访充满了忐忑。出乎意料的是，方学长亲自下楼，带我们去办公室，他很亲切，也很可爱，与我们聊了很多读书时候的趣事。他曲折又充满了戏剧性的人生经历，还有立信对他的影响和改变。他笑着感慨年轻真好，告诉我们要把握现在，把握每一个转折点，去争取机会。在学长的身上，立信学子的精神得到了体现和发扬。对于我们而言，他是学长，是榜样，也是指路灯。（何雨蓓）

非常荣幸，能有机会采访优秀校友郑乙冬学长。郑学长富有经验，与我们侃侃而谈。他与我们畅谈自己的工作与生活，分享了他在校期间宝贵的学习经验，为我们答疑解惑，向我们传授如何进行职业规划，以及如何在初入职场时适应环境，最大限度得到发展与成长。在这个过程中，学长睿智深刻的观点，幽默开朗的话语，影响着我。此行让我获得了学校生活与今后职场生涯的宝贵启迪。（马丽丽）

在采访祝幼琬老校友的过程中，我学到了很多。作为曾经驻外大使的祝老，教给了我们很多道理。祝老作为当年的地下工作者，一名优秀的老党员，教育我们"党员首先要学习好，才能获得同学们的尊重"。在学校中，学生党员的先进性首先就是要在学习成绩上过硬，联系群众的时候才会有更多的底气。其次，作为我们语言专业的学生，更要学好外语。因为翻译没有比直接用共同的语言交流更为亲切。只有学好外语，我们才能在将来更多更好地开展国际交流。（姜思瑜）

这次印象深刻的要说学长对财务前景的解读了。秦文君学长敲醒了处在迷茫中的我。是啊，我们不必迷茫，只要现在踏踏实实地做好每一件事，每一天都在进步，就没什么可担忧的，何必杞人忧天。学长所说的要终身学习，要扩大视野，要多元化学习，要踏踏实实做人。每天都敲打着我，谨记于心并付诸行动！（李宇彤）

得知要去采访徐若海校友时，我的内心是十分激动的。联想到一句曾经耳熟的广告词，"十里南京路，一个新世界"。徐校友与我们分享了很多成功的经验，让我更加清楚成功并不是偶然，它是无数次脚踏实地的努力和一次次失败后的反思与坚持的果实。作为当代大学生，我们更需要践行"勤学、修德、明辨、笃实"这8字真经。（周雨）

值此学校90华诞之际，有幸参与了校友采访活动。这次的访谈给了我们一个了解校友的机会，也有了一个更加了解学校历经90年历史的机会。通过校友们的讲述，回忆他们在校时的学习生活，在母校留下点点滴滴的回忆，自己努力奋斗的汗水，青春最美好的记忆。这一切，让我们对学校也有了更深一层的认识。（濮文）

通过这次校友访谈，让我深切感到自己对社会缺乏应有的认知，甚至对自己的强势和弱势也心中无数，空有一脑袋的幻想。这次访谈，促使我静下心来，认真思考未来的人生目标和努力方向。在平静的大学生活里给自己寻找压力，把压力化为动力，正视面临的种种困难。在把专业知识学好的前提下，多学其他知识只会有益，生活也会变得充实。（周月霖）

校友访谈，如同站在历史和现实两个维度去了解这个世界，了解立信，了解立信人。在每一个校友身上都能看到立信的影子，看到立信人独特精彩的故事。我们是曾经的他们，他们是未来的我们；一代代立信人传承着立信精神，和立信共同成长。祝愿立信更加美好，立信人更加美好。（周子琳）

如果立信是大树，我们便是树上的果子。

当我们还是挂在树上的涩果时，他们便已是离开大树的累累硕果。

当我们还在汲取大树的养分时，他们便已化作春泥，回馈大树。

他们外表的金黄，是我们羡慕的颜色。

他们饱满的果肉，是我们前进的目标。

我们知道，当秋天来临，我们会和他们一样，变得饱满金黄。

我们知道，当离开大树，他们将是我们可以依靠的另一个臂膀。

我们和他们，有着同样的期望：将这棵已逾90的大树，变得更加枝繁叶茂！

（闫少兵）

后记

　　"信好有你"校友访谈活动自 2017 年初启动以来，累计采访了百余位校友，整理了 40 多万字的口述稿。这些都是参与活动的 260 多位师生，在忙碌的学习和工作之余，在烈日炎炎的酷暑和寒风凛冽的冬日，在繁华的都市和偏僻的边城，辛勤奔走而积累下的成果。通过访校友、听故事、知校史，青年师生潜移默化地增进了对学校的感情。读着饱含深情的采访感悟，我们深深感到，此次活动在传承立信文化的同时，已成为一个新的育人载体。实践证明，这次采访活动是一次教学实习之旅，也是一次社会实践之旅，更是一次德育体验之旅。

　　本书所收录的 88 篇口述稿，按学生校友的毕业年份和教职工校友的入职年份排序并分为三个篇章：第一篇，耄耋回眸（1941—1964 年）；第二篇，盛年抒怀（1981—1997 年）；第三篇，青春无悔（1998—2016 年）。

　　书中反映的 90 位校友，仅仅是建校 90 年来 20 多万校友的一个缩影。尽管本书不能全面而详尽地反映立信校友的全貌，但我们仍可以管中窥豹，从中领略他们的精神和风采。校友是展示母校形象的"第一名片"，因为社会对学校的认识和认同，首先是从校友开始的。校友的精神风貌、专业技能和职业素养，直接体现学校的办学水平、教育质量和文化底蕴。同时，校友与母校有着难以割舍的情结。透过书中的每一篇口述稿，我们都深深地感受到，大学文化和精神正是通过校友这一载体传承和弘扬的。在此谨向每一位被采访的校友致以崇高的敬意和衷心的感谢！

学校人文艺术学院汉语言文学专业夏慧勤、姚惠兰、连蜀、唐一方等老师对本次采访活动全过程给予了专业指导；校团委将本次采访活动纳入暑期社会实践项目予以支持；各学院党政领导和辅导员为采访活动的顺利开展提供了诸多帮助；校友事务及教育发展办公室全体同志自始至终参与了活动的组织协调，为采访活动提供了有力保障，在此一并表示诚挚的谢意！

校友采访活动及本书的编辑出版得到了上海立信会计金融学院党政领导的高度重视，朱坚强教授应邀对本书的文稿作了审阅、修改和润色，同时也得到立信会计出版社的大力支持，在此向他们表示衷心的感谢！

编　者

2018 年 9 月